NORTH CAROLINA VOTES

General Election Returns, by County, for
President of the United States, 1868-1960
Governor of North Carolina, 1868-1960
United States Senator from North Carolina, 1914-1960

Compiled by the Staff of the Political Studies Program
at the University of North Carolina
under the direction of
Donald R. Matthews

THE UNIVERSITY OF NORTH CAROLINA PRESS
Chapel Hill

COPYRIGHT © 1962 BY
THE UNIVERSITY OF NORTH CAROLINA PRESS

Manufactured in the United States of America

PRINTED BY THE SEEMAN PRINTERY, DURHAM, N. C.

ACKNOWLEDGEMENTS

North Carolina Votes is the work of many men and organizations. Without the support and encouragement of the Maurice and Laura Falk Foundation of Pittsburgh, Pennsylvania, the Political Studies Program could not have been begun. Our great debt to the Foundation and Mr. J. Steele Gow, its Executive Director, is gratefully but inadequately acknowledged once again.

The Institute for Research in Social Science of the University of North Carolina, Dr. Daniel O. Price, Director, provided essential financial support for the publication of this book.

Many members of the Political Studies Program staff assisted in the exacting task of compiling, recording, and computing the election figures reported below. Mrs. Doris Barron, clerical assistant during 1961-62, carried the major share of this burden. Mr. Charles Longley, Mr. John Orbell, Miss Virginia Delavan, Mr. Leon Cohen, and Mr. Fred Kirk also spent many tedious hours at the desk calculator in the process of bringing this compilation to completion. Mrs. Pat Rodgers, the program's secretary, once again proved her versatility at all stages of this project from transcribing election returns to reading proof.

If this book contributes to a more informed politics for North Carolina, their hard work will not have been in vain.

DONALD R. MATTHEWS
Director
Political Studies Program

CONTENTS

Introduction   vii

General Elections for President of the United States, 1868-1960
    List of Candidates, by Party and Year............ 3
    United States Returns............................ 5
    North Carolina State Returns.................... 6
    North Carolina Returns, by County............... 7

General Elections for Governor of North Carolina, 1868-1960
    List of Candidates, by Party and Year............ 109
    State Returns................................... 111
    County Returns.................................. 112

General Elections for United States Senator from North Carolina, 1914-1960
    List of Candidates, by Party and Year............ 215
    State Returns................................... 217
    County Returns.................................. 218

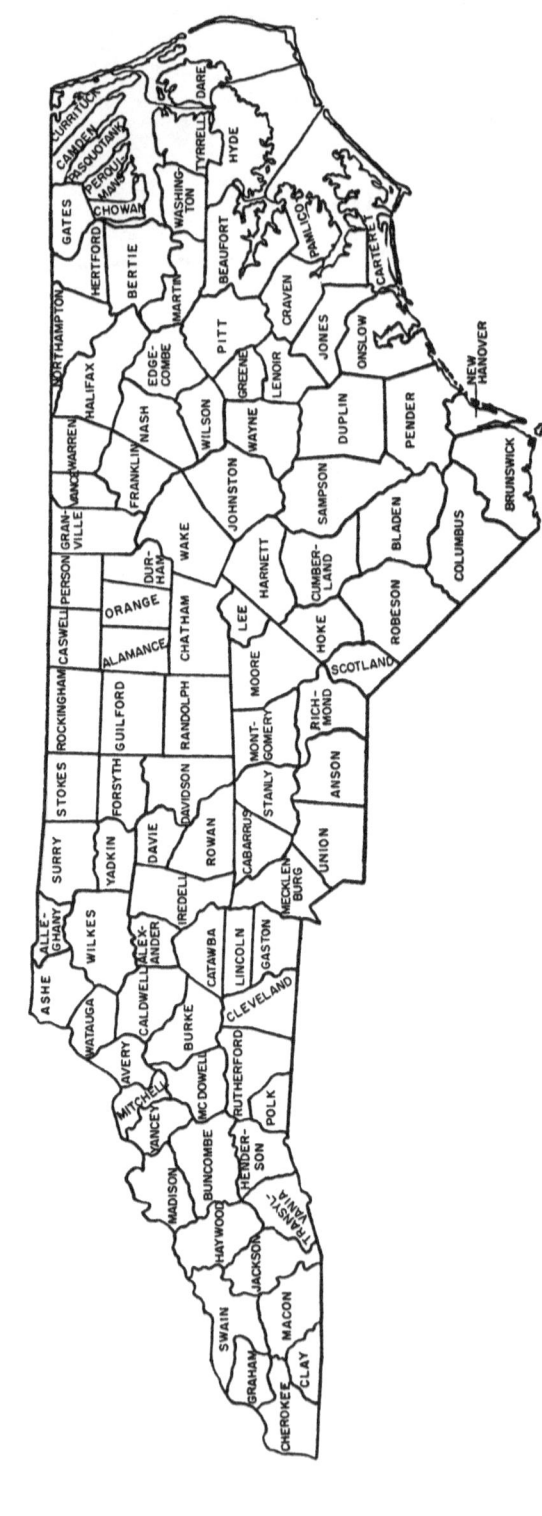

INTRODUCTION

Americans are said to be unusually fond of statistics. The evidence in support of the generalization is impressive. Almost any growing boy can tell you Mickey Mantle's current batting average, correct to three decimal places. Football scores, basketball shooting percentages, and track records are reported in awesome detail by the daily press and printed in numerous reference works for the wonderment of future fans. Facts and figures on other subjects are almost as well reported. A moment or two spent with the *World Almanac* informs one that the Washington Monument is exactly 555 feet, 5 ⅛ inches tall; that 212,000 cubic feet of water per second passes over Niagara Falls, 94 per cent over the Horseshoe portion; that in 1960 there were 24,035 hospital beds and 1,743 bassinets in the 130 hospitals in Alaska; that the population of Blackfoot, Idaho, was 7,378 in 1960, a sizeable increase over its 1950 population of 5,180. And where else but in the United States could the Kinsey report, a statistical tome on sex, become a nationwide best seller? We do have a penchant for counting, measuring, weighing, and for publishing the results in readily available form.

Under the circumstances, it is odd that the results of our elections are so poorly reported. The federal government, which regularly collects and publishes detailed information on the population, social structure, and economic activity of the United States, has left this responsibility very largely to the states. The states have responded variously or not at all. The result is that we have less adequate statistical information on elections—the pulse of American democracy—than on most other areas of life.

In North Carolina, election statistics provided by the state government are neither better nor worse than those provided by most other states. The returns, by county, for most important electoral contests are reprinted in the *North Carolina Manual*. The *Manual*, however, was not begun until 1913, has a limited circulation, and does not contain percentages or pluralities. The student or interested citizen seeking to ascertain trends in party strength in Alamance County, for example, has had to consult a number of issues of the hard-to-find *Manual* and perform a good deal of arithmetic before satisfying his curiosity. This volume seeks to remove some of these obstacles to political inquiry.

THE POLITICAL STUDIES PROGRAM

North Carolina Votes was prepared by the staff of the Political Studies Program of the Department of Political Science at the University of

North Carolina at Chapel Hill. In 1957, the department received a grant from the Maurice and Laura Falk Foundation of Pittsburgh, Pennsylvania, in order to establish direct observation of and participation in politics as major elements in the learning process of its students. The Political Studies Program, which was established to carry out this purpose, has experimented with regularly scheduled "laboratory" sessions in a number of courses on American politics. In these laboratories, the students are presented with real-life problems to solve or questions to analyze. Sometimes these laboratory problems can be completed without leaving campus; often, however, they demand firsthand "field" investigation. The laboratories do not permit students to be passive consumers, but rather they are required to seek out political information and knowledge for themselves.

Since 1957 the program has collected a substantial body of material on North Carolina politics as a by-product of this laboratory research. Within this information is a large collection of North Carolina election statistics. Collecting and processing these figures was tedious and expensive, and while they are in regular use by undergraduate and graduate students at Chapel Hill, it seems wasteful not to make them available to the interested citizens of the state and to the larger world of scholars. Hence the appearance of this volume. As time and resources permit, the program intends to publish additional volumes containing general election figures for other public offices in North Carolina and Democratic party primary returns.

SCOPE AND ORGANIZATION

The present volume contains general election returns, by county, for President, Governor, and United States Senator.

A report on *general election* returns in a southern state requires some comment. Since the election of 1900, North Carolina usually has been classified as a one-party state. The results of the general election were usually foreordained in favor of Democrats, and the "real" electoral contest took place in the Democratic party primary. But, considering this situation, the North Carolina Republican party has always been relatively strong. And in recent years, especially in presidential races, the Grand Old Party has begun to give the Democrats serious competition. The South is no longer "solid," and North Carolina is shakier than most other Southern states. Is North Carolina becoming a two-party state? Or is Republican strength in North Carolina confined to presidential elections? Is it possible to have two-party politics in national elections and one-party state and local politics? Where are the Republicans gaining strength? Can the Republicans maintain a grip on their traditional Western strongholds and and gain strength in the Piedmont cities, too? Why this resurgence of Republicanism? What does the future hold for party politics in North Carolina? These are important questions for all North Carolinians as well as for scholars. The study of general election returns may provide at least some of the answers to them.

If the past is the prologue to the future, then the process by which the Democratic party established its long dominant position in North Carolina politics is also of interest. The election returns reported here for President and Governor extend back to 1868, the first "normal" election after the Civil War, and the beginning of the present rivalry between the Democrats and Republicans. (United States senators, of course, were not popularly elected until 1914.) It is possible, using the county-by-county figures reported here, to trace the growth of Democratic strength up to the election of 1900 and to attempt better to understand how and why the long era of Democratic party domination began.

The election data have been organized to facilitate making such long-run trend-analyses in Democratic and Republican voting strength. Instead of reporting each election separately, the returns for *all* elections for a given office are printed chronologically on a single page, first for the state as a whole and then separately for each of the one hundred counties. Thus it is possible, by examining a single page, to ascertain the long-run trend in party strength for a particular area. If, however, the reader is interested in examining the returns of a single election—say the Presidential election of 1928—then he must obtain the appropriate figure on a separate page for each county. In our judgment the ease with which trend-analyses may be made when the data are organized in the fashion adopted here far outweighs this minor inconvenience.

The following figures are reported for each election: The total vote cast, Democratic party total vote, per cent Democratic of the total vote, Republican party total vote, per cent Republican of the total vote, the total vote cast for the candidates of all other parties, the per cent of the total vote cast for "other" parties, the per cent of the vote cast for Democrats and Republicans received by the two major party candidates, and the plurality of the leading major-party candidate. These are the standard items of electoral data reported by Richard Scammon in his definitive *America Votes* compilations. It should be noted that all votes cast for parties other than the Democrats or Republicans have been lumped into an "other" category. When the minor party vote is of some importance, however, the names of the candidates and their parties and the number and per cent of the total votes they received are reported in a footnote. All percentages have been rounded to one decimal point; for this reason, they do not always add up to 100.0%.

The name and county of residence of each party's candidate are listed immediately prior to the election figures. In a handful of cases, the home county of a minor party candidate could not be ascertained even after a thorough search of contemporary newspaper files and other sources.

SOURCES

The following sources were employed in compiling the election returns for President of the United States: W. Dean Burnham, *Presidential Ballots, 1836-1892* (Baltimore: The Johns Hopkins Press, 1955), for the years 1868 to 1892; Edgar E. Robinson, *The Presidential Vote, 1896-1932* (Stanford: Stanford University Press, 1934), for the years 1896 to 1932; Edgar E. Robinson, *They Voted for Roosevelt* (Stanford: Stanford University Press, 1947), for the years 1932 to 1944; the *North Carolina Manual* (Raleigh, N.C.: Office of the Secretary of State, 1961), for 1948 and 1960; Richard Scammon, *America Votes* (Pittsburgh: University of Pittsburgh Press, 1956), Vols. 1 and 3, for 1952 and 1956; and *The World Almanac* (New York: New York World Telegram and Sun, 1962), for the 1960 national figures.

The gubernatorial and senatorial voting figures were obtained from various issues of the *North Carolina Manual*.

A few clerical errors and arithmetical discrepancies were found in these works and were corrected. We, no less than the editors of the above volumes, are incapable of perfection and welcome having errors drawn to our attention.

General Elections for

PRESIDENT OF THE UNITED STATES
1868-1960

LIST OF CANDIDATES
(The winning candidate is printed in capitals.)

Year	Democrat	Republican	Other[1]
1868	Horatio Seymour	ULYSSES S. GRANT	
1872	Horace Greeley	ULYSSES S. GRANT	
1876	Samuel J. Tilden	RUTHERFORD B. HAYES	
1880	Winfield S. Hancock	JAMES A. GARFIELD	
1884	GROVER CLEVELAND	James G. Blaine	
1888	Grover Cleveland	BENJAMIN HARRISON	
1892	GROVER CLEVELAND	Benjamin Harrison	James B. Weaver, *Populist*
1896	William J. Bryan	WILLIAM MCKINLEY	
1900	William J. Bryan	WILLIAM MCKINLEY	
1904	Alton B. Parker	THEODORE ROOSEVELT	
1908	William J. Bryan	WILLIAM H. TAFT	
1912	WOODROW WILSON	William H. Taft	Theodore Roosevelt, *Progressive*
1916	WOODROW WILSON	Charles E. Hughes	
1920	James M. Cox	WARREN G. HARDING	
1924	John W. Davis	CALVIN COOLIDGE	Robert LaFollette, *Progressive*
1928	Alfred E. Smith	HERBERT HOOVER	
1932	FRANKLIN D. ROOSEVELT	Herbert Hoover	
1936	FRANKLIN D. ROOSEVELT	Alfred M. Landon	
1940	FRANKLIN D. ROOSEVELT	Wendell L. Willkie	
1944	FRANKLIN D. ROOSEVELT	Thomas E. Dewey	
1948	HARRY S. TRUMAN	Thomas E. Dewey	Henry Wallace, *Progressive* Strom Thurmond, *States' Rights*
1952	Adlai E. Stevenson	DWIGHT D. EISENHOWER	
1956	Adlai E. Stevenson	DWIGHT D. EISENHOWER	
1960	JOHN F. KENNEDY	Richard M. Nixon	

1. The list of "other" candidates is not a complete one, but contains only the names and party affiliations of candidates receiving a significant number of votes in North Carolina.

PRESIDENT

U.S. Totals

Year	Total Vote	Democratic Total	%	Republican Total	%	Other Total	%	Two-Party Vote % Dem.	% Repub.	Plurality Dem.-Repub.
1868	5,720,267	2,706,829	47.3	3,013,421	52.7	17	*	47.3	52.7	306,592(R)
1872	6,459,229	2,843,446	44.0	3,596,745	55.7	19,038	0.3	44.2	55.8	753,299(R)
1876	8,405,346	4,284,020	51.0	4,036,572	48.0	84,754	1.0	51.5	48.5	247,448(D)
1880	9,213,324	4,414,082	47.9	4,453,295	48.3	345,947	3.8	49.8	50.2	39,213(R)
1884	10,051,692	4,918,507	48.9	4,850,293	48.3	282,892	2.8	50.3	49.7	68,214(D)
1888	11,373,277	5,537,857	48.7	5,447,129	47.9	388,291	3.4	50.4	49.6	90,728(D)
1892	12,060,845	5,555,426	46.1	5,182,690	43.0	1,322,729[1]	10.9	51.7	48.3	372,736(D)
1896	13,899,857	6,379,830	45.9	7,098,474	51.1	421,553	3.0	47.3	52.7	718,644(R)
1900	13,964,567	6,356,734	45.5	7,218,491	51.7	389,342	2.8	46.8	53.2	861,757(R)
1904	13,518,170	5,084,223	37.6	7,628,461	56.4	805,486	6.0	40.0	60.0	2,544,238(R)
1908	14,884,265	6,412,294	43.1	7,675,320	51.6	796,651	5.3	45.2	54.8	1,263,026(R)
1912	15,034,494	6,296,547	41.9	3,486,720	23.2	5,251,227[2]	34.9	64.4	35.6	2,809,827(D)
1916	18,527,863	9,127,695	49.3	8,533,507	46.0	866,661	4.7	51.7	48.3	594,188(D)
1920	26,748,224	9,128,488	34.1	16,141,536	60.3	1,478,200	5.5	36.1	63.9	7,013,048(R)
1924	29,086,398	8,385,283	28.9	15,718,211	54.0	4,982,904[3]	17.1	34.8	65.2	7,332,928(R)
1928	36,805,450	15,016,169	40.8	21,391,993	58.1	397,288	1.2	41.2	58.8	6,375,824(R)
1932	39,731,720	22,809,638	57.4	15,758,901	39.7	1,163,181	2.9	59.1	40.9	7,050,737(D)
1936	45,643,297	27,478,945	60.2	16,674,665	36.5	1,489,687	3.3	62.2	37.8	10,804,280(D)
1940	49,891,051	26,890,401	53.9	22,321,018	44.7	679,632	1.4	54.6	45.4	4,569,383(D)
1944	47,969,002	24,780,945	51.7	22,014,745	45.9	1,173,312	2.4	53.0	47.0	2,766,200(D)
1948	48,248,623	24,045,052	49.8	21,896,927	45.4	2,306,644[4]	4.8	52.3	47.7	2,148,125(D)
1952	61,550,918	27,314,992	44.4	33,936,234	55.1	299,692	0.5	44.6	55.4	6,621,242(R)
1956	62,033,908	26,029,752	42.0	35,590,472	57.4	413,684	0.6	42.2	57.8	9,560,720(R)
1960	68,412,709	34,082,289	49.8	33,881,866	49.5	448,554	0.7	50.1	49.9	112,801(D)

Notes: [1] James Weaver, *Populist*, 1,029,846 (8.5%); other, 292,883 (2.4%).
[2] Theodore Roosevelt, *Progressive*, 5,251,227 (34.9%).
[3] Robert LaFollette, *Progressive*, 4,832,614 (16.6%); other, 150,290 (0.5%).
[4] Henry Wallace, *Progressive*, 1,137,957 (2.4%); Strom Thurmond, *States' Rights*, 1,168,687 (2.4%).
* Less than 0.05%.

STATE OF NORTH CAROLINA

PRESIDENT

Year	Total Vote	Democratic Total	%	Republican Total	%	Other Total	%	Two-Party Vote %Dem.	%Repub.	Plurality Dem.–Repub.
1868	181,499	84,560	46.6	96,939	53.4			46.6	53.4	12,379(R)
1872	164,791	70,024	42.5	94,767	57.5			42.5	57.5	24,743(R)
1876	233,911	125,427	53.6	108,484	46.4			53.6	46.4	16,943(D)
1880	240,625	124,746	51.8	115,879	48.2			51.8	48.2	8,867(D)
1884	268,105	143,039	53.4	125,066	46.6			53.4	46.6	17,973(D)
1888	282,483	147,897	52.4	134,586	47.6			52.4	47.6	13,311(D)
1892	278,412	132,645	47.6	100,675	36.2	45,092[1]	16.2	56.9	43.1	31,970(D)
1896	329,662	175,216	53.2	154,446	46.8			53.2	46.8	20,770(D)
1900	292,457	157,733	53.9	132,997	45.5	1,727	0.6	54.3	45.7	24,736(D)
1904	207,743	124,121	59.7	82,442	39.7	1,180	0.6	60.1	39.9	41,679(D)
1908	252,160	136,928	54.3	114,887	45.6	345	0.1	54.4	45.6	22,041(D)
1912	243,808	144,407	59.2	29,129	12.0	70,272[2]	28.8	83.2	16.8	115,268(D)
1916	289,835	168,383	58.1	120,890	41.7	562	0.2	58.2	41.8	47,493(D)
1920	538,186	305,367	56.7	232,819	43.3			56.7	43.3	72,548(D)
1924	481,595	284,190	59.0	190,754	39.6	6,651[3]	1.4	59.8	40.2	93,436(D)
1928	635,150	286,227	45.1	348,923	54.9			45.1	54.9	62,696(R)
1932	711,950	498,006	69.9	208,345	29.3	5,599	0.8	70.5	29.5	289,661(D)
1936	839,465	616,141	73.4	223,284	26.6	40	*	73.4	26.6	392,857(D)
1940	822,648	609,015	74.0	213,633	26.0			74.0	26.0	395,382(D)
1944	790,554	527,399	66.7	263,155	33.3			66.7	33.3	264,244(D)
1948	791,209	459,070	58.0	258,572	32.7	73,567[4]	9.3	64.0	36.0	200,498(D)
1952	1,210,910	652,803	53.9	558,107	46.1			53.9	46.1	94,696(D)
1956	1,165,592	590,530	50.7	575,062	49.3			50.7	49.3	15,468(D)
1960	1,368,556	713,136	52.1	655,420	47.9			52.1	47.9	57,716(D)

Notes: [1] James Weaver, *Populist*, 45,092 (16.2%).
[2] Theodore Roosevelt, *Progressive*, 69,130 (27.5%).
[3] Robert LaFollette, *Progressive*, 6,651 (1.4%).
[4] Henry Wallace, *Progressive*, 3,915 (0.5%); Strom Thurmond, *States' Rights*, 69,652 (8.8%).
* Less than 0.05%.

ALAMANCE COUNTY

PRESIDENT

Year	Total Vote	Democratic Total	%	Republican Total	%	Other Total	%	Two-Party Vote % Dem.	% Repub.	Plurality Dem.-Repub.
1868	2,157	1,055	48.9	1,102	51.1			48.9	51.1	47(R)
1872	1,775	850	47.9	925	52.1			47.9	52.1	75(R)
1876	2,837	1,391	49.0	1,446	51.0			49.0	51.0	55(R)
1880	2,710	1,463	54.0	1,247	46.0			54.0	46.0	216(D)
1884	2,866	1,607	56.1	1,259	43.9			56.1	43.9	348(D)
1888	3,260	1,716	52.6	1,544	47.4			52.6	47.4	172(D)
1892	3,329	1,691	50.8	1,301	39.1	337[1]	10.1	56.5	43.5	390(D)
1896	4,706	2,392	50.8	2,314	49.2			50.8	49.2	78(D)
1900	4,217	1,923	45.6	2,256	53.5	38	0.9	46.0	54.0	333(R)
1904	3,679	1,907	51.8	1,770	48.1	2	0.1	51.9	48.1	137(D)
1908	4,300	2,113	49.1	2,184	50.8	3	0.1	49.2	50.8	71(R)
1912	3,929	2,132	54.3	150	3.8	1,647[2]	41.9	93.4	6.6	1,982(D)
1916	4,759	2,476	52.0	2,278	47.9	5	0.1	52.0	48.0	198(D)
1920	9,874	5,255	53.2	4,619	46.8			53.2	46.8	636(D)
1924	8,169	4,859	59.5	3,217	39.4	93	1.1	60.0	40.0	1,642(D)
1928	11,070	4,260	38.5	6,810	61.5			38.5	61.5	2,550(R)
1932	12,882	8,240	63.9	4,478	34.8	164	1.3	64.8	35.2	3,762(D)
1936	14,872	11,025	74.1	3,847	25.9			74.0	26.0	7,178(D)
1940	14,811	11,429	77.0	3,382	23.0			77.0	23.0	8,047(D)
1944	14,160	9,184	64.9	4,976	35.1			64.9	35.1	4,208(D)
1948	15,380	8,287	53.9	5,124	33.3	1,969[3]	12.8	61.8	38.2	3,163(D)
1952	24,790	13,402	54.1	11,388	45.9			54.1	45.9	2,014(D)
1956	23,152	11,029	47.6	12,123	52.4			47.6	52.4	1,094(R)
1960	28,417	13,599	47.9	14,818	52.1			47.9	52.1	1,219(R)

Notes: [1] James Weaver, *Populist*, 337 (10.1%).
[2] Theodore Roosevelt, *Progressive*, 1,637 (41.7%).
[3] Henry Wallace, *Progressive*, 30 (0.2%); Strom Thurmond, *States' Rights*, 1,939 (12.6%).

ALEXANDER COUNTY

PRESIDENT

Year	Total Vote	Democratic Total	%	Republican Total	%	Other Total	%	Two-Party Vote % Dem.	% Repub.	Plurality Dem.-Repub
1868	867	516	59.5	351	40.5			59.5	40.5	165(D)
1872	680	367	54.0	313	46.0			54.0	46.0	54(D)
1876	1,190	846	71.1	344	28.9			71.1	28.9	502(D)
1880	1,190	824	69.2	366	30.8			69.2	30.8	458(D)
1884	1,297	938	72.3	359	27.7			72.3	27.7	579(D)
1888	1,491	943	63.2	548	36.8			63.2	36.8	395(D)
1892	1,297	491	37.8	420	32.4	386[1]	29.8	53.9	46.1	71(D)
1896	1,739	1,119	64.0	620	36.0			64.0	36.0	499(D)
1900	1,738	774	44.5	938	54.0	26	1.5	45.0	55.0	204(R)
1904	1,708	770	45.0	937	54.9	1	0.1	45.0	55.0	167(R)
1908	1,867	793	42.5	1,074	57.5			42.5	57.5	281(R)
1912	1,872	852	45.5	523	27.9	497[2]	26.6	62.0	38.0	329(D)
1916	2,141	954	44.6	1,187	55.4			44.6	55.4	233(R)
1920	4,688	2,045	43.7	2,643	56.3			43.7	56.3	598(R)
1924	4,748	2,291	48.3	2,437	51.3	20	0.4	48.5	51.5	146(R)
1928	4,327	1,722	40.0	2,605	60.0			40.0	60.0	883(R)
1932	4,933	2,953	59.9	1,952	39.5	28	0.6	60.2	39.8	1,001(D)
1936	5,713	3,262	57.1	2,451	42.9			57.1	42.9	811(D)
1940	4,956	2,739	55.3	2,217	44.7			55.3	44.7	522(D)
1944	5,253	2,282	43.4	2,971	56.6			43.4	56.6	689(R)
1948	4,823	2,057	42.6	2,314	48.0	452[3]	9.4	47.1	52.9	257(R)
1952	6,262	2,665	42.6	3,597	57.4			42.6	57.4	932(R)
1956	6,477	2,710	41.8	3,767	58.2			41.8	58.2	1,057(R)
1960	8,131	3,956	48.7	4,175	51.3			48.7	51.3	219(R)

Notes: [1] James Weaver, *Populist*, 386 (29.8%).
[2] Theodore Roosevelt, *Progressive*, 497 (26.5%).
[3] Henry Wallace, *Progressive*, 13 (0.3%); Strom Thurmond, *States' Rights*, 439 (9.1%).

PRESIDENT

ALLEGHANY COUNTY

Year	Total Vote	Democratic Total	%	Republican Total	%	Other Total	%	Two-Party Vote % Dem.	% Repub.	Plurality Dem.-Repub.
1868	529	284	53.7	245	46.3			53.7	46.3	39(D)
1872	360	220	61.1	140	38.9			61.1	38.9	80(D)
1876	677	527	77.8	150	22.2			77.8	22.2	377(D)
1880	808	549	67.9	259	32.1			67.9	32.1	290(D)
1884	979	624	63.7	355	36.3			63.7	36.3	269(D)
1888	1,094	687	62.8	407	37.2			62.8	37.2	280(D)
1892	1,155	797	69.0	358	31.0			69.0	31.0	439(D)
1896	1,342	737	55.0	605	45.0			55.0	45.0	132(D)
1900	1,371	709	51.7	662	41.3			51.7	41.3	47(D)
1904	1,242	699	56.3	543	43.7			56.3	43.7	156(D)
1908	1,208	633	52.5	575	47.5			52.5	47.5	58(D)
1912	1,116	652	58.4	208	18.6	256[1]	23.0	75.8	24.2	444(D)
1916	1,437	796	55.4	641	44.6			55.4	44.6	155(D)
1920	2,610	1,409	54.0	1,201	46.0			54.0	46.0	208(D)
1924	2,883	1,643	60.0	1,234	42.8	6	0.2	57.1	42.9	409(D)
1928	2,782	1,414	50.8	1,368	49.2			50.8	49.2	46(D)
1932	2,776	1,951	70.3	810	29.2	15	0.5	70.7	29.3	1,141(D)
1936	3,843	2,345	61.0	1,498	39.0			61.0	39.0	847(D)
1940	3,169	1,952	61.6	1,217	38.4			61.6	38.4	735(D)
1944	3,305	1,810	54.8	1,495	45.2			54.8	45.2	315(D)
1948	3,241	1,667	51.4	1,374	42.4	200[2]	6.2	54.8	45.2	293(D)
1952	3,598	1,809	50.3	1,789	49.7			50.3	49.7	20(D)
1956	3,369	1,670	49.6	1,699	50.4			49.6	50.4	29(R)
1960	4,099	2,121	51.7	1,978	48.3			51.7	48.3	143(D)

Notes: [1] Theodore Roosevelt, *Progressive*, 256 (23.0%).
[2] Henry Wallace, *Progressive*, 10 (0.3%); Strom Thurmond, *States' Rights*, 190 (5.9%).

PRESIDENT

ANSON COUNTY

Year	Total Vote	Democratic Total	%	Republican Total	%	Other Total	%	Two-Party Vote % Dem.	% Repub.	Plurality Dem.-Repub.
1868	2,052	1,050	51.2	1,002	48.8			51.2	48.8	48(D)
1872	1,993	976	49.0	1,017	51.0			49.0	51.0	41(R)
1876	2,916	1,599	54.8	1,317	45.2			54.8	45.2	282(D)
1880	2,627	1,617	61.6	1,010	38.4			61.6	38.4	607(D)
1884	2,955	1,865	63.1	1,090	36.9			63.1	36.9	775(D)
1888	3,212	2,157	67.2	1,055	32.8			67.2	32.8	1,102(D)
1892	2,427	1,261	52.0	396	16.3	770[1]	31.7	76.1	23.9	865(D)
1896	3,942	2,882	73.1	1,060	26.9			73.1	26.9	1,822(D)
1900	2,534	1,856	73.2	673	26.6	5	0.2	73.4	26.6	1,183(D)
1904	1,444	1,226	84.9	207	14.3	11	0.8	85.6	14.4	1,019(D)
1908	1,791	1,490	83.2	301	16.8			83.2	16.8	1,189(D)
1912	1,820	1,487	81.7	215	11.8	118[2]	6.5	87.4	12.6	1,272(D)
1916	2,347	2,046	87.2	301	12.8			87.2	12.8	1,745(D)
1920	3,608	3,175	88.0	433	12.0			88.0	12.0	2,742(D)
1924	2,622	2,372	90.5	225	80.6	25	0.9	91.3	8.7	2,147(D)
1928	3,673	2,947	80.2	726	19.8			80.2	19.8	2,221(D)
1932	4,480	4,252	95.0	223	4.9	5	0.1	95.0	5.0	4,029(D)
1936	5,010	4,629	92.4	381	7.6			92.4	7.6	4,248(D)
1940	4,923	4,552	92.5	371	7.5			92.5	7.5	4,181(D)
1944	4,092	3,582	87.5	510	12.5			87.5	12.5	3,072(D)
1948	3,711	2,692	72.5	447	12.1	572[3]	15.4	85.8	14.2	2,245(D)
1952	5,986	4,143	69.2	1,843	30.8			69.2	30.8	2,300(D)
1956	5,238	3,598	68.7	1,640	31.3			68.7	31.3	1,958(D)
1960	5,717	4,120	72.1	1,597	27.9			72.1	27.9	2,523(D)

Notes: [1] James Weaver, Populist, 770 (31.7%).
[2] Theodore Roosevelt, Progressive, 118 (6.5%).
[3] Henry Wallace, Progressive, 8 (0.2%); Strom Thurmond, *States' Rights,* 564 (15.2%).

PRESIDENT

ASHE COUNTY

Year	Total Vote	Democratic Total	%	Republican Total	%	Other Total	%	Two-Party Vote % Dem.	% Repub.	Plurality Dem.-Repub.
1868	1,278	644	50.4	634	49.6			50.4	49.6	10(D)
1872	854	312	36.5	542	63.5			36.5	63.5	230(R)
1876	1,899	1,077	56.7	822	43.3			56.7	43.3	255(D)
1880	2,186	1,117	51.1	1,069	48.9			51.1	48.9	48(D)
1884	2,437	1,245	51.1	1,192	48.9			51.1	48.9	53(D)
1888	2,934	1,416	48.3	1,518	51.7			48.3	51.7	102(R)
1892	2,960	1,366	46.2	1,460	49.3	134[1]	4.5	48.3	51.7	94(R)
1896	3,278	1,517	46.3	1,761	53.7			46.3	53.7	244(R)
1900	3,452	1,513	43.8	1,937	56.1	2	0.1	43.8	56.2	424(R)
1904	2,917	1,254	43.0	1,651	56.6	12	0.4	43.0	57.0	397(R)
1908	3,313	1,639	49.5	1,674	50.5			49.5	50.5	35(R)
1912	3,363	1,643	48.9	478	14.2	1,242[2]	36.9	77.5	22.5	1,165(D)
1916	3,837	1,898	49.5	1,939	50.5			49.5	50.5	41(R)
1920	7,239	3,431	47.4	3,808	52.6			47.4	52.6	377(R)
1924	8,288	4,333	52.3	3,952	47.7	3	*	52.3	47.7	381(D)
1928	7,795	3,458	44.4	4,337	55.6			44.4	55.6	879(R)
1932	8,660	4,751	54.9	3,871	44.7	38	0.4	55.1	44.9	880(D)
1936	10,109	5,552	54.9	4,557	45.1			54.9	45.1	995(D)
1940	8,891	4,716	53.0	4,175	47.0			53.0	47.0	541(D)
1944	8,887	4,363	49.1	4,524	50.9			49.1	50.9	161(R)
1948	9,127	4,633	50.8	4,266	46.7	228[3]	2.5	52.1	47.9	367(D)
1952	9,099	4,536	49.9	4,563	50.1			49.9	50.1	27(R)
1956	8,570	3,982	46.5	4,588	53.5			46.5	53.5	606(R)
1960	9,300	4,477	48.1	4,823	51.9			48.1	51.9	346(R)

Notes: [1] James Weaver, *Populist*, 134 (4.5%).
[2] Theodore Roosevelt, *Progressive*, 1,241 (36.9%).
[3] Henry Wallace, *Progressive*, 10 (0.1%); Strom Thurmond, *States' Rights*, 218 (2.4%).
* Less than 0.05%.

AVERY COUNTY†

PRESIDENT

Year	Total Vote	Democratic Total	%	Republican Total	%	Other Total	%	Two-Party Vote % Dem.	% Repub.	Plurality Dem.-Repub.
1868										
1872										
1876										
1880										
1884										
1888										
1892										
1896										
1900										
1904										
1908	1,307	217	16.6	138	10.6	952[1]	72.8	61.1	38.9	79(D)
1912	1,520	360	23.7	1,158	76.2	2	0.1	23.7	76.3	798(R)
1916	2,900	397	13.7	2,503	86.3			13.7	86.3	2,106(R)
1920	2,560	357	14.0	2,189	85.5	14	0.5	14.0	86.0	1,832(R)
1924	3,663	390	10.6	3,273	89.4			10.6	89.4	2,883(R)
1928	3,900	1,045	26.8	2,833	72.6	22	0.6	26.9	73.1	1,788(R)
1932	3,810	839	22.0	2,971	78.0			22.0	78.0	2,132(R)
1936	4,138	1,194	28.9	2,944	71.1			28.9	71.1	1,730(R)
1940	4,016	838	20.9	3,178	79.1			20.9	79.1	2,340(R)
1944	4,008	933	23.3	2,995	74.7	80[2]	2.0	23.7	76.3	2,062(R)
1948	4,689	964	20.6	3,725	79.4			20.6	79.4	2,761(R)
1952	4,978	969	19.5	4,009	80.5			19.5	80.5	3,040(R)
1956	5,223	1,047	20.0	4,176	80.0			20.0	80.0	3,129(R)

Notes: [1] Theodore Roosevelt, *Progressive*, 950 (72.7%).
[2] Henry Wallace, *Progressive*, 9 (0.2%); Strom Thurmond, *States' Rights*, 71 (1.8%).
† Avery county was created in 1911.

PRESIDENT

BEAUFORT COUNTY

Year	Total Vote	Democratic Total	%	Republican Total	%	Other Total	%	Two-Party Vote % Dem.	% Repub.	Plurality Dem.-Repub.
1868	2,545	1,227	48.2	1,318	51.8			48.2	51.8	91(R)
1872	2,478	1,019	41.1	1,459	58.9			41.1	58.9	440(R)
1876	3,266	1,723	52.8	1,543	47.2			52.8	47.2	180(D)
1880	3,489	1,766	50.6	1,723	49.4			50.6	49.4	43(D)
1884	3,708	1,995	53.8	1,713	46.2			53.8	46.2	282(D)
1888	3,866	2,033	52.6	1,833	47.4			52.6	47.4	200(D)
1892	3,477	1,865	53.6	1,612	46.4			56.6	46.4	253(D)
1896	4,720	2,513	53.2	2,207	46.8			53.2	46.8	306(D)
1900	4,115	2,316	56.3	1,799	43.7			56.3	43.7	517(D)
1904	2,670	1,803	67.5	867	32.5			67.5	32.5	936(D)
1908	3,134	1,828	58.3	1,304	41.6	2	0.1	58.4	41.6	524(D)
1912	2,509	1,605	64.0	295	11.7	609[1]	24.3	84.5	15.5	1,310(D)
1916	3,232	1,957	60.6	1,274	39.4	1	*	60.6	39.4	683(D)
1920	5,788	3,522	60.9	2,266	39.1			60.9	39.1	1,256(D)
1924	4,643	3,048	65.6	1,502	32.4	93	2.0	67.0	33.0	1,546(D)
1928	6,054	3,533	58.4	2,521	41.6			58.4	41.6	1,012(D)
1932	6,431	5,552	86.4	839	13.0	40	0.6	86.9	13.1	4,713(D)
1936	7,097	6,133	86.4	964	13.6			86.4	13.6	5,169(D)
1940	6,464	5,528	85.5	936	14.5			85.5	14.5	4,592(D)
1944	5,839	4,706	80.6	1,133	19.4			80.6	19.4	2,573(D)
1948	6,030	4,675	77.5	1,055	17.5	300[2]	5.0	81.6	18.4	3,620(D)
1952	7,833	5,429	69.3	2,404	30.7			69.3	30.7	3,025(D)
1956	8,007	5,730	71.6	2,277	28.4			71.6	28.4	3,453(D)
1960	8,733	6,039	69.1	2,694	30.9			69.1	30.9	3,345(D)

Notes: [1] Theodore Roosevelt, *Progressive*, 548 (21.8%).
[2] Henry Wallace, *Progressive*, 5 (0.1%); Strom Thurmond, *States' Rights*, 295 (4.9%).
* Less than 0.05%.

BERTIE COUNTY

PRESIDENT

Year	Total Vote	Democratic Total	%	Republican Total	%	Other Total	%	Two-Party Vote % Dem.	% Repub.	Plurality Dem.-Repub.
1868	2,270	753	33.2	1,517	66.8			33.2	66.8	764(R)
1872	2,207	690	31.3	1,517	68.7			31.3	68.7	827(R)
1876	2,781	1,126	40.5	1,655	59.5			40.5	59.5	529(R)
1880	2,951	1,169	39.6	1,782	60.4			39.6	60.4	613(R)
1884	3,459	1,545	44.7	1,914	55.3			44.7	55.3	396(R)
1888	2,327	1,218	52.3	1,109	47.7			52.3	47.7	109(D)
1892	3,303	1,610	48.8	1,309	39.6	384[1]	11.6	55.2	44.8	301(D)
1896	3,866	1,711	44.3	2,155	55.7			44.3	55.7	444(R)
1900	3,487	2,420	69.4	1,067	30.6			69.4	30.6	1,353(D)
1904	1,520	1,264	83.1	252	16.6	4	0.3	83.4	16.6	1,012(D)
1908	1,618	1,258	77.8	360	22.2			77.8	22.2	898(D)
1912	1,675	1,571	93.8	43	2.6	61[2]	3.6	97.3	2.7	1,528(D)
1916	1,577	1,461	92.6	116	7.4			92.6	7.4	1,345(D)
1920	2,052	1,840	89.7	212	10.3			89.7	10.3	1,628(D)
1924	1,949	1,785	91.6	159	8.1	5	0.3	91.7	8.3	1,626(D)
1928	2,374	2,000	84.2	374	15.8			84.2	15.8	1,626(D)
1932	3,222	3,154	97.8	65	2.0	3	0.2	98.0	2.0	3,089(D)
1936	3,943	3,828	97.1	115	2.9			97.1	2.9	3,713(D)
1940	3,385	3,287	97.1	98	2.9			97.1	2.9	3,189(D)
1944	3,266	3,142	96.2	124	3.8			96.2	3.8	3,018(D)
1948	3,170	3,034	95.7	85	2.7	51[3]	1.6	97.3	2.7	2,949(D)
1952	3,941	3,557	90.3	384	9.7			90.3	9.7	3,173(D)
1956	3,842	3,373	87.8	469	12.2			87.8	12.2	2,904(D)
1960	4,259	3,682	86.5	577	13.5			86.5	13.5	3,105(D)

Notes: [1] James Weaver, *Populist*, 384 (11.6%).
[2] Theodore Roosevelt, *Progressive*, 61 (3.6%).
[3] Henry Wallace, *Progressive*, 4 (0.1%); Strom Thurmond, *States' Rights*, 47 (1.5%).

PRESIDENT

BLADEN COUNTY

Year	Total Vote	Democratic Total	%	Republican Total	%	Other Total	%	Two-Party Vote % Dem.	% Repub.	Plurality Dem.-Repub.
1868	2,451	1,079	44.0	1,372	56.0			44.0	56.0	293(R)
1872	2,167	758	35.0	1,409	65.0			35.0	65.0	651(R)
1876	2,787	1,397	50.1	1,390	49.9			50.1	49.9	7(D)
1880	2,815	1,278	45.4	1,537	54.6			45.4	54.6	259(R)
1884	2,942	1,410	47.9	1,532	52.1			47.9	52.1	122(R)
1888	2,895	1,520	52.5	1,375	47.5			52.5	47.5	145(D)
1892	2,754	1,228	44.6	1,205	43.8	321[1]	11.6	50.5	49.5	23(D)
1896	3,121	1,865	59.8	1,256	40.2			59.8	40.2	609(D)
1900	2,314	1,102	47.6	1,192	51.6	20	0.8	48.0	52.0	90(R)
1904	1,510	927	61.4	558	36.9	25	1.7	62.4	37.6	369(D)
1908	1,792	1,132	63.2	660	37.8			63.2	37.8	472(D)
1912	1,684	1,140	67.7	33	2.0	511[2]	30.3	97.2	2.8	1,107(D)
1916	1,912	1,261	66.0	651	34.0			66.0	34.0	610(D)
1920	3,003	1,939	64.6	1,064	35.4			64.6	35.4	875(D)
1924	2,360	1,551	65.6	786	33.3	23	0.1	66.4	33.6	765(D)
1928	3,463	1,552	44.8	1,911	55.2			44.8	55.2	359(R)
1932	3,495	2,651	75.9	808	23.1	36	1.0	76.6	23.4	1,843(D)
1936	3,911	3,360	85.9	551	14.1			85.9	14.1	2,809(D)
1940	3,468	2,925	84.3	543	15.7			84.3	15.7	2,382(D)
1944	3,273	2,542	77.7	731	22.3			77.7	22.3	1,811(D)
1948	3,914	2,831	72.3	500	12.8	583[3]	14.9	85.0	15.0	2,331(D)
1952	5,216	3,506	67.2	1,710	32.8			67.2	32.8	1,796(D)
1956	5,620	4,078	72.6	1,542	27.4			72.6	27.4	2,536(D)
1960	6,207	4,353	70.1	1,854	29.9			70.1	29.9	2,499(D)

Notes: [1] James Weaver, *Populist*, 321 (11.6%).
[2] Theodore Roosevelt, *Progressive*, 511 (30.3%).
[3] Henry Wallace, *Progressive*, 9 (0.2%); Strom Thurmond, *States' Rights*, 574 (14.7%).

PRESIDENT

BRUNSWICK COUNTY

Year	Total Vote	Democratic Total	%	Republican Total	%	Other Total	%	Two-Party Vote % Dem.	% Repub.	Plurality Dem.-Repub.
1868	1,577	698	44.3	879	55.7			44.3	55.7	181(R)
1872	1,347	490	36.4	857	63.6			36.4	63.6	377(R)
1876	2,046	1,002	49.0	1,044	51.0			49.0	51.0	42(R)
1880	1,635	746	45.6	889	54.4			45.6	54.4	143(R)
1884	1,864	928	49.8	936	50.2			49.8	50.2	8(R)
1888	1,988	1,023	51.5	965	48.5			51.5	48.5	58(D)
1892	1,886	755	40.0	446	23.7	685[1]	36.3	62.9	37.1	309(D)
1896	2,157	1,279	59.3	878	40.7			59.3	40.7	401(D)
1900	1,194	525	44.0	643	53.8	26	2.2	45.0	55.0	118(R)
1904	1,051	564	53.7	487	46.3			53.7	46.3	77(D)
1908	1,448	607	41.9	841	58.1			41.9	58.1	234(R)
1912	1,513	777	51.4	280	18.5	456[2]	30.1	73.5	26.5	497(D)
1916	1,800	810	45.0	989	54.9	1	0.1	45.0	55.0	179(R)
1920	2,615	1,253	48.0	1,362	52.0			48.0	52.0	109(R)
1924	2,455	1,118	45.5	1,296	52.8	41	1.7	46.3	53.7	178(R)
1928	2,949	1,018	34.5	1,931	65.5			34.5	65.5	913(R)
1932	4,060	2,245	55.3	1,798	44.3	17	0.4	55.5	44.5	447(D)
1936	4,335	2,710	62.5	1,625	37.5			62.5	37.5	1,085(D)
1940	4,239	2,717	64.1	1,522	35.9			64.1	35.9	1,195(D)
1944	4,343	2,346	54.0	1,997	45.0			54.0	45.0	349(D)
1948	4,683	2,052	43.8	1,896	40.5	735[3]	15.7	52.0	48.0	156(D)
1952	5,909	2,951	49.9	2,958	50.1			49.9	50.1	7(R)
1956	6,596	3,297	50.0	3,299	50.0			50.0	50.0	2(R)
1960	7,220	4,305	59.6	2,915	40.4			59.6	40.4	1,390(D)

Notes: [1] James Weaver, *Populist*, 685 (36.3%).
[2] Theodore Roosevelt, *Progressive*, 456 (30.1%).
[3] Henry Wallace, *Progressive*, 20 (0.4%); Strom Thurmond, *States' Rights*, 715 (15.3%).

PRESIDENT

BUNCOMBE COUNTY

Year	Total Vote	Democratic Total	%	Republican Total	%	Other Total	%	Two-Party Vote % Dem.	% Repub.	Plurality Dem.-Repub.
1868	2,125	1,090	51.3	1,035	48.7			51.3	48.7	55(D)
1872	2,079	1,109	53.3	970	46.7			53.3	46.7	139(D)
1876	3,177	1,991	62.7	1,186	37.3			62.7	37.3	805(D)
1880	3,586	1,995	55.6	1,591	44.4			55.6	44.4	404(D)
1884	4,656	2,649	56.9	2,007	43.1			56.9	43.1	642(D)
1888	5,829	2,956	50.7	2,873	49.3			50.7	49.3	83(D)
1892	6,742	3,588	53.2	3,125	46.4	29[1]	0.4	53.4	46.6	463(D)
1896	8,709	4,098	47.0	4,611	53.0			47.0	53.0	513(R)
1900	7,899	3,724	47.2	4,140	52.4	35	0.4	47.4	52.6	416(R)
1904	5,773	3,181	55.1	2,591	44.9	1	*	55.0	45.0	590(D)
1908	7,132	3,506	49.2	3,572	50.0	54	0.8	49.5	50.5	66(R)
1912	6,528	3,716	56.9	426	6.5	2,386[2]	36.6	89.7	10.3	3,290(D)
1916	8,059	4,229	52.5	3,830	47.5			52.5	47.5	399(D)
1920	18,184	10,167	55.9	8,017	44.1			55.9	44.1	2,150(D)
1924	16,850	10,098	59.9	6,285	37.3	467	2.8	61.6	38.4	3,813(D)
1928	28,995	12,405	42.8	16,590	57.2			42.8	57.2	4,185(R)
1932	27,353	18,241	66.7	8,745	32.0	367	1.3	67.6	32.4	9,496(D)
1936	33,116	23,646	71.4	9,470	28.6			71.4	28.6	14,176(D)
1940	33,601	24,878	74.0	8,723	26.0			74.0	26.0	16,155(D)
1944	30,276	20,878	69.0	9,398	31.0			69.0	31.0	11,480(D)
1948	30,851	17,072	55.3	11,460	37.2	2,319[3]	7.5	59.8	40.2	5,612(D)
1952	46,869	22,425	47.8	24,444	52.2			47.8	52.2	2,019(R)
1956	41,699	19,044	45.7	22,655	54.3			45.7	54.3	3,611(R)
1960	51,343	23,303	45.4	28,040	54.6			45.4	54.6	4,737(R)

Notes: [1] James Weaver, *Populist*, 29 (0.4%).
[2] Theodore Roosevelt, *Progressive*, 2,285 (35.0%).
[3] Henry Wallace, *Progressive*, 179 (0.6%); Strom Thurmond, *States' Rights*, 2,140 (6.9%).
* Less than 0.05%.

PRESIDENT

BURKE COUNTY

Year	Total Vote	Democratic Total	%	Republican Total	%	Other Total	%	Two-Party Vote %Dem.	%Repub.	Plurality Dem.-Repub.
1868	1,668	741	44.4	927	55.6			44.4	55.6	186(R)
1872	1,109	544	49.1	565	50.9			49.1	50.9	21(R)
1876	1,793	1,215	67.8	578	32.2			67.8	32.2	637(D)
1880	1,915	1,125	58.7	790	41.3			58.7	41.3	335(D)
1884	2,246	1,273	56.7	973	43.3			56.7	43.3	300(D)
1888	2,411	1,249	51.8	1,162	49.2			51.8	49.2	87(D)
1892	2,740	1,410	51.4	1,098	40.1	232[1]	8.5	56.2	43.8	312(D)
1896	2,935	1,550	52.8	1,385	47.2			52.8	47.2	165(D)
1900	2,514	1,389	55.2	1,110	44.2			55.6	44.4	279(D)
1904	2,081	1,080	51.9	1,001	48.1	15	0.6	51.9	48.1	79(D)
1908	2,668	1,310	49.1	1,358	50.9			49.1	50.9	48(R)
1912	2,701	1,365	50.5	48	1.8	1,288[2]	47.7	96.6	3.4	1,317(D)
1916	3,095	1,621	52.4	1,474	47.6			52.4	47.6	147(D)
1920	6,854	3,262	47.6	3,592	52.4			47.6	52.4	330(R)
1924	7,327	4,137	56.5	3,190	43.5			56.5	43.5	947(D)
1928	7,989	2,881	36.1	5,108	63.9			36.1	63.9	2,227(R)
1932	10,736	5,866	54.7	4,823	44.9	47	0.4	54.9	45.1	1,043(D)
1936	12,960	7,454	57.5	5,506	42.5			57.5	42.5	1,948(D)
1940	12,131	7,242	59.7	4,889	40.3			59.7	40.3	2,353(D)
1944	12,650	6,795	53.7	5,855	46.3			53.7	46.3	940(D)
1948	13,488	6,226	46.2	6,374	47.2	888[3]	6.6	49.4	50.6	148(R)
1952	18,845	7,732	41.0	11,113	59.0			41.0	59.0	3,381(R)
1956	19,822	7,999	40.4	11,823	59.6			40.4	59.6	3,824(R)
1960	22,940	10,015	43.7	12,925	56.3			43.7	56.3	2,910(R)

Notes: [1] James Weaver, Populist, 232 (8.5%).
[2] Theodore Roosevelt, Progressive, 1,288 (47.7%).
[3] Henry Wallace, Progressive, 16 (0.1%); Strom Thurmond, States' Rights, 872 (6.5%).

PRESIDENT

CABARRUS COUNTY

Year	Total Vote	Democratic Total	%	Republican Total	%	Other Total	%	Two-Party Vote % Dem.	% Repub.	Plurality Dem.-Repub.
1868	2,052	1,112	54.2	940	45.8			54.2	45.8	172(D)
1872	1,741	945	54.3	796	45.7			54.3	45.7	149(D)
1876	2,568	1,641	63.9	927	36.1			63.9	36.1	714(D)
1880	2,553	1,499	58.7	1,054	41.3			58.7	41.3	445(D)
1884	2,883	1,893	65.7	990	34.3			65.7	34.3	903(D)
1888	2,592	1,659	64.0	933	36.0			64.0	36.0	726(D)
1892	2,917	1,419	48.6	679	23.3	819[1]	28.1	67.6	32.4	740(D)
1896	3,246	2,250	69.3	996	30.7			69.3	30.7	1,254(D)
1900	2,638	1,485	56.3	1,112	42.1	41	1.6	57.2	42.8	373(D)
1904	2,805	1,509	53.8	1,254	44.7	42	1.5	54.6	45.4	255(D)
1908	3,431	1,610	46.9	1,821	53.1			46.9	53.1	211(R)
1912	3,711	1,738	46.8	389	10.5	1,584[2]	42.7	81.7	18.3	1,349(D)
1916	4,416	2,080	47.1	2,314	52.4	22	0.5	47.4	52.6	234(R)
1920	9,566	4,418	46.2	5,148	53.8			46.2	53.8	730(R)
1924	8,148	4,449	54.6	3,510	43.1	189	2.3	55.9	44.1	939(D)
1928	11,417	4,869	42.6	6,548	57.4			42.6	57.4	1,679(R)
1932	11,977	8,465	70.7	3,444	28.7	68	0.6	71.0	29.0	5,021(D)
1936	15,122	12,297	81.3	2,825	18.7			81.3	18.7	9,472(D)
1940	14,355	11,776	82.0	2,579	18.0			82.0	18.0	9,197(D)
1944	13,297	9,064	68.2	4,233	31.8			68.2	31.8	4,831(D)
1948	13,446	5,059	37.6	4,924	36.6	3,463[3]	25.8	50.7	49.3	135(D)
1952	24,193	9,140	37.8	15,053	62.2			37.8	62.2	5,913(R)
1956	21,635	7,173	33.2	14,462	66.8			33.2	66.8	7,289(R)
1960	24,358	8,680	35.6	15,678	64.4			35.6	64.4	6,998(R)

Notes: [1] James Weaver, Populist, 819 (28.1%).
[2] Theodore Roosevelt, Progressive, 1,584 (42.7%).
[3] Henry Wallace, Progressive, 36 (0.3%); Strom Thurmond, States' Rights, 3,427 (25.5%).

PRESIDENT

CALDWELL COUNTY

Year	Total Vote	Democratic Total	%	Republican Total	%	Other Total	%	Two-Party Vote % Dem.	% Repub.	Plurality Dem.-Repub.
1868	1,013	617	61.0	396	39.0			61.0	39.0	221(D)
1872	840	521	62.0	319	38.0			62.0	38.0	202(D)
1876	1,479	1,193	80.7	286	19.3			80.7	19.3	907(D)
1880	1,430	988	69.1	442	30.9			69.1	30.9	546(D)
1884	1,683	1,257	74.7	426	25.3			74.7	25.3	831(D)
1888	1,782	1,258	70.6	524	29.4			70.6	29.4	734(D)
1892	2,079	1,172	56.4	614	29.5	293[1]	14.1	65.6	34.4	558(D)
1896	2,395	1,428	59.6	967	40.4			59.6	40.4	461(D)
1900	2,463	1,111	45.1	1,317	53.5	35	1.4	45.8	54.2	206(R)
1904	2,629	1,169	44.5	1,419	53.9	41	1.6	45.2	54.8	250(R)
1908	3,158	1,413	44.8	1,745	55.2			44.8	55.2	332(R)
1912	3,287	1,627	49.5	482	14.7	1,178[2]	35.8	77.1	22.9	1,145(D)
1916	3,384	1,725	51.0	1,659	49.0			51.0	49.0	66(D)
1920	6,229	2,931	47.0	3,298	53.0			47.0	53.0	367(R)
1924	5,877	3,348	57.0	2,503	42.6	26	0.4	57.2	42.8	845(D)
1928	6,498	2,291	35.3	4,207	64.7			35.3	64.7	1,916(R)
1932	9,275	5,479	59.1	3,750	40.4	46	0.5	59.4	40.6	1,729(D)
1936	10,230	6,809	66.6	3,421	33.4			66.6	33.4	3,388(D)
1940	9,339	6,334	67.8	3,005	32.2			67.8	32.2	3,329(D)
1944	9,784	5,419	55.4	4,365	44.6			55.4	44.6	1,054(D)
1948	10,785	5,033	46.7	4,987	46.2	765[3]	7.1	50.2	49.8	46(D)
1952	16,693	7,533	45.1	9,160	54.9			45.1	54.9	1,627(R)
1956	17,694	6,861	38.8	10,833	61.2			38.8	61.2	3,972(R)
1960	20,275	8,722	43.0	11,553	57.0			43.0	57.0	2,831(R)

Notes: [1] James Weaver, *Populist*, 293 (14.1%). [2] Theodore Roosevelt, *Progressive*, 1,167 (35.5%). [3] Strom Thurmond, *States' Rights*, 743 (6.9%); Henry Wallace, *Progressive*, 22 (0.2%).

PRESIDENT

CAMDEN COUNTY

Year	Total Vote	Democratic Total	%	Republican Total	%	Other Total	%	Two-Party Vote % Dem.	% Repub.	Plurality Dem.-Repub.
1868	1,058	528	49.9	530	50.1			49.9	50.1	2(R)
1872	979	434	44.3	545	55.7			44.3	55.7	111(R)
1876	1,239	683	55.1	556	44.9			55.1	44.9	127(D)
1880	1,166	642	55.1	524	44.9			55.1	44.9	118(D)
1884	1,277	706	55.3	571	44.7			55.3	44.7	135(D)
1888	1,202	588	48.9	614	51.1			48.9	51.1	26(R)
1892	1,096	483	44.1	504	46.0	109[1]	9.9	48.9	51.1	21(R)
1896	1,146	558	48.7	588	51.3			48.7	51.3	30(R)
1900	1,033	498	48.2	535	51.8			48.2	51.8	37(R)
1904	488	389	79.7	99	20.3			79.7	20.3	290(D)
1908	562	398	70.8	164	29.2			70.8	29.2	234(D)
1912	405	303	74.8	40	9.9	62[2]	15.3	88.3	11.7	263(D)
1916	456	368	80.7	86	18.9	2	0.4	81.0	19.0	282(D)
1920	682	540	79.2	142	20.8			79.2	20.8	398(D)
1924	577	436	75.5	132	22.9	9	1.6	76.8	23.2	304(D)
1928	869	624	71.8	245	28.2			71.8	28.2	379(D)
1932	994	915	92.1	78	7.8	1	0.1	92.1	7.9	837(D)
1936	1,125	1,008	89.6	117	10.4			89.6	10.4	891(D)
1940	1,095	961	87.8	134	12.2			87.8	12.2	827(D)
1944	915	722	78.9	193	21.1			78.9	21.1	529(D)
1948	779	576	73.9	127	16.3	76[3]	9.8	81.9	18.1	449(D)
1952	1,336	996	74.6	340	25.4			74.6	25.4	656(D)
1956	1,156	813	70.3	343	29.7			70.3	29.7	470(D)
1960	1,352	1,014	75.0	338	25.0			75.0	25.0	676(D)

Notes: [1] James Weaver, *Populist*, 109 (9.9%).
[2] Theodore Roosevelt, *Progressive*, 62 (15.3%).
[3] Henry Wallace, *Progressive*, 5 (0.6%); Strom Thurmond, *States' Rights*, 71 (9.1%).

CARTERET COUNTY

PRESIDENT

Year	Total Vote	Democratic Total	%	Republican Total	%	Other Total	%	Two-Party Vote % Dem.	% Repub.	Plurality Dem.-Repub.
1868	1,722	899	52.2	823	47.8			52.2	47.8	76(D)
1872	1,396	744	53.3	652	46.7			53.3	46.7	92(D)
1876	1,865	1,150	61.7	715	38.3			61.7	38.3	435(D)
1880	1,727	1,026	59.4	701	40.6			59.4	40.6	325(D)
1884	1,778	1,166	65.6	612	34.4			65.6	34.4	554(D)
1888	1,796	1,082	60.2	714	39.8			60.2	39.8	368(D)
1892	2,036	1,211	59.5	613	30.1	212[1]	10.4	66.4	33.6	598(D)
1896	2,261	1,308	57.8	953	42.2			57.8	42.2	355(D)
1900	1,817	1,046	57.6	767	42.2	4	0.2	57.7	42.3	279(D)
1904	1,668	1,012	60.7	656	39.3			60.7	39.3	356(D)
1908	2,212	1,152	52.0	1,060	48.0			52.0	48.0	92(D)
1912	1,908	1,153	60.4	218	11.4	537[2]	28.2	84.0	16.0	935(D)
1916	2,411	1,165	48.3	1,246	51.7			48.3	51.7	81(R)
1920	4,385	2,070	47.2	2,315	52.8			47.2	52.8	245(R)
1924	4,130	2,261	54.7	1,854	44.9	15	0.4	54.9	45.1	407(D)
1928	5,178	2,045	39.5	3,133	60.5			39.5	60.5	1,088(R)
1932	5,275	3,455	65.5	1,765	33.5	55	1.0	66.2	33.8	1,690(D)
1936	5,669	3,780	66.7	1,889	33.3			66.7	33.3	1,891(D)
1940	5,685	3,896	68.5	1,789	31.5			68.5	31.5	2,107(D)
1944	5,055	3,489	69.0	1,566	31.0			69.0	31.0	923(D)
1948	5,160	3,491	67.6	1,520	29.5	149[3]	2.9	69.7	30.3	1,971(D)
1952	7,247	4,280	59.1	2,967	40.9			59.1	40.9	1,313(D)
1956	7,679	3,875	50.5	3,804	49.5			50.5	49.5	71(D)
1960	9,757	5,264	53.9	4,493	46.1			53.9	46.1	771(D)

Notes: [1] James Weaver, *Populist*, 212 (10.4%).
[2] Theodore Roosevelt, *Progressive*, 537 (28.2%).
[3] Henry Wallace, *Progressive*, 15 (0.3%); Strom Thurmond, *States' Rights*, 134 (2.6%).

PRESIDENT

CASWELL COUNTY

Year	Total Vote	Democratic Total	%	Republican Total	%	Other Total	%	Two-Party Vote % Dem.	% Repub.	Plurality Dem.-Repub.
1868	3,366	1,409	41.9	1,957	58.1			41.9	58.1	548(R)
1872	2,815	1,261	44.8	1,554	55.2			44.8	55.2	293(R)
1876	3,125	1,493	47.8	1,632	52.2			47.8	52.2	139(R)
1880	3,244	1,457	44.9	1,787	55.1			44.9	55.1	330(R)
1884	3,163	1,548	48.9	1,615	51.1			48.9	51.1	67(R)
1888	2,978	1,351	45.4	1,627	54.6			45.4	54.6	276(R)
1892	2,888	913	31.6	1,522	52.7	453[1]	15.7	37.5	62.5	609(R)
1896	3,073	1,372	44.6	1,701	55.4			44.6	55.4	329(R)
1900	2,621	1,342	51.2	1,277	48.7	2	0.1	51.3	48.7	65(D)
1904	1,075	874	81.3	201	18.7			81.3	18.7	673(D)
1908	1,195	820	68.6	373	31.2	2	0.2	68.7	31.3	447(D)
1912	904	705	78.0	154	17.0	45[2]	5.0	78.5	17.5	551(D)
1916	1,187	849	71.5	338	28.5			71.5	28.5	511(D)
1920	1,744	1,239	71.0	505	29.0			71.0	29.0	734(D)
1924	1,546	1,075	69.5	467	30.2	4	0.3	69.7	30.3	608(D)
1928	1,685	936	55.5	749	44.5			55.5	44.5	187(D)
1932	2,033	1,858	91.4	169	8.3	6	0.3	91.7	8.3	1,689(D)
1936	2,493	2,286	92.3	207	7.7			92.3	7.7	2,286(D)
1940	2,686	2,335	86.9	351	13.1			86.9	13.1	1,984(D)
1944	2,415	1,923	79.6	492	20.4			79.6	20.4	1,431(D)
1948	2,399	1,651	68.8	351	14.6	397[3]	16.6	82.5	17.5	1,300(D)
1952	3,570	2,597	72.7	973	27.3			72.7	27.3	1,624(D)
1956	3,672	2,468	67.2	1,204	32.8			67.2	32.8	1,264(D)
1960	4,104	2,832	69.0	1,272	31.0			69.0	31.0	1,560(D)

Notes: [1] James Weaver, Populist, 453 (15.7%).
[2] Theodore Roosevelt, Progressive, 45 (5.0%).
[3] Henry Wallace, Progressive, 8 (0.4%); Strom Thurmond, States' Rights, 389 (16.2%).

PRESIDENT

CATAWBA COUNTY

Year	Total Vote	Democratic Total	%	Republican Total	%	Other Total	%	Two-Party Vote % Dem.	% Repub.	Plurality Dem.-Repub.
1868	1,619	1,131	69.9	488	30.1			69.9	30.1	643(D)
1872	1,693	1,252	74.0	441	26.0			74.0	26.0	811(D)
1876	2,320	1,874	80.8	446	19.2			80.8	19.2	1,430(D)
1880	2,507	1,883	75.1	624	24.9			75.1	24.9	1,259(D)
1884	2,969	2,307	77.7	662	22.3			77.7	22.3	1,645(D)
1888	3,114	2,349	75.4	765	24.6			75.4	24.6	1,584(D)
1892	3,309	1,711	51.7	705	21.3	893[1]	27.0	70.8	29.2	706(D)
1896	3,653	2,649	72.5	1,004	27.5			72.5	27.5	1,645(D)
1900	3,292	1,612	49.0	1,522	46.2	158	4.8	51.4	48.6	90(D)
1904	3,082	1,497	48.6	1,309	42.5	276	8.9	53.3	46.7	188(D)
1908	3,874	1,864	48.1	2,010	51.9			48.1	51.9	146(R)
1912	4,187	2,110	50.4	203	4.8	1,875[2]	44.8	91.2	8.8	1,907(D)
1916	5,207	2,569	49.3	2,624	50.4	14	0.3	49.5	50.5	55(R)
1920	11,339	5,404	47.7	5,935	52.3			47.7	52.3	531(R)
1924	11,919	5,754	48.3	5,998	50.3	167	1.4	49.0	51.0	244(R)
1928	12,472	4,916	39.4	7,556	60.6			39.4	60.6	2,640(R)
1932	14,341	8,446	58.9	5,818	40.6	77	0.5	59.2	40.8	2,628(D)
1936	17,404	11,017	63.3	6,387	36.7			63.3	36.7	4,630(D)
1940	16,889	11,233	66.5	5,656	33.5			66.5	33.5	5,577(D)
1944	17,357	10,146	58.5	7,211	41.5			58.5	41.5	2,935(D)
1948	19,937	8,844	44.4	9,471	47.5	1,622[3]	8.1	48.3	51.7	627(R)
1952	28,368	11,554	40.7	16,814	59.3			40.7	59.3	5,260(R)
1956	30,670	11,424	37.2	19,246	62.8			37.2	62.8	7,822(R)
1960	32,626	13,491	41.4	19,135	58.6			41.4	58.6	5,644(R)

Notes: [1] James Weaver, *Populist*, 893 (27.0%).
[2] Theodore Roosevelt, *Progressive*, 1,872 (44.7%).
[3] Henry Wallace, *Progressive*, 46 (0.2%); Strom Thurmond, *States' Rights*, 1,576 (7.9%).

PRESIDENT

CHATHAM COUNTY

Year	Total Vote	Democratic Total	%	Republican Total	%	Other Total	%	Two-Party Vote % Dem.	% Repub.	Plurality Dem.–Repub.
1868	3,304	1,539	46.6	1,765	53.4			46.6	53.4	226(R)
1872	2,886	1,300	45.0	1,586	55.0			45.0	55.0	286(R)
1876	4,011	2,141	53.4	1,870	46.6			53.4	46.6	271(D)
1880	4,090	2,206	53.9	1,884	46.1			53.9	46.1	322(D)
1884	4,169	2,451	58.8	1,718	41.2			58.8	41.2	733(D)
1888	4,608	2,581	56.0	2,027	44.0			56.0	44.0	554(D)
1892	4,329	1,567	36.2	727	16.8	2,035[1]	47.0	68.3	31.7	840(D)
1896	4,382	2,892	66.0	1,490	34.0			66.0	34.0	1,402(D)
1900	3,755	1,489	39.6	2,240	59.7	26	0.7	39.9	60.1	751(R)
1904	3,038	1,551	51.1	1,477	48.6	10	0.3	51.2	48.8	74(D)
1908	3,018	1,521	50.4	1,497	48.6			50.4	48.6	24(D)
1912	3,067	1,652	53.9	70	2.3	1,345[2]	43.8	95.9	4.1	1,582(D)
1916	3,354	1,839	54.8	1,501	44.8	14	0.4	55.0	45.0	338(D)
1920	6,092	3,186	52.3	2,906	47.7			52.3	47.7	280(D)
1924	6,216	3,446	55.5	2,755	44.3	15	0.2	55.6	44.4	691(D)
1928	5,998	2,680	44.7	3,318	55.3			44.7	55.3	638(R)
1932	6,912	4,263	61.7	2,590	37.4	59	0.9	62.2	37.8	1,673(D)
1936	6,555	4,373	66.7	2,182	33.3			66.7	33.3	2,191(D)
1940	5,854	4,025	68.8	1,829	31.2			66.8	31.2	2,196(D)
1944	6,287	3,856	61.3	2,431	38.7			61.3	38.7	1,425(D)
1948	5,795	3,396	58.6	2,008	34.6	391[3]	6.8	62.8	37.2	1,388(D)
1952	7,909	4,303	54.4	3,606	45.6			54.4	45.6	697(D)
1956	7,880	4,151	52.7	3,729	47.3			52.7	47.3	422(D)
1960	8,991	4,683	52.1	4,308	47.9			52.1	47.9	375(D)

Notes: [1] James Weaver, Populist, 2,035 (47.0%).
[2] Theodore Roosevelt, Progressive, 1,343 (43.7%).
[3] Henry Wallace, Progressive, 9 (0.2%); Strom Thurmond, States' Rights, 382 (6.6%).

PRESIDENT

CHEROKEE COUNTY

Year	Total Vote	Democratic Total	%	Republican Total	%	Other Total	%	Two-Party Vote % Dem.	% Repub.	Plurality Dem.-Repub.
1868	866	423	48.8	443	51.2			48.8	51.2	20(R)
1872	656	284	43.3	372	56.7			43.3	56.7	88(R)
1876	1,212	680	56.1	532	43.9			56.1	43.9	148(D)
1880	1,371	722	52.7	649	47.3			52.7	47.3	73(D)
1884	1,195	517	43.3	678	56.7			43.3	56.7	161(R)
1888	1,561	673	43.1	888	56.9			43.1	56.9	215(R)
1892	1,436	692	48.2	692	48.2	52[1]	3.6	50.0	50.0	
1896	1,757	770	43.8	987	56.2			43.8	56.2	217(R)
1900	1,937	774	40.0	1,157	59.7	6	0.3	40.0	60.0	383(R)
1904	1,643	663	40.4	980	59.6			40.4	59.6	317(R)
1908	2,092	782	37.4	1,310	62.6			37.4	62.6	528(R)
1912	2,117	906	42.8	734	34.7	477[2]	22.5	55.2	44.8	172(D)
1916	2,724	1,362	50.0	1,362	50.0			50.0	50.0	
1920	4,267	1,761	41.3	2,506	58.7			41.3	58.7	745(R)
1924	4,079	1,742	42.7	2,314	56.7	23	0.6	42.9	57.1	572(R)
1928	5,150	1,911	37.1	3,239	62.9			37.1	62.9	1,328(R)
1932	6,504	3,348	51.5	3,131	48.1	25	0.4	51.7	48.3	217(D)
1936	6,687	3,473	51.9	3,214	48.1			51.9	48.1	259(D)
1940	5,854	3,180	54.3	2,674	45.7			54.3	45.7	506(D)
1944	5,207	2,582	49.6	2,625	50.4			49.6	50.4	43(R)
1948	5,572	2,771	49.7	2,615	46.9	186[3]	3.3	51.4	48.6	156(D)
1952	6,591	3,363	51.0	3,228	49.0			51.0	49.0	135(D)
1956	6,673	2,843	42.6	3,830	57.4			42.6	57.4	987(R)
1960	7,491	3,197	42.7	4,294	57.3			42.7	57.3	1,097(R)

Notes: [1] James Weaver, Populist, 52 (3.6%).
[2] Theodore Roosevelt, Progressive, 477 (22.5%).
[3] Henry Wallace, Progressive, 20 (0.4%); Strom Thurmond, States' Rights, 166 (2.9%).

PRESIDENT

Chowan County

Year	Total Vote	Democratic Total	%	Republican Total	%	Other Total	%	Two-Party Vote % Dem.	% Repub.	Plurality Dem.-Repub.
1868	1,210	520	43.0	690	57.0			43.0	57.0	170(R)
1872	1,197	430	35.9	767	64.1			35.9	64.1	337(R)
1876	1,495	629	42.1	866	57.9			42.1	57.9	237(R)
1880	1,482	630	42.5	852	57.5			42.5	57.5	222(R)
1884	1,528	699	45.7	829	54.3			45.7	54.3	130(R)
1888	1,546	738	47.7	808	52.3			47.7	52.3	70(R)
1892	1,641	679	41.4	882	53.7	80[1]	4.9	43.5	56.5	203(R)
1896	1,937	791	40.8	1,146	59.2			40.8	59.2	355(R)
1900	1,830	898	49.1	932	50.9			49.1	50.9	34(R)
1904	721	573	79.5	148	20.5			79.5	20.5	425(D)
1908	834	621	74.5	213	25.5			74.5	25.5	408(D)
1912	800	663	82.9	60	7.5	77[2]	9.6	91.7	8.3	603(D)
1916	702	610	86.9	91	13.0	1	0.1	86.9	13.1	519(D)
1920	1,300	1,091	83.9	209	16.1			83.9	16.1	882(D)
1924	817	714	87.4	98	12.0	5	0.6	87.9	12.1	616(D)
1928	1,288	936	72.7	352	27.3			72.7	27.3	584(D)
1932	1,712	1,639	95.7	64	3.7	9	0.5	96.5	3.5	1,575(D)
1936	1,646	1,550	94.2	96	5.8			94.2	5.8	1,454(D)
1940	1,634	1,547	94.7	87	5.3			94.7	5.3	1,460(D)
1944	1,480	1,314	88.8	166	11.2			88.8	11.2	1,148(D)
1948	1,274	1,070	84.0	124	9.7	80[3]	6.3	89.6	10.4	946(D)
1952	1,985	1,448	72.9	537	27.1			72.9	27.1	911(D)
1956	2,041	1,485	72.8	556	27.2			72.8	27.2	929(D)
1960	2,453	1,920	78.3	533	21.7			78.3	21.7	1,387(D)

Notes: [1] James Weaver, *Populist*, 80 (4.9%).
[2] Theodore Roosevelt, *Progressive*, 77 (9.6%).
[3] Henry Wallace, *Progressive*, 8 (0.6%); Strom Thurmond, *States' Rights*, 72 (5.7%).

PRESIDENT

Clay County

Year	Total Vote	Democratic Total	%	Republican Total	%	Other Total	%	Two-Party Vote % Dem.	% Repub.	Plurality Dem.-Repub.
1868	389	234	60.2	155	39.8			60.2	39.8	79(D)
1872	329	204	62.0	125	38.0			62.0	38.0	79(D)
1876	499	315	63.1	184	36.9			63.1	36.9	131(D)
1880	552	365	66.1	187	33.9			66.1	33.9	178(D)
1884	569	359	63.1	210	36.9			63.1	36.9	149(D)
1888	691	401	58.0	290	42.0			58.0	42.0	111(D)
1892	719	383	53.3	256	35.6	80[1]	11.1	59.9	40.1	127(D)
1896	766	467	61.0	299	39.0			61.0	39.0	168(D)
1900	798	404	50.6	394	49.4			50.6	49.4	10(D)
1904	667	336	50.4	325	48.7	6	0.9	50.8	49.2	661(D)
1908	665	343	51.6	321	48.3	1	0.1	51.7	48.3	22(D)
1912	776	372	47.9	17	2.2	387[2]	49.9	95.6	4.4	355(D)
1916	853	400	46.9	453	53.1			46.9	53.1	53(R)
1920	1,666	755	45.3	911	54.7			45.3	54.7	156(R)
1924	2,061	953	46.2	1,090	52.8	18	0.9	46.6	53.4	137(R)
1928	2,009	903	45.0	1,106	55.0			45.0	55.0	203(R)
1932	2,614	1,341	51.3	1,265	48.4	8	0.3	51.5	48.5	76(D)
1936	2,865	1,340	46.8	1,525	53.2			46.8	53.2	185(R)
1940	2,525	1,349	53.4	1,176	46.6			53.4	46.6	173(D)
1944	2,508	1,245	49.6	1,263	50.4			49.6	50.4	18(R)
1948	2,574	1,307	50.8	1,213	47.1	54[3]	2.1	51.9	48.1	94(D)
1952	2,882	1,439	49.9	1,443	50.1			49.9	50.1	4(R)
1956	2,729	1,287	47.2	1,442	52.8			47.2	52.8	155(R)
1960	2,921	1,264	43.3	1,657	56.7			43.3	56.7	393(R)

Notes: [1] James Weaver, *Populist*, 80 (11.1%).
[2] Theodore Roosevelt, *Progressive*, 387 (49.9%).
[3] Henry Wallace, *Progressive*, 6 (0.2%); Strom Thurmond, *States' Rights*, 49 (1.9%).

28

PRESIDENT

CLEVELAND COUNTY

Year	Total Vote	Democratic Total	%	Republican Total	%	Other Total	%	Two-Party Vote % Dem.	% Repub.	Plurality Dem.-Repub.
1868	1,693	1,037	61.3	656	38.7			61.3	38.7	381(D)
1872	984	431	43.8	553	56.2			43.8	56.2	122(R)
1876	2,252	1,769	78.6	483	21.4			78.6	21.4	1,313(D)
1880	2,271	1,736	76.4	535	23.6			76.4	23.6	1,201(D)
1884	2,658	2,042	76.8	616	23.2			76.8	23.2	1,426(D)
1888	3,026	2,264	74.8	762	25.2			74.8	25.2	1,502(D)
1892	3,470	1,788	51.5	722	20.8	960[1]	27.7	71.2	28.8	1,066(D)
1896	3,880	2,664	68.7	1,216	31.3			68.7	31.3	1,448(D)
1900	3,579	2,228	62.3	1,311	36.6	40	1.1	63.0	37.0	917(D)
1904	3,202	2,162	67.5	1,036	32.4	4	0.1	67.6	32.4	1,126(D)
1908	3,742	2,282	61.0	1,459	39.0	1	*	61.0	39.0	823(D)
1912	3,375	2,351	69.7	81	2.4	943[2]	27.9	96.7	3.3	2,270(D)
1916	4,261	2,764	64.9	1,497	35.1			64.9	35.1	1,267(D)
1920	8,134	5,181	63.7	2,953	36.3			63.7	36.3	2,228(D)
1924	5,529	3,749	67.8	1,743	31.5	37	0.7	68.3	31.7	2,006(D)
1928	9,680	4,914	50.8	4,766	49.2			50.8	49.2	148(D)
1932	9,945	8,016	80.6	1,904	19.1	25	0.3	80.8	19.2	6,112(D)
1936	13,509	11,393	84.3	2,116	15.7			84.3	15.7	9,277(D)
1940	11,316	9,346	82.6	1,970	17.4			82.6	17.4	7,376(D)
1944	10,806	8,170	75.6	2,636	24.4			75.6	24.4	5,534(D)
1948	9,261	6,039	65.2	1,905	20.6	1,317[3]	14.2	76.0	24.0	4,134(D)
1952	17,315	9,709	56.1	7,606	43.9			56.1	43.9	2,103(D)
1956	15,484	8,408	54.3	7,076	45.7			54.3	45.7	1,332(D)
1960	18,802	10,545	56.1	8,257	43.9			56.1	43.9	2,288(D)

Notes: [1] James Weaver, Populist, 960 (27.7%).
[2] Theodore Roosevelt, Progressive, 943 (27.9%).
[3] Henry Wallace, Progressive, 42 (0.5%); Strom Thurmond, States' Rights, 1,275 (13.7%).
* Less than 0.05%.

PRESIDENT

COLUMBUS COUNTY

Year	Total Vote	Democratic Total	%	Republican Total	%	Other Total	%	Two-Party Vote % Dem.	% Repub.	Plurality Dem.-Repub.
1868	1,460	957	65.5	503	34.5			65.5	34.5	454(D)
1872	1,507	730	48.4	777	51.6			48.4	51.6	47(R)
1876	2,201	1,431	65.0	790	35.0			65.0	35.0	661(D)
1880	2,519	1,597	63.4	922	36.6			63.4	36.6	675(D)
1884	2,815	1,867	66.3	948	33.7			66.3	33.7	919(D)
1888	2,971	2,078	69.9	893	30.1			69.9	30.1	1,185(D)
1892	3,040	1,592	52.4	813	26.7	635[1]	20.9	66.2	33.8	779(D)
1896	3,069	1,908	62.2	1,161	37.8			62.2	37.8	747(D)
1900	2,860	1,623	56.7	1,237	43.3			56.7	43.3	386(D)
1904	2,323	1,447	62.3	876	37.7			62.3	37.7	571(D)
1908	3,226	1,845	57.2	1,381	42.8			57.2	42.8	464(D)
1912	2,715	1,668	61.4	155	5.7	892[2]	32.9	91.5	8.5	1,513(D)
1916	3,472	2,143	61.7	1,327	38.2	2	0.1	61.8	38.2	816(D)
1920	4,894	3,111	63.6	1,783	36.4			63.6	36.4	1,328(D)
1924	4,412	2,757	62.5	1,629	36.9	26	0.6	62.9	37.1	1,128(D)
1928	6,387	2,854	44.7	3,533	55.3			44.7	55.3	679(R)
1932	5,890	5,098	86.6	739	12.5	53	0.9	87.3	12.7	4,359(D)
1936	7,573	6,359	84.0	1,214	16.0			84.0	16.0	5,145(D)
1940	6,834	5,900	86.3	934	13.7			86.3	13.7	4,966(D)
1944	7,269	5,717	78.6	1,552	21.4			78.6	21.4	4,165(D)
1948	7,369	5,511	74.8	1,105	15.0	753[3]	10.2	83.3	16.7	4,406(D)
1952	9,942	6,941	69.8	3,001	30.2			69.8	30.2	3,940(D)
1956	10,105	7,805	77.2	2,300	22.8			77.2	22.8	5,505(D)
1960	14,110	10,455	74.1	3,655	25.9			74.1	25.9	6,800(D)

Notes: [1] James Weaver, Populist, 635 (20.9%).
[2] Theodore Roosevelt, Progressive, 892 (32.9%).
[3] Henry Wallace, Progressive, 12 (0.2%); Strom Thurmond, States' Rights, 741 (10.0%).

PRESIDENT

CRAVEN COUNTY

Year	Total Vote	Democratic Total	%	Republican Total	%	Other Total	%	Two-Party Vote % Dem.	% Repub.	Plurality Dem.-Repub.
1868	5,028	1,493	29.7	3,535	70.3			29.7	70.3	2,042(R)
1872	3,713	954	25.7	2,759	74.3			25.7	74.3	805(R)
1876	4,016	1,289	32.1	2,727	67.9			32.1	67.9	1,438(R)
1880	3,989	1,180	29.6	2,809	70.4			29.6	70.4	1,629(R)
1884	3,869	1,330	34.4	2,539	65.6			34.4	65.6	1,209(R)
1888	3,977	1,359	34.2	2,618	65.8			34.2	65.8	1,259(R)
1892	3,262	1,305	40.0	1,648	50.5	309[1]	9.5	44.2	55.8	343(R)
1896	4,731	1,810	38.3	2,921	61.7			38.3	61.7	1,111(R)
1900	3,530	2,028	57.5	1,502	42.5			57.5	42.5	526(D)
1904	1,823	1,555	85.3	268	14.7			85.3	14.7	1,287(D)
1908	1,848	1,399	75.7	449	24.3			75.7	24.3	950(D)
1912	2,088	1,819	87.1	79	3.8	190[2]	9.1	95.8	4.2	1,740(D)
1916	2,322	1,780	76.7	542	23.3			76.7	23.3	1,238(D)
1920	4,144	3,413	82.4	731	17.6			82.4	17.6	2,682(D)
1924	3,311	2,942	88.9	325	9.8	44	1.3	89.1	9.9	2,617(D)
1928	4,731	2,494	52.7	2,237	47.3			52.7	47.3	257(D)
1932	4,860	4,375	90.0	466	9.6	19	0.4	90.4	9.6	3,909(D)
1936	5,996	5,543	92.4	453	7.6			92.4	7.6	5,090(D)
1940	5,542	4,916	88.7	626	11.3			88.7	11.3	4,290(D)
1944	5,698	4,872	85.5	826	14.5			85.5	14.5	4,046(D)
1948	6,278	5,039	80.3	745	11.9	494[3]	7.9	87.1	12.9	4,294(D)
1952	8,914	6,092	68.3	2,822	31.7			68.3	31.7	3,270(D)
1956	9,273	6,317	68.1	2,956	31.9			68.1	31.9	3,361(D)
1960	10,838	7,158	66.0	3,680	34.0			66.0	34.0	3,478(D)

Notes: [1] James Weaver, *Populist*, 309 (9.5%).
[2] Theodore Roosevelt, *Progressive*, 190 (9.1%).
[3] Henry Wallace, *Progressive*, 13 (0.2%); Strom Thurmond, *States' Rights*, 481 (7.7%).

CUMBERLAND COUNTY

PRESIDENT

Year	Total Vote	Democratic Total	%	Republican Total	%	Other Total	%	Two-Party Vote % Dem.	% Repub.	Plurality Dem.-Repub.
1868	3,272	1,680	51.3	1,592	48.7			51.3	48.7	88(D)
1872	3,288	1,442	43.9	1,846	56.1			43.9	56.1	404(R)
1876	4,353	2,230	51.2	2,123	48.8			51.2	48.8	107(D)
1880	4,246	2,109	49.7	2,137	50.3			49.7	50.3	28(R)
1884	4,661	2,469	53.0	2,192	47.0			53.0	47.0	277(D)
1888	4,551	2,523	55.4	2,028	44.6			55.4	44.6	495(D)
1892	4,874	2,178	44.7	1,333	27.3	1,363[1]	28.0	62.0	38.0	845(D)
1896	4,799	2,599	54.2	2,200	45.8			54.2	45.8	399(D)
1900	4,113	1,964	47.7	2,138	52.0	11	0.3	47.9	52.1	174(R)
1904	2,729	1,594	58.4	1,129	41.4	6	0.2	58.5	41.5	465(D)
1908	3,285	1,832	55.8	1,453	44.2			55.8	44.2	379(D)
1912	2,793	1,678	60.1	235	8.4	880[2]	31.5	87.7	12.3	1,443(D)
1916	3,188	1,971	61.8	1,217	38.2			61.8	38.2	754(D)
1920	5,205	3,233	62.1	1,972	37.9			62.1	37.9	1,261(D)
1924	4,332	2,923	67.5	1,372	31.7	37	0.8	68.0	32.0	1,557(D)
1928	6,831	3,297	48.3	3,534	51.7			48.3	51.7	237(R)
1932	5,983	5,012	83.8	931	15.6	40	0.6	84.3	15.7	4,081(D)
1936	7,529	6,505	86.4	1,024	13.6			86.4	13.6	5,481(D)
1940	7,168	6,050	84.4	1,118	15.6			84.4	15.6	4,932(D)
1944	8,629	6,615	76.7	2,014	23.3			76.7	23.3	4,601(D)
1948	9,062	4,996	55.1	1,741	19.2	2,325[3]	25.7	74.2	25.8	3,255(D)
1952	16,313	8,839	54.2	7,474	45.8			54.2	45.8	1,365(D)
1956	15,561	8,862	57.0	6,699	43.0			57.0	43.0	2,163(D)
1960	19,673	11,601	59.0	8,072	41.0			59.0	41.0	3,529(D)

Notes: [1] James Weaver, *Populist*, 1,363 (28.0%).
[2] Theodore Roosevelt, *Progressive*, 870 (31.2%).
[3] Henry Wallace, *Progressive*, 36 (0.4%); Strom Thurmond, *States' Rights*, 2,289 (25.3%).

PRESIDENT

CURRITUCK COUNTY

Year	Total Vote	Democratic Total	%	Republican Total	%	Other Total	%	Two-Party Vote % Dem.	% Repub.	Plurality Dem.-Repub.
1868	1,323	907	68.6	416	31.4			68.6	31.4	491(D)
1872	[1]									
1876	1,390	992	71.4	398	28.6			71.4	28.6	594(D)
1880	1,338	974	72.8	364	27.2			72.8	27.2	601(D)
1884	1,408	983	69.8	425	30.2			69.8	30.2	558(D)
1888	1,462	1,001	68.5	461	31.5			68.5	31.5	540(D)
1892	1,350	834	61.8	402	29.8	114[2]	8.4	67.5	32.5	432(D)
1896	1,394	922	66.1	472	33.9			66.1	33.9	450(D)
1900	1,362	927	68.1	435	31.9			68.1	31.9	492(D)
1904	576	543	94.3	33	5.7			94.3	5.7	510(D)
1908	769	701	91.2	68	8.8			91.2	8.8	633(D)
1912	636	622	97.8	6	0.9	8[3]	1.3	99.0	1.0	616(D)
1916	1,033	945	91.5	87	8.4	1	0.1	91.6	8.4	858(D)
1920	1,086	1,000	92.1	86	7.9			92.1	7.9	914(D)
1924	735	670	91.1	52	7.1	13	1.8	92.8	7.2	618(D)
1928	1,419	1,253	88.3	166	11.7			88.3	11.7	1,087(D)
1932	1,832	1,759	96.0	69	3.8	4	0.2	96.2	3.8	1,690(D)
1936	1,753	1,625	92.7	128	7.3			92.7	7.3	1,497(D)
1940	1,634	1,532	93.8	102	6.2			93.8	6.2	1,430(D)
1944	1,280	1,049	82.0	231	18.0			82.0	18.0	818(D)
1948	1,368	1,144	83.6	130	9.5	94[4]	6.9	89.8	10.2	1,014(D)
1952	1,885	1,471	78.0	414	22.0			78.0	22.0	1,057(D)
1956	1,913	1,425	74.5	488	25.5			74.5	25.5	937(D)
1960	2,115	1,651	78.1	464	21.9			78.1	21.9	1,187(D)

Notes: [1] No returns available.
[2] James Weaver, *Populist*, 114 (8.4%).
[3] Theodore Roosevelt, *Progressive*, 8 (1.3%).
[4] Henry Wallace, *Progressive*, 7 (0.5%); Strom Thurmond, *States' Rights*, 87 (6.4%).

PRESIDENT

DARE COUNTY†

Year	Total Vote	Democratic Total	%	Republican Total	%	Other Total	%	Two-Party Vote % Dem.	% Repub.	Plurality Dem.-Repub.
1868										
1872	361	144	39.9	217	60.1			39.9	60.1	73(R)
1876	542	305	56.3	237	43.7			56.3	43.7	68(D)
1880	562	288	51.2	274	48.8			51.2	48.8	14(D)
1884	546	255	46.7	291	53.3			46.7	53.3	36(R)
1888	658	321	48.8	337	51.2			48.8	51.2	16(R)
1892	691	335	48.5	356	51.5			48.5	51.5	21(R)
1896	879	408	46.4	471	53.6			46.4	53.6	63(R)
1900	735	404	55.0	331	45.0			55.0	45.0	73(D)
1904	765	415	54.2	350	45.8			54.2	45.8	65(D)
1908	786	416	52.9	370	47.1			52.9	47.1	46(D)
1912	715	397	55.5	238	33.3	80[1]	11.2	62.5	37.5	159(D)
1916	833	470	56.4	363	43.6			56.4	43.6	107(D)
1920	1,457	825	56.6	632	43.4			56.6	43.4	193(D)
1924	1,457	826	56.7	629	43.2	2	0.1	56.8	43.2	197(D)
1928	1,647	833	50.6	814	49.4			50.6	49.4	19(D)
1932	1,744	1,241	71.2	497	28.5	6	0.3	71.4	28.6	744(D)
1936	1,931	1,389	71.9	542	28.1			71.9	28.1	847(D)
1940	1,529	1,214	79.4	315	20.6			79.4	20.6	899(D)
1944	1,225	966	78.9	259	21.1			78.9	21.1	707(D)
1948	1,214	802	66.0	373	30.7	39[2]	3.3	68.3	31.7	429(D)
1952	1,726	959	55.6	767	44.4			55.6	44.4	192(D)
1956	1,867	839	44.9	1,028	55.1			44.9	55.1	189(R)
1960	2,305	1,247	54.1	1,058	45.9			54.1	45.9	189(D)

Notes: [1] Theodore Roosevelt, *Progressive*, 80 (11.2%).
[2] Henry Wallace, *Progressive*, 2 (0.2%); Strom Thurmond, *States' Rights*, 37 (3.1%).
† Dare county was created in 1870.

PRESIDENT

DAVIDSON COUNTY

Year	Total Vote	Democratic Total	%	Republican Total	%	Other Total	%	Two-Party Vote %Dem.	%Repub.	Plurality Dem.-Repub.
1868	2,678	835	31.2	1,843	68.8			31.2	68.8	1,008(R)
1872	2,168	714	32.9	1,454	67.1			32.9	67.1	740(R)
1876	2,955	1,782	60.3	1,173	39.7			60.3	39.7	609(D)
1880	3,645	1,781	48.9	1,864	51.1			48.9	51.1	80(R)
1884	3,997	1,900	47.5	2,097	52.5			47.5	52.5	197(R)
1888	4,369	2,023	46.3	2,346	53.7			46.3	53.7	323(R)
1892	4,192	1,928	46.0	1,837	43.8	427[1]	10.2	51.2	48.8	91(D)
1896	4,447	2,072	46.6	2,375	53.4			46.6	53.4	303(R)
1900	4,197	1,823	43.4	2,329	55.5	45	1.1	43.9	56.1	506(R)
1904	4,099	2,017	49.2	2,054	50.1	28	0.7	49.5	50.5	37(R)
1908	4,470	2,126	47.6	2,340	52.3	4	0.1	47.6	52.4	214(R)
1912	5,158	2,484	48.2	1,509	29.2	1,165[2]	22.6	62.2	37.8	975(D)
1916	5,488	2,675	48.7	2,801	51.0	12	0.2	48.8	51.2	126(R)
1920	10,757	4,797	44.6	5,960	55.4			44.6	55.4	1,163(R)
1924	12,790	6,507	50.9	6,227	48.7	56	0.4	51.1	48.9	280(D)
1928	14,180	5,220	36.8	8,960	63.2			36.8	63.2	3,740(R)
1932	15,500	9,292	59.9	6,051	39.1	157	1.0	60.6	39.4	3,241(D)
1936	18,500	10,844	58.6	7,656	41.4			58.6	41.4	3,188(D)
1940	18,062	11,084	61.4	6,978	38.6			61.4	38.6	4,106(D)
1944	18,900	9,455	50.0	9,445	50.0			50.0	50.0	
1948	17,314	7,991	46.2	8,539	49.3	784[3]	4.5	48.3	51.7	548(R)
1952	25,230	10,931	43.3	14,299	56.7			43.3	56.7	3,368(R)
1956	26,165	9,987	38.2	16,178	61.8			38.2	61.8	6,191(R)
1960	31,915	13,118	41.1	18,797	58.9			41.1	58.9	5,679(R)

Notes: [1] James Weaver, *Populist*, 427 (10.2%).
[2] Theodore Roosevelt, *Progressive*, 1,143 (22.2%).
[3] Henry Wallace, *Progressive*, 34 (0.2%); Strom Thurmond, *States' Rights*, 750 (4.3%).

PRESIDENT

Davie County

Year	Total Vote	Democratic Total	%	Republican Total	%	Other Total	%	Two-Party Vote % Dem.	% Repub.	Plurality Dem.-Repub.
1868	1,342	690	51.4	652	48.6			51.4	48.6	38(D)
1872	1,147	510	44.5	637	55.5			44.5	55.5	127(R)
1876	1,738	1,036	59.6	702	40.4			59.6	40.4	334(D)
1880	1,741	975	56.0	766	44.0			56.0	44.0	209(D)
1884	2,162	1,058	48.9	1,104	51.1			48.9	51.1	46(R)
1888	2,207	1,008	45.7	1,199	54.3			45.7	54.3	191(R)
1892	2,035	725	35.6	1,057	51.9	253[1]	12.4	40.7	59.3	332(R)
1896	1,365	894	65.5	471	34.5			65.5	34.5	423(D)
1900	2,125	831	39.1	1,251	58.9	43	2.0	39.9	60.1	420(R)
1904	1,837	739	40.2	1,072	58.4	26	1.4	40.8	59.2	333(R)
1908	1,965	780	39.7	1,185	60.3			39.7	60.3	405(R)
1912	1,979	823	41.6	810	40.9	346[2]	17.5	50.4	49.6	13(D)
1916	2,161	910	42.1	1,245	57.6	6	0.3	42.2	57.8	335(R)
1920	4,215	1,624	38.5	2,591	61.5			38.5	61.5	967(R)
1924	4,480	1,795	40.1	2,672	59.6	13	0.3	40.2	59.8	877(R)
1928	4,044	1,085	26.8	2,959	73.2			26.8	73.2	1,874(R)
1932	4,895	2,381	48.6	2,473	50.5	41	0.8	49.1	50.9	92(R)
1936	4,978	2,476	49.7	2,502	50.3			49.7	50.3	26(R)
1940	5,428	2,896	53.4	2,532	46.6			53.4	46.6	364(D)
1944	5,510	2,266	41.1	3,244	58.9			41.1	58.9	978(R)
1948	4,959	1,917	38.7	2,679	54.0	363[3]	7.3	41.7	58.3	762(R)
1952	6,416	2,406	37.5	4,010	62.5			37.5	62.5	1,604(R)
1956	6,709	2,110	31.5	4,599	68.5			31.5	68.5	2,489(R)
1960	7,259	2,471	34.0	4,788	66.0			34.0	66.0	2,317(R)

Notes: [1] James Weaver, *Populist*, 253 (12.4%).
[2] Theodore Roosevelt, *Progressive*, 345 (17.4%).
[3] Henry Wallace, *Progressive*, 11 (0.2%); Strom Thurmond, *States' Rights*, 352 (7.1%).

PRESIDENT

DUPLIN COUNTY

Year	Total Vote	Democratic Total	%	Republican Total	%	Other Total	%	Two-Party Vote % Dem.	% Repub.	Plurality Dem.-Repub.
1868	2,605	1,580	60.7	1,025	39.3			60.7	39.3	555(D)
1872	2,250	1,211	53.8	1,039	46.2			53.8	46.2	172(D)
1876	3,448	2,195	63.7	1,253	36.3			63.7	36.3	942(D)
1880	3,243	2,015	62.1	1,228	37.9			62.1	37.9	787(D)
1884	3,428	2,247	65.5	1,181	34.5			65.5	34.5	1,066(D)
1888	3,344	2,209	66.1	1,135	33.9			66.1	33.9	1,074(D)
1892	3,280	1,455	44.4	986	30.1	839[1]	25.6	59.6	40.4	469(D)
1896	3,556	2,409	67.7	1,147	32.3			67.7	32.3	1,262(D)
1900	2,980	1,879	63.0	1,081	36.3	20	0.7	63.5	36.5	798(D)
1904	2,247	1,386	61.7	815	36.3	46	2.0	63.0	37.0	571(D)
1908	2,733	1,508	55.2	1,225	44.8			55.2	44.8	283(D)
1912	2,859	1,757	61.5	33	1.1	1,069[2]	37.4	98.2	1.8	1,724(D)
1916	3,351	1,824	54.4	1,527	45.6			54.4	45.6	297(D)
1920	6,095	3,398	55.8	2,697	44.2			55.8	44.2	701(D)
1924	4,503	2,924	64.9	1,542	34.2	37	0.8	65.5	34.5	1,382(D)
1928	5,558	2,647	47.6	2,911	52.4			47.6	52.4	264(R)
1932	5,882	4,674	79.5	1,173	19.9	35	0.6	79.9	20.1	3,501(D)
1936	7,512	5,966	79.4	1,546	20.6			79.4	20.6	4,420(D)
1940	6,654	5,394	81.1	1,260	18.9			81.1	18.9	4,134(D)
1944	6,901	5,464	79.2	1,437	20.8			79.2	20.8	4,027(D)
1948	7,220	5,866	81.2	1,024	14.2	330[3]	4.6	85.1	14.9	4,842(D)
1952	8,507	6,392	75.1	2,115	24.9			75.1	24.9	4,277(D)
1956	9,041	6,931	76.7	2,110	23.3			76.7	23.3	4,821(D)
1960	10,222	7,269	71.1	2,953	28.9			71.1	28.9	4,316(D)

Notes: [1] James Weaver, *Populist*, 839 (25.6%).
[2] Theodore Roosevelt, *Progressive*, 1,066 (37.3%).
[3] Henry Wallace, *Progressive*, 7 (0.1%); Strom Thurmond, *States' Rights*, 323 (4.5%).

DURHAM COUNTY†

PRESIDENT

Year	Total Vote	Democratic Total	%	Republican Total	%	Other Total	%	Two-Party Vote % Dem.	% Repub.	Plurality Dem.-Repub.
1868										
1872										
1876										
1880										
1884	2,768	1,575	56.9	1,193	43.1			56.9	43.1	382(D)
1888	3,453	1,835	53.1	1,618	46.9			53.1	46.9	217(D)
1892	3,421	1,490	43.6	1,264	36.9	667[1]	19.5	54.1	45.9	226(D)
1896	4,359	2,435	55.9	1,924	44.1			55.9	44.1	511(D)
1900	4,418	2,373	53.7	2,026	45.9	19	0.4	53.9	46.1	347(D)
1904	2,693	1,603	59.5	1,080	40.1	10	0.4	59.7	40.3	523(D)
1908	3,679	1,859	50.5	1,820	49.5			50.5	49.5	39(D)
1912	3,526	2,197	62.3	124	3.5	1,205[2]	34.2	94.7	5.3	2,073(D)
1916	4,300	2,463	57.3	1,837	42.7			57.3	42.7	626(D)
1920	8,196	4,646	56.7	3,550	43.3			56.7	43.3	1,096(D)
1924	8,151	4,837	59.3	3,093	38.0	221	2.7	61.0	39.0	1,744(D)
1928	13,205	4,482	33.9	8,723	66.1			33.9	66.1	4,241(R)
1932	10,676	7,555	70.8	2,770	26.0	351	3.2	73.2	26.8	4,785(D)
1936	14,993	12,804	85.4	2,189	14.6			85.4	14.6	10,615(D)
1940	17,301	14,810	85.6	2,491	14.4			85.6	14.4	12,319(D)
1944	16,453	12,763	77.6	3,690	22.4			77.6	22.4	9,073(D)
1948	17,613	11,530	65.5	4,531	25.7	1,552[3]	8.8	71.8	28.2	6,999(D)
1952	30,198	18,897	62.6	11,301	37.4			62.6	37.4	7,596(D)
1956	27,061	13,835	51.1	13,226	48.9			51.1	48.9	609(D)
1960	33,620	19,298	57.4	14,322	42.6			57.4	42.6	4,976(D)

Notes: [1] James Weaver, Populist, 667 (19.5%).
[2] Theodore Roosevelt, Progressive, 1,204 (34.2%).
[3] Henry Wallace, Progressive, 563 (3.2%); Strom Thurmond, States' Rights, 989 (5.6%).
† Durham county was created in 1884.

PRESIDENT

EDGECOMBE COUNTY

Year	Total Vote	Democratic Total	%	Republican Total	%	Other Total	%	Two-Party Vote % Dem.	% Repub.	Plurality Dem.-Repub.
1868	4,149	1,473	35.5	2,676	64.5			35.5	64.5	1,203(R)
1872	4,657	1,221	26.2	3,436	73.8			26.2	73.8	1,215(R)
1876	5,493	1,652	30.1	3,841	69.9			30.1	69.9	2,189(R)
1880	5,201	1,726	33.2	3,475	66.8			33.2	66.8	1,749(R)
1884	4,978	1,685	33.8	3,293	66.2			33.8	66.2	1,608(R)
1888	3,873	1,331	34.4	2,542	65.6			34.4	65.6	1,211(R)
1892	3,301	1,702	51.5	986	29.9	613[1]	18.6	63.3	36.7	716(D)
1896	4,990	2,032	40.7	2,958	59.3			40.7	59.3	926(R)
1900	4,645	3,009	64.8	1,635	35.2	1	*	64.8	35.2	1,374(D)
1904	1,733	1,558	89.9	126	7.3	49	2.8	92.5	7.5	1,432(D)
1908	2,191	1,753	80.0	438	20.0			80.0	20.0	1,315(D)
1912	2,079	1,851	89.0	102	4.9	126[2]	6.1	94.8	5.2	1,749(D)
1916	2,188	2,028	92.7	135	6.2	25	1.1	93.8	6.2	1,893(D)
1920	3,367	3,343	99.3	24	0.7			99.3	0.7	3,319(D)
1924	2,554	2,274	89.0	171	6.7	109	4.3	93.0	7.0	2,103(D)
1928	5,161	4,184	81.1	977	18.9			81.1	18.9	3,207(D)
1932	6,141	5,872	95.6	248	4.0	21	0.3	95.9	4.1	5,624(D)
1936	6,950	6,684	96.2	266	3.8			96.2	3.8	6,418(D)
1940	7,832	7,516	96.0	316	4.0			96.0	4.0	7,200(D)
1944	7,210	6,762	93.8	448	6.2			93.8	6.2	6,314(D)
1948	7,142	6,410	89.7	478	6.7	254[3]	3.6	93.1	6.9	5,932(D)
1952	10,431	8,504	81.5	1,927	18.5			81.5	18.5	6,577(D)
1956	9,670	7,830	81.0	1,840	19.0			81.0	19.0	5,990(D)
1960	10,325	8,046	77.9	2,279	22.1			77.9	22.1	5,767(D)

Notes: [1] James Weaver, *Populist*, 613 (18.6%).
[2] Theodore Roosevelt, *Progressive*, 77 (3.7%).
[3] Henry Wallace, *Progressive*, 40 (0.6%); Strom Thurmond, *States' Rights*, 214 (3.0%).
* Less than 0.05%.

FORSYTH COUNTY

PRESIDENT

Year	Total Vote	Democratic Total	%	Republican Total	%	Other Total	%	Two-Party Vote % Dem.	% Repub.	Plurality Dem.-Repub.
1868	2,048	786	38.4	1,261	61.6			38.4	61.6	475(R)
1872	1,858	758	40.8	1,100	59.2			40.8	59.2	342(R)
1876	3,025	1,496	49.5	1,529	50.5			49.5	50.5	33(R)
1880	3,569	1,778	49.8	1,791	50.2			49.8	50.2	13(R)
1884	4,001	2,060	51.5	1,941	48.5			51.5	48.5	119(D)
1888	4,851	2,238	46.1	2,613	53.9			46.1	53.9	375(R)
1892	5,796	2,880	49.7	2,447	42.2	469[1]	8.1	54.1	45.9	433(D)
1896	6,666	2,778	41.7	3,888	58.3			41.7	58.3	1,110(R)
1900	5,097	2,482	48.7	2,588	50.8	27	0.5	49.0	51.0	106(R)
1904	4,522	2,301	50.9	2,209	48.8	12	0.3	51.0	49.0	92(D)
1908	5,479	2,472	45.1	2,876	52.5	131	2.4	46.2	53.8	404(R)
1912	6,322	3,042	48.1	1,689	26.7	1,591[2]	25.2	64.3	35.7	1,353(D)
1916	7,938	4,115	51.8	3,585	45.2	238	3.0	53.4	46.6	530(D)
1920	14,915	8,123	54.5	6,792	45.5			54.5	45.5	1,331(D)
1924	13,178	7,404	56.2	5,315	40.3	459	3.5	58.2	41.8	2,089(D)
1928	19,897	6,639	33.4	13,258	66.6			33.4	66.6	6,619(R)
1932	20,100	14,016	69.7	5,727	28.5	357	1.8	71.0	29.0	8,289(D)
1936	23,990	18,734	78.1	5,256	21.9			78.1	21.9	13,478(D)
1940	27,789	20,664	74.4	7,125	25.6			74.4	25.6	13,539(D)
1944	26,404	16,390	62.1	10,014	37.9			62.1	37.9	6,376(D)
1948	24,725	12,201	49.4	10,147	41.0	2,377[3]	9.6	54.6	45.4	2,054(D)
1952	50,971	24,535	48.1	26,436	51.9			48.1	51.9	1,901(R)
1956	45,187	15,819	35.0	29,368	65.0			35.0	65.0	13,549(R)
1960	57,409	24,035	41.9	33,374	58.1			41.9	58.1	9,339(R)

Notes: [1] James Weaver, *Populist*, 469 (8.1%).
[2] Theodore Roosevelt, *Progressive*, 1,262 (20.0%).
[3] Strom Thurmond, *States' Rights*, 1,679 (6.9%); Henry Wallace, *Progressive*, 698 (2.7%).

PRESIDENT

FRANKLIN COUNTY

Year	Total Vote	Democratic Total	%	Republican Total	%	Other Total	%	Two-Party Vote % Dem.	% Repub.	Plurality Dem.-Repub.
1868	2,807	1,376	49.0	1,431	51.0			49.0	51.0	55(R)
1872	2,690	1,147	42.6	1,543	57.4			42.6	57.4	396(R)
1876	3,793	1,873	49.4	1,920	50.6			49.4	50.6	47(R)
1880	4,044	2,032	50.2	2,012	49.8			50.2	49.8	20(D)
1884	4,118	2,121	51.5	1,997	48.5			51.5	48.5	124(D)
1888	4,237	2,218	52.3	2,019	47.7			52.3	47.7	199(D)
1892	4,115	1,741	42.3	993	24.1	1,381[1]	33.6	63.7	36.3	748(D)
1896	5,051	3,217	63.7	1,834	36.3			63.7	36.3	1,383(D)
1900	4,453	2,781	62.5	1,602	36.0	70	1.5	63.4	36.6	1,179(D)
1904	2,381	2,099	88.2	282	11.8			88.2	11.8	1,817(D)
1908	2,545	1,984	78.0	561	22.0			78.0	22.0	1,423(D)
1912	2,274	1,856	81.6	71	3.1	347[2]	15.3	96.3	3.7	1,785(D)
1916	2,453	2,057	83.9	396	16.1			83.9	16.1	1,661(D)
1920	3,331	2,742	82.3	589	17.7			82.3	17.7	2,153(D)
1924	2,306	1,991	86.3	302	13.1	13	0.6	86.8	13.2	1,689(D)
1928	3,560	2,831	79.0	729	21.0			79.0	21.0	2,084(D)
1932	4,504	4,294	95.3	199	4.4	11	0.2	95.6	4.4	4,095(D)
1936	5,440	5,209	95.8	231	4.2			95.8	4.2	4,978(D)
1940	4,951	4,724	95.4	227	4.6			95.4	4.6	4,497(D)
1944	4,256	3,967	93.2	289	6.8			93.2	6.8	3,678(D)
1948	4,957	4,538	91.6	234	4.7	185[3]	3.7	95.1	4.9	4,304(D)
1952	6,116	5,376	87.9	740	12.1			87.9	12.1	4,636(D)
1956	6,090	5,298	87.0	792	13.0			87.0	13.0	4,506(D)
1960	6,189	5,081	82.1	1,108	17.9			82.1	17.9	3,973(D)

Notes: [1] James Weaver, *Populist*, 1,381 (33.6%).
[2] Theodore Roosevelt, *Progressive*, 346 (15.2%).
[3] Henry Wallace, *Progressive*, 8 (0.1%); Strom Thurmond, *States' Rights*, 177 (3.6%).

GASTON COUNTY

PRESIDENT

Year	Total Vote	Democratic Total	%	Republican Total	%	Other Total	%	Two-Party Vote %Dem.	%Repub.	Plurality Dem.-Repub.
1868	1,556	678	43.6	878	56.4			43.6	56.4	200(R)
1872	1,448	808	55.8	640	44.2			55.8	44.2	168(D)
1876	2,065	1,250	60.5	815	39.5			60.5	39.5	435(D)
1880	2,246	1,107	49.3	1,139	50.7			49.3	50.7	32(R)
1884	2,334	1,356	58.1	978	41.9			58.1	41.9	378(D)
1888	2,849	1,589	55.8	1,260	44.2			55.8	44.2	329(D)
1892	3,169	1,616	53.0	1,173	37.0	380[1]	12.0	57.9	42.1	4,431(D)
1896	3,754	2,069	55.1	1,685	44.9			55.1	44.9	384(D)
1900	3,615	1,931	53.4	1,626	45.0	58	1.6	54.3	45.7	305(D)
1904	2,879	1,958	68.0	896	31.1	25	0.9	68.6	31.4	1,062(D)
1908	4,376	2,398	54.8	1,970	45.0	8	0.2	54.9	45.1	428(D)
1912	3,924	2,333	59.5	244	6.2	1,347[2]	34.3	90.5	9.5	2,089(D)
1916	5,572	3,019	54.2	2,542	45.6	11	0.2	54.3	45.7	477(D)
1920	12,951	7,148	55.2	5,803	44.8			55.2	44.8	1,345(D)
1924	10,202	6,554	64.2	3,566	35.0	82	0.8	64.8	35.2	2,988(D)
1928	16,404	6,702	40.9	9,702	59.1			40.9	59.1	3,000(R)
1932	18,211	12,890	70.8	5,164	28.4	157	0.8	71.4	28.6	7,726(D)
1936	22,327	17,555	78.6	4,772	21.4			78.6	21.4	12,783(D)
1940	21,556	17,262	80.1	4,294	19.9			80.1	19.9	12,968(D)
1944	19,767	13,744	69.5	6,023	30.5			69.5	30.5	7,721(D)
1948	18,968	8,966	47.3	6,180	32.6	3,822[3]	20.1	59.2	40.8	2,786(D)
1952	36,938	17,781	48.1	19,157	51.9			48.1	51.9	1,376(R)
1956	33,830	15,671	46.3	18,159	53.7			46.3	53.7	2,488(R)
1960	41,354	20,104	48.6	21,250	51.4			48.6	51.4	1,146(R)

Notes: [1] James Weaver, Populist, 380 (12.0%).
[2] Theodore Roosevelt, Progressive, 1,347 (34.3%).
[3] Henry Wallace, Progressive, 67 (0.3%); Strom Thurmond, *States' Rights*, 3,755 (19.8%).

PRESIDENT

GATES COUNTY

Year	Total Vote	Democratic Total	%	Republican Total	%	Other Total	%	Two-Party Vote % Dem.	% Repub.	Plurality Dem.-Repub.
1868	1,124	672	59.8	452	40.2			59.8	40.2	220(D)
1872	1,065	600	56.3	465	43.7			56.3	43.7	135(D)
1876	1,420	909	64.0	511	36.0			64.0	36.0	398(D)
1880	1,533	1,010	65.9	523	34.1			65.9	34.1	487(D)
1884	1,882	1,145	60.8	737	39.2			60.8	39.2	408(D)
1888	1,954	1,146	58.6	808	41.4			58.6	41.4	338(D)
1892	1,868	942	50.4	575	30.8	351[1]	18.8	62.1	37.9	367(D)
1896	1,845	1,086	58.9	759	41.1			58.9	41.1	327(D)
1900	1,689	1,125	66.6	564	33.4			66.6	33.4	561(D)
1904	950	677	71.3	273	28.7			71.3	28.7	404(D)
1908	990	653	66.0	337	34.0			66.0	34.0	316(D)
1912	892	618	69.2	95	10.7	179[2]	20.1	86.7	13.3	523(D)
1916	1,135	826	72.8	309	27.2			72.8	27.2	517(D)
1920	1,123	796	70.9	327	29.1			70.9	29.1	327(D)
1924	895	679	75.9	215	24.0	1	0.1	76.0	24.0	464(D)
1928	1,130	572	50.6	558	49.4			50.6	49.4	14(D)
1932	1,288	1,198	93.0	89	6.9	1	0.1	93.1	6.9	1,109(D)
1936	1,612	1,484	92.1	128	7.9			92.1	7.9	1,356(D)
1940	1,496	1,388	92.8	108	7.2			92.8	7.2	1,280(D)
1944	1,258	1,105	87.8	153	12.2			87.8	12.2	952(D)
1948	1,080	939	87.0	89	8.2	52[3]	4.8	91.3	8.7	850(D)
1952	1,611	1,247	77.4	364	22.6			77.4	22.6	883(D)
1956	1,585	1,244	78.5	341	21.5			78.5	21.5	903(D)
1960	1,934	1,549	80.0	385	20.0			80.0	20.0	1,164(D)

Notes: [1] James Weaver, *Populist*, 351 (18.8%).
[2] Theodore Roosevelt, *Progressive*, 179 (20.1%).
[3] Henry Wallace, *Progressive*, 2 (0.2%); Strom Thurmond, *States' Rights*, 50 (4.6%).

GRAHAM COUNTY†

PRESIDENT

Year	Total Vote	Democratic Total	%	Republican Total	%	Other Total	%	Two-Party Vote % Dem.	% Repub.	Plurality Dem.-Repub.
1868										
1872	117	80	68.4	37	31.6			68.4	31.6	57(D)
1876										
1880										
1884	420	276	65.7	144	34.3			65.7	34.3	132(D)
1888	479	284	59.3	195	40.7			59.3	40.7	89(D)
1892	601	339	56.4	262	43.6			56.4	43.6	77(D)
1896	680	363	53.4	317	46.6			53.4	46.6	46(D)
1900	745	358	48.0	387	52.0			48.0	52.0	29(R)
1904	763	362	47.4	401	52.6			47.4	52.6	39(R)
1908	883	418	47.3	465	52.7			47.3	52.7	47(R)
1912	900	416	46.2	261	29.0	223[1]	24.8	61.4	38.6	155(D)
1916	936	476	50.9	460	49.1			50.9	49.1	16(D)
1920	1,559	644	41.3	915	58.7			41.3	58.7	271(R)
1924	1,759	841	47.8	907	51.6	11	0.6	48.1	51.9	66(R)
1928	2,223	963	43.3	1,260	56.7			43.3	56.7	297(R)
1932	2,558	1,364	53.3	1,183	46.3	11	0.4	53.6	46.4	181(D)
1936	2,798	1,473	52.6	1,325	47.4			52.6	47.4	148(D)
1940	2,493	1,404	56.3	1,089	43.7			56.3	43.7	315(D)
1944	3,245	1,889	58.2	1,356	41.8			58.2	41.8	533(D)
1948	2,715	1,527	56.2	1,115	41.1	73[2]	2.7	57.8	42.2	412(D)
1952	2,970	1,590	53.5	1,380	46.5			53.5	46.5	210(D)
1956	3,248	1,486	45.8	1,762	54.2			45.8	54.2	276(R)
1960	3,056	1,335	43.7	1,721	56.3			43.7	56.3	386(R)

Notes: [1] Theodore Roosevelt, *Progressive*, 223 (24.8%).
[2] Henry Wallace, *Progressive*, 7 (0.3%); Strom Thurmond, *States' Rights*, 66 (2.4%).
† Graham county was created in 1872, but voted with Cherokee 1873-1883.

GRANVILLE COUNTY

PRESIDENT

Year	Total Vote	Democratic Total	%	Republican Total	%	Other Total	%	Two-Party Vote % Dem.	% Repub.	Plurality Dem.-Repub.
1868	4,902	2,148	43.8	2,754	56.2			43.8	56.2	606(R)
1872	4,343	1,690	38.9	2,653	61.1			38.9	61.1	963(R)
1876	4,141	2,047	49.4	2,094	50.6			49.4	50.6	47(R)
1880	6,006	2,828	47.1	3,178	52.9			47.1	52.9	350(R)
1884	4,294	2,184	50.9	2,110	49.1			50.9	49.1	74(D)
1888	5,024	2,399	47.8	2,625	52.2			47.8	52.2	226(R)
1892	3,523	1,403	39.8	1,630	46.3	490[1]	13.9	46.3	53.7	227(R)
1896	4,435	2,260	51.0	2,175	49.0			51.0	49.0	85(D)
1900	3,891	2,288	58.8	1,587	40.8	16	0.4	59.0	41.0	701(D)
1904	2,119	1,595	75.3	518	24.4	6	0.3	75.5	24.5	1,077(D)
1908	2,295	1,561	68.0	734	32.0			68.0	32.0	827(D)
1912	2,096	1,561	74.5	192	9.2	343[2]	16.3	89.0	11.0	1,369(D)
1916	2,361	1,713	72.6	648	27.4			72.6	27.4	1,065(D)
1920	3,455	2,622	75.9	833	24.1			75.9	24.1	1,789(D)
1924	2,695	2,220	82.4	461	17.1	14	0.5	82.8	17.2	1,759(D)
1928	3,820	2,962	77.5	858	22.5			77.5	22.5	2,104(D)
1932	4,029	3,808	94.5	212	5.3	9	0.2	94.7	5.3	3,596(D)
1936	4,464	4,279	95.9	185	4.1			95.9	4.1	4,094(D)
1940	4,137	3,924	94.9	213	5.1			94.9	5.1	3,709(D)
1944	3,540	3,215	90.8	325	9.2			90.8	9.2	2,890(D)
1948	4,121	3,513	85.3	334	8.1	274[3]	6.6	91.3	8.7	3,179(D)
1952	5,749	4,583	79.7	1,166	20.3			79.7	20.3	3,417(D)
1956	5,476	4,013	73.3	1,463	26.7			73.3	26.7	2,550(D)
1960	6,743	4,945	73.3	1,798	26.7			73.3	26.7	3,147(D)

Notes: [1] James Weaver, Populist, 490 (13.9%).
[2] Theodore Roosevelt, Progressive, 343 (16.3%).
[3] Henry Wallace, Progressive, 20 (0.5%); Strom Thurmond, States' Rights, 254 (6.1%).

GREENE COUNTY

PRESIDENT

Year	Total Vote	Democratic Total	%	Republican Total	%	Other Total	%	Two-Party Vote % Dem.	% Repub.	Plurality Dem.-Repub.
1868	1,313	557	42.4	756	57.6			42.4	57.6	199(R)
1872	1,395	475	34.1	920	65.9			34.1	65.9	445(R)
1876	1,963	896	45.6	1,067	54.4			45.6	54.4	171(R)
1880	1,823	880	48.3	943	51.7			48.3	51.7	63(R)
1884	2,139	1,042	48.7	1,097	51.3			48.7	51.3	55(R)
1888	2,072	994	48.0	1,078	52.0			48.0	52.0	84(R)
1892	1,823	1,006	55.2	562	30.8	255[1]	14.0	64.2	35.8	444(D)
1896	2,287	1,222	53.4	1,065	46.6			53.4	46.6	157(D)
1900	2,212	1,385	62.7	820	37.0	7	0.3	62.8	37.2	565(D)
1904	1,232	949	77.0	283	23.0			77.0	23.0	666(D)
1908	1,414	876	62.0	538	38.0			62.0	38.0	338(D)
1912	1,170	894	76.4	124	10.6	152[2]	13.0	87.8	12.2	770(D)
1916	1,360	1,066	78.4	294	21.6			78.4	21.6	772(D)
1920	2,088	1,649	79.0	439	21.0			79.0	21.0	1,210(D)
1924	1,308	1,119	85.6	182	13.9	7	0.5	86.0	14.0	937(D)
1928	1,723	1,181	68.5	542	31.5			68.5	31.5	639(D)
1932	2,607	2,510	96.3	94	3.6	3	0.1	96.4	3.6	2,416(D)
1936	3,213	3,097	96.4	116	3.6			96.4	3.6	2,993(D)
1940	3,094	2,990	96.6	104	3.4			96.6	3.4	2,886(D)
1944	2,641	2,528	95.7	113	4.3			95.7	4.3	2,415(D)
1948	2,786	2,687	96.5	65	2.3	34[3]	1.2	97.6	2.4	2,622(D)
1952	3,162	2,976	94.1	186	5.9			94.1	5.9	2,790(D)
1956	3,507	3,285	93.7	222	6.3			93.7	6.3	3,063(D)
1960	3,543	3,092	87.3	451	12.7			87.3	12.7	2,641(D)

Notes: [1] James Weaver, *Populist*, 255 (14.0%).
[2] Theodore Roosevelt, *Progressive*, 152 (13.0%).
[3] Henry Wallace, *Progressive*, 1 (*); Strom Thurmond, *States' Rights*, 33 (1.1%).
* Less than 0.05%.

PRESIDENT

GUILFORD COUNTY

Year	Total Vote	Democratic Total	%	Republican Total	%	Other Total	%	Two-Party Vote % Dem.	% Repub.	Plurality Dem.-Repub.
1868	3,665	1,496	40.8	2,169	59.2			40.8	59.2	673(R)
1872	3,116	1,380	44.3	1,736	55.7			44.3	55.7	356(R)
1876	4,302	2,334	54.3	1,968	45.7			54.3	45.7	366(D)
1880	4,513	2,280	50.5	2,233	49.5			50.5	49.5	47(D)
1884	4,684	2,422	51.7	2,262	48.3			51.7	48.3	160(D)
1888	5,183	2,462	47.5	2,721	52.5			47.5	52.5	259(R)
1892	5,720	2,773	48.5	2,532	44.3	415[1]	7.3	52.3	47.7	241(D)
1896	6,934	3,479	50.2	3,455	49.8			50.2	49.8	24(D)
1900	6,676	3,335	50.0	3,296	49.4	45	0.6	50.3	49.7	39(D)
1904	4,500	2,763	61.4	1,716	38.1	21	0.5	61.7	38.3	1,047(D)
1908	6,716	3,822	56.9	2,863	42.6	31	0.5	57.2	42.8	959(D)
1912	6,338	3,830	60.4	460	7.3	2,048[2]	32.3	89.3	10.7	3,370(D)
1916	8,330	4,616	55.4	3,670	44.1	44	0.5	55.7	44.3	946(D)
1920	17,535	9,615	54.8	7,920	45.2			54.8	45.2	1,695(D)
1924	15,943	8,804	55.2	6,822	42.8	317	2.0	56.3	43.7	1,982(D)
1928	26,413	9,872	37.4	16,541	62.6			37.4	62.6	6,669(R)
1932	29,059	19,301	66.4	9,263	31.9	495	1.7	67.6	32.4	10,038(D)
1936	35,093	25,579	72.9	9,514	27.1			72.9	27.1	16,065(D)
1940	36,335	26,565	73.1	9,770	26.9			73.1	26.9	16,795(D)
1944	36,457	23,495	64.4	12,962	35.6			64.4	35.6	10,533(D)
1948	35,349	17,224	48.7	14,167	40.1	3,958[3]	11.2	54.9	45.1	3,057(D)
1952	62,338	29,028	46.6	33,310	53.4			46.6	53.4	4,282(R)
1956	54,699	21,948	40.1	32,751	59.9			40.1	59.9	10,803(R)
1960	71,843	30,486	42.4	41,357	57.6			42.4	57.6	10,871(R)

Notes: [1] James Weaver, *Populist*, 415 (7.3%).
[2] Theodore Roosevelt, *Progressive*, 1,979 (31.2%).
[3] Henry Wallace, *Progressive*, 401 (1.1%); Strom Thurmond, *States' Rights*, 3,557 (10.1%).

PRESIDENT

HALIFAX COUNTY

Year	Total Vote	Democratic Total	%	Republican Total	%	Other Total	%	Two-Party Vote % Dem.	% Repub.	Plurality Dem.-Repub.
1868	4,799	1,593	33.2	3,206	66.8			33.2	66.8	1,613(R)
1872	5,279	1,485	28.1	3,794	71.9			28.1	71.9	2,309(R)
1876	4,909	1,683	34.3	3,226	65.7			34.3	65.7	1,543(R)
1880	4,221	1,744	41.3	2,477	58.7			41.3	58.7	733(R)
1884	6,445	2,424	37.6	4,021	62.4			37.6	62.4	1,597(R)
1888	5,355	2,488	46.5	2,867	53.5			46.5	53.5	379(R)
1892	4,906	3,079	62.8	1,376	28.0	451[1]	9.2	69.1	30.9	1,703(D)
1896	6,318	2,255	35.7	4,063	64.3			35.7	64.3	1,808(R)
1900	6,164	3,990	64.7	2,174	35.3			64.7	35.3	1,816(D)
1904	2,608	2,427	93.1	181	6.9			93.1	6.9	2,246(D)
1908	2,545	2,165	85.0	380	15.0			85.0	15.0	1,785(D)
1912	2,477	2,300	92.9	42	1.7	135[2]	5.4	98.2	1.8	2,258(D)
1916	2,612	2,312	88.5	299	11.4	1	*	88.5	11.5	2,013(D)
1920	3,953	3,429	86.7	524	13.3			86.7	13.3	2,905(D)
1924	3,583	3,232	90.2	268	7.5	83	2.3	92.3	7.7	2,964(D)
1928	5,772	4,882	84.6	890	15.4			84.6	15.4	3,992(D)
1932	6,752	6,413	95.0	306	4.5	33	0.5	95.4	4.6	6,107(D)
1936	8,538	8,230	96.4	308	3.6			96.4	3.6	7,922(D)
1940	8,343	7,982	95.7	361	4.3			95.7	4.3	7,621(D)
1944	7,429	6,989	94.1	440	5.9			94.1	5.9	6,549(D)
1948	7,109	6,172	86.8	505	7.1	432[3]	6.1	92.4	7.6	5,667(D)
1952	11,017	8,807	79.9	2,210	20.1			79.9	20.1	6,597(D)
1956	10,206	7,860	77.0	2,346	23.0			77.0	23.0	5,514(D)
1960	11,215	8,872	79.1	2,343	20.9			79.1	20.9	6,529(D)

Notes: [1] James Weaver, *Populist*, 451 (9.2%).
[2] Theodore Roosevelt, *Progressive*, 135 (5.4%).
[3] Henry Wallace, *Progressive*, 9 (0.1%); Strom Thurmond, *States' Rights*, 423 (6.0%).
* Less than 0.05%.

HARNETT COUNTY

PRESIDENT

Year	Total Vote	Democratic Total	%	Republican Total	%	Other Total	%	Two-Party Vote % Dem.	% Repub.	Plurality Dem.-Repub.
1868	1,434	789	55.0	645	45.0			55.0	45.0	144(D)
1872	1,326	657	49.5	669	50.5			49.5	50.5	12(R)
1876	1,806	1,070	59.2	736	40.8			59.2	40.8	334(D)
1880	1,732	1,028	59.4	704	40.6			59.4	40.6	324(D)
1884	1,998	1,254	62.8	744	37.2			62.8	37.2	510(D)
1888	2,598	1,498	57.7	1,100	42.3			57.7	42.3	398(D)
1892	2,507	1,222	48.7	650	25.9	635[1]	25.3	65.3	34.7	572(D)
1896	2,718	1,676	61.7	1,042	38.3			61.7	38.3	634(D)
1900	2,542	1,342	52.8	1,199	47.2	1	*	52.8	47.2	143(D)
1904	1,923	1,169	60.8	723	37.6	31	1.6	61.8	38.2	446(D)
1908	2,549	1,501	58.9	1,047	41.1	1	*	58.9	41.1	454(D)
1912	2,553	1,364	53.4	148	5.8	1,041[2]	40.8	90.2	9.8	1,216(D)
1916	3,603	1,992	55.3	1,603	44.5	8	0.2	55.4	44.6	389(D)
1920	7,230	3,919	54.2	3,311	45.8			54.2	45.8	608(D)
1924	6,202	3,296	53.1	2,895	46.7	11	0.2	53.2	46.8	401(D)
1928	8,294	3,554	42.9	4,740	57.1			42.9	57.1	1,186(R)
1932	9,012	6,346	70.4	2,617	29.0	49	0.5	70.8	29.2	3,729(D)
1936	10,282	8,018	78.0	2,264	22.0			78.0	22.0	5,754(D)
1940	8,882	6,602	74.3	2,280	25.7			74.3	25.7	4,322(D)
1944	9,770	6,579	67.3	3,191	32.7			67.3	32.7	3,388(D)
1948	8,916	6,608	74.1	1,985	22.3	323[3]	3.6	76.9	23.1	4,623(D)
1952	11,901	7,595	63.8	4,306	36.2			63.8	36.2	3,289(D)
1956	11,419	7,421	65.0	3,998	35.0			65.0	35.0	3,423(D)
1960	13,193	7,892	59.8	5,301	40.2			59.8	40.2	2,591(D)

Notes: [1] James Weaver, *Populist*, 635 (25.3%); (40.5%).
[2] Theodore Roosevelt, *Progressive*, 1,035
[3] Henry Wallace, *Progressive*, 11 (0.1%); Strom Thurmond, *States' Rights*, 312 (3.5%).
* Less than 0.05%.

HAYWOOD COUNTY

PRESIDENT

Year	Total Vote	Democratic Total	%	Republican Total	%	Other Total	%	Two-Party Vote % Dem.	% Repub.	Plurality Dem.-Repub.
1868	1,072	660	61.6	412	38.4			61.6	38.4	248(D)
1872	1,009	668	66.2	341	33.8			66.2	33.8	327(D)
1876	1,437	1,010	70.3	427	29.7			70.3	29.7	583(D)
1880	1,439	932	64.8	507	35.2			64.8	35.2	425(D)
1884	1,946	1,181	60.7	765	39.3			60.7	39.3	416(D)
1888	2,316	1,325	57.2	991	42.8			57.2	42.8	334(D)
1892	2,138	1,320	61.7	788	36.9	30[1]	1.4	62.6	37.4	532(D)
1896	2,940	1,901	64.7	1,039	35.3			64.7	35.3	862(D)
1900	3,011	1,735	57.6	1,257	41.7	19	0.6	58.0	42.0	478(D)
1904	2,756	1,631	59.2	1,125	40.8			59.2	40.8	506(D)
1908	3,258	1,952	59.9	1,304	40.0	2	0.1	60.0	40.0	648(D)
1912	3,289	2,068	62.8	354	10.8	867[2]	26.4	85.4	14.6	1,714(D)
1916	3,926	2,403	61.2	1,523	38.8			61.2	38.8	880(D)
1920	7,229	4,229	58.5	3,000	41.5			58.5	41.5	1,229(D)
1924	7,030	4,582	65.2	2,440	34.7	8	0.1	65.3	34.7	2,142(D)
1928	8,645	4,173	48.3	4,472	51.7			48.3	51.7	299(R)
1932	9,906	6,790	68.5	3,082	31.1	34	0.3	68.8	31.2	3,708(D)
1936	11,506	8,175	71.0	3,331	29.0			71.0	29.0	5,818(D)
1940	10,988	8,631	78.6	2,357	21.4			78.6	21.4	6,274(D)
1944	10,674	7,755	72.7	2,919	27.3			72.7	27.3	4,836(D)
1948	10,266	7,373	71.8	2,684	26.1	209[3]	2.0	73.3	26.7	4,689(D)
1952	14,885	8,761	58.9	6,124	41.1			58.9	41.1	2,637(D)
1956	14,553	7,598	52.2	6,955	47.8			52.2	47.8	643(D)
1960	16,627	8,044	48.4	8,583	51.6			48.4	51.6	539(R)

Notes: [1] James Weaver, *Populist*, 30 (1.4%).
[2] Theodore Roosevelt, *Progressive*, 861 (26.2%).
[3] Henry Wallace, *Progressive*, 7 (0.1%); Strom Thurmond, *States' Rights*, 202 (1.9%).

PRESIDENT

HENDERSON COUNTY

Year	Total Vote	Democratic Total	%	Republican Total	%	Other Total	%	Two-Party Vote % Dem.	% Repub.	Plurality Dem.–Repub.
1868	1,001	361	36.1	640	63.9			36.1	63.9	279(R)
1872	905	369	40.8	536	59.2			40.8	59.2	167(R)
1876	1,539	784	50.9	755	49.1			50.9	49.1	29(D)
1880	1,510	674	44.6	836	55.4			44.6	55.4	162(R)
1884	1,770	775	43.8	995	56.2			43.8	56.2	220(R)
1888	2,212	915	41.4	1,297	58.6			41.4	58.6	382(R)
1892	2,114	835	39.5	1,197	56.6	82[1]	3.9	41.1	58.9	362(R)
1896	2,481	1,022	41.2	1,459	58.8			41.2	58.8	437(R)
1900	2,455	973	39.6	1,482	60.4			39.6	60.4	509(R)
1904	2,228	887	39.8	1,341	60.2			39.8	60.2	454(R)
1908	2,519	917	36.4	1,602	63.6			36.4	63.6	685(R)
1912	2,275	1,092	48.0	801	35.2	382[2]	16.8	57.7	42.3	291(D)
1916	2,961	1,166	39.4	1,795	60.6			39.4	60.6	629(R)
1920	5,833	2,496	42.8	3,337	57.2			42.8	57.2	841(R)
1924	6,603	3,007	45.5	3,548	53.7	48	0.7	45.9	54.1	541(R)
1928	8,359	3,149	37.7	5,210	62.3			37.7	62.3	2,061(R)
1932	9,490	5,255	55.4	4,172	44.0	63	0.6	55.7	44.3	1,083(D)
1936	10,846	5,747	53.0	5,099	47.0			53.0	47.0	648(D)
1940	10,048	6,336	63.1	3,712	36.9			63.1	36.9	2,624(D)
1944	10,292	5,679	55.2	4,613	44.8			55.2	44.8	1,066(D)
1948	9,632	3,311	34.4	4,971	51.6	1,350[3]	14.0	40.0	60.0	1,660(R)
1952	12,571	3,803	30.3	8,768	69.7			30.3	69.7	4,965(R)
1956	13,246	4,003	30.2	9,243	69.8			30.2	69.8	5,240(R)
1960	15,446	4,611	29.9	10,835	70.1			29.9	70.1	6,624(R)

Notes: [1] James Weaver, *Populist*, 82 (3.9%).
[2] Theodore Roosevelt, *Progressive*, 380 (16.7%).
[3] Henry Wallace, *Progressive*, 31 (0.3%); Strom Thurmond, *States' Rights*, 1,319 (13.7%).

51

HERTFORD COUNTY

PRESIDENT

Year	Total Vote	Democratic Total	%	Republican Total	%	Other Total	%	Two-Party Vote % Dem.	% Repub.	Plurality Dem.-Repub.
1868	1,458	714	49.0	744	51.0			49.0	51.0	30(R)
1872	1,523	558	36.6	965	63.4			36.6	63.4	407(R)
1876	2,101	1,020	48.5	1,081	51.5			48.5	51.5	61(R)
1880	2,123	983	46.3	1,140	53.7			46.3	53.7	157(R)
1884	2,444	1,117	45.7	1,327	54.3			45.7	54.3	210(R)
1888	2,162	1,107	51.2	1,055	48.8			51.2	48.8	52(D)
1892	1,692	710	42.0	843	49.8	139[1]	8.2	45.7	54.3	133(R)
1896	2,666	1,240	46.5	1,426	53.5			46.5	53.5	186(R)
1900	2,069	1,337	64.6	732	35.4			64.6	35.4	605(D)
1904	969	778	80.3	186	19.2	5	0.5	80.7	19.3	592(D)
1908	1,192	839	70.4	353	29.6			70.4	29.6	486(D)
1912	908	742	81.7	61	6.7	105[2]	11.6	92.4	7.6	681(D)
1916	1,187	977	82.3	209	17.6	1	0.1	82.4	17.6	776(D)
1920	1,325	1,104	83.3	221	16.7			83.3	16.7	883(D)
1924	1,099	932	84.8	164	14.9	3	0.3	85.0	15.0	768(D)
1928	1,423	1,030	72.4	393	27.6			72.4	27.6	637(D)
1932	1,930	1,835	95.1	88	4.6	7	0.4	95.4	4.6	1,747(D)
1936	2,411	2,327	96.5	84	3.5			96.5	3.5	2,243(D)
1940	2,556	2,464	96.4	92	3.6			96.4	3.6	2,372(D)
1944	2,121	1,996	94.1	125	5.9			94.1	5.9	1,871(D)
1948	2,438	2,165	88.8	196	8.0	77[3]	3.2	91.7	8.3	1,969(D)
1952	3,438	2,859	83.2	579	16.8			83.2	16.8	2,280(D)
1956	3,437	2,708	78.8	729	21.2			78.8	21.2	1,979(D)
1960	3,886	3,105	79.9	781	20.1			79.9	20.1	2,324(D)

Notes: [1] James Weaver, *Populist*, 139 (8.2%).
[2] Theodore Roosevelt, *Progressive*, 105 (11.6%).
[3] Henry Wallace, *Progressive*, 12 (0.5%); Strom Thurmond, *States' Rights*, 65 (2.7%).

HOKE COUNTY†

PRESIDENT

Year	Total Vote	Democratic Total	%	Republican Total	%	Other Total	%	Two-Party Vote % Dem.	% Repub.	Plurality Dem.-Repub.
1868										
1872										
1876										
1880										
1884										
1888										
1892										
1896										
1900										
1904										
1908										
1912	729	626	85.9	63	8.6	40[1]	5.5	90.9	9.1	563(D)
1916	890	780	87.6	110	12.4			87.6	12.4	670(D)
1920	1,432	1,266	88.4	166	11.6			88.4	11.6	1,100(D)
1924	1,291	1,146	88.8	141	10.9	4	0.3	89.0	11.0	1,005(D)
1928	1,465	1,154	78.8	311	21.2			78.8	21.2	843(D)
1932	1,850	1,780	96.2	65	3.5	5	0.3	96.5	3.5	1,715(D)
1936	2,094	1,953	93.3	141	6.7			93.3	6.7	1,836(D)
1940	2,021	1,904	94.2	117	5.8			94.2	5.8	1,787(D)
1944	1,942	1,782	91.8	160	8.2			91.8	8.2	1,622(D)
1948	1,659	1,339	80.7	142	8.6	178[2]	10.7	90.4	9.6	1,197(D)
1952	2,377	1,761	74.1	616	25.9			74.1	25.9	1,145(D)
1956	2,457	1,944	79.1	513	20.9			79.1	20.9	1,431(D)
1960	2,702	2,106	77.9	596	22.1			77.9	22.1	1,510(D)

Notes: [1] Theodore Roosevelt, *Progressive*, 40 (5.5%).
[2] Henry Wallace, *Progressive*, 2 (0.1%); Strom Thurmond, *States' Rights*, 176 (10.6%).
† Hoke county was created in 1911.

HYDE COUNTY

PRESIDENT

Year	Total Vote	Democratic Total	%	Republican Total	%	Other Total	%	Two-Party Vote % Dem.	% Repub.	Plurality Dem.-Repub.
1868	1,363	791	58.0	572	42.0			58.0	42.0	219(D)
1872	948	528	55.7	420	44.3			55.7	44.3	108(D)
1876	1,554	898	57.8	656	42.2			57.8	42.2	242(D)
1880	1,428	819	57.4	609	42.6			57.4	42.6	210(D)
1884	1,552	881	56.8	671	43.2			56.8	43.2	210(D)
1888	1,614	843	52.2	771	47.8			52.2	47.8	72(D)
1892	1,637	858	52.4	430	26.3	349[1]	21.3	66.6	33.4	428(D)
1896	1,866	1,019	54.6	847	45.4			54.6	45.4	172(D)
1900	1,667	867	52.0	798	47.9	2	0.1	52.1	47.9	69(D)
1904	932	614	65.9	318	34.1			65.9	34.1	296(D)
1908	885	662	74.8	223	25.2			74.8	25.2	439(D)
1912	1,012	636	62.9	76	7.5	300[2]	29.6	89.3	10.7	560(D)
1916	1,124	840	74.8	277	24.6	7	0.6	75.2	24.8	563(D)
1920	1,664	1,134	68.1	530	31.9			68.1	31.9	604(D)
1924	974	653	67.0	305	31.3	16	1.7	68.2	31.8	348(D)
1928	1,272	590	46.4	682	53.6			46.4	53.6	92(R)
1932	1,201	1,050	87.4	147	12.3	4	0.3	87.7	12.3	903(D)
1936	1,459	1,157	79.3	302	20.7			79.3	20.7	855(D)
1940	1,511	1,202	79.5	309	20.5			79.5	20.5	893(D)
1944	1,247	924	74.1	323	25.9			74.1	25.9	601(D)
1948	1,052	800	76.0	214	20.3	38[3]	3.6	78.9	21.1	586(D)
1952	1,325	919	69.4	406	30.6			69.4	30.6	513(D)
1956	1,519	1,028	67.7	491	32.3			67.7	32.3	537(D)
1960	1,628	1,147	70.5	481	29.5			70.5	29.5	666(D)

Notes: [1] James Weaver, Populist, 349 (21.3%).
[2] Theodore Roosevelt, Progressive, 300 (29.6%).
[3] Henry Wallace, Progressive, 0 (0.0%); Strom Thurmond, States' Rights, 38 (3.6%).

IREDELL COUNTY

PRESIDENT

Year	Total Vote	Democratic Total	%	Republican Total	%	Other Total	%	Two-Party Vote % Dem.	% Repub.	Plurality Dem.-Repub.
1868	2,271	1,412	62.2	859	37.8			62.2	37.8	553(D)
1872	2,139	1,159	54.2	980	45.8			54.2	45.8	179(D)
1876	3,649	2,407	66.0	1,242	34.0			66.0	34.0	1,165(D)
1880	4,005	2,389	59.7	1,616	40.3			59.7	40.3	773(D)
1884	4,380	2,644	60.4	1,736	39.6			60.4	39.6	908(D)
1888	4,614	2,720	59.0	1,894	41.0			59.0	41.0	826(D)
1892	4,420	2,282	51.6	1,524	34.5	614[1]	13.9	60.0	40.0	758(D)
1896	4,961	2,958	59.6	2,003	40.4			59.6	40.4	955(D)
1900	4,584	2,523	55.0	2,044	44.6	17	0.4	55.2	44.8	479(D)
1904	3,681	2,126	57.8	1,510	41.0	45	1.2	58.5	41.5	616(D)
1908	4,269	2,465	57.8	1,803	42.2	1	*	57.8	42.2	662(D)
1912	3,969	2,528	63.7	392	9.9	1,049[2]	26.4	86.6	13.4	2,136(D)
1916	5,408	3,335	61.7	2,073	38.3			61.7	38.3	1,262(D)
1920	10,872	6,470	59.5	4,402	40.5			59.5	40.5	2,068(D)
1924	10,150	6,449	63.5	3,565	35.1	136	1.4	64.4	35.6	2,884(D)
1928	11,548	4,836	41.9	6,712	58.1			41.9	58.1	1,876(R)
1932	12,005	8,367	69.7	3,583	29.8	55	0.5	70.0	30.0	4,784(D)
1936	15,125	11,308	74.8	3,817	25.2			74.8	25.2	7,488(D)
1940	14,148	10,328	73.0	3,820	27.0			73.0	27.0	6,508(D)
1944	13,222	8,358	63.2	4,864	36.8			63.2	36.8	3,494(D)
1948	12,136	5,761	47.5	4,441	36.6	1,934[3]	15.9	56.5	43.5	1,320(D)
1952	20,384	8,580	42.1	11,804	57.9			42.1	57.9	3,244(R)
1956	18,411	7,286	39.6	11,125	60.4			39.6	60.4	3,839(R)
1960	21,058	8,973	42.6	12,085	57.4			42.6	57.4	3,112(R)

Notes: [1] James Weaver, *Populist*, 614 (13.9%).
[2] Theodore Roosevelt, *Progressive*, 1,047 (26.4%).
[3] Henry Wallace, *Progressive*, 21 (0.2%); Strom Thurmond, *States' Rights*, 1,913 (15.7%).
* Less than 0.05%.

JACKSON COUNTY

PRESIDENT

Year	Total Vote	Democratic Total	%	Republican Total	%	Other Total	%	Two-Party Vote % Dem.	% Repub.	Plurality Dem.-Repub.
1868	827	607	73.4	220	26.6			73.4	26.6	387(D)
1872	563	425	75.5	138	24.5			75.5	24.5	287(D)
1876	913	652	71.4	261	28.6			71.4	28.6	391(D)
1880	938	677	72.2	261	27.8			72.2	27.8	416(D)
1884	1,085	722	66.5	363	33.5			66.5	33.5	359(D)
1888	1,514	902	59.6	612	40.4			59.6	40.4	290(D)
1892	1,726	977	56.6	578	33.5	171[1]	9.9	62.8	37.2	399(D)
1896	1,948	1,145	58.8	803	41.2			58.8	41.2	342(D)
1900	2,147	1,080	50.3	1,047	48.8	20	0.9	50.8	49.2	33(D)
1904	1,972	1,015	51.5	947	48.0	10	0.5	51.7	48.3	68(D)
1908	2,110	1,022	48.4	1,086	51.5	2	0.1	48.5	51.5	64(R)
1912	2,259	1,210	53.6	315	13.9	734[2]	32.5	79.3	20.7	895(D)
1916	2,594	1,306	50.3	1,288	49.7			50.3	49.7	18(D)
1920	4,740	2,385	50.3	2,355	49.7			50.3	49.7	30(D)
1924	5,905	3,100	52.5	2,788	47.2	17	0.3	52.6	47.4	312(D)
1928	6,683	3,171	47.4	3,512	52.6			47.4	52.6	341(R)
1932	7,208	4,360	60.5	2,813	39.0	35	0.5	60.8	39.2	1,547(D)
1936	7,641	4,580	59.9	3,061	40.1			59.9	40.1	1,519(D)
1940	6,973	4,563	65.4	2,410	34.6			65.4	34.6	2,153(D)
1944	6,803	4,109	60.4	2,694	39.6			60.4	39.6	1,415(D)
1948	6,725	4,005	59.5	2,520	37.5	200[3]	3.0	61.4	38.6	1,485(D)
1952	7,976	4,296	53.9	3,680	46.1			53.9	46.1	616(D)
1956	7,290	3,787	51.9	3,503	48.1			51.9	48.1	284(D)
1960	7,917	3,900	49.3	4,017	50.7			49.3	50.7	117(R)

Notes: [1] James Weaver, *Populist*, 171 (9.9%).
[2] Theodore Roosevelt, *Progressive*, 729 (32.3%).
[3] Henry Wallace, *Progressive*, 16 (0.3%); Strom Thurmond, *States' Rights*, 184 (2.7%).

PRESIDENT

JOHNSTON COUNTY

Year	Total Vote	Democratic Total	%	Republican Total	%	Other Total	%	Two-Party Vote % Dem.	% Repub.	Plurality Dem.-Repub.
1868	2,552	1,348	52.8	1,204	47.2			52.8	47.2	144(D)
1872	2,177	809	37.2	1,368	62.8			37.2	62.8	559(R)
1876	3,856	2,174	56.4	1,682	43.6			56.4	43.6	492(D)
1880	3,690	2,059	55.8	1,631	44.2			55.8	44.2	428(D)
1884	4,636	2,805	60.5	1,831	39.5			60.5	39.5	974(D)
1888	5,121	2,992	58.4	2,129	41.6			58.4	41.6	863(D)
1892	4,791	3,135	65.4	1,036	21.6	620[1]	12.9	75.2	24.8	2,099(D)
1896	5,167	3,343	64.7	1,824	35.3			64.7	35.3	2,519(D)
1900	5,168	3,154	61.0	1,997	38.7	17	0.3	61.2	38.8	1,157(D)
1904	4,125	2,572	62.4	1,553	37.6			62.4	37.6	1,019(D)
1908	5,420	2,593	47.8	2,827	52.2			47.8	52.2	234(R)
1912	5,175	2,757	53.3	1,335	25.8	1,083[2]	20.9	67.4	32.6	1,422(D)
1916	6,325	3,468	54.8	2,857	45.2			54.8	45.2	611(D)
1920	11,618	6,030	51.9	5,588	48.1			51.9	48.1	442(D)
1924	9,589	4,656	48.6	4,910	51.2	23	0.2	48.7	51.3	254(R)
1928	12,737	5,041	39.6	7,696	60.4			39.6	60.4	2,655(R)
1932	13,511	9,574	70.8	3,887	28.8	50	0.4	71.1	28.9	5,687(D)
1936	15,592	11,253	72.2	4,339	27.8			72.2	27.8	6,914(D)
1940	14,168	9,976	70.4	4,192	29.6			70.4	29.6	5,784(D)
1944	12,705	8,282	65.2	4,423	34.8			65.2	34.8	3,859(D)
1948	12,997	9,188	70.7	3,211	24.7	598[3]	4.6	74.1	25.9	5,977(D)
1952	15,426	9,997	64.8	5,429	35.2			64.8	35.2	4,568(D)
1956	14,745	9,852	66.8	4,893	33.2			66.8	33.2	4,959(D)
1960	16,574	9,914	59.8	6,660	40.2			59.8	40.2	3,254(D)

Notes: [1] James Weaver, *Populist*, 620 (12.9%).
[2] Theodore Roosevelt, *Progressive*, 1,083 (20.9%).
[3] Henry Wallace, *Progressive*, 27 (0.2%); Strom Thurmond, *States' Rights*, 571 (4.4%).

JONES COUNTY

PRESIDENT

Year	Total Vote	Democratic Total	%	Republican Total	%	Other Total	%	Two-Party Vote % Dem.	% Repub.	Plurality Dem.-Repub.
1868	1,014	422	41.6	592	58.4			41.6	58.4	170(R)
1872	1,029	375	36.4	654	63.6			36.4	63.6	279(R)
1876	1,398	597	42.7	801	57.3			42.7	57.3	204(R)
1880	1,314	514	39.1	800	60.9			39.1	60.9	286(R)
1884	1,501	754	50.2	747	49.8			50.2	49.8	7(D)
1888	1,319	706	53.5	613	46.5			53.5	46.5	93(D)
1892	1,308	670	51.2	307	23.5	331[1]	25.3	68.6	31.4	363(D)
1896	1,500	814	54.3	686	45.7			54.3	45.7	128(D)
1900	1,316	714	54.3	602	45.7			54.3	45.7	112(D)
1904	889	638	71.8	250	28.1	1	0.1	71.8	28.2	388(D)
1908	900	585	65.0	315	35.0			65.0	35.0	270(D)
1912	795	635	79.9	35	4.4	125[2]	15.7	94.8	5.2	600(D)
1916	945	712	75.3	233	24.7			75.3	24.7	479(D)
1920	1,349	964	71.5	385	28.5			71.5	28.5	579(D)
1924	873	692	79.3	179	20.5	2	0.2	79.4	20.6	513(D)
1928	1,144	486	42.5	658	57.5			42.5	57.5	172(R)
1932	1,585	1,449	91.4	132	8.3	4	0.3	91.6	8.4	1,317(D)
1936	1,751	1,563	89.3	188	10.7			89.3	10.7	1,375(D)
1940	1,604	1,371	85.5	233	14.5			85.5	14.5	1,138(D)
1944	1,432	1,221	85.3	211	14.7			85.3	14.7	1,010(D)
1948	1,406	1,238	88.1	113	8.0	55[3]	3.9	91.6	8.4	1,125(D)
1952	2,004	1,673	83.5	331	16.5			83.5	16.5	1,342(D)
1956	2,367	1,952	82.5	415	17.5			82.5	17.5	1,537(D)
1960	2,505	1,920	76.6	585	23.4			76.6	23.4	1,335(D)

Notes: [1] James Weaver, *Populist*, 331 (25.3%).
[2] Theodore Roosevelt, *Progressive*, 125 (15.7%).
[3] Henry Wallace, *Progressive*, 3 (0.2%); Strom Thurmond, *States' Rights*, 52 (3.7%).

LEE COUNTY†

PRESIDENT

Year	Total Vote	Democratic Total	%	Republican Total	%	Other Total	%	Two-Party Vote % Dem.	% Repub.	Plurality Dem.-Repub.
1868										
1872										
1876										
1880										
1884										
1888										
1892										
1896										
1900										
1904										
1908	1,394	832	59.7	562	40.3			59.7	40.3	270(D)
1912	1,373	862	62.8	451	32.8	60[1]	4.4	65.7	34.3	411(D)
1916	1,627	1,054	64.8	573	35.2			64.8	35.2	481(D)
1920	3,470	2,327	67.0	1,143	33.0			67.0	33.0	1,184(D)
1924	2,554	1,834	71.8	710	27.8	10	0.4	72.0	28.0	1,124(D)
1928	3,131	1,715	54.8	1,416	45.2			54.8	45.2	299(D)
1932	3,752	3,058	81.5	681	18.2	13	0.3	81.8	18.2	2,377(D)
1936	4,393	3,723	84.7	670	15.3			84.7	15.3	3,053(D)
1940	4,209	3,682	87.5	527	12.5			87.5	12.5	3,155(D)
1944	4,256	3,448	81.0	808	19.0			81.0	19.0	2,640(D)
1948	4,348	3,234	74.4	871	20.0	243[2]	5.6	78.8	21.2	2,363(D)
1952	6,793	4,688	69.0	2,105	31.0			69.0	31.0	2,583(D)
1956	6,111	4,163	68.1	1,948	31.9			68.1	31.9	2,215(D)
1960	7,236	4,673	64.6	2,563	35.4			64.6	35.4	2,110(D)

Notes: [1] Theodore Roosevelt, Progressive, 60 (4.4%).
[2] Henry Wallace, Progressive, 5 (0.1%); Strom Thurmond, States' Rights, 238 (5.5%).
† Lee county was created in 1907.

LENOIR COUNTY

PRESIDENT

Year	Total Vote	Democratic Total	%	Republican Total	%	Other Total	%	Two-Party Vote % Dem.	% Repub.	Plurality Dem.-Repub.
1868	2,076	861	41.5	1,215	58.5			41.5	58.5	354(R)
1872	2,005	701	35.0	1,304	65.0			35.0	65.0	603(R)
1876	2,720	1,214	44.6	1,506	55.4			44.6	55.4	292(R)
1880	2,485	1,132	45.6	1,353	54.4			45.6	54.4	221(R)
1884	3,017	1,609	53.3	1,408	46.7			53.3	46.7	201(D)
1888	3,025	1,598	52.8	1,427	47.2			52.8	47.2	171(D)
1892	2,787	1,388	49.8	951	34.1	448[1]	16.1	59.3	40.7	437(D)
1896	3,376	1,966	58.2	1,410	41.8			58.2	41.8	556(D)
1900	3,166	1,942	61.3	1,224	38.7			61.3	38.7	718(D)
1904	2,061	1,386	67.3	674	32.7	1	*	67.3	32.7	712(D)
1908	2,362	1,393	59.0	966	40.9	3	0.1	59.0	41.0	427(D)
1912	2,037	1,568	77.0	122	6.0	347[2]	17.0	92.8	7.2	1,446(D)
1916	2,335	1,666	71.3	667	28.6	2	0.1	71.4	28.6	999(D)
1920	3,713	2,560	69.0	1,153	31.0			69.0	31.0	1,407(D)
1924	2,730	2,191	80.3	514	18.8	25	0.9	81.0	19.0	1,677(D)
1928	3,674	2,363	64.3	1,311	35.7			64.3	35.7	1,052(D)
1932	5,051	4,677	92.6	350	6.9	24	0.5	93.0	7.0	4,327(D)
1936	6,205	5,854	94.3	351	5.7			94.3	5.7	5,503(D)
1940	6,687	6,247	93.4	440	6.6			93.4	6.6	5,807(D)
1944	5,807	5,253	90.5	554	9.5			90.5	9.5	4,699(D)
1948	6,150	5,445	88.5	515	8.4	190[3]	3.1	91.4	8.6	4,930(D)
1952	8,946	6,723	75.2	2,223	24.8			75.2	24.8	4,500(D)
1956	9,411	6,847	72.8	2,564	27.2			72.8	27.2	4,283(D)
1960	11,784	8,126	69.0	3,658	31.0			69.0	31.0	4,468(D)

Notes: [1] James Weaver, Populist, 448 (16.1%).
[2] Theodore Roosevelt, Progressive, 347 (17.0%).
[3] Henry Wallace, Progressive, 28 (0.5%); Strom Thurmond, States' Rights, 162 (2.6%).
* Less than 0.05%.

PRESIDENT

LINCOLN COUNTY

Year	Total Vote	Democratic Total	%	Republican Total	%	Other Total	%	Two-Party Vote % Dem.	% Repub.	Plurality Dem.-Repub.
1868	1,363	738	54.1	625	45.9			54.1	45.9	113(D)
1872	1,361	737	54.2	624	45.8			54.2	45.8	113(D)
1876	1,767	1,130	64.0	637	36.0			64.0	36.0	493(D)
1880	1,699	913	53.7	786	46.3			53.7	46.3	127(D)
1884	1,930	1,171	60.7	759	39.3			60.7	39.3	412(D)
1888	2,127	1,205	56.7	922	43.3			56.7	43.3	283(D)
1892	2,037	976	47.9	617	30.3	444[1]	21.8	61.3	38.7	359(D)
1896	2,359	1,349	57.2	1,010	42.8			57.2	42.8	339(D)
1900	2,047	892	43.6	1,133	55.3	22	1.1	44.0	56.0	241(R)
1904	1,781	1,009	56.7	761	42.7	11	0.6	57.0	43.0	248(D)
1908	2,439	1,222	50.1	1,217	49.9			50.1	49.9	5(D)
1912	2,410	1,280	53.1	49	2.0	1,081[2]	44.9	96.3	3.7	1,231(D)
1916	2,899	1,521	52.5	1,369	47.2	9	0.3	52.6	47.4	152(D)
1920	6,468	3,331	51.5	3,137	48.5			51.5	48.5	194(D)
1924	5,609	2,909	52.5	2,658	47.2	42	0.3	52.3	47.7	251(D)
1928	6,843	2,913	42.6	3,930	57.4			42.6	57.4	1,017(R)
1932	7,996	4,399	55.0	3,563	44.6	34	0.4	55.3	44.7	836(D)
1936	9,016	5,515	61.2	3,501	38.8			61.2	38.8	2,014(D)
1940	8,000	4,901	61.3	3,099	38.7			61.3	38.7	1,802(D)
1944	7,846	4,168	53.1	3,678	46.9			53.1	46.9	490(D)
1948	8,358	3,570	42.7	3,635	43.5	1,153[3]	13.8	49.5	50.5	65(R)
1952	11,617	5,389	46.4	6,228	53.6			46.4	53.6	839(R)
1956	12,475	5,838	46.8	6,637	53.2			48.6	53.2	799(R)
1960	13,544	6,728	49.7	6,816	50.3			49.7	50.3	88(R)

Notes: [1] James Weaver, Populist, 444 (21.8%).
[2] Theodore Roosevelt, Progressive, 1,066 (44.2%).
[3] Henry Wallace, Progressive, 18 (0.2%); Strom Thurmond, States' Rights, 1,135 (13.6%).

PRESIDENT

MACON COUNTY

Year	Total Vote	Democratic Total	%	Republican Total	%	Other Total	%	Two-Party Vote % Dem.	% Repub.	Plurality Dem.-Repub.
1868	895	572	63.9	323	36.1			63.9	36.1	249(D)
1872	652	493	75.6	159	24.4			75.6	24.4	334(D)
1876	1,052	770	73.2	282	26.8			73.2	26.8	488(D)
1880	1,081	746	69.0	335	31.0			69.0	31.0	411(D)
1884	1,244	706	56.8	538	43.2			56.8	43.2	168(D)
1888	1,559	805	51.6	754	48.4			51.6	48.4	51(D)
1892	1,660	862	51.9	562	33.9	236[1]	14.2	60.5	39.5	300(D)
1896	2,031	1,140	56.1	891	43.9			56.1	43.9	249(D)
1900	2,016	977	48.5	1,035	51.3	4	0.2	48.6	51.4	58(R)
1904	1,895	904	47.7	987	52.1	4	0.2	47.8	52.2	83(R)
1908	1,972	927	47.0	1,045	53.0			47.0	53.0	118(R)
1912	1,995	1,020	51.1	134	6.7	841[2]	42.2	88.4	11.6	886(D)
1916	2,215	1,146	51.7	1,069	48.3			51.7	48.3	77(D)
1920	4,227	2,177	51.5	2,050	48.5			51.5	48.5	127(D)
1924	4,211	2,178	51.7	2,015	47.9	18	0.4	51.9	48.1	163(D)
1928	5,094	2,191	43.0	2,903	57.0			43.0	57.0	712(R)
1932	5,560	3,223	58.0	2,307	41.5	30	0.5	58.3	41.7	916(D)
1936	5,865	3,311	56.5	2,554	43.5			56.5	43.5	757(D)
1940	5,253	2,941	56.0	2,312	44.0			56.0	44.0	629(D)
1944	5,365	2,855	53.2	2,510	46.8			53.2	46.8	345(D)
1948	5,309	2,785	52.5	2,388	45.0	136[3]	2.5	53.8	46.2	397(D)
1952	6,723	3,396	50.5	3,327	49.5			50.5	49.5	69(D)
1956	6,433	3,025	47.0	3,408	53.0			47.0	53.0	383(R)
1960	6,833	3,098	45.3	3,735	54.7			45.3	54.7	627(R)

Notes: [1] James Weaver, *Populist*, 236 (14.2%).
[2] Theodore Roosevelt, *Progressive*, 841 (42.2%).
[3] Henry Wallace, *Progressive*, 6 (0.1%); Strom Thurmond, *States' Rights*, 130 (2.4%).

PRESIDENT

MADISON COUNTY

Year	Total Vote	Democratic Total	%	Republican Total	%	Other Total	%	Two-Party Vote % Dem.	% Repub.	Plurality Dem.-Repub.
1868	987	458	46.4	529	53.6			46.4	53.6	71(R)
1872	797	380	47.7	417	52.3			47.7	52.3	37(R)
1876	1,707	895	52.4	812	47.6			52.4	47.6	83(D)
1880	2,075	951	45.8	1,124	54.2			45.8	54.2	173(R)
1884	2,500	1,065	42.6	1,435	57.4			42.6	57.4	370(R)
1888	3,054	1,158	37.9	1,901	62.1			37.9	62.1	743(R)
1892	2,954	1,118	37.8	1,718	58.2	118[1]	4.0	39.4	60.6	600(R)
1896	3,627	1,357	37.4	2,270	62.6			37.4	62.6	913(R)
1900	3,645	1,268	34.8	2,377	65.2			34.8	65.2	1,109(R)
1904	2,953	994	33.7	1,959	66.3			33.7	66.3	965(R)
1908	2,889	862	29.9	2,027	70.1			29.9	70.1	1,165(R)
1912	2,647	897	33.9	430	16.2	1,320[2]	49.9	67.6	32.4	467(D)
1916	2,937	972	33.1	1,965	66.9			33.1	66.9	993(R)
1920	4,956	1,340	27.1	3,616	72.9			27.1	72.9	2,276(R)
1924	4,797	1,471	30.7	3,252	67.8	74	1.5	31.1	68.9	1,781(R)
1928	5,869	1,093	18.6	4,776	81.4			18.6	81.4	3,683(R)
1932	7,370	2,769	37.6	4,552	61.8	49	0.6	37.8	62.2	1,791(R)
1936	8,232	3,133	38.1	5,099	61.9			38.1	61.9	1,966(R)
1940	7,788	3,171	40.7	4,617	59.3			40.7	59.3	1,446(R)
1944	6,679	2,291	34.3	4,388	65.7			34.3	65.7	2,097(R)
1948	5,995	2,558	42.7	3,341	55.7	96[3]	1.6	43.4	56.6	783(R)
1952	8,417	3,666	43.6	4,751	56.4			43.6	56.4	1,085(R)
1956	7,956	3,693	46.4	4,263	53.6			46.4	53.6	570(R)
1960	8,968	4,546	50.7	4,422	49.3			50.7	49.3	124(D)

Notes: [1] James Weaver, *Populist*, 118 (14.0%).
[2] Theodore Roosevelt, *Progressive*, 1,320 (49.9%).
[3] Henry Wallace, *Progressive*, 17 (0.3%); Strom Thurmond, *States' Rights*, 79 (1.3%).

MARTIN COUNTY

PRESIDENT

Year	Total Vote	Democratic Total	%	Republican Total	%	Other Total	%	Two-Party Vote % Dem.	% Repub.	Plurality Dem.-Repub.
1868	2,048	1,027	50.1	1,021	49.9			50.1	49.9	6(D)
1872	2,250	959	42.6	1,291	57.4			42.6	57.4	332(R)
1876	2,484	1,334	53.7	1,150	46.3			53.7	46.3	184(D)
1880	2,695	1,408	52.2	1,287	47.8			52.2	47.8	121(D)
1884	2,814	1,564	55.6	1,250	44.4			55.6	44.4	314(D)
1888	2,971	1,663	56.0	1,308	44.0			56.0	44.0	355(D)
1892	2,826	1,454	51.5	1,091	38.6	281[1]	9.9	57.1	42.9	363(D)
1896	3,055	1,681	55.0	1,374	45.0			55.0	45.0	307(D)
1900	2,907	1,819	62.6	1,088	37.4			62.6	37.4	731(D)
1904	1,635	1,419	86.8	216	13.2			86.8	13.2	1,203(D)
1908	1,759	1,338	76.0	421	24.0			76.0	24.0	917(D)
1912	1,514	1,251	82.6	229	15.1	34[2]	2.2	84.5	15.5	1,022(D)
1916	1,753	1,472	84.0	281	16.0			84.0	16.0	1,191(D)
1920	3,091	2,561	82.8	530	17.2			82.8	17.2	2,031(D)
1924	2,224	1,999	89.9	216	9.7	9	0.4	90.3	9.7	1,783(D)
1928	3,229	2,818	87.3	411	12.7			87.3	12.7	2,407(D)
1932	3,883	3,781	97.4	94	2.4	8	0.2	97.6	2.4	3,687(D)
1936	4,588	4,477	97.6	111	2.4			97.6	2.4	4,366(D)
1940	4,734	4,628	97.8	106	2.2			97.8	2.2	4,522(D)
1944	4,541	4,408	97.1	133	2.9			97.1	2.9	4,275(D)
1948	4,853	4,636	95.5	163	3.4	54[3]	1.1	96.6	3.4	4,473(D)
1952	5,908	5,493	93.0	415	7.0			93.0	7.0	5,078(D)
1956	6,179	5,730	92.7	449	7.3			92.7	7.3	5,281(D)
1960	6,563	5,826	88.8	737	11.2			88.8	11.2	5,089(D)

Notes: [1] James Weaver, *Populist*, 281 (9.9%).
[2] Theodore Roosevelt, *Progressive*, 34 (2.2%).
[3] Henry Wallace, *Progressive*, 2 (*); Strom Thurmond, *States' Rights*, 52 (1.1%).
* Less than 0.05%.

PRESIDENT

McDOWELL COUNTY

Year	Total Vote	Democratic Total	%	Republican Total	%	Other Total	%	Two-Party Vote % Dem.	% Repub.	Plurality Dem.-Repub.
1868	1,347	607	45.1	740	54.9			45.1	54.9	133(R)
1872	903	448	49.6	455	50.4			49.6	50.4	7(R)
1876	1,506	963	63.9	543	36.1			63.9	36.1	420(D)
1880	1,372	817	59.5	555	40.5			59.5	40.5	262(D)
1884	1,591	940	59.1	651	40.9			59.1	40.9	289(D)
1888	1,876	1,002	53.4	874	46.6			53.4	46.6	128(D)
1892	1,855	1,055	56.9	727	39.2	73[1]	3.9	59.2	40.8	328(D)
1896	2,154	1,204	55.9	950	44.1			55.9	44.1	254(D)
1900	2,055	1,014	49.3	1,024	49.8	17	0.8	49.8	50.2	10(R)
1904	1,792	836	46.6	931	52.0	25	1.4	47.3	52.7	95(R)
1908	1,950	950	48.7	1,000	51.3			48.7	51.3	50(R)
1912	2,163	1,037	47.9	343	15.9	783[2]	36.2	75.1	24.9	694(D)
1916	2,494	1,274	51.1	1,218	48.8	2	0.1	51.1	48.9	56(D)
1920	5,370	2,809	52.3	2,561	47.7			52.3	47.7	248(D)
1924	5,638	3,023	53.6	2,590	45.9	25	0.4	53.9	46.1	433(D)
1928	6,853	3,430	50.0	3,423	50.0			50.0	50.0	7(D)
1932	7,323	4,810	65.7	2,478	33.8	35	0.5	66.0	34.0	2,332(D)
1936	8,466	5,352	63.2	3,114	36.8			63.2	36.8	2,238(D)
1940	7,506	5,290	70.5	2,216	29.5			70.5	29.5	3,074(D)
1944	6,266	4,008	64.0	2,258	36.0			64.0	36.0	1,750(D)
1948	7,152	3,805	53.2	2,709	37.9	638[3]	8.9	58.4	41.6	1,096(D)
1952	9,465	4,755	50.2	4,710	49.8			50.2	49.8	45(D)
1956	9,860	4,392	44.5	5,468	55.5			44.5	55.5	1,076(R)
1960	11,037	4,889	44.3	6,148	55.7			44.3	55.7	1,259(R)

Notes: [1] James Weaver, *Populist*, 73 (3.9%).
[2] Theodore Roosevelt, *Progressive*, 773 (35.7%).
[3] Henry Wallace, *Progressive*, 21 (0.3%); Strom Thurmond, *States' Rights*, 617 (8.6%).

MECKLENBURG COUNTY

PRESIDENT

Year	Total Vote	Democratic Total	%	Republican Total	%	Other Total	%	Two-Party Vote % Dem.	% Repub.	Plurality Dem.-Repub.
1868	4,111	2,149	52.3	1,962	47.7			52.3	47.7	187(D)
1872	4,383	2,202	50.2	2,181	49.8			50.2	49.8	27(D)
1876	6,066	3,417	56.3	2,649	43.7			56.3	43.7	768(D)
1880	6,606	3,361	50.9	3,245	49.1			50.9	49.1	116(D)
1884	6,767	3,666	54.2	3,101	45.8			54.2	45.8	565(D)
1888	7,459	4,206	56.4	3,253	43.6			56.4	43.6	953(D)
1892	6,348	3,881	61.1	1,933	30.5	534[1]	8.4	66.8	33.2	1,948(D)
1896	8,635	4,714	54.6	3,921	45.4			54.6	45.4	793(D)
1900	6,098	3,786	62.1	2,234	36.6	78	1.3	62.9	37.1	1,552(D)
1904	3,933	3,142	79.9	748	19.0	43	1.1	80.8	19.2	2,394(D)
1908	5,575	3,926	70.4	1,645	29.5	4	0.1	70.5	29.5	2,281(D)
1912	4,822	3,967	82.3	284	5.9	571[2]	11.8	93.3	6.7	3,683(D)
1916	5,771	4,508	78.1	1,257	21.8	6	0.1	78.2	21.8	3,251(D)
1920	14,734	11,313	76.8	3,421	23.2			76.8	23.2	7,892(D)
1924	11,452	8,443	73.7	2,572	22.5	437	3.8	76.7	23.3	5,871(D)
1928	21,731	9,690	44.6	12,041	55.4			44.6	55.4	2,351(R)
1932	23,321	18,167	77.9	4,973	21.3	181	0.8	78.5	21.5	13,194(D)
1936	30,878	26,169	84.7	4,709	15.3			84.7	15.3	21,460(D)
1940	35,781	28,768	80.4	7,013	19.6			80.4	19.6	21,755(D)
1944	35,384	25,950	73.3	9,434	26.7			73.3	26.7	16,516(D)
1948	33,185	14,353	43.3	11,518	34.7	7,314[3]	22.0	55.5	44.5	2,835(D)
1952	77,378	33,044	42.7	44,334	57.3			42.7	57.3	11,290(R)
1956	71,696	27,227	38.0	44,469	62.0			38.0	62.0	17,242(R)
1960	87,612	39,362	44.9	48,250	55.1			44.9	55.1	8,888(R)

Notes: [1] James Weaver, *Populist*, 534 (8.4%).
[2] Theodore Roosevelt, *Progressive*, 533 (11.1%).
[3] Henry Wallace, *Progressive*, 142 (0.4%); Strom Thurmond, *States' Rights*, 7,172 (21.6%).

PRESIDENT

MITCHELL COUNTY

Year	Total Vote	Democratic Total	%	Republican Total	%	Other Total	%	Two-Party Vote % Dem.	% Repub.	Plurality Dem.-Repub.
1868	646	117	18.1	529	81.9			18.1	81.9	412(R)
1872	532	64	12.0	468	88.0			12.0	88.0	404(R)
1876	1,305	747	57.2	558	42.8			57.2	42.8	189(D)
1880	1,501	514	34.2	987	65.8			34.2	65.8	473(R)
1884	1,717	575	33.5	1,142	66.5			33.5	66.5	567(R)
1888	2,265	679	30.0	1,586	70.0			30.0	70.0	907(R)
1892	2,089	724	34.7	1,327	63.5	38[1]	1.8	35.3	64.7	603(R)
1896	2,491	630	25.3	1,861	74.7			25.3	74.7	1,231(R)
1900	2,449	491	20.0	1,958	80.0			20.0	80.0	1,467(R)
1904	1,792	408	22.8	1,384	77.2			22.8	77.2	976(R)
1908	2,358	550	23.3	1,808	76.7			23.3	76.7	1,258(R)
1912	1,304	385	29.5	203	15.6	716[2]	54.9	65.5	34.5	182(D)
1916	1,760	462	26.3	1,298	73.7			26.3	73.7	836(R)
1920	2,850	697	24.5	2,153	75.5			24.5	75.5	1,456(R)
1924	2,237	689	30.8	1,540	68.8	8	0.4	30.9	69.1	851(R)
1928	4,263	827	19.4	3,436	80.6			19.4	80.6	2,609(R)
1932	5,580	1,773	31.8	3,798	68.0	9	0.2	31.8	68.2	2,025(R)
1936	5,067	1,687	33.3	3,380	66.7			33.3	66.7	1,693(R)
1940	4,740	1,450	30.6	3,290	69.4			30.6	69.4	1,840(R)
1944	4,216	1,024	24.3	3,192	75.7			24.3	75.7	2,168(R)
1948	3,809	818	21.5	2,908	76.3	83[3]	2.2	22.0	78.0	2,090(R)
1952	5,245	1,236	23.6	4,009	76.4			23.6	76.4	2,773(R)
1956	5,338	1,069	20.0	4,269	80.0			20.0	80.0	3,200(R)
1960	6,005	1,174	19.6	4,831	80.4			19.6	80.4	3,657(R)

Notes: [1] James Weaver, *Populist*, 38 (1.8%).
[2] Theodore Roosevelt, *Progressive*, 716 (54.9%).
[3] Henry Wallace, *Progressive*, 8 (0.2%); Strom Thurmond, *States' Rights*, 75 (2.0%).

MONTGOMERY COUNTY

PRESIDENT

Year	Total Vote	Democratic Total	%	Republican Total	%	Other Total	%	Two-Party Vote % Dem.	% Repub.	Plurality Dem.-Repub.
1868	1,068	341	31.9	727	68.1			31.9	68.1	386(R)
1872	861	241	28.0	620	72.0			28.0	72.0	379(R)
1876	1,399	648	46.3	751	53.7			46.3	53.7	103(R)
1880	1,581	719	45.5	862	54.5			45.5	54.5	143(R)
1884	1,841	891	48.4	950	51.6			48.4	51.6	59(R)
1888	2,199	992	45.1	1,207	54.9			45.1	54.9	215(R)
1892	2,062	1,011	49.0	839	40.7	212[1]	10.3	54.6	45.4	172(D)
1896	2,335	1,129	48.4	1,206	51.6			48.4	51.6	77(R)
1900	2,021	1,100	54.4	920	45.5	1	0.1	54.4	45.6	180(D)
1904	1,795	937	52.2	858	47.8			52.2	47.8	79(D)
1908	2,095	1,008	48.1	1,087	51.9			48.1	51.9	79(R)
1912	2,002	1,012	50.5	144	7.2	846[2]	42.3	87.5	12.5	868(D)
1916	2,418	1,222	50.5	1,196	49.5			50.5	49.5	26(D)
1920	4,625	2,321	50.2	2,304	49.8			50.2	49.8	17(D)
1924	4,565	2,483	54.4	2,077	45.5	5	0.1	54.5	45.5	405(D)
1928	4,669	2,016	43.2	2,653	56.8			43.2	56.8	637(R)
1932	5,098	2,927	57.4	2,153	42.2	18	0.4	57.6	42.4	774(D)
1936	5,990	3,484	58.2	2,506	41.8			58.2	41.8	1,695(D)
1940	4,796	3,007	62.7	1,789	37.3			62.7	37.3	1,218(D)
1944	4,628	2,665	57.6	1,963	42.4			57.6	42.4	702(D)
1948	4,558	2,165	47.5	1,975	43.3	418[3]	9.2	52.3	47.7	190(D)
1952	6,357	3,176	50.0	3,181	50.0			50.0	50.0	5(R)
1956	6,447	3,088	47.9	3,359	52.1			47.9	52.1	271(R)
1960	6,946	3,297	47.5	3,649	52.5			47.5	52.5	352(R)

Notes: [1] James Weaver, *Populist*, 212 (10.3%).
[2] Theodore Roosevelt, *Progressive*, 846 (42.3%).
[3] Henry Wallace, *Progressive*, 3 (0.1%); Strom Thurmond, *States' Rights*, 415 (9.1%).

PRESIDENT

MOORE COUNTY

Year	Total Vote	Democratic Total	%	Republican Total	%	Other Total	%	Two-Party Vote % Dem.	% Repub.	Plurality Dem.-Repub.
1868	1,903	884	46.5	1,019	53.5			46.5	53.5	135(R)
1872	1,445	714	49.4	731	50.6			49.4	50.6	17(R)
1876	2,568	1,365	53.2	1,203	46.8			53.2	46.8	162(D)
1880	2,843	1,476	51.9	1,367	48.1			51.9	48.1	109(D)
1884	3,237	1,769	54.6	1,468	45.4			54.6	45.4	301(D)
1888	3,781	1,955	51.7	1,826	48.3			51.7	48.3	129(D)
1892	3,860	1,674	43.4	1,460	37.8	726[1]	18.8	53.4	46.6	214(D)
1896	4,135	2,207	53.4	1,928	46.6			53.4	46.6	279(D)
1900	3,647	1,606	44.1	2,029	55.6	12	0.3	44.2	55.8	423(R)
1904	2,625	1,424	54.2	1,178	44.9	23	0.9	54.7	45.3	246(D)
1908	2,198	1,109	50.5	1,077	49.0	12	0.5	50.7	49.3	32(D)
1912	2,114	1,167	55.2	252	11.9	695[2]	32.9	82.2	17.8	915(D)
1916	2,406	1,337	55.6	1,047	43.5	22	0.9	56.1	43.9	290(D)
1920	4,958	2,679	54.0	2,279	46.0			54.0	46.0	400(D)
1924	4,783	2,771	57.9	1,974	41.3	38	0.8	58.4	41.6	797(D)
1928	5,929	2,639	44.5	3,290	55.5			44.5	55.5	651(R)
1932	6,804	4,287	63.0	2,459	36.1	58	0.9	63.5	36.5	1,828(D)
1936	6,947	4,466	64.3	2,481	35.7			64.3	35.7	1,985(D)
1940	6,917	4,330	62.6	2,587	37.4			62.6	37.4	1,743(D)
1944	6,374	3,711	58.2	2,663	41.8			58.2	41.8	1,048(D)
1948	6,750	3,341	49.5	2,719	40.3	690[3]	10.2	55.1	44.9	622(D)
1952	10,508	5,066	48.2	5,442	51.8			48.2	51.8	376(R)
1956	9,967	4,729	47.4	5,238	52.6			47.4	52.6	509(R)
1960	11,363	5,548	48.8	5,815	51.2			48.8	51.2	267(R)

Notes: [1] James Weaver, *Populist*, 726 (18.8%).
[2] Theodore Roosevelt, *Progressive*, 678 (32.1%).
[3] Henry Wallace, *Progressive*, 15 (0.2%); Strom Thurmond, *States' Rights*, 675 (10.0%).

NASH COUNTY

PRESIDENT

Year	Total Vote	Democratic Total	%	Republican Total	%	Other Total	%	Two-Party Vote % Dem.	% Repub.	Plurality Dem.-Repub.
1868	1,933	1,096	56.7	837	43.3			56.7	43.3	259(D)
1872	2,218	1,003	45.2	1,215	54.8			45.2	54.8	212(R)
1876	3,058	1,716	56.1	1,342	43.9			56.1	43.9	374(D)
1880	3,018	1,612	53.4	1,406	46.6			53.4	46.6	206(D)
1884	3,401	1,845	54.2	1,556	45.8			54.2	45.8	289(D)
1888	3,900	2,181	55.9	1,719	44.1			55.9	44.1	462(D)
1892	2,805	997	35.5	476	17.0	1,332[1]	47.5	67.7	32.3	521(D)
1896	4,615	2,916	63.2	1,699	36.8			63.2	36.8	1,217(D)
1900	3,937	2,600	66.0	1,337	34.0			66.0	34.0	1,263(D)
1904	2,079	1,428	68.7	645	31.0	6	0.3	68.9	31.1	783(D)
1908	3,012	1,678	55.7	1,334	44.3			55.7	44.3	344(D)
1912	2,652	1,862	70.2	172	6.5	618[2]	23.3	91.5	8.5	1,690(D)
1916	3,034	2,189	72.2	826	27.2	19	0.6	72.6	27.4	1,363(D)
1920	5,587	4,031	72.1	1,556	27.9			72.1	27.9	2,475(D)
1924	4,083	3,129	76.6	823	20.2	131	3.2	79.2	20.8	2,306(D)
1928	6,315	4,249	67.3	2,066	32.7			67.3	32.7	2,183(D)
1932	8,053	7,472	92.8	532	6.6	49	0.6	93.4	6.6	6,940(D)
1936	9,199	8,682	94.4	517	5.6			94.4	5.6	8,165(D)
1940	9,069	8,456	93.2	613	6.8			93.2	6.8	7,843(D)
1944	8,453	7,577	89.6	876	10.4			89.6	10.4	6,701(D)
1948	8,576	7,590	88.5	684	8.0	302[3]	3.5	91.7	8.3	6,906(D)
1952	13,060	10,424	79.8	2,636	20.2			79.8	20.2	7,788(D)
1956	12,634	9,969	78.9	2,665	21.1			78.9	21.1	7,304(D)
1960	13,982	10,086	72.1	3,896	27.9			72.1	27.9	6,100(D)

Notes: [1] James Weaver, *Populist*, 1,332 (47.5%).
[2] Theodore Roosevelt, *Progressive*, 576 (21.7%).
[3] Henry Wallace, *Progressive*, 12 (0.2%); Strom Thurmond, *States' Rights*, 290 (3.3%).

PRESIDENT

NEW HANOVER COUNTY

Year	Total Vote	Democratic Total	%	Republican Total	%	Other Total	%	Two-Party Vote % Dem.	% Repub.	Plurality Dem.-Repub.
1868	6,258	2,290	36.6	3,968	63.4			36.6	63.4	1,678(R)
1872	5,322	1,877	35.3	3,445	64.7			35.3	64.7	1,568(R)
1876	4,628	1,634	35.3	2,994	64.7			35.3	64.7	1,117(R)
1880	3,638	1,438	39.5	2,200	60.5			39.5	60.5	762(R)
1884	4,639	1,745	37.6	2,894	62.4			37.6	62.4	1,149(R)
1888	4,726	1,870	39.6	2,856	60.4			39.6	60.4	986(R)
1892	3,946	2,408	61.0	1,500	38.0	38[1]	1.0	61.6	38.4	908(D)
1896	5,283	2,100	39.8	3,183	60.2			39.8	60.2	1,083(R)
1900	2,307	2,247	97.4	60	2.6			97.4	2.6	2,187(D)
1904	1,345	1,254	93.2	91	6.8			93.2	6.8	1,163(D)
1908	2,368	1,857	78.4	511	21.6			78.4	21.6	1,346(D)
1912	2,268	2,021	89.1	140	6.2	107[2]	4.7	93.5	6.5	1,881(D)
1916	2,847	2,355	82.7	492	17.3			82.7	17.3	1,863(D)
1920	4,814	4,102	85.2	712	14.8			85.2	14.8	3,390(D)
1924	6,330	4,735	74.8	1,190	18.8	405	6.4	79.9	20.1	3,545(D)
1928	7,008	2,760	39.4	4,248	60.6			39.4	60.6	1,488(R)
1932	7,601	6,030	79.3	1,430	18.8	141	1.9	80.8	19.2	4,600(D)
1936	8,685	7,379	85.0	1,306	15.0			85.0	15.0	6,073(D)
1940	10,235	8,600	84.0	1,635	16.0			84.0	16.0	6,965(D)
1944	12,305	9,476	77.0	2,829	23.0			77.0	23.0	6,647(D)
1948	11,193	5,364	47.9	3,162	28.3	2,667[3]	23.8	62.9	37.1	2,202(D)
1952	19,660	10,330	52.5	9,330	47.5			52.5	47.5	1,000(D)
1956	19,717	10,247	52.0	9,470	48.0			52.0	48.0	777(D)
1960	22,957	13,182	57.4	9,775	42.6			57.4	42.6	3,407(D)

Notes: [1] James Weaver, *Populist*, 38 (1.0%).
[2] Theodore Roosevelt, *Progressive*, 107 (4.7%).
[3] Henry Wallace, *Progressive*, 66 (0.6%); Strom Thurmond, *States' Rights*, 2,601 (23.2%).

NORTHAMPTON COUNTY

PRESIDENT

Year	Total Vote	Democratic Total	%	Republican Total	%	Other Total	%	Two-Party Vote % Dem.	% Repub.	Plurality Dem.-Repub.
1868	2,976	1,045	35.1	1,931	64.9			35.1	64.9	886(R)
1872	2,750	752	27.4	1,998	72.6			27.4	72.6	1,246(R)
1876	3,615	1,424	39.4	2,191	60.6			39.4	60.6	767(R)
1880	3,599	1,514	42.1	2,085	57.9			42.1	57.9	571(R)
1884	4,115	1,731	42.1	2,384	57.9			42.1	57.9	653(R)
1888	3,680	1,684	45.8	1,996	54.2			45.8	54.2	312(R)
1892	3,628	1,365	37.6	1,806	49.8	457[1]	12.6	43.0	57.0	441(R)
1896	4,216	1,906	45.2	2,310	54.8			45.2	54.8	404(R)
1900	3,579	1,992	55.7	1,587	44.3			55.7	44.3	405(D)
1904	1,625	1,509	92.9	116	7.1			92.9	7.1	1,393(D)
1908	1,912	1,726	90.3	186	9.7			90.3	9.7	1,540(D)
1912	1,735	1,625	93.7	57	3.3	53[2]	3.0	96.6	3.4	1,568(D)
1916	1,563	1,518	97.1	45	2.9			97.1	2.9	1,473(D)
1920	2,470	2,305	93.3	165	6.7			93.3	6.7	2,140(D)
1924	1,823	1,662	91.2	144	7.9	17	0.9	92.0	8.0	1,518(D)
1928	2,179	1,723	79.0	456	21.0			79.0	21.0	1,267(D)
1932	3,397	3,243	95.5	147	4.3	7	0.2	95.7	4.3	3,096(D)
1936	3,894	3,785	97.2	109	2.8			97.2	2.8	3,676(D)
1940	3,931	3,826	97.3	105	2.7			97.3	2.7	3,721(D)
1944	3,642	3,470	95.3	172	4.7			95.3	4.7	3,298(D)
1948	3,896	3,591	92.2	179	4.6	126[3]	3.2	95.2	4.8	3,412(D)
1952	4,917	4,334	88.1	583	11.9			88.1	11.9	3,751(D)
1956	4,989	4,242	85.0	747	15.0			85.0	15.0	3,495(D)
1960	5,434	4,756	87.5	678	12.5			87.5	12.5	4,078(D)

Notes: [1] James Weaver, Populist, 457 (12.6%).
[2] Theodore Roosevelt, Progressive, 53 (3.0%).
[3] Henry Wallace, Progressive, 7 (0.2%); Strom Thurmond, States' Rights, 119 (3.0%).

PRESIDENT

ONSLOW COUNTY

Year	Total Vote	Democratic Total	%	Republican Total	%	Other Total	%	Two-Party Vote % Dem.	% Repub.	Plurality Dem.-Repub.
1868	1,296	879	67.8	417	32.2			67.8	32.2	462(D)
1872	1,249	720	57.6	529	42.4			57.6	42.4	191(D)
1876	1,867	1,317	70.5	550	29.5			70.5	29.5	767(D)
1880	1,622	1,085	66.9	537	33.1			66.9	33.1	548(D)
1884	1,796	1,292	71.9	504	28.1			71.9	28.1	788(D)
1888	1,630	1,177	72.2	453	27.8			72.2	27.8	724(D)
1892	1,952	1,137	58.2	379	19.4	436[1]	22.4	75.0	25.0	758(D)
1896	2,148	1,559	72.6	589	27.4			72.6	27.4	970(D)
1900	1,940	1,322	68.1	618	31.9			68.1	31.9	704(D)
1904	1,335	828	62.0	451	33.8	56	4.2	64.7	35.3	377(D)
1908	1,580	870	55.1	710	44.9			55.1	44.9	160(D)
1912	1,517	901	59.4	66	4.4	550[2]	36.2	93.2	6.8	835(D)
1916	1,986	1,197	60.3	785	39.5	4	0.2	60.4	39.6	412(D)
1920	2,410	1,557	64.6	853	35.4			64.6	35.4	704(D)
1924	1,576	1,122	71.2	423	26.8	31		71.2	26.8	699(D)
1928	2,325	1,072	46.1	1,253	53.9			46.1	53.9	181(R)
1932	2,877	2,615	90.9	253	8.8	9	0.3	91.2	8.8	2,362(D)
1936	2,993	2,758	92.1	235	7.9			92.1	7.9	2,523(D)
1940	2,654	2,383	89.8	271	10.2			89.8	10.2	2,112(D)
1944	3,144	2,711	86.2	433	13.8			86.2	13.8	2,278(D)
1948	3,799	3,318	87.3	316	8.3	165[3]	4.3	91.3	8.7	3,002(D)
1952	5,536	4,275	77.2	1,261	22.8			77.2	22.8	3,014(D)
1956	6,318	4,692	74.3	1,626	25.7			74.3	25.7	3,066(D)
1960	8,376	5,564	66.4	2,812	33.6			66.4	33.6	2,754(D)

Notes: [1] James Weaver, *Populist*, 436 (22.4%).
[2] Theodore Roosevelt, *Progressive*, 550 (36.2%).
[3] Henry Wallace, *Progressive*, 1 (*); Strom Thurmond, *States' Rights*, 164 (4.3%).
* Less than 0.05%.

PRESIDENT

ORANGE COUNTY

Year	Total Vote	Democratic Total	%	Republican Total	%	Other Total	%	Two-Party Vote % Dem.	% Repub.	Plurality Dem.-Repub.
1868	3,360	1,907	56.8	1,453	43.2			56.8	43.2	454(D)
1872	2,750	1,483	53.9	1,267	46.1			53.9	46.1	216(D)
1876	4,096	2,428	59.3	1,668	40.7			59.3	40.7	760(D)
1880	4,439	2,537	57.2	1,902	42.8			57.2	42.8	635(D)
1884	2,732	1,668	61.1	1,064	38.9			61.1	38.9	604(D)
1888	2,912	1,613	55.4	1,299	44.6			55.4	44.6	314(D)
1892	2,823	1,117	39.6	936	33.1	770[1]	27.3	54.4	45.6	181(D)
1896	2,964	1,700	57.4	1,264	42.6			57.4	42.6	436(D)
1900	2,565	1,275	49.7	1,280	49.9	10	0.4	49.9	50.1	5(R)
1904	1,483	900	60.7	558	37.6	25	1.7	61.7	38.3	342(D)
1908	2,090	1,017	48.7	1,073	51.3			48.7	51.3	56(R)
1912	1,994	997	50.0	172	8.6	825[2]	41.4	85.3	14.7	825(D)
1916	2,388	1,230	51.5	1,158	48.5			51.5	48.5	72(D)
1920	3,730	1,993	53.4	1,737	46.6			53.4	46.6	256(D)
1924	3,010	1,879	62.4	1,065	35.4	66	2.2	63.8	36.2	814(D)
1928	4,363	1,799	41.2	2,564	58.8			41.2	58.8	765(R)
1932	4,203	2,924	69.6	1,114	26.5	165	3.9	72.4	27.6	1,810(D)
1936	5,335	3,860	72.4	1,446	27.1	29	0.5	72.7	27.3	2,414(D)
1940	4,773	3,673	77.0	1,100	23.0			77.0	23.0	3,573(D)
1944	4,741	3,274	69.1	1,467	30.9			69.1	30.9	1,807(D)
1948	5,843	3,523	60.3	1,813	31.0	507[3]	8.7	66.0	34.0	1,710(D)
1952	8,969	5,156	57.5	3,813	42.5			57.5	42.5	1,343(D)
1956	9,139	6,743	51.9	4,396	48.1			51.9	48.1	347(D)
1960	12,411	7,180	57.9	5,231	42.1			57.9	42.1	1,949(D)

Notes: [1] James Weaver, *Populist,* 770 (27.3%).
[2] Theodore Roosevelt, *Progressive,* 821 (41.2%).
[3] Henry Wallace, *Progressive,* 145 (2.5%); Strom Thurmond, *States' Rights,* 362 (6.2%).

PAMLICO COUNTY†

PRESIDENT

Year	Total Vote	Democratic Total	%	Republican Total	%	Other Total	%	Two-Party Vote % Dem.	% Repub.	Plurality Dem.-Repub.
1868										
1872	648	290	44.8	358	55.2			44.8	55.2	68(R)
1876	1,258	745	59.2	513	40.8			59.2	40.8	232(D)
1880	944	582	61.7	362	38.3			61.7	38.3	220(D)
1884	1,356	757	55.8	599	44.2			55.8	44.2	158(D)
1888	1,335	730	54.7	605	45.3			54.7	45.3	125(D)
1892	1,327	509	38.4	471	35.5	347[1]	26.1	51.9	48.1	38(D)
1896	1,503	861	57.3	642	42.7			57.3	42.7	219(D)
1900	1,326	597	45.0	729	55.0			45.0	55.0	132(R)
1904	1,012	574	56.7	438	43.3			56.7	43.3	136(D)
1908	1,155	628	54.4	501	43.4	26	2.2	55.6	44.4	127(D)
1912	1,117	694	62.1	74	6.6	349[2]	31.2	90.4	9.6	620(D)
1916	1,255	710	56.6	527	42.0	18	1.4	57.4	42.6	183(D)
1920	2,294	1,286	56.0	1,008	44.0			56.0	44.0	278(D)
1924	1,257	798	63.5	459	36.5			63.5	36.5	339(D)
1928	1,977	878	44.4	1,099	55.6			44.4	55.6	221(R)
1932	2,266	1,526	67.3	665	29.3	75	3.3	69.6	30.4	861(D)
1936	2,487	1,627	65.4	860	34.6			65.4	34.6	767(D)
1940	2,178	1,448	66.5	730	33.5			66.5	33.5	718(D)
1944	2,014	1,295	64.3	719	35.7			64.3	35.7	576(D)
1948	2,197	1,370	62.4	685	31.2	142[3]	6.4	66.7	33.3	620(D)
1952	2,331	1,428	61.3	903	38.7			61.3	38.7	525(D)
1956	2,330	1,376	59.1	954	40.9			59.1	40.9	422(D)
1960	2,758	1,697	61.5	1,061	38.5			61.5	38.5	636(D)

Notes: [1] James Weaver, Populist, 347 (26.1%).
[2] Theodore Roosevelt, Progressive, 329 (29.5%).
[3] Henry Wallace, Progressive, 7 (0.3%); Strom Thurmond, States' Rights, 135 (6.1%).
† Pamlico county was created in 1872.

Pasquotank County

PRESIDENT

Year	Total Vote	Democratic Total	%	Republican Total	%	Other Total	%	Two-Party Vote % Dem.	% Repub.	Plurality Dem.-Repub.
1868	1,637	590	36.0	1,047	64.0			36.0	64.0	457(R)
1872	1,400	351	25.1	1,049	74.9			25.1	74.9	698(R)
1876	2,073	849	41.0	1,224	59.0			41.0	59.0	375(R)
1880	1,634	575	35.2	1,059	64.8			35.2	64.8	484(R)
1884	2,149	894	41.6	1,255	58.4			41.6	58.4	361(R)
1888	2,047	826	40.4	1,221	59.6			40.4	59.6	395(R)
1892	2,269	801	35.3	1,244	54.8	224[1]	9.9	39.2	60.8	443(R)
1896	2,556	1,037	40.6	1,519	59.4			40.6	59.4	482(R)
1900	2,478	1,196	48.3	1,282	51.7			48.3	51.7	86(R)
1904	1,224	947	77.4	275	22.5	2	0.1	77.5	22.5	672(D)
1908	1,334	929	69.6	405	30.4			69.6	30.4	524(D)
1912	1,233	972	78.8	77	6.3	184[2]	14.9	92.7	7.3	895(D)
1916	1,448	1,177	81.3	270	18.6	1	0.1	81.3	18.7	907(D)
1920	2,243	1,736	77.4	507	22.6			77.4	22.6	1,229(D)
1924	1,553	1,236	79.6	305	19.6	12	0.8	80.2	19.8	931(D)
1928	2,757	1,943	70.5	814	29.5			70.5	29.5	1,129(D)
1932	3,292	2,946	89.5	328	10.0	18	0.5	90.0	10.0	2,618(D)
1936	3,555	3,226	90.8	324	9.1	5	0.1	90.9	9.1	2,902(D)
1940	3,820	3,314	86.8	506	13.2			86.8	13.2	2,808(D)
1944	3,400	2,540	74.7	860	25.3			74.7	25.3	1,680(D)
1948	2,916	1,976	67.7	701	24.1	239[3]	8.2	73.8	26.2	1,275(D)
1952	5,680	3,579	63.0	2,101	37.0			63.0	37.0	1,478(D)
1956	4,790	2,963	61.9	1,827	38.1			61.9	38.1	1,136(D)
1960	6,357	4,530	71.3	1,827	28.7			71.3	28.7	2,703(D)

Notes: [1] James Weaver, *Populist*, 224 (9.9%).
[2] Theodore Roosevelt, *Progressive*, 184 (14.9%).
[3] Henry Wallace, *Progressive*, 14 (0.5%); Strom Thurmond, *States' Rights*, 225 (7.7%).

PENDER COUNTY†

PRESIDENT

Year	Total Vote	Democratic Total	%	Republican Total	%	Other Total	%	Two-Party Vote % Dem.	% Repub.	Plurality Dem.-Repub.
1868										
1872										
1876	2,424	1,172	48.3	1,252	51.7			48.3	51.7	83(R)
1880	2,241	1,007	44.9	1,234	55.1			44.9	55.1	227(R)
1884	2,453	1,207	49.2	1,246	50.8			49.2	50.8	39(R)
1888	1,483	725	48.9	758	51.1			48.9	51.1	33(R)
1892	1,969	872	44.3	960	48.8	137[1]	6.9	47.6	52.4	88(R)
1896	2,440	1,276	52.3	1,164	47.7			52.3	47.7	108(D)
1900	1,687	1,137	67.4	543	32.2	7	0.4	67.7	32.3	594(D)
1904	1,071	903	84.3	168	15.7			84.3	15.7	735(D)
1908	1,303	930	71.4	373	28.6			71.4	28.6	557(D)
1912	1,254	967	77.1	19	1.5	268[2]	21.4	98.1	1.9	948(D)
1916	1,370	970	70.8	400	29.2			70.8	29.2	570(D)
1920	2,279	1,580	69.3	699	30.7			69.3	30.7	881(D)
1924	1,445	1,175	81.3	253	17.5	17	1.2	82.3	17.7	922(D)
1928	2,298	998	43.4	1,300	56.6			43.4	56.6	302(R)
1932	2,274	1,993	87.6	270	11.9	11	0.5	88.1	11.9	1,723(D)
1936	2,712	2,379	87.7	333	12.3			87.7	12.3	2,046(D)
1940	2,554	2,249	88.1	305	11.9			88.1	11.9	1,944(D)
1944	2,173	1,732	79.7	441	20.3			79.7	20.3	1,291(D)
1948	2,138	1,334	62.4	304	14.2	500[3]	23.4	81.4	18.6	1,034(D)
1952	3,181	2,029	63.8	1,152	36.2			63.8	36.2	877(D)
1956	3,205	2,196	68.5	1,009	31.5			68.5	31.5	1,187(D)
1960	4,018	2,744	68.3	1,274	31.7			68.3	31.7	1,470(D)

Notes: [1] James Weaver, *Populist*, 137 (6.9%).
[2] Theodore Roosevelt, *Progressive*, 268 (21.4%).
[3] Henry Wallace, *Progressive*, 31 (1.5%); Strom Thurmond, *States' Rights*, 469 (21.9%).
† Pender county was created in 1875.

PERQUIMANS COUNTY

PRESIDENT

Year	Total Vote	Democratic Total	%	Republican Total	%	Other Total	%	Two-Party Vote % Dem.	% Repub.	Plurality Dem.-Repub.
1868	1,493	580	38.8	913	61.2			38.8	61.2	333(R)
1872	1,289	397	30.8	892	69.2			30.8	69.2	495(R)
1876	1,852	832	44.9	1,020	55.1			44.9	55.1	188(R)
1880	1,750	758	43.3	992	56.7			43.3	56.7	234(R)
1884	1,761	769	43.7	992	56.3			43.7	56.3	223(R)
1888	1,769	783	44.3	986	55.7			44.3	55.7	203(D)
1892	1,604	490	30.5	834	52.0	280[1]	17.5	37.0	63.0	344(R)
1896	1,809	793	43.8	1,016	56.2			43.8	56.2	223(R)
1900	1,676	830	49.5	846	50.5			49.5	50.5	16(R)
1904	989	610	61.7	378	38.2	1	0.1	61.7	38.3	232(D)
1908	1,070	568	53.1	502	46.9			53.1	46.9	66(D)
1912	919	647	70.4	228	24.8	44[2]	4.8	73.9	26.1	419(D)
1916	934	645	69.1	288	30.8	1	0.1	69.1	30.9	357(D)
1920	1,529	1,042	68.1	487	31.9			68.1	31.9	555(D)
1924	853	550	64.5	295	34.6	8	0.9	65.1	34.9	255(D)
1928	1,209	609	50.4	600	49.6			50.4	49.6	9(D)
1932	1,507	1,280	85.0	225	14.9	2	0.1	85.0	15.0	1,055(D)
1936	1,131	970	85.8	161	14.2			85.8	14.2	809(D)
1940	1,404	1,176	83.8	228	16.2			83.8	16.2	948(D)
1944	1,226	960	78.3	266	21.7			78.3	21.7	694(D)
1948	1,060	849	80.1	135	12.7	76[3]	7.2	86.3	13.7	714(D)
1952	1,889	1,245	65.9	644	34.1			65.9	34.1	601(D)
1956	1,731	1,022	59.0	709	41.0			59.0	41.0	313(D)
1960	2,097	1,460	69.6	637	30.4			69.6	30.4	823(D)

Notes: [1] James Weaver, Populist, 280 (17.5%).
[2] Theodore Roosevelt, Progressive, 44 (4.8%).
[3] Henry Wallace, Progressive, 2 (0.2%); Strom Thurmond, States' Rights, 74 (7.0%).

PRESIDENT

PERSON COUNTY

Year	Total Vote	Democratic Total	%	Republican Total	%	Other Total	%	Two-Party Vote % Dem.	% Repub.	Plurality Dem.-Repub.
1868	2,007	1,054	52.5	953	47.5			52.5	47.5	101(D)
1872	1,734	934	53.9	800	46.1			53.9	46.1	134(D)
1876	2,200	1,211	55.0	989	45.0			55.0	45.0	222(D)
1880	2,467	1,344	54.5	1,123	45.5			54.5	45.5	221(D)
1884	2,580	1,485	57.6	1,095	42.4			57.6	42.4	390(D)
1888	2,661	1,369	51.4	1,292	48.6			51.4	48.6	77(D)
1892	2,996	1,261	42.1	1,400	46.7	335[1]	11.2	47.4	52.6	139(R)
1896	3,115	1,713	55.0	1,402	45.0			55.0	45.0	311(D)
1900	2,747	1,466	53.4	1,274	46.4	7	0.2	53.5	46.5	192(D)
1904	1,415	942	66.6	473	33.4			66.6	33.4	429(D)
1908	1,719	750	43.6	969	56.4			43.6	56.4	219(R)
1912	1,788	820	45.9	784	43.8	184[2]	10.3	51.1	48.9	136(D)
1916	1,870	953	51.0	917	49.0			51.0	49.0	36(D)
1920	3,212	1,646	51.2	1,566	48.8			51.2	48.8	80(D)
1924	2,604	1,576	60.5	1,025	39.4	3	0.1	60.6	39.4	551(D)
1928	2,358	1,235	52.4	1,123	47.6			52.4	47.6	112(D)
1932	3,089	2,412	78.0	660	21.4	17	0.6	78.5	21.5	1,752(D)
1936	3,282	2,898	88.3	384	11.7			88.3	11.7	2,514(D)
1940	3,671	3,239	88.2	432	11.8			88.2	11.8	2,807(D)
1944	3,114	2,507	80.5	607	19.5			80.5	19.5	1,900(D)
1948	3,752	3,087	82.3	480	12.8	185[3]	4.9	86.5	13.5	2,607(D)
1952	5,640	4,266	75.6	1,374	24.4			75.6	24.4	2,892(D)
1956	5,173	3,433	66.4	1,740	33.6			66.4	33.6	1,693(D)
1960	6,231	4,305	69.1	1,926	30.9			69.1	30.9	2,379(D)

Notes: [1] James Weaver, *Populist*, 335 (11.2%).
[2] Theodore Roosevelt, *Progressive*, 184 (10.3%).
[3] Henry Wallace, *Progressive*, 5 (0.1%); Strom Thurmond, *States' Rights*, 180 (4.8%).

PITT COUNTY

PRESIDENT

Year	Total Vote	Democratic Total	%	Republican Total	%	Other Total	%	Two-Party Vote % Dem.	% Repub.	Plurality Dem.-Repub.
1868	3,311	1,559	47.1	1,752	52.9			47.1	52.9	193(R)
1872	3,163	1,429	45.2	1,734	54.8			45.2	54.8	305(R)
1876	4,031	2,136	53.0	1,895	47.0			53.0	47.0	241(D)
1880	4,016	2,200	54.8	1,815	45.2			54.8	45.2	385(D)
1884	4,711	2,428	51.5	2,283	48.5			51.5	48.5	145(D)
1888	4,927	2,569	52.1	2,358	47.9			52.1	47.9	211(D)
1892	4,667	2,052	44.0	1,221	26.1	1,394[1]	29.9	62.7	37.3	831(D)
1896	5,571	3,181	57.1	2,390	42.9			57.1	42.9	791(D)
1900	5,456	3,264	59.8	2,156	39.5	36	0.7	60.2	39.8	1,108(D)
1904	2,775	2,329	83.9	429	15.5	17	0.6	84.4	15.6	1,900(D)
1908	3,309	2,419	73.1	890	26.9			73.1	26.9	1,521(D)
1912	3,086	2,303	74.6	347	11.3	436[2]	14.1	86.9	13.1	1,956(D)
1916	3,558	2,839	79.8	719	20.2			79.8	20.2	2,120(D)
1920	5,060	4,196	82.9	864	17.1			82.9	17.1	3,332(D)
1924	3,765	3,197	84.9	512	13.6	56	1.5	86.2	13.8	2,685(D)
1928	6,041	4,646	76.9	1,395	23.1			76.9	23.1	3,251(D)
1932	8,400	8,124	96.7	255	3.0	21	0.3	97.0	3.0	7,869(D)
1936	9,864	9,539	96.7	325	3.3			96.7	3.3	9,214(D)
1940	10,436	10,067	96.5	369	3.5			96.5	3.5	9,698(D)
1944	9,051	8,556	94.5	495	5.5			94.5	5.5	8,061(D)
1948	9,522	8,519	89.5	602	6.3	401[3]	4.2	93.4	6.6	7,917(D)
1952	13,474	11,271	83.6	2,203	16.4			83.6	16.4	9,068(D)
1956	14,388	11,873	82.5	2,515	17.5			82.5	17.5	9,358(D)
1960	15,984	12,526	78.4	3,458	21.6			78.4	21.6	9,068(D)

Notes: [1] James Weaver, Populist, 1,394 (29.9%).
[2] Theodore Roosevelt, Progressive, 433 (14.0%).
[3] Henry Wallace, Progressive, 77 (0.8%); Strom Thurmond, *States' Rights*, 324 (3.4%).

PRESIDENT

POLK COUNTY

Year	Total Vote	Democratic Total	%	Republican Total	%	Other Total	%	Two-Party Vote % Dem.	% Repub.	Plurality Dem.-Repub.
1868	600	195	32.5	405	67.5			32.5	67.5	210(R)
1872	363	99	27.3	264	72.7			27.3	72.7	165(R)
1876	750	408	54.4	342	45.6			54.4	45.6	66(D)
1880	755	335	44.4	420	55.6			44.4	55.6	85(R)
1884	933	443	47.5	490	52.5			47.5	52.5	47(R)
1888	854	436	51.1	418	48.9			51.1	48.9	18(D)
1892	1,077	511	47.4	566	52.6			47.4	52.6	55(R)
1896	1,200	469	39.1	731	60.9			39.1	60.9	262(R)
1900	1,143	484	42.3	652	57.0	7	0.6	42.6	57.4	168(R)
1904	1,056	497	47.1	559	52.9			47.1	52.9	62(R)
1908	1,132	511	45.1	621	54.9			45.1	54.9	110(R)
1912	1,330	675	50.8	153	11.5	502[1]	37.7	81.5	18.5	522(D)
1916	1,430	679	47.5	750	52.5	1	0.1	47.5	52.5	71(R)
1920	2,687	1,361	50.7	1,326	49.3			50.7	49.3	35(D)
1924	3,071	1,613	52.5	1,445	47.1	13	0.4	52.7	47.3	168(D)
1928	3,489	1,616	46.3	1,873	53.7			46.3	53.7	257(R)
1932	3,843	2,401	62.5	1,421	37.0	21	0.5	62.8	37.2	980(D)
1936	4,315	2,521	58.4	1,794	41.6			58.4	41.6	727(D)
1940	3,982	2,454	61.6	1,528	38.4			61.6	38.4	926(D)
1944	4,018	2,340	58.2	1,678	41.8			58.2	41.8	662(D)
1948	3,991	2,078	52.1	1,636	41.0	277[2]	6.9	56.0	44.0	442(D)
1952	5,302	2,741	51.7	2,561	48.3			51.7	48.3	180(D)
1956	5,350	2,527	47.2	2,823	52.8			47.2	52.8	296(R)
1960	5,618	2,762	49.2	2,856	50.8			49.2	50.8	94(R)

Notes: [1] Theodore Roosevelt, *Progressive*, 501 (37.7%).
[2] Henry Wallace, *Progressive*, 5 (0.1%); Strom Thurmond, *States' Rights*, 272 (6.8%).

PRESIDENT

RANDOLPH COUNTY

Year	Total Vote	Democratic Total	%	Republican Total	%	Other Total	%	Two-Party Vote % Dem.	% Repub.	Plurality Dem.-Repub.
1868	2,629	877	33.4	1,752	66.6			33.4	66.6	875(R)
1872	2,274	983	43.2	1,291	56.8			43.2	56.8	236(R)
1876	3,345	1,775	53.1	1,570	46.9			53.1	46.9	205(D)
1880	3,816	2,005	52.5	1,811	47.5			52.5	47.5	194(D)
1884	3,858	1,968	51.0	1,890	49.0			51.0	49.0	78(D)
1888	4,460	2,121	47.6	2,339	52.4			47.6	52.4	218(R)
1892	4,512	2,077	46.0	1,883	41.7	552[1]	12.2	52.4	47.6	194(D)
1896	5,225	2,482	47.5	2,743	52.5			47.5	52.5	261(R)
1900	4,779	2,264	47.4	2,487	52.0	28	0.6	47.7	52.3	223(R)
1904	4,163	2,334	56.1	1,808	43.4	21	0.5	56.3	43.7	526(D)
1908	5,148	2,472	48.0	2,676	52.0			48.0	52.0	204(R)
1912	4,858	2,665	54.9	370	7.6	1,823[2]	37.5	87.8	12.2	2,295(D)
1916	5,781	2,747	47.5	3,031	52.4	3	0.1	47.5	52.5	284(R)
1920	11,407	5,110	44.8	6,297	55.2			44.8	55.2	1,187(R)
1924	11,757	5,397	45.9	6,336	53.9	24	0.2	46.0	54.0	939(R)
1928	11,602	4,188	36.1	7,414	63.9			36.1	63.9	3,226(R)
1932	13,492	7,345	54.4	6,072	45.0	75	0.6	54.7	45.3	1,273(D)
1936	15,017	8,090	53.9	6,927	46.1			53.9	46.1	1,163(D)
1940	15,511	8,455	54.5	7,056	45.5			54.5	45.5	1,399(D)
1944	16,045	7,277	45.4	8,768	54.6			45.4	54.6	1,491(R)
1948	15,682	6,567	41.9	8,372	53.4	743[3]	4.7	44.0	56.0	1,805(R)
1952	21,404	8,975	41.9	12,429	58.1			41.9	58.1	3,454(R)
1956	21,578	8,404	38.9	13,174	61.1			38.9	61.1	4,770(R)
1960	25,561	9,789	38.3	15,772	61.7			38.3	61.7	5,983(R)

Notes: [1] James Weaver, *Populist*, 552 (12.2%).
[2] Theodore Roosevelt, *Progressive*, 1,809 (37.2%).
[3] Henry Wallace, *Progressive*, 19 (0.1%); Strom Thurmond, *States' Rights*, 724 (4.6%).

PRESIDENT

RICHMOND COUNTY

Year	Total Vote	Democratic Total	%	Republican Total	%	Other Total	%	Two-Party Vote % Dem.	% Repub.	Plurality Dem.-Repub.
1868	2,062	808	39.2	1,254	60.8			39.2	60.8	446(R)
1872	1,916	730	38.1	1,186	61.9			38.1	61.9	456(R)
1876	2,806	1,350	48.1	1,456	51.9			48.1	51.9	106(R)
1880	3,106	1,363	43.9	1,743	56.1			43.9	56.1	380(R)
1884	3,651	1,946	53.3	1,705	46.7			53.3	46.7	241(D)
1888	3,472	1,729	49.8	1,743	50.2			49.8	50.2	14(R)
1892	3,282	1,700	51.8	1,122	34.2	460[1]	14.0	60.2	39.8	578(D)
1896	4,751	2,172	45.7	2,579	54.3			45.7	54.3	407(R)
1900	1,773	1,264	71.3	504	28.4	5	0.3	71.5	28.5	760(D)
1904	1,233	927	75.2	306	24.8			75.2	24.8	621(D)
1908	1,491	1,029	69.0	462	31.0			69.0	31.0	567(D)
1912	1,575	1,319	83.7	82	5.2	177[2]	11.2	94.1	5.9	1,237(D)
1916	2,203	1,553	70.5	650	29.5			70.5	29.5	903(D)
1920	4,465	3,341	74.8	1,124	25.2			74.8	25.2	2,217(D)
1924	3,237	2,475	76.5	599	18.5	163	5.0	80.5	19.5	1,876(D)
1928	5,020	2,975	59.3	2,045	40.7			59.3	40.7	930(D)
1932	5,591	4,862	87.0	693	12.4	36	0.6	87.5	12.5	4,169(D)
1936	7,316	6,709	91.7	607	8.3			91.7	8.3	6,102(D)
1940	7,309	6,530	89.3	779	10.7			89.3	10.7	5,751(D)
1944	6,332	5,394	85.2	938	14.8			85.2	14.8	4,456(D)
1948	6,082	4,376	72.0	866	14.2	840[3]	13.8	83.5	16.5	3,510(D)
1952	10,701	7,340	68.6	3,361	31.4			68.6	31.4	3,979(D)
1956	9,499	6,592	69.4	2,907	30.6			69.4	30.6	3,685(D)
1960	11,578	8,293	71.6	3,285	28.4			71.6	28.4	5,008(D)

Notes: [1] James Weaver, *Populist,* 460 (14.0%).
[2] Theodore Roosevelt, *Progressive,* 174 (11.1%).
[3] Henry Wallace, *Progressive,* 14 (0.2%); Strom Thurmond, *States' Rights,* 826 (13.6%).

PRESIDENT

ROBESON COUNTY

Year	Total Vote	Democratic Total	%	Republican Total	%	Other Total	%	Two-Party Vote % Dem.	% Repub.	Plurality Dem.-Repub.
1868	2,655	1,337	51.4	1,318	49.6			51.4	49.6	19(D)
1872	2,554	1,051	41.2	1,503	58.8			41.2	58.8	452(R)
1876	3,856	2,117	54.9	1,739	45.1			54.9	45.1	378(D)
1880	4,195	2,235	53.3	1,960	46.7			53.3	46.7	275(D)
1884	4,781	2,503	52.4	2,278	47.6			52.4	47.6	225(D)
1888	4,849	2,879	59.4	1,970	40.6			59.4	40.6	909(D)
1892	4,271	2,312	54.1	1,117	26.2	842[1]	19.7	67.4	32.6	1,195(D)
1896	5,886	3,457	58.7	2,429	41.3			58.7	41.3	1,028(D)
1900	4,424	3,280	74.1	1,144	25.9			74.1	25.9	2,136(D)
1904	3,262	2,274	69.7	982	30.1	6	0.2	69.8	30.2	1,292(D)
1908	3,998	2,698	67.5	1,300	32.5			67.5	32.5	1,398(D)
1912	3,520	2,706	76.9	154	4.4	660[2]	18.7	94.6	5.4	2,552(D)
1916	4,347	2,894	66.6	1,453	33.4			66.6	33.4	1,441(D)
1920	8,403	6,183	73.6	2,220	26.4			73.6	26.4	3,963(D)
1924	4,392	4,064	92.5	314	7.1	14	0.3	92.8	7.2	3,750(D)
1928	7,497	4,730	63.1	2,767	36.9			63.1	36.9	1,963(D)
1932	8,687	7,860	90.5	783	9.0	44	0.5	90.9	9.1	7,077(D)
1936	11,012	10,280	93.4	732	6.6			93.4	6.6	9,548(D)
1940	10,182	9,251	90.9	931	9.1			90.9	9.1	8,320(D)
1944	8,396	7,278	86.7	1,118	13.3			86.7	13.3	6,160(D)
1948	9,133	7,056	77.3	1,036	11.3	1,041[3]	11.4	87.2	12.8	6,020(D)
1952	13,438	9,311	69.3	4,127	30.7			69.3	30.7	5,184(D)
1956	13,301	10,516	79.1	2,785	20.9			79.1	20.9	7,731(D)
1960	15,203	11,623	76.5	3,580	23.5			76.5	23.5	8,043(D)

Notes: [1] James Weaver, *Populist*, 842 (19.7%).
[2] Theodore Roosevelt, *Progressive*, 660 (18.7%).
[3] Henry Wallace, *Progressive*, 56 (0.6%); Strom Thurmond, *States' Rights*, 985 (10.8%).

PRESIDENT

ROCKINGHAM COUNTY

Year	Total Vote	Democratic Total	%	Republican Total	%	Other Total	%	Two-Party Vote % Dem.	% Repub.	Plurality Dem.-Repub.
1868	2,976	1,513	50.8	1,463	49.2			50.8	49.2	50(D)
1872	2,786	1,416	50.8	1,370	49.2			50.8	49.2	46(D)
1876	3,653	2,155	59.0	1,498	41.0			59.0	41.0	657(D)
1880	3,942	2,403	60.0	1,539	39.0			61.0	39.0	864(D)
1884	4,221	2,574	61.0	1,647	39.0			61.0	39.0	927(D)
1888	4,527	2,351	51.9	2,176	48.1			59.9	48.1	175(D)
1892	4,598	1,784	38.8	1,961	42.6	853[1]	18.6	47.6	52.4	177(R)
1896	5,451	2,882	52.9	2,569	47.1			52.9	47.1	313(D)
1900	4,907	2,652	54.0	2,252	45.9	3	0.1	54.1	45.9	400(D)
1904	3,229	1,934	59.9	1,276	39.5	19	0.6	60.2	39.8	658(D)
1908	3,909	1,887	48.3	2,008	51.4	14	0.3	48.4	51.6	121(R)
1912	3,471	1,939	55.9	694	20.0	838[2]	24.1	73.6	26.4	1,245(D)
1916	4,273	2,316	54.2	1,957	45.8			54.2	45.8	359(D)
1920	8,112	4,507	55.6	3,605	44.4			55.6	44.4	902(D)
1924	7,122	4,467	62.7	2,566	36.0	89	1.2	63.5	36.5	1,901(D)
1928	8,996	3,411	37.9	5,585	62.1			37.9	62.1	2,174(R)
1932	10,771	7,795	72.4	2,896	26.9	80	0.7	72.9	27.1	4,899(D)
1936	13,888	11,366	81.8	2,522	18.2			81.8	18.2	8,844(D)
1940	13,713	11,315	82.5	2,398	17.5			82.5	17.5	8,917(D)
1944	11,779	8,755	74.3	3,024	25.7			74.3	25.7	5,731(D)
1948	12,415	8,553	67.8	2,936	23.7	926[3]	7.5	74.5	25.5	5,617(D)
1952	19,308	12,423	64.3	6,885	35.7			64.3	35.7	5,538(D)
1956	17,887	8,896	49.7	8,991	50.3			49.7	50.3	95(R)
1960	20,663	11,207	54.2	9,456	45.8			54.2	45.8	1,751(D)

Notes: [1] James Weaver, *Populist*, 853 (18.6%).
[2] Theodore Roosevelt, *Progressive*, 778 (22.4%).
[3] Henry Wallace, *Progressive*, 27 (0.2%); Strom Thurmond, *States' Rights*, 899 (7.3%).

PRESIDENT

ROWAN COUNTY

Year	Total Vote	Democratic Total	%	Republican Total	%	Other Total	%	Two-Party Vote % Dem.	% Repub.	Plurality Dem.-Repub.
1868	2,862	1,530	53.5	1,332	46.5			53.5	46.5	198(D)
1872	1,938	962	49.6	976	50.4			49.6	50.4	14(R)
1876	3,415	2,189	64.1	1,226	35.9			64.1	35.9	963(D)
1880	4,012	2,635	65.7	1,377	34.3			65.7	34.3	1,258(D)
1884	4,014	2,642	65.8	1,372	34.2			65.8	34.2	1,270(D)
1888	4,006	2,732	68.2	1,274	31.8			68.2	31.8	1,458(D)
1892	3,973	2,303	58.0	876	22.0	794[1]	20.0	72.4	27.6	1,427(D)
1896	4,563	3,095	67.8	1,468	32.2			67.8	32.2	1,627(D)
1900	4,290	2,460	57.3	1,555	36.2	275	6.4	61.3	38.7	905(D)
1904	3,659	2,424	66.2	1,215	33.2	20	0.5	66.6	33.4	1,209(D)
1908	4,436	2,392	53.9	2,009	45.3	35	0.8	54.4	45.6	383(D)
1912	4,622	2,748	59.4	280	6.1	1,594[2]	34.5	90.8	9.2	2,468(D)
1916	5,373	3,053	56.8	2,320	43.2			56.8	43.2	733(D)
1920	11,309	6,421	56.8	4,888	43.2			56.8	43.2	1,533(D)
1924	9,114	4,816	52.8	3,560	39.1	738	8.1	57.5	42.5	1,256(D)
1928	12,740	4,783	37.5	7,957	62.5			37.5	62.5	3,174(R)
1932	14,426	9,782	67.8	4,464	30.9	180	1.2	68.7	31.3	5,318(D)
1936	17,114	12,808	74.8	4,306	25.2			74.8	25.2	8,502(D)
1940	17,082	13,023	76.2	4,059	23.8			76.2	23.8	8,964(D)
1944	15,583	9,721	62.4	5,862	37.6			62.4	37.6	3,859(D)
1948	15,702	6,799	43.3	5,722	36.4	3,181[3]	20.3	54.3	45.7	1,077(D)
1952	28,831	11,296	39.2	17,535	60.8			39.2	60.8	6,239(R)
1956	27,323	9,761	35.7	17,562	64.3			35.7	64.3	7,801(R)
1960	30,645	12,919	42.2	17,726	57.8			42.2	57.8	4,807(R)

Notes: [1] James Weaver, *Populist*, 794 (20.0%).
[2] Theodore Roosevelt, *Progressive*, 1,537 (33.3%).
[3] Henry Wallace, *Progressive*, 35 (0.2%); Strom Thurmond, *States' Rights*, 3,146 (20.0%).

RUTHERFORD COUNTY

PRESIDENT

Year	Total Vote	Democratic Total	%	Republican Total	%	Other Total	%	Two-Party Vote % Dem.	% Repub.	Plurality Dem.-Repub.
1868	1,964	685	34.9	1,279	65.1			34.9	65.1	594(R)
1872	1,327	399	30.1	928	69.9			30.1	69.9	529(R)
1876	2,388	1,278	53.5	1,110	46.5			53.5	46.5	168(D)
1880	2,443	1,236	50.6	1,207	49.4			50.6	49.4	29(D)
1884	2,769	1,506	54.4	1,263	45.6			54.4	45.6	243(D)
1888	3,347	1,678	50.1	1,669	49.9			50.1	49.9	9(D)
1892	3,498	1,794	51.3	1,452	41.5	252[1]	7.2	55.3	44.7	342(D)
1896	4,099	2,146	52.4	1,953	47.6			52.4	47.6	193(D)
1900	4,063	2,081	51.2	1,981	48.8			51.2	48.8	100(D)
1904	3,182	1,860	58.5	1,322	41.5	1	*	58.5	41.5	538(D)
1908	3,744	1,978	52.8	1,766	47.2			52.8	47.2	212(D)
1912	3,823	2,180	57.0	82	2.1	1,561[2]	40.8	96.4	3.6	2,098(D)
1916	4,316	2,445	56.6	1,871	43.4			56.6	43.4	574(D)
1920	9,116	5,101	56.0	4,015	44.0			56.0	44.0	1,086(D)
1924	9,027	5,101	56.5	3,897	43.2	29	0.3	56.7	43.3	1,204(D)
1928	9,908	4,146	41.8	5,762	58.2			41.8	58.2	1,616(R)
1932	12,838	8,336	64.9	4,448	34.6	54	0.4	65.2	34.8	3,888(D)
1936	14,741	9,911	67.2	4,830	32.8			67.2	32.8	5,081(D)
1940	13,073	8,869	67.8	4,204	32.2			67.8	32.2	4,665(D)
1944	12,077	7,379	61.1	4,698	38.9			61.1	38.9	2,681(D)
1948	11,750	5,992	51.0	4,342	37.0	1,416[3]	12.0	58.0	42.0	1,650(D)
1952	16,142	7,755	48.0	8,387	52.0			48.0	52.0	632(R)
1956	15,408	7,208	46.8	8,200	53.2			46.8	53.2	992(R)
1960	17,547	8,554	48.7	8,993	51.3			48.7	51.3	439(R)

Notes: [1] James Weaver, *Populist*, 252 (7.2%).
[2] Theodore Roosevelt, *Progressive*, 1,561 (40.8%).
[3] Henry Wallace, *Progressive*, 22 (0.2%); Strom Thurmond, *States' Rights*, 1,394 (11.8%).
* Less than 0.05%.

PRESIDENT

SAMPSON COUNTY

Year	Total Vote	Democratic Total	%	Republican Total	%	Other Total	%	Two-Party Vote % Dem.	% Repub.	Plurality Dem.-Repub.
1868	2,473	1,447	58.5	1,026	41.5			58.5	41.5	421(D)
1872	2,359	889	37.7	1,470	62.3			37.7	62.3	581(R)
1876	3,767	2,100	55.7	1,667	44.3			55.7	44.3	433(D)
1880	3,748	2,122	56.6	1,626	43.4			56.6	43.4	496(D)
1884	4,142	2,551	61.6	1,591	38.4			61.6	38.4	960(D)
1888	3,998	2,390	59.8	1,608	40.2			59.8	40.2	782(D)
1892	4,243	1,299	30.6	1,325	31.2	1,619[1]	38.2	49.5	50.5	26(R)
1896	4,060	2,789	68.7	1,271	31.3			68.7	31.3	1,518(D)
1900	3,414	1,257	36.8	2,002	58.6	155	4.5	38.6	61.4	745(R)
1904	2,856	1,079	37.8	1,777	62.2			37.8	62.2	698(R)
1908	3,800	1,335	35.1	2,465	64.9			35.1	64.9	1,130(R)
1912	3,869	1,265	32.7	84	2.2	2,520[2]	65.1	93.8	6.2	1,181(D)
1916	4,096	1,369	33.4	2,727	66.6			33.4	66.6	1,358(R)
1920	7,779	2,426	31.2	5,353	68.8			31.2	68.8	2,927(R)
1924	5,244	2,021	38.5	3,188	60.8	35	0.7	38.8	61.2	1,167(R)
1928	7,864	2,285	29.1	5,579	70.9			29.1	70.9	3,294(R)
1932	9,152	4,911	53.7	4,127	45.1	114	1.2	54.3	45.7	784(D)
1936	10,885	5,937	54.5	4,948	45.5			54.5	45.5	989(D)
1940	10,876	5,107	47.0	5,769	53.0			47.0	53.0	662(R)
1944	10,282	4,220	41.0	6,062	59.0			41.0	59.0	1,842(R)
1948	10,548	4,965	47.0	4,932	46.8	651[3]	6.2	50.2	49.8	33(D)
1952	13,405	6,956	51.9	6,449	48.1			51.9	48.1	507(D)
1956	13,882	7,197	51.8	6,685	48.2			51.8	48.2	512(D)
1960	14,970	7,632	51.0	7,338	49.0			51.0	49.0	294(D)

Notes: [1] James Weaver, Populist, 1,619 (38.2%).
[2] Theodore Roosevelt, Progressive, 2,520 (65.1%).
[3] Henry Wallace, Progressive, 44 (0.4%); Strom Thurmond, States' Rights, 607 (5.8%).

PRESIDENT

SCOTLAND COUNTY†

Year	Total Vote	Democratic Total	%	Republican Total	%	Other Total	%	Two-Party Vote % Dem.	% Repub.	Plurality Dem.-Repub.
1868										
1872										
1876										
1880										
1884										
1888										
1892										
1896										
1900	971	44	4.5	925	95.3	2	0.2	4.5	95.5	881(R)
1904	711	646	90.9	65	9.1			90.9	9.1	581(D)
1908	799	714	89.4	85	10.6			89.4	10.6	629(D)
1912	835	751	89.9	9	1.1	75¹	9.0	98.8	1.2	742(D)
1916	1,075	938	87.3	137	12.7			87.3	12.7	801(D)
1920	2,011	1,705	84.8	306	15.2			84.8	15.2	1,399(D)
1924	1,685	1,469	87.2	205	12.2	11	0.6	87.8	12.2	1,264(D)
1928	2,349	1,761	75.0	588	25.0			75.0	25.0	1,173(D)
1932	2,822	2,608	92.4	208	7.4	6	0.2	92.6	7.4	2,400(D)
1936	3,497	3,183	91.0	314	9.0			91.0	9.0	2,869(D)
1940	3,231	2,981	92.3	250	7.7			92.3	7.7	2,731(D)
1944	2,675	2,372	88.7	303	11.3			88.7	11.3	2,069(D)
1948	2,819	1,957	69.5	359	12.7	503²	17.8	84.5	15.5	1,598(D)
1952	4,502	2,912	64.7	1,590	35.3			64.7	35.3	1,322(D)
1956	4,213	3,042	72.2	1,171	27.8			72.2	27.8	1,871(D)
1960	4,922	3,643	74.0	1,279	26.0			74.0	26.0	2,364(D)

Notes: ¹ Theodore Roosevelt, *Progressive*, 75 (9.0%).
² Henry Wallace, *Progressive*, 11 (0.4%); Strom Thurmond, *States' Rights*, 492 (17.4%).
† Scotland county was created in 1899.

PRESIDENT

STANLY COUNTY

Year	Total Vote	Democratic Total	%	Republican Total	%	Other Total	%	Two-Party Vote % Dem.	% Repub.	Plurality Dem.-Repub.
1868	1,117	651	58.3	466	41.7			58.3	41.7	185(D)
1872	861	478	55.5	383	44.5			55.5	44.5	95(D)
1876	1,384	957	69.1	427	30.9			69.1	30.9	530(D)
1880	1,462	887	60.7	575	39.3			60.7	39.3	312(D)
1884	1,704	1,115	65.4	589	34.6			65.4	34.6	526(D)
1888	1,797	1,021	56.8	776	43.2			56.8	43.2	245(D)
1892	1,597	1,053	65.9	323	20.2	221[1]	13.8	76.5	23.5	730(D)
1896	1,936	1,425	73.6	511	26.4			73.6	26.4	914(D)
1900	2,057	1,265	61.5	792	38.5			61.5	38.5	473(D)
1904	2,107	1,024	48.6	1,080	51.3	3	0.1	48.7	51.3	56(R)
1908	3,176	1,491	46.9	1,685	53.1			46.9	53.1	194(R)
1912	3,355	1,702	50.8	105	3.1	1,548[2]	46.1	94.2	5.8	1,597(D)
1916	4,060	2,110	52.0	1,941	47.8	9	0.2	52.1	47.9	169(D)
1920	8,155	3,843	47.1	4,312	52.9			47.1	52.9	469(R)
1924	7,476	3,832	51.2	3,594	48.1	50	0.7	51.6	48.4	238(D)
1928	7,597	3,000	39.5	4,597	60.5			39.5	60.5	1,597(R)
1932	9,826	5,785	58.9	3,992	40.6	49	0.5	59.2	40.8	1,793(D)
1936	11,018	6,505	59.0	4,513	41.0			59.0	41.0	1,992(D)
1940	10,890	6,321	58.0	4,569	42.0			58.0	42.0	1,752(D)
1944	11,582	5,499	47.5	6,083	52.5			47.5	52.5	584(R)
1948	11,674	4,415	37.8	5,902	50.6	1,357[3]	11.6	42.8	57.2	1,487(R)
1952	17,295	7,202	41.6	10,093	58.4			41.6	58.4	2,891(R)
1956	17,360	6,693	38.6	10,667	61.4			38.6	61.4	3,974(R)
1960	19,339	8,259	42.7	11,080	57.3			42.7	57.3	2,821(R)

Notes: [1] James Weaver, *Populist*, 221 (13.8%).
[2] Theodore Roosevelt, *Progressive*, 1,548 (46.1%).
[3] Henry Wallace, *Progressive*, 27 (0.2%); Strom Thurmond, *States' Rights*, 1,330 (11.4%).

PRESIDENT

STOKES COUNTY

Year	Total Vote	Democratic Total	%	Republican Total	%	Other Total	%	Two-Party Vote % Dem.	% Repub.	Plurality Dem.-Repub.
1868	1,527	744	48.7	783	51.3			48.7	51.3	39(R)
1872	1,664	839	50.4	825	49.6			50.4	49.6	14(D)
1876	2,202	1,222	55.5	980	44.5			55.5	44.5	242(D)
1880	2,247	1,244	55.4	1,003	44.6			55.4	44.6	241(D)
1884	2,390	1,341	56.1	1,049	43.9			56.1	43.9	292(D)
1888	2,805	1,442	51.4	1,363	48.6			51.4	48.6	79(D)
1892	3,042	1,217	40.0	1,610	52.9	215[1]	7.1	43.0	57.0	393(R)
1896	3,516	1,447	41.2	2,069	58.8			41.2	58.8	622(R)
1900	3,241	1,443	44.5	1,798	55.5			44.5	55.5	355(R)
1904	2,584	1,104	42.7	1,478	57.2	2	0.1	42.8	57.2	374(R)
1908	2,777	1,061	38.2	1,711	61.6	5	0.2	38.3	61.7	650(R)
1912	2,827	1,144	40.5	1,450	51.3	233[2]	8.2	44.1	55.9	306(R)
1916	3,442	1,569	45.6	1,852	53.8	21	0.6	45.9	54.1	283(R)
1920	4,925	1,999	40.6	2,926	59.4			40.6	59.4	927(R)
1924	4,835	2,309	47.8	2,482	51.3	44	0.9	48.2	51.8	173(R)
1928	5,729	1,970	34.4	3,759	65.6			34.4	65.6	1,789(R)
1932	6,333	3,721	58.8	2,577	40.7	35	0.5	59.1	40.9	1,144(D)
1936	7,643	4,384	57.4	3,259	42.6			57.4	42.6	1,125(D)
1940	6,986	4,274	61.2	2,712	38.8			61.2	38.8	1,562(D)
1944	7,486	4,110	54.9	3,376	45.1			54.9	45.1	844(D)
1948	7,891	4,431	56.2	3,291	41.7	169[3]	2.1	57.4	42.6	1,140(D)
1952	8,296	4,504	54.3	3,792	45.7			54.3	45.7	712(D)
1956	8,289	3,948	47.6	4,341	52.4			47.6	52.4	393(R)
1960	9,359	4,487	47.9	4,872	52.1			47.9	52.1	385(R)

Notes: [1] James Weaver, Populist, 215 (7.1%).
[2] Theodore Roosevelt, Progressive, 210 (7.4%).
[3] Henry Wallace, Progressive, 14 (0.2%); Strom Thurmond, States' Rights, 155 (1.9%).

PRESIDENT

SURRY COUNTY

Year	Total Vote	Democratic Total	%	Republican Total	%	Other Total	%	Two-Party Vote % Dem.	% Repub.	Plurality Dem.-Repub.
1868	1,555	737	47.4	818	52.6			47.4	52.6	81(R)
1872	1,568	681	43.4	887	56.6			43.4	56.6	206(R)
1876	2,364	1,352	57.2	1,012	42.8			57.2	42.8	340(D)
1880	2,470	1,412	57.2	1,058	42.8			57.2	42.8	354(D)
1884	2,815	1,402	49.8	1,413	50.2			49.8	50.2	11(R)
1888	3,283	1,672	50.9	1,611	49.1			50.9	49.1	61(D)
1892	3,777	1,974	52.3	1,740	46.0	63[1]	1.7	53.2	46.8	234(D)
1896	4,609	2,019	43.8	2,590	56.2			43.8	56.2	571(R)
1900	4,349	1,898	43.6	2,451	56.4			43.6	56.4	553(R)
1904	4,216	1,741	41.3	2,475	58.7			41.3	58.7	734(R)
1908	4,579	1,709	37.3	2,870	62.7			37.3	62.7	1,161(R)
1912	4,804	1,919	39.9	2,277	47.4	608[2]	12.7	45.7	54.3	358(R)
1916	5,006	2,029	40.5	2,977	59.5			40.5	59.5	948(R)
1920	8,717	3,547	40.7	5,170	59.3			40.7	59.3	1,623(R)
1924	9,474	4,418	46.6	4,990	52.7	66	0.7	47.0	53.0	572(R)
1928	10,662	3,647	34.1	7,015	65.9			34.1	65.9	3,368(R)
1932	12,070	7,490	62.0	4,511	37.4	69	0.6	62.1	37.9	2,979(D)
1936	13,599	8,833	65.0	4,766	35.0			65.0	35.0	4,007(D)
1940	13,049	8,871	68.0	4,178	32.0			68.0	32.0	4,693(D)
1944	12,795	7,679	60.0	5,116	40.0			60.0	40.0	2,563(D)
1948	12,213	6,936	56.8	4,643	38.0	634[3]	5.2	59.9	40.1	2,293(D)
1952	15,797	8,206	51.9	7,591	48.1			51.9	48.1	615(D)
1956	16,021	7,020	43.8	9,001	56.2			43.8	56.2	1,981(R)
1960	18,220	8,185	44.9	10,035	55.1			44.9	55.1	1,850(R)

Notes: [1] James Weaver, *Populist*, 63 (1.7%).
[2] Theodore Roosevelt, *Progressive*, 608 (12.7%).
[3] Henry Wallace, *Progressive*, 5 (*); Strom Thurmond, *States' Rights*, 629 (5.2%).

SWAIN COUNTY†

PRESIDENT

Year	Total Vote	Democratic Total	%	Republican Total	%	Other Total	%	Two-Party Vote %Dem.	%Repub.	Plurality Dem.-Repub.
1868										
1872	298	263	88.3	35	11.7			88.3	11.7	228(D)
1876	452	410	90.7	42	9.3			90.7	9.3	368(D)
1880	409	308	75.3	101	24.7			75.3	24.7	207(D)
1884	648	481	74.2	167	25.8			74.2	25.8	314(D)
1888	980	527	53.8	453	46.2			53.8	46.2	74(D)
1892	1,178	558	47.4	403	34.2	217[1]	18.4	58.1	41.9	155(D)
1896	1,339	808	60.3	531	39.7			60.3	39.7	277(D)
1900	1,372	590	43.0	782	57.0			43.0	57.0	192(R)
1904	1,327	499	37.6	828	62.4			37.6	62.4	329(R)
1908	1,533	602	39.3	931	60.7			39.3	60.7	329(R)
1912	1,844	766	41.6	220	11.9	858[2]	46.5	77.7	72.3	546(R)
1916	1,957	829	42.4	1,128	57.6			42.4	57.6	299(R)
1920	3,673	1,434	39.0	2,239	61.0			39.0	61.0	805(R)
1924	3,971	1,769	44.6	2,178	54.8	24	0.6	44.8	55.2	409(R)
1928	4,207	1,723	41.0	2,484	59.0			41.0	59.0	761(R)
1932	4,324	2,412	55.8	1,893	43.8	19	0.4	56.0	44.0	519(D)
1936	4,703	2,619	55.7	2,084	44.3			55.7	44.3	535(D)
1940	3,847	2,422	63.0	1,425	37.0			63.0	37.0	997(D)
1944	3,615	2,110	58.4	1,505	41.6			58.4	41.6	605(D)
1948	3,367	1,908	56.7	1,389	41.2	70[3]	2.1	57.9	42.1	519(D)
1952	3,629	1,949	53.7	1,680	46.3			53.7	46.3	269(D)
1956	3,820	1,794	47.0	2,026	53.0			47.0	53.0	232(R)
1960	4,283	2,171	50.7	2,112	49.3			50.7	49.3	590(D)

Notes: [1] James Weaver, *Populist*, 217 (18.4%).
[2] Theodore Roosevelt, *Progressive*, 858 (46.5%).
[3] Henry Wallace, *Progressive*, 4 (0.1%); Strom Thurmond, *States' Rights*, 66 (2.0%).
† Swain county was created in 1871.

TRANSYLVANIA COUNTY

PRESIDENT

Year	Total Vote	Democratic Total	%	Republican Total	%	Other Total	%	Two-Party Vote % Dem.	% Repub.	Plurality Dem.-Repub.
1868	418	232	55.5	186	44.5			55.5	44.5	46(D)
1872	380	230	60.5	150	39.5			60.5	39.5	80(D)
1876	695	459	66.0	236	34.0			66.0	34.0	223(D)
1880	745	461	61.9	284	38.1			61.9	38.1	177(D)
1884	782	452	57.8	330	42.2			57.8	42.2	122(D)
1888	1,088	523	48.0	565	52.0			48.0	52.0	42(R)
1892	1,035	513	49.6	502	48.5	20[1]	1.9	50.5	49.5	11(D)
1896	1,232	595	48.3	637	51.7			48.3	51.7	42(R)
1900	1,154	529	45.8	622	53.9	3	0.3	46.0	54.0	93(R)
1904	1,082	556	51.4	526	48.6			51.4	48.6	30(D)
1908	1,181	570	48.3	611	51.7			48.3	51.7	41(R)
1912	1,276	631	49.4	107	8.4	538[2]	42.2	85.5	14.5	524(D)
1916	1,662	821	49.4	841	50.6			49.4	50.6	20(R)
1920	3,222	1,542	47.9	1,680	52.1			47.9	52.1	138(R)
1924	3,612	1,776	49.2	1,814	50.2	22	0.6	49.5	50.5	38(R)
1928	3,887	1,722	44.3	2,165	55.7			44.3	55.7	433(R)
1932	4,216	2,523	59.9	1,671	39.6	22	0.5	60.2	39.8	852(D)
1936	4,846	2,845	58.7	2,001	41.3			58.7	41.3	846(D)
1940	5,331	3,312	62.1	2,019	37.9			62.1	37.9	1,293(D)
1944	5,270	3,019	57.3	2,251	42.7			57.3	42.7	768(D)
1948	6,163	2,975	48.3	2,861	46.4	327[3]	5.3	51.0	49.0	114(D)
1952	7,688	3,641	47.4	4,047	52.6			47.4	52.6	406(R)
1956	7,336	3,435	46.8	3,901	53.2			46.8	53.2	466(R)
1960	7,609	3,388	44.5	4,221	55.5			44.5	55.5	833(R)

Notes: [1] James Weaver, *Populist*, 20 (1.9%).
[2] Theodore Roosevelt, *Progressive*, 537 (42.1%).
[3] Henry Wallace, *Progressive*, 16 (0.3%); Strom Thurmond, *States' Rights*, 311 (5.0%).

PRESIDENT

Tyrrell County

Year	Total Vote	Democratic Total	%	Republican Total	%	Other Total	%	Two-Party Vote % Dem.	% Repub.	Plurality Dem.-Repub.
1868	534	339	63.5	195	36.5			63.5	36.5	144(D)
1872	556	235	42.3	321	57.7			42.3	57.7	86(R)
1876	805	549	68.2	256	31.8			68.2	31.8	293(D)
1880	786	432	55.0	354	45.0			55.0	45.0	78(D)
1884	880	540	61.4	340	38.6			61.4	38.6	200(D)
1888	846	472	55.8	374	44.2			55.8	44.2	98(D)
1892	785	242	30.8	295	37.6	248[1]	31.6	45.1	54.9	53(R)
1896	902	411	45.6	491	54.4			45.6	54.4	80(R)
1900	849	466	54.9	383	45.1			56.9	45.1	83(D)
1904	710	343	48.3	367	51.7			48.3	51.7	24(R)
1908	707	312	44.1	395	55.9			44.1	55.9	83(R)
1912	625	297	47.6	224	35.8	104[2]	16.6	57.0	43.0	73(D)
1916	808	416	51.5	392	48.5			51.5	48.5	24(D)
1920	1,250	718	57.4	532	42.6			57.4	42.6	186(D)
1924	1,081	638	59.0	442	40.9	1		59.1	40.9	196(D)
1928	980	475	48.5	505	51.5			48.5	51.5	30(R)
1932	1,137	873	76.8	258	22.7	6	0.5	77.2	22.8	615(D)
1936	1,353	1,049	77.5	304	22.5			77.5	22.5	745(D)
1940	1,555	1,140	73.3	415	26.7			73.3	26.7	725(D)
1944	892	611	68.5	281	31.5			68.5	31.5	330(D)
1948	1,113	732	65.8	336	30.2	45[3]	4.0	68.5	31.5	396(D)
1952	1,301	916	70.4	385	29.6			70.4	29.6	531(D)
1956	1,035	615	59.4	420	40.6			59.4	40.6	195(D)
1960	1,275	926	72.6	349	27.4			72.6	27.4	577(D)

Notes: [1] James Weaver, *Populist*, 248 (31.6%).
[2] Theodore Roosevelt, *Progressive*, 100 (16.0%).
[3] Henry Wallace, *Progressive*, 2 (0.2%); Strom Thurmond, *States' Rights*, 43 (3.8%).

PRESIDENT

UNION COUNTY

Year	Total Vote	Democratic Total	%	Republican Total	%	Other Total	%	Two-Party Vote % Dem.	% Repub.	Plurality Dem.-Repub.
1868	1,741	930	53.4	811	46.6			53.4	46.6	119(D)
1872	1,140	689	60.4	451	39.6			60.4	39.6	238(D)
1876	2,280	1,556	68.2	724	31.8			68.2	31.8	832(D)
1880	2,340	1,516	64.8	824	35.2			64.8	35.2	692(D)
1884	2,473	1,846	74.6	627	25.4			74.6	25.4	1,219(D)
1888	2,946	2,067	70.2	879	29.8			70.2	29.8	1,188(D)
1892	3,196	1,798	56.3	572	17.9	826[1]	25.8	75.9	24.1	1,226(D)
1896	3,756	2,747	73.1	1,009	26.9			73.1	26.9	1,738(D)
1900	2,676	1,790	66.9	864	32.3	22	0.8	67.4	32.6	926(D)
1904	1,580	1,181	74.7	379	24.0	20	1.3	75.7	24.3	802(D)
1908	2,863	2,029	70.9	834	29.1			70.9	29.1	1,195(D)
1912	2,354	1,786	75.9	92	3.9	476[2]	20.2	95.1	4.9	1,694(D)
1916	3,368	2,662	79.0	702	20.9	4	0.1	79.1	20.9	1,960(D)
1920	5,572	4,168	74.8	1,404	25.2			74.8	25.2	2,764(D)
1924	3,425	2,721	79.5	672	19.6	32	0.9	80.2	19.8	2,049(D)
1928	5,288	2,840	53.7	2,448	46.3			53.7	46.3	392(D)
1932	6,870	6,103	88.9	710	10.3	57	0.8	89.6	10.4	5,393(D)
1936	8,081	7,480	92.6	601	7.4			92.6	7.4	6,879(D)
1940	7,813	7,179	91.9	634	8.1			91.9	8.1	6,545(D)
1944	6,843	5,729	83.7	1,114	16.3			83.7	16.3	4,615(D)
1948	5,144	3,407	66.2	738	14.4	999[3]	19.4	82.2	17.8	2,669(D)
1952	11,206	7,416	66.2	3,790	33.8			66.2	33.8	3,626(D)
1956	9,745	6,383	65.5	3,362	34.5			65.5	34.5	3,021(D)
1960	11,423	7,393	64.7	4,030	35.3			64.7	35.3	3,363(D)

Notes: [1] James Weaver, *Populist*, 826 (25.8%).
[2] Theodore Roosevelt, *Progressive*, 457 (19.4%).
[3] Henry Wallace, *Progressive*, 10 (0.2%); Strom Thurmond, *States' Rights*, 989 (19.2%).

PRESIDENT

VANCE COUNTY†

Year	Total Vote	Democratic Total	%	Republican Total	%	Other Total	%	Two-Party Vote % Dem.	% Repub.	Plurality Dem.-Repub.
1868										
1872										
1876										
1880										
1884	2,776	1,143	41.2	1,633	58.8			41.2	58.8	490(R)
1888	3,314	1,385	41.8	1,929	58.2			41.8	58.2	544(R)
1892	3,049	908	29.8	1,340	43.9	801[1]	26.3	40.4	59.6	432(R)
1896	3,210	1,465	45.6	1,745	54.4			45.6	54.4	280(R)
1900	2,164	1,233	57.0	881	40.7	50	2.3	58.3	41.7	352(D)
1904	1,468	1,019	69.4	443	30.2	6	0.4	69.7	30.3	576(D)
1908	1,762	1,121	63.6	641	36.4			63.6	36.4	480(D)
1912	1,606	1,204	75.0	168	10.4	234[2]	14.6	87.8	12.2	1,036(D)
1916	2,009	1,451	72.2	558	27.8			72.2	27.8	893(D)
1920	3,277	2,461	75.1	816	24.9			75.1	24.9	1,600(D)
1924	2,504	2,013	80.4	470	18.8	21	0.8	81.1	18.9	1,543(D)
1928	3,844	2,395	62.3	1,449	37.7			62.3	37.7	946(D)
1932	4,165	3,833	92.0	318	7.6	14	0.4	92.3	7.7	3,515(D)
1936	4,851	4,536	93.5	315	6.5			93.5	6.5	4,221(D)
1940	4,632	4,252	91.8	380	8.2			91.8	8.2	3,872(D)
1944	4,638	4,110	88.6	528	11.4			88.6	11.4	3,582(D)
1948	4,627	3,679	79.5	549	11.9	399[3]	8.6	87.0	13.0	3,130(D)
1952	7,418	5,697	76.8	1,721	23.2			76.8	23.2	3,976(D)
1956	6,877	4,922	71.6	1,955	28.4			71.6	28.4	2,967(D)
1960	7,706	5,694	73.9	2,012	26.1			73.9	26.1	3,682(D)

Notes: [1] James Weaver, *Populist*, 801 (26.3%).
[2] Theodore Roosevelt, *Progressive*, 234 (14.6%).
[3] Henry Wallace, *Progressive*, 26 (0.6%); Strom Thurmond, *States' Rights*, 373 (8.0%).
† Vance county was created in 1881.

PRESIDENT

WAKE COUNTY

Year	Total Vote	Democratic Total	%	Republican Total	%	Other Total	%	Two-Party Vote % Dem.	% Repub.	Plurality Dem.-Repub.
1868	6,386	2,953	46.2	3,433	53.8			46.2	53.8	480(R)
1872	6,112	2,407	39.4	3,705	60.6			39.4	60.6	298(R)
1876	8,756	4,315	49.3	4,441	50.7			49.3	50.7	116(R)
1880	8,981	4,359	48.5	4,622	51.5			48.5	51.5	263(R)
1884	9,041	4,750	52.5	4,291	47.5			52.5	47.5	459(D)
1888	9,540	4,511	47.3	5,029	52.7			47.3	52.7	518(R)
1892	8,530	3,724	43.7	1,987	23.3	2,819[1]	33.0	65.2	34.8	1,737(D)
1896	10,071	5,396	53.6	4,675	46.4			53.6	46.4	721(D)
1900	8,736	4,774	54.6	3,947	45.2	15	0.2	54.7	45.3	827(D)
1904	4,700	3,410	72.5	1,267	27.0	23	0.5	72.9	27.1	2,143(D)
1908	6,674	3,713	55.6	2,961	44.4			55.6	44.4	752(D)
1912	5,807	3,996	68.8	282	4.9	1,529[2]	26.3	93.4	6.6	3,714(D)
1916	7,093	4,627	65.2	2,461	34.7	5	0.1	65.3	34.7	2,166(D)
1920	11,673	8,020	68.7	3,653	31.3			68.7	31.3	4,367(D)
1924	11,836	8,376	70.8	2,975	25.1	485	4.1	73.8	26.2	5,401(D)
1928	16,061	9,341	58.2	6,720	41.8			58.2	41.8	2,621(D)
1932	17,279	14,863	86.0	2,170	12.6	246	1.4	87.3	12.7	12,693(D)
1936	22,312	19,850	89.0	2,456	11.0	6	*	89.0	11.0	17,394(D)
1940	20,748	18,083	87.2	2,665	12.8			87.2	12.8	15,418(D)
1944	22,046	18,050	81.9	3,996	18.1			81.9	18.1	14,054(D)
1948	24,423	17,939	73.4	4,850	19.9	1,634[3]	6.7	78.7	21.3	13,089(D)
1952	38,450	23,393	60.8	15,057	39.2			60.8	39.2	8,336(D)
1956	37,621	22,427	59.6	15,194	40.4			59.6	40.4	7,233(D)
1960	44,486	26,050	58.6	18,436	41.4			58.6	41.4	7,614(D)

Notes: [1] James Weaver, Populist, 2,819 (33.0%).
[2] Theodore Roosevelt, Progressive, 1,517 (26.1%).
[3] Henry Wallace, Progressive, 193 (0.8%); Strom Thurmond, *States' Rights*, 1,441 (5.9%).
* Less than 0.05%.

PRESIDENT

WARREN COUNTY

Year	Total Vote	Democratic Total	%	Republican Total	%	Other Total	%	Two-Party Vote % Dem.	% Repub.	Plurality Dem.-Repub.
1868	3,361	1,053	31.3	2,308	68.7			31.3	68.7	1,255(R)
1872	3,463	1,008	29.1	2,455	70.9			29.1	70.9	447(R)
1876	3,819	1,320	34.6	2,499	65.4			34.6	65.4	1,179(R)
1880	4,047	1,366	33.8	2,681	66.2			33.8	66.2	1,315(R)
1884	3,286	1,145	34.8	2,141	65.2			34.8	65.2	996(R)
1888	1,428	549	38.4	879	61.6			38.4	61.6	330(R)
1892	3,072	737	24.0	1,474	48.0	861[1]	28.0	33.3	66.7	737(R)
1896	3,388	1,213	35.8	2,175	64.2			35.8	64.2	962(R)
1900	2,910	1,573	54.1	1,337	45.9			54.1	45.9	236(D)
1904	1,242	1,060	85.3	165	13.3	17	1.4	86.5	13.5	895(D)
1908	1,362	1,066	78.3	296	21.7			78.3	21.7	770(D)
1912	1,145	987	86.2	112	9.8	46[2]	4.0	89.8	10.2	875(D)
1916	1,444	1,217	84.3	227	15.7			84.3	15.7	990(D)
1920	2,160	1,865	86.3	295	13.7			86.3	13.7	1,570(D)
1924	1,970	1,742	88.4	166	8.4	62	3.2	91.3	8.7	1,576(D)
1928	2,416	2,037	84.3	379	15.7			84.3	15.7	1,658(D)
1932	2,781	2,665	95.8	110	4.0	6	0.2	96.0	4.0	2,555(D)
1936	3,187	3,047	95.6	140	4.4			95.6	4.4	2,907(D)
1940	2,923	2,676	91.5	247	8.5			91.5	8.5	2,429(D)
1944	2,722	2,480	91.1	242	8.9			91.1	8.9	2,238(D)
1948	2,771	2,376	85.8	192	6.9	203[3]	7.3	92.5	7.5	2,184(D)
1952	3,624	2,960	81.7	664	18.3			81.7	18.3	2,296(D)
1956	3,451	2,733	79.2	718	20.8			79.2	20.8	2,015(D)
1960	3,714	2,997	80.7	717	19.3			80.7	19.3	2,280(D)

Notes: [1] James Weaver, Populist, 861 (28.0%).
[2] Theodore Roosevelt, Progressive, 46 (4.0%).
[3] Henry Wallace, Progressive, 2 (0.1%); Strom Thurmond, States' Rights, 201 (7.2%).

WASHINGTON COUNTY

PRESIDENT

Year	Total Vote	Democratic Total	%	Republican Total	%	Other Total	%	Two-Party Vote % Dem.	% Repub.	Plurality Dem.-Repub.
1868	1,303	348	26.7	955	73.3			26.7	73.3	607(R)
1872	1,325	390	29.4	935	70.6			29.4	70.6	545(R)
1876	1,697	692	40.8	1,005	59.2			40.8	59.2	313(R)
1880	1,584	602	38.0	982	62.0			38.0	62.0	380(R)
1884	1,743	658	37.8	1,085	66.2			37.8	62.2	427(R)
1888	1,826	775	42.4	1,051	57.6			42.4	57.6	276(R)
1892	1,508	533	35.3	692	45.9	283[1]	18.8	43.5	56.5	159(R)
1896	2,028	739	36.4	1,289	63.6			36.4	63.6	550(R)
1900	1,618	834	51.5	784	48.5			51.5	48.5	50(D)
1904	878	450	51.3	428	48.7			51.3	48.7	22(D)
1908	1,051	495	47.1	556	52.9			47.1	52.9	61(R)
1912	1,036	503	48.5	384	37.1	149[2]	14.4	56.7	43.3	119(D)
1916	1,137	651	57.3	486	42.7			57.3	42.7	165(D)
1920	2,087	1,116	53.5	971	46.5			53.5	46.5	145(D)
1924	1,723	883	51.2	834	48.4	6	0.4	51.4	48.6	49(D)
1928	2,081	898	43.2	1,183	56.8			43.2	56.8	285(R)
1932	2,312	1,681	72.7	619	26.8	12	0.5	73.1	26.9	1,062(D)
1936	2,410	1,875	77.8	535	22.2			77.8	22.2	1,340(D)
1940	2,086	1,724	82.6	362	17.4			82.6	17.4	1,362(D)
1944	2,279	1,782	78.2	497	21.8			78.2	21.8	1,285(D)
1948	2,057	1,675	81.4	333	16.2	49[3]	2.4	83.4	16.6	1,342(D)
1952	2,748	1,974	71.8	774	28.2			71.8	28.2	1,200(D)
1956	2,980	1,947	65.3	1,033	34.7			65.3	34.7	914(D)
1960	3,442	2,415	70.2	1,027	29.8			70.2	29.8	1,388(D)

Notes: [1] James Weaver, *Populist*, 283 (18.8%).
[2] Theodore Roosevelt, *Progressive*, 149 (14.4%).
[3] Henry Wallace, *Progressive*, 14 (0.7%); Strom Thurmond, *States' Rights*, 35 (1.7%).

PRESIDENT

WATAUGA COUNTY

Year	Total Vote	Democratic Total	%	Republican Total	%	Other Total	%	Two-Party Vote % Dem.	% Repub.	Plurality Dem.-Repub.
1868	651	348	53.5	303	46.5			53.5	46.5	45(D)
1872	384	197	51.3	187	48.7			51.3	48.7	10(D)
1876	994	712	71.6	282	28.4			71.6	28.4	430(D)
1880	1,257	712	56.6	545	43.4			56.6	43.4	167(D)
1884	1,398	763	54.6	635	45.4			54.6	45.4	128(D)
1888	1,884	908	48.2	976	51.8			48.2	51.8	68(R)
1892	1,878	940	50.0	839	44.7	99[1]	5.3	52.8	47.2	101(D)
1896	2,229	1,063	47.7	1,166	52.3			47.7	52.3	103(R)
1900	2,364	923	39.0	1,439	60.9	2	0.1	39.1	60.9	516(R)
1904	1,947	773	39.7	1,143	58.7	31	1.6	40.3	59.7	370(R)
1908	2,275	962	42.3	1,313	57.7			42.3	57.7	351(R)
1912	2,174	933	42.9	420	19.3	821[2]	37.8	69.0	31.0	513(D)
1916	2,493	1,141	45.8	1,352	54.2			45.8	54.2	211(R)
1920	4,352	1,721	39.5	2,631	60.5			39.5	60.5	910(R)
1924	5,038	2,365	46.9	2,665	52.9	8	0.2	47.0	53.0	300(R)
1928	5,750	2,591	45.1	3,159	54.9			45.1	54.9	568(R)
1932	6,606	3,419	51.8	3,166	47.9	21	0.3	51.9	48.1	253(D)
1936	7,289	3,880	53.2	3,409	46.8			53.2	46.8	471(D)
1940	7,354	3,615	49.2	3,739	50.8			49.2	50.8	124(R)
1944	7,168	3,214	44.8	3,954	55.2			44.8	55.2	740(R)
1948	7,400	3,379	45.7	3,851	52.0	170[3]	2.3	46.7	53.3	472(R)
1952	8,127	3,600	44.3	4,527	55.7			44.3	55.7	927(R)
1956	7,859	3,223	41.0	4,636	59.0			41.0	59.0	1,413(R)
1960	8,460	3,440	40.7	5,020	59.3			40.7	59.3	1,580(R)

Notes: [1] James Weaver, *Populist*, 99 (5.3%).
[2] Theodore Roosevelt, *Progressive*, 820 (37.7%).
[3] Henry Wallace, *Progressive*, 12 (0.2%); Strom Thurmond, *States' Rights*, 158 (2.1%).

PRESIDENT

WAYNE COUNTY

Year	Total Vote	Democratic Total	%	Republican Total	%	Other Total	%	Two-Party Vote % Dem.	% Repub.	Plurality Dem.-Repub.
1868	2,908	1,487	51.1	1,421	48.9			51.1	48.9	66(D)
1872	3,245	1,311	40.4	1,934	59.6			40.4	59.6	623(R)
1876	4,472	2,284	51.1	2,188	48.9			51.1	48.9	96(D)
1880	4,684	2,427	51.8	2,257	48.2			51.8	48.2	170(D)
1884	5,286	2,744	51.9	2,542	48.1			51.9	48.1	202(D)
1888	5,377	2,748	51.1	2,629	48.9			51.1	48.9	119(D)
1892	4,762	2,261	47.5	1,645	34.5	856[1]	18.0	57.9	42.1	616(D)
1896	5,463	3,215	58.9	2,248	41.1			58.9	41.1	967(D)
1900	5,106	3,104	60.8	1,965	38.5	37	0.7	61.2	38.8	1,139(D)
1904	3,256	2,060	63.3	1,162	35.7	34	1.0	63.9	36.1	898(D)
1908	3,711	2,207	59.5	1,504	40.5			59.5	40.5	703(D)
1912	3,503	2,293	65.5	95	2.7	1,115[2]	31.8	96.0	4.0	2,198(D)
1916	4,076	2,625	64.4	1,446	35.5	5	0.1	64.5	35.5	1,179(D)
1920	7,616	4,794	62.9	2,822	37.1			62.9	37.1	1,972(D)
1924	4,787	3,366	70.3	1,379	28.8	42	0.9	70.9	29.1	1,987(D)
1928	8,060	3,720	46.2	4,340	53.8			46.2	53.8	620(R)
1932	8,056	6,365	79.0	1,631	20.3	60	0.7	79.6	20.4	4,734(D)
1936	8,838	7,087	80.2	1,751	19.8			80.2	19.8	5,336(D)
1940	8,871	7,222	81.4	1,649	18.6			81.4	18.6	5,573(D)
1944	8,142	6,228	76.5	1,914	23.5			76.5	23.5	4,314(D)
1948	8,348	6,111	73.2	1,658	19.9	579[3]	6.9	78.7	21.3	4,453(D)
1952	11,943	7,281	61.0	4,662	39.0			61.0	39.0	2,619(D)
1956	10,976	6,756	61.6	4,220	38.4			61.6	38.4	2,536(D)
1960	13,330	7,856	58.9	5,474	41.1			58.9	41.1	2,382(D)

Notes: [1] James Weaver, *Populist*, 856 (18.0%).
[2] Theodore Roosevelt, *Progressive*, 1,090 (32.0%).
[3] Henry Wallace, *Progressive*, 26 (0.3%); Strom Thurmond, *States' Rights*, 553 (6.6%).

WILKES COUNTY

PRESIDENT

Year	Total Vote	Democratic Total	%	Republican Total	%	Other Total	%	Two-Party Vote % Dem.	% Repub.	Plurality Dem.-Repub.
1868	2,025	820	40.5	1,205	59.5			40.5	59.5	385(R)
1872	1,817	639	35.2	1,178	64.8			35.2	64.8	539(R)
1876	2,889	1,384	47.9	1,505	52.1			47.9	52.1	121(R)
1880	3,093	1,510	48.8	1,583	51.2			48.8	51.2	73(R)
1884	3,369	1,341	39.8	2,028	60.2			39.8	60.2	687(R)
1888	3,983	1,691	42.5	2,292	57.5			42.5	57.5	601(R)
1892	3,792	1,770	46.7	1,895	50.0	127[1]	3.3	48.3	51.7	125(R)
1896	4,636	1,801	38.8	2,835	61.2			38.8	61.2	1,034(R)
1900	4,546	1,704	37.5	2,840	62.5	2	*	37.5	62.5	1,136(R)
1904	3,788	1,318	34.8	2,470	65.2			34.8	65.2	1,152(R)
1908	4,941	1,559	31.6	3,382	68.4			31.6	68.4	1,823(R)
1912	4,538	1,636	36.0	331	7.3	2,571[2]	56.7	83.2	16.8	1,305(D)
1916	5,102	1,632	32.0	3,470	68.0			32.0	68.0	1,838(R)
1920	9,294	2,843	30.6	6,451	69.4			30.6	69.4	3,608(R)
1924	9,728	3,586	36.9	6,131	63.0	11	0.1	36.9	63.1	2,545(R)
1928	10,610	2,802	26.4	7,808	73.6			26.4	73.6	5,006(R)
1932	12,159	5,598	46.1	6,522	53.6	39	0.3	46.2	53.8	924(R)
1936	14,864	6,506	43.8	8,358	56.2			43.8	56.2	1,852(R)
1940	15,745	7,299	46.4	8,446	53.6			46.4	53.6	1,147(R)
1944	14,699	5,578	37.9	9,121	62.1			37.9	62.1	3,543(R)
1948	14,400	5,784	40.2	8,234	57.2	382[3]	2.6	41.3	58.7	2,450(R)
1952	18,589	7,143	38.4	11,446	61.6			38.4	61.6	4,303(R)
1956	17,414	5,870	33.7	11,544	66.3			33.7	66.3	5,674(R)
1960	21,002	7,986	38.0	13,016	62.0			38.0	62.0	5,030(R)

Notes: [1] James Weaver, *Populist*, 127 (3.3%).
[2] Theodore Roosevelt, *Progressive*, 2,571 (56.7%).
[3] Henry Wallace, *Progressive*, 22 (0.1%); Strom Thurmond, *States' Rights*, 360 (2.5%).
* Less than 0.05%.

PRESIDENT

WILSON COUNTY

Year	Total Vote	Democratic Total	%	Republican Total	%	Other Total	%	Two-Party Vote % Dem.	% Repub.	Plurality Dem.-Repub.
1868	2,000	1,103	55.2	897	44.8			55.2	44.8	206(D)
1872	2,177	1,053	48.4	1,124	51.6			48.4	51.6	71(R)
1876	2,933	1,771	60.4	1,162	39.6			60.4	39.6	609(D)
1880	3,020	1,652	54.7	1,368	45.3			54.7	45.3	639(D)
1884	3,643	2,141	58.8	1,502	41.2			58.8	41.2	550(D)
1888	3,710	2,130	57.4	1,580	42.6			57.4	42.6	550(D)
1892	3,846	2,100	54.6	497	12.9	1,249[1]	32.5	80.9	19.1	1,603(D)
1896	4,151	2,715	65.4	1,436	34.6			65.4	34.6	1,279(D)
1900	4,012	2,816	70.1	1,194	29.8	2	0.1	70.2	29.8	1,622(D)
1904	1,986	1,363	68.6	623	31.4			68.6	31.4	740(D)
1908	2,746	1,732	63.1	1,014	36.9			63.1	36.9	718(D)
1912	2,384	1,741	73.0	82	3.5	561[2]	23.5	95.5	4.5	1,659(D)
1916	2,782	2,052	73.8	730	26.2			73.8	26.2	1,322(D)
1920	4,870	3,496	71.8	1,374	28.2			71.8	28.2	2,122(D)
1924	3,274	2,619	80.0	574	17.5	81	2.5	82.0	18.0	2,045(D)
1928	5,468	3,535	64.7	1,933	35.3			64.7	35.3	1,602(D)
1932	6,721	6,153	91.6	517	7.7	51	0.7	92.3	7.7	5,636(D)
1936	8,071	7,522	93.2	549	6.8			93.2	6.8	6,973(D)
1940	8,496	7,912	93.1	584	6.9			93.1	6.9	7,328(D)
1944	7,249	6,480	89.4	769	10.6			89.4	10.6	5,711(D)
1948	6,966	6,008	86.2	665	9.6	293[3]	4.2	90.0	10.0	5,343(D)
1952	11,253	8,684	77.2	2,569	22.8			77.2	22.8	6,115(D)
1956	11,158	8,328	74.6	2,830	25.4			74.6	25.4	5,498(D)
1960	11,135	8,021	72.0	3,114	28.0			72.0	28.0	4,907(D)

Notes: [1] James Weaver, *Populist*, 1,249 (32.5%).
[2] Theodore Roosevelt, *Progressive*, 561 (23.5%).
[3] Henry Wallace, *Progressive*, 44 (0.6%) Strom Thurmond, *States' Rights*, 249 (3.6%).

PRESIDENT

YADKIN COUNTY

Year	Total Vote	Democratic Total	%	Republican Total	%	Other Total	%	Two-Party Vote % Dem.	% Repub.	Plurality Dem.-Repub.
1868	1,462	622	42.5	840	57.5			42.5	57.5	218(R)
1872	1,335	518	38.8	817	61.2			38.8	61.2	299(R)
1876	1,991	905	45.5	1,086	54.5			45.5	54.5	181(R)
1880	2,099	941	44.8	1,158	55.2			44.8	55.2	217(R)
1884	2,208	968	43.8	1,240	56.2			43.8	56.2	272(R)
1888	2,496	1,065	42.7	1,431	57.3			42.7	57.3	366(R)
1892	2,430	1,046	43.0	1,219	50.2	165[1]	6.8	46.2	53.8	173(R)
1896	2,739	1,093	39.9	1,646	60.1			39.9	60.1	553(R)
1900	2,690	950	35.3	1,733	64.4	7	0.3	35.4	64.6	783(R)
1904	2,132	691	32.4	1,433	67.2	8	0.4	32.5	67.5	742(R)
1908	2,241	597	26.6	1,644	73.4			26.6	73.4	1,047(R)
1912	2,103	713	33.9	791	37.6	599[2]	28.5	47.4	52.6	78(R)
1916	2,600	879	33.8	1,721	66.2			33.8	66.2	842(R)
1920	4,651	1,350	29.0	3,301	71.0			29.0	71.0	1,951(R)
1924	4,281	1,381	32.3	2,889	67.4	11	0.3	32.3	67.7	1,508(R)
1928	4,639	761	16.4	3,878	83.6			16.4	83.6	3,117(R)
1932	6,245	2,789	44.7	3,422	54.8	34	0.5	44.9	55.1	633(R)
1936	7,409	3,209	43.3	4,200	56.7			43.3	56.7	991(R)
1940	7,737	3,660	47.3	4,077	52.7			47.3	52.7	417(R)
1944	6,862	2,470	36.0	4,392	64.0			36.0	64.0	1,922(R)
1948	5,934	2,083	35.1	3,631	61.2	220[3]	3.7	36.5	63.5	1,548(R)
1952	8,326	2,786	33.5	5,540	66.5			33.5	66.5	2,754(R)
1956	7,830	2,361	30.2	5,469	69.8			30.2	69.8	3,108(R)
1960	10,053	2,785	27.7	7,268	72.3			27.7	72.3	4,483(R)

Notes: [1] James Weaver, *Populist*, 165 (6.8%).
[2] Theodore Roosevelt, *Progressive*, 599 (28.5%).
[3] Henry Wallace, *Progressive*, 12 (0.2%); Strom Thurmond, *States' Rights*, 208 (3.5%).

YANCEY COUNTY

PRESIDENT

Year	Total Vote	Democratic Total	%	Republican Total	%	Other Total	%	Two-Party Vote %Dem.	%Repub.	Plurality Dem.-Repub.
1868	701	435	62.1	266	37.9			62.1	37.9	169(D)
1872	651	344	52.8	307	47.2			52.8	47.2	37(D)
1876	1,081	746	69.0	335	31.0			69.0	31.0	411(D)
1880	1,155	712	61.6	443	38.4			61.6	38.4	269(D)
1884	1,401	743	53.0	658	47.0			53.0	47.0	85(D)
1888	1,734	929	53.6	805	46.4			53.6	46.4	124(D)
1892	1,721	927	53.9	651	37.8	143[1]	8.3	58.7	41.3	276(D)
1896	2,038	1,056	51.8	982	48.2			51.8	48.2	74(D)
1900	2,036	954	46.9	1,082	53.1			46.9	53.1	128(R)
1904	1,877	1,013	54.0	864	46.0			54.0	46.0	149(D)
1908	1,928	978	50.7	950	49.3			50.7	49.3	28(D)
1912	2,208	1,112	50.4	60	2.7	1,036[2]	46.9	94.9	5.1	1,052(D)
1916	2,355	1,273	54.0	1,082	46.0			54.0	46.0	191(D)
1920	4,876	2,280	46.8	2,596	53.2			46.8	53.2	316(R)
1924	4,769	2,592	54.4	2,156	45.2	21	0.4	54.6	45.4	436(D)
1928	5,188	2,476	47.7	2,712	52.3			47.7	52.3	236(R)
1932	5,817	3,412	58.7	2,396	41.2	9	0.1	58.8	41.2	1,016(D)
1936	6,294	3,603	57.2	2,691	42.8			57.2	42.8	912(D)
1940	6,005	3,489	58.1	2,516	41.9			58.1	41.9	973(D)
1944	5,703	3,301	57.9	2,402	42.1			57.9	42.1	899(D)
1948	5,832	3,481	59.7	2,282	39.1	69[3]	1.2	60.4	39.6	1,199(D)
1952	6,646	3,693	55.6	2,953	44.4			55.6	44.4	740(D)
1956	5,772	2,964	51.4	2,808	48.6			51.4	48.6	156(D)
1960	6,594	3,310	50.2	3,284	49.8			50.2	49.8	26(D)

Notes: [1] James Weaver, Populist, 143 (8.3%).
[2] Theodore Roosevelt, Progressive, 1,036 (46.9%).
[3] Henry Wallace, Progressive, 3 (0.1%); Strom Thurmond, States' Rights, 66 (1.1%).

General Elections for

GOVERNOR OF NORTH CAROLINA
1868-1960

LIST OF CANDIDATES
(The winning candidate is printed in capitals.)

Year	Democrat	Republican	Other
1868	Thomas S. Ashe[1] (Anson County)	WILLIAM W. HOLDEN (Wake County)	
1872	Augustus S. Merrimon[1] (Buncombe County)	TOD R. CALDWELL (Burke County)	
1876	ZEBULON B. VANCE (Mecklenburg County)	Thomas Settle (Rockingham County)	
1880	THOMAS J. JARVIS (Pitt County)	Ralph P. Buxton (Cumberland County)	
1884	ALFRED M. SCALES (Rockingham County)	Tyre York (Surry County)	
1888	DANIEL G. FOWLE (Wake County)	Oliver H. Dockery (Richmond County)	William Walker, *Prohibitionist* (Guilford County)
1892	ELIAS CARR (Edgecombe County)	David M. Furches (Davie County)	Will P. Exum, *Populist* (Lenoir County) James M. Templeton *Prohibitionist* (Wake County)
1896	Cyrus B. Watson (Forsyth County)	DANIEL L. RUSSELL (Brunswick County)	William A. Guthrie, *Populist* (Durham County)
1900	CHARLES B. AYCOCK (Wayne County)	Spencer B. Adams (Caswell County)	
1904	ROBERT B. GLENN (Forsyth County)	C. J. Harris (Jackson County)	
1908	WILLIAM W. KITCHIN (Person County)	J. Elwood Cox (Guilford County)	
1912	LOCKE CRAIG (Buncombe County)	Thomas Settle (Rockingham County)	Iredell Meares, *Progressive* (New Hanover County)
1916	THOMAS W. BICKETT (Franklin County)	Frank A. Linney (Watauga County)	
1920	CAMERON MORRISON (Mecklenburg County)	John J. Parker (Union County)	
1924	ANGUS W. MCCLEAN (Robeson County)	I. M. Meekins (Pasquotank County)	
1928	O. MAX GARDNER (Cleveland County)	Herbert F. Seawell (Moore County)	
1932	J. C. B. EHRINGHAUS (Pasquotank County)	Clifton C. Frazier (Guilford County)	
1936	CLYDE R. HOEY (Cleveland County)	Gilliam Grissom (Guilford County)	

1940	J. MELVILLE BROUGHTON (Wake County)	Robert H. McNeill (Iredell County)	
1944	R. GREGG CHERRY (Gaston County)	Frank C. Patton (Burke County)	
1948	W. KERR SCOTT (Alamance County)	George M. Pritchard (Madison County)	Mary Price *Progressive* (Guilford County)
1952	WILLIAM B. UMSTEAD (Durham County)	Herbert F. Seawell, Jr. (Moore County)	
1956	LUTHER H. HODGES (Rockingham County)	Kyle Hayes (Wilkes County)	
1960	TERRY SANFORD (Cumberland County)	Robert L. Gavin (Lee County)	I. Beverly Lake *Write-in* (Wake County)

1. Ran as Conservative. The Conservative party affiliated with the national Democratic Party before the election of 1876.

State of North Carolina — Governor of North Carolina

Year	Total Vote	Democratic Total	%	Republican Total	%	Other Total	%	Two-Party Vote % Dem.	% Repub.	Plurality Dem.-Repub.
1868	165,829	73,594[1]	44.4	92,235	55.6			44.4	55.6	18,641(R)
1872	194,366	96,234[1]	49.5	98,132	50.5			49.5	50.5	1,898(R)
1876	222,588	118,258	53.1	104,330	46.9			53.1	46.9	13,928(D)
1880	237,421	121,832	51.3	115,589	48.7			51.3	48.7	6,243(D)
1884	266,163	143,249	53.8	122,914	46.2			53.8	46.2	20,335(D)
1888	285,561	148,406	52.0	134,026	46.9	3,129[2]	1.1	52.5	47.5	14,380(D)
1892	280,505	135,519	48.3	94,684	33.8	50,302[3]	17.9	58.9	41.1	40,835(D)
1896	330,997	145,266	43.9	153,787	46.5	31,944[4]	9.6	48.6	51.4	8,521(R)
1900	313,313	186,650	59.6	126,296	40.3	367	0.1	59.6	40.4	70,354(D)
1904	208,615	128,761	61.7	79,505	38.1	349	0.2	61.8	38.2	49,256(D)
1908	253,175	145,102	57.3	107,760	42.6	313	0.1	57.4	42.6	37,342(D)
1912	244,474	149,975	61.4	43,625	17.8	50,874[5]	20.8	77.5	22.5	106,350(D)
1916	288,508	167,761	58.2	120,157	41.6	590	0.2	58.3	41.7	47,604(D)
1920	538,326	308,151	57.2	230,175	42.8			57.2	42.8	77,976(D)
1924	480,068	294,441	61.3	185,627	38.7			61.3	38.7	108,814(D)
1928	651,424	362,009	55.6	289,415	44.4			55.6	44.4	72,594(D)
1932	710,218	497,657	70.1	212,561	29.9			70.1	29.9	285,096(D)
1936	812,982	542,139	66.7	270,843	33.3			66.7	33.3	271,296(D)
1940	804,146	608,744	75.7	195,402	24.3			75.7	24.3	413,342(D)
1944	759,993	528,995	69.6	230,998	30.4			69.6	30.4	297,997(D)
1948	780,525	570,995	73.2	206,166	26.4	3,364[6]	0.4	73.5	26.5	364,829(D)
1952	1,179,635	796,306	67.5	383,329	32.5			67.5	32.5	412,977(D)
1956	1,135,859	760,480	67.0	375,379	33.0			67.0	33.0	385,101(D)
1960	1,350,360	735,248	54.4	613,975	45.5	1,137[7]	0.1	54.5	45.5	121,273(D)

Notes: [1] Ran as Conservative. Conservative Party affiliated with national Democratic Party before the election of 1876.
[2] William Walker, *Prohibitionist*, 3,124 (1.1%).
[3] Will P. Exum, *Populist*, 47,840 (17.0%); J. M. Templeton, *Prohibitionist*, 2,457 (0.9%).
[4] William A. Guthrie, *Populist*, 31,143 (9.4%).
[5] Iredell Meares, *Progressive*, 49,930 (20.4%).
[6] Mary Price, *Progressive*, 3,364 (0.4%).
[7] I. Beverly Lake (*Democrat*), Write-in, 1,137 (0.1%).

ALAMANCE COUNTY

GOVERNOR OF NORTH CAROLINA

Year	Total Vote	Democratic Total	%	Republican Total	%	Other Total	%	Two-Party Vote % Dem.	% Repub.	Plurality Dem.-Repub.
1868	1,967	1,007[1]	51.2	960	48.8			51.2	48.8	47(D)
1872	2,285	1,270[1]	55.6	1,015	44.4			55.6	44.4	255(D)
1876	2,533	1,350	55.3	1,183	46.7			55.3	46.7	167(D)
1880	2,724	1,447	53.1	1,277	46.9			53.1	46.9	170(D)
1884	2,874	1,629	56.7	1,245	43.3			56.7	43.3	384(D)
1888	3,419	1,741	50.9	1,517	44.4	161[2]	4.7	53.4	46.6	224(D)
1892	3,488	1,738	49.8	1,199	34.4	551[3]	15.8	59.2	40.8	539(D)
1896	4,616	2,166	46.9	2,212	47.9	238[4]	5.2	49.5	50.5	46(R)
1900	4,809	2,488	51.7	2,321	48.3			51.7	48.3	167(D)
1904	3,700	1,922	51.9	1,778	48.1			51.9	48.1	144(D)
1908	4,350	2,220	51.0	2,130	49.0			51.0	49.0	90(D)
1912	3,918	2,168	55.3	324	8.3	1,426[5]	36.4	87.0	13.0	1,844(D)
1916	4,776	2,483	52.0	2,293	48.0			52.0	48.0	190(D)
1920	9,898	5,274	53.3	4,624	46.7	3	0.1	53.3	46.7	650(D)
1924	8,102	4,934	60.9	3,168	39.1			60.9	39.1	1,766(D)
1928	11,760	5,600	47.6	6,160	52.4			47.6	52.4	560(R)
1932	13,079	8,001	61.2	5,078	38.8			61.2	38.8	2,923(D)
1936	14,520	8,132	56.0	6,388	44.0			56.0	44.0	1,744(D)
1940	14,626	11,301	77.3	3,325	22.7			77.3	22.7	7,976(D)
1944	13,751	9,420	68.5	4,331	31.5			68.5	31.5	5,089(D)
1948	15,552	12,419	79.9	3,115	20.0	18[6]	0.1	79.9	20.1	9,304(D)
1952	24,588	16,082	65.4	8,506	34.6			65.4	34.6	7,576(D)
1956	22,616	15,397	68.1	7,219	31.9			68.1	31.9	8,178(D)
1960	28,251	12,437	44.0	15,763	55.8	51[7]	0.2	44.1	55.9	3,326(R)

Notes: [1] Ran as Conservative. Conservative Party affiliated with national Democratic Party before the election of 1876.
[2] William Walker, *Prohibitionist*, 161 (4.7%).
[3] Will P. Exum, *Populist*, 442 (12.7%); J. M. Templeton, *Prohibitionist*, 109, (3.1%).
[4] William A. Guthrie, *Populist*, 238 (5.2%).
[5] Iredell Meares, *Progressive*, 1,416 (36.1%).
[6] Mary Price, *Progressive*, 18 (0.1%).
[7] I. Beverly Lake, *(Democrat)*, Write-in, 51 (0.2%).

ALEXANDER COUNTY
GOVERNOR OF NORTH CAROLINA

Year	Total Vote	Democratic Total	%	Republican Total	%	Other Total	%	Two-Party Vote %Dem.	%Repub.	Plurality Dem.-Repub.
1868	860	494[1]	57.4	366	42.6			57.4	42.6	128(D)
1872	934	545[1]	58.4	389	41.6			58.4	41.6	156(D)
1876	1,160	808	69.7	352	30.3			69.7	30.3	456(D)
1880	1,167	792	67.9	375	32.1			67.9	32.1	417(D)
1884	1,294	943	72.9	351	27.1			72.9	27.1	592(D)
1888	1,534	952	62.0	552	36.0	30[2]	2.0	63.3	36.7	400(D)
1892	1,436	586	40.8	436	30.4	414[3]	28.8	57.3	42.7	150(D)
1896	1,745	881	50.5	620	35.5	244[4]	14.0	58.7	41.3	261(D)
1900	1,919	892	46.5	1,027	53.5			46.5	53.5	135(R)
1904	1,903	984	51.7	919	48.3			51.7	48.3	65(D)
1908	1,869	793	42.4	1,076	57.6			42.4	57.6	283(R)
1912	1,864	871	46.7	852	45.7	141[5]	7.6	50.6	49.4	19(D)
1916	2,130	922	43.3	1,208	56.7			43.3	56.7	286(R)
1920	4,643	2,000	43.1	2,643	56.9			43.1	56.9	643(R)
1924	4,721	2,292	48.5	2,429	51.5			48.5	51.5	137(R)
1928	4,680	2,430	51.9	2,250	48.1			51.9	48.1	180(D)
1932	4,988	2,941	59.0	2,047	41.0			59.0	41.0	894(D)
1936	5,471	2,972	54.3	2,499	45.7			54.3	45.7	473(D)
1940	4,929	2,793	56.7	2,136	43.3			56.7	43.3	657(D)
1944	5,247	2,334	44.5	2,913	55.5			44.5	55.5	579(R)
1948	4,879	2,657	54.5	2,220	45.5	2[6]	*	54.5	45.5	437(D)
1952	6,205	3,045	49.1	3,160	50.9			49.1	50.9	115(R)
1956	6,457	3,160	48.9	3,297	51.1			48.9	51.1	137(R)
1960	7,224	3,291	45.6	3,933	54.4			45.6	54.4	642(R)

Notes: [1] Ran as Conservative. Conservative Party affiliated with national Democratic Party before the election of 1876.
[2] William Walker, *Prohibitionist*, 30 (2.0%).
[3] Will P. Exum, *Populist*, 385 (26.8%); J. M. Templeton, *Prohibitionist*, 29, (2.0%).
[4] William A. Guthrie, *Populist*, 244 (14.0%).
[5] Iredell Meares, *Progressive*, 141 (7.6%).
[6] Mary Price, *Progressive*, 2 (*).
* Less than 0.05%.

113

ALLEGHANY COUNTY

GOVERNOR OF NORTH CAROLINA

Year	Total Vote	Democratic Total	%	Republican Total	%	Other Total	%	Two-Party Vote % Dem.	% Repub.	Plurality Dem.-Repub.
1868	459	233[1]	50.8	226	49.2			50.8	49.2	7(D)
1872	523	339[1]	64.8	184	35.2			64.8	35.2	155(D)
1876	667	513	76.9	154	23.1			76.9	23.1	359(D)
1880	761	514	67.5	247	32.5			67.5	32.5	267(D)
1884	998	595	59.6	403	40.4			59.6	40.4	192(D)
1888	1,096	687	62.7	405	37.0	4[2]	0.3	62.9	37.1	282(D)
1892	1,145	814	71.1	328	28.6	3[3]	0.3	71.3	28.7	486(D)
1896	1,350	744	55.1	601	44.5	5[4]	0.4	55.3	44.7	143(D)
1900	1,391	784	56.4	607	43.6			56.4	43.6	177(D)
1904	1,243	723	58.2	520	41.8			58.2	41.8	203(D)
1908	1,184	643	54.3	541	45.7			54.3	45.7	102(D)
1912	1,145	676	59.0	366	32.0	103[5]	9.0	64.9	35.1	310(D)
1916	1,400	784	56.0	616	44.0			56.0	44.0	168(D)
1920	2,604	1,417	54.4	1,187	45.6			54.4	45.6	230(D)
1924	2,890	1,648	57.0	1,242	43.0			57.0	43.0	406(D)
1928	2,862	1,648	57.6	1,214	42.4			57.6	42.4	434(D)
1932	2,747	1,935	70.4	812	29.6			70.4	29.6	1,123(D)
1936	3,656	2,010	55.0	1,646	45.0			55.0	45.0	364(D)
1940	3,061	1,966	64.2	1,095	35.8			64.2	35.8	871(D)
1944	3,168	1,861	58.7	1,307	41.3			58.7	41.3	554(D)
1948	3,269	2,073	63.4	1,194	36.5	2[6]	0.1	63.5	36.5	879(D)
1952	3,638	2,148	59.0	1,490	41.0			59.0	41.0	658(D)
1956	3,347	1,921	57.4	1,426	42.6			57.4	42.6	495(D)
1960	4,118	2,279	55.3	1,839	44.7			55.3	44.7	440(D)

Notes: [1] Ran as Conservative. Conservative Party affiliated with national Democratic Party before the election of 1876.
[2] William Walker, *Prohibitionist*, 4 (0.3%).
[3] Will P. Exum, *Populist*, 1 (0.1%); J. M. Templeton, *Prohibitionist*, 2 (0.2%).
[4] William A. Guthrie, *Populist*, 5 (0.4%).
[5] Iredell Meares, *Progressive*, 103 (9.0%).
[6] Mary Price, *Progressive*, 2 (0.1%).

ANSON COUNTY
GOVERNOR OF NORTH CAROLINA

Year	Total Vote	Democratic Total	%	Republican Total	%	Other Total	%	Two-Party Vote % Dem.	% Repub.	Plurality Dem.-Repub.
1868	1,821	843[1]	46.3	978	53.7			46.3	53.7	135(R)
1872	2,210	1,191[1]	53.9	1,019	46.1			53.9	46.1	172(D)
1876	2,892	1,585	54.8	1,307	45.2			54.8	45.2	278(D)
1880	2,627	1,632	62.1	995	37.9			62.1	37.9	637(D)
1884	2,980	1,896	63.6	1,084	36.4			63.6	36.4	812(D)
1888	3,218	2,241	69.6	975	30.3	2[2]	0.1	69.7	30.3	1,266(D)
1892	1,894	1,348	71.2	263	13.9	283[3]	14.9	83.7	16.3	1,085(D)
1896	3,465	1,681	48.5	1,158	33.4	626[4]	18.1	59.2	40.8	523(D)
1900	2,537	2,015	79.4	522	20.6			79.4	20.6	1,493(D)
1904	1,402	1,247	88.9	155	11.1			88.9	11.1	1,092(D)
1908	1,801	1,538	85.4	263	14.6			85.4	14.6	1,275(D)
1912	1,728	1,513	87.6	135	7.8	80[5]	4.6	91.8	8.2	1,378(D)
1916	2,321	2,047	88.2	274	11.8			88.2	11.8	1,773(D)
1920	3,762	3,340	88.8	422	11.2			88.8	11.2	2,918(D)
1924	2,600	2,391	92.0	209	8.0			92.0	8.0	2,182(D)
1928	3,771	3,263	86.5	508	13.5			86.5	13.5	2,775(D)
1932	4,459	4,250	95.3	209	4.7			95.3	4.7	4,041(D)
1936	4,755	4,377	92.1	378	7.9			92.1	7.9	3,999(D)
1940	4,820	4,521	93.8	299	6.2			93.8	6.2	4,222(D)
1944	3,900	3,544	90.9	356	9.1			90.9	9.1	3,188(D)
1948	3,615	3,354	92.8	258	7.1	3[6]	0.1	92.9	7.1	3,096(D)
1952	5,709	4,898	85.8	811	14.2			85.8	14.2	4,087(D)
1956	5,049	4,407	87.3	642	12.7			87.3	12.7	3,765(D)
1960	5,644	4,297	76.1	1,337	23.7	10[7]	0.2	76.3	23.7	2,960(D)

Notes: [1] Ran as Conservative. Conservative Party affiliated with national Democratic Party before the election of 1876.
[2] William Walker, *Prohibitionist*, 2 (0.1%).
[3] Will P. Exum, *Populist*, 283 (14.9%).
[4] William A. Guthrie, *Populist*, 626 (18.1%).
[5] Iredell Meares, *Progressive*, 80 (4.6%).
[6] Mary Price, *Progressive*, 3 (0.1%).
[7] I. Beverly Lake, *(Democrat)*, Write-in, 10 (0.2%).

ASHE COUNTY

GOVERNOR OF NORTH CAROLINA

Year	Total Vote	Democratic Total	%	Republican Total	%	Other Total	%	Two-Party Vote %Dem.	%Repub.	Plurality Dem.-Repub.
1868	1,234	619[1]	50.2	615	49.8			50.2	49.8	4(D)
1872	1,513	752[1]	49.7	761	50.3			49.7	50.3	9(R)
1876	†									
1880	2,062	1,027	49.8	1,035	50.2			49.8	50.2	8(R)
1884	2,406	1,219	50.7	1,187	49.3			50.7	49.3	32(D)
1888	2,898	1,409	48.6	1,482	51.1	7[2]	0.2	48.7	51.3	73(R)
1892	2,958	1,390	47.0	1,461	49.4	107[3]	3.6	48.8	51.2	71(R)
1896	3,340	1,585	47.4	1,736	52.0	19[4]	0.6	47.7	52.3	151(R)
1900	3,628	1,659	45.7	1,969	54.3			45.7	54.3	310(R)
1904	2,916	1,278	43.8	1,638	56.2			43.8	56.2	360(R)
1908	3,401	1,700	50.0	1,701	50.0			50.0	50.0	1(R)
1912	3,368	1,700	50.5	1,027	30.5	641[5]	19.0	62.3	37.7	673(D)
1916	3,839	1,889	49.2	1,950	50.8			49.2	50.8	61(R)
1920	7,428	3,628	48.8	3,800	51.2			48.8	51.2	172(R)
1924	8,241	4,350	52.8	3,891	47.2			52.8	47.2	459(D)
1928	8,091	4,097	50.6	3,994	49.4			50.6	49.4	103(D)
1932	8,654	4,708	54.4	3,946	45.6			54.4	45.6	762(D)
1936	10,161	5,605	55.2	4,556	44.8			55.2	44.8	1,049(D)
1940	8,951	4,816	53.8	4,135	46.2			53.8	46.2	681(D)
1944	8,914	4,438	49.8	4,476	50.2			49.8	50.2	38(R)
1948	9,230	5,107	55.3	4,115	44.6	8[6]	0.1	55.4	44.6	992(D)
1952	9,109	4,805	52.8	4,304	47.2			52.8	47.2	501(D)
1956	8,620	4,371	50.7	4,249	49.3			50.7	49.3	122(D)
1960	9,394	4,728	50.3	4,663	49.6	3[7]	*	50.3	49.7	65(D)

Notes: [1] Ran as Conservative. Conservative Party affiliated with national Democratic Party before the election of 1876.
[2] William Walker, *Prohibitionist*, 7 (0.2%).
[3] Will P. Exum, *Populist*, 107 (3.6%).
[4] William A. Guthrie, *Populist*, 19 (0.6%).
[5] Iredell Meares, *Progressive*, 641 (19.0%).
[6] Mary Price, *Progressive*, 8 (0.1%).
[7] I. Beverly Lake, (*Democrat*), Write-in, 3 (*).
* Less than 0.05%.
† No returns available.

GOVERNOR OF NORTH CAROLINA

AVERY COUNTY†

Year	Total Vote	Democratic Total	%	Republican Total	%	Other Total	%	Two-Party Vote % Dem.	% Repub.	Plurality Dem.-Repub.
1868										
1872										
1876										
1880										
1884										
1888										
1892										
1896										
1900										
1904										
1908	1,246	227	18.2	172	13.8	847[1]	68.0	56.9	43.1	55(D)
1912	1,607	324	20.2	1,283	79.8			20.2	79.8	959(R)
1916	2,900	403	13.9	2,497	86.1			13.9	86.1	2,094(R)
1920	2,611	460	17.6	2,151	82.4			17.6	82.4	1,691(R)
1924										
1928	3,575	481	13.5	3,094	86.5			13.5	86.5	2,613(R)
1932	3,683	1,033	28.0	2,650	72.0			28.0	72.0	1,617(R)
1936	3,748	859	22.9	2,889	77.1			22.9	77.1	2,030(R)
1940	3,926	1,177	30.0	2,749	70.0			30.0	70.0	1,572(R)
1944	3,800	810	21.3	2,990	78.7			21.3	78.7	2,180(R)
1948	3,759	1,015	27.0	2,736	72.8	8[2]	0.2	27.1	72.9	1,721(R)
1952	4,485	1,108	24.7	3,377	75.3			24.7	75.3	2,269(R)
1956	4,742	1,304	27.5	3,438	72.5			27.5	72.5	2,134(R)
1960	5,171	1,310	25.3	3,860	74.6	1[3]	*	25.3	74.7	2,550(R)

Notes: [1] Iredell Meares, *Progressive*, 847, (68.0%).
[2] Mary Price, *Progressive*, 8 (0.2%).
[3] I. Beverly Lake, (*Democrat*), Write-in, 1 (*).
* Less than 0.05%.
† Avery county was created in 1911.

BEAUFORT COUNTY
GOVERNOR OF NORTH CAROLINA

Year	Total Vote	Democratic Total	%	Republican Total	%	Other Total	%	Two-Party Vote % Dem.	% Repub.	Plurality Dem.-Repub.
1868	2,340	1,040[1]	44.4	1,300	55.6			44.4	55.6	260(R)
1872	2,896	1,331[1]	46.0	1,565	54.0			46.0	54.0	234(R)
1876	3,239	1,688	52.1	1,551	47.9			52.1	47.9	137(D)
1880	3,460	1,717	49.6	1,743	50.4			49.6	50.4	26(R)
1884	3,697	2,016	54.5	1,681	45.5			54.5	45.5	335(D)
1888	4,007	2,092	52.2	1,799	44.9	116[2]	2.9	53.8	46.2	293(D)
1892	4,122	1,919	46.6	1,510	36.6	693[3]	16.8	56.0	44.0	409(D)
1896	4,751	2,073	43.6	2,165	45.6	513[4]	10.8	48.9	51.1	92(R)
1900	4,458	2,933	65.8	1,525	34.2			65.8	34.2	1,404(D)
1904	2,713	1,943	71.6	770	28.4			71.6	28.4	1,173(D)
1908	3,123	1,914	61.3	1,209	38.7			61.3	38.7	705(D)
1912	2,672	1,825	68.3	293	11.0	554[5]	20.7	86.2	13.8	1,532(D)
1916	3,268	1,949	59.6	1,256	38.4	63	1.9	60.8	39.2	693(D)
1920	5,771	3,559	61.7	2,212	38.3			61.7	38.3	1,347(D)
1924	4,364	3,081	70.6	1,283	29.4			70.6	29.4	1,798(D)
1928	6,184	4,062	65.7	2,122	34.3			65.7	34.3	1,940(D)
1932	6,315	5,420	85.8	895	14.2			85.8	14.2	4,525(D)
1936	6,660	5,388	80.9	1,272	19.1			80.9	19.1	4,116(D)
1940	6,163	5,437	88.2	726	11.8			88.2	11.8	4,711(D)
1944	5,448	4,642	85.2	806	14.8			85.2	14.8	3,836(D)
1948	5,688	5,110	89.8	576	10.1	2[6]	*	89.9	10.1	4,534(D)
1952	7,350	6,149	83.7	1,201	16.3			83.7	16.3	4,948(D)
1956	7,559	6,538	86.5	1,021	13.5			86.5	13.5	5,517(D)
1960	8,621	6,004	69.6	2,605	30.2	12[7]	0.1	69.7	30.3	3,399(D)

Notes: [1] Ran as Conservative. Conservative Party affiliated with national Democratic Party before the election of 1876.
[2] William Walker, *Prohibitionist*, 116 (2.9%).
[3] Will P. Exum, *Populist*, 604 (14.6%); J. M. Templeton, *Prohibitionist*, 89 (2.2%).
[4] William A. Guthrie, *Populist*, 513 (10.8%).
[5] Iredell Meares, *Progressive*, 482 (18.0%).
[6] Mary Price, *Progressive*, 2 (*).
[7] I. Beverly Lake, (*Democrat*), Write-in, 12 (0.1%).
*Less than 0.05%.

GOVERNOR OF NORTH CAROLINA

BERTIE COUNTY

Year	Total Vote	Democratic Total	%	Republican Total	%	Other Total	%	Two-Party Vote % Dem.	% Repub.	Plurality Dem.-Repub.
1868	1,883	603[1]	32.0	1,280	68.0			32.0	68.0	677(R)
1872	2,463	949[1]	38.5	1,514	61.5			38.5	61.5	565(R)
1876	2,780	1,120	40.3	1,660	59.7			40.3	59.7	540(R)
1880	2,909	1,188	40.8	1,721	59.2			40.8	59.2	533(R)
1884	3,437	1,614	47.0	1,823	53.0			47.0	53.0	209(R)
1888	2,420	1,316	54.4	1,097	45.3	7[2]	0.3	54.5	45.5	219(D)
1892	3,392	1,698	50.0	1,322	39.0	372[3]	11.0	56.2	46.8	376(D)
1896	3,967	1,372	34.6	2,009	50.6	586[4]	14.8	40.6	59.4	637(R)
1900	3,671	2,675	72.9	996	27.1			72.9	27.1	1,699(D)
1904	1,475	1,327	90.0	148	10.0			90.0	10.0	1,179(D)
1908	1,602	1,328	82.9	274	17.1			82.9	17.1	1,054(D)
1912	1,721	1,636	95.1	28	1.6	57[5]	3.3	98.3	1.7	1,608(D)
1916	1,535	1,475	96.1	60	3.9			96.1	3.9	1,415(D)
1920	2,033	1,886	92.8	147	7.2			92.8	7.2	1,739(D)
1924	1,921	1,836	95.6	85	4.4			95.6	4.4	1,751(D)
1928	2,324	2,186	94.1	138	5.9			94.1	5.9	2,048(D)
1932	3,186	3,141	98.6	45	1.4			98.6	1.4	3,096(D)
1936	3,607	3,436	95.3	171	4.7			95.3	4.7	3,265(D)
1940	3,136	3,082	98.3	54	1.7			98.3	1.7	3,028(D)
1944	3,000	2,936	97.9	64	2.1			97.9	2.1	2,872(D)
1948	3,008	2,963	98.5	44	1.5	1[6]	*	98.5	1.5	2,919(D)
1952	3,755	3,633	96.8	122	3.2			96.8	3.2	3,511(D)
1956	3,710	3,511	94.6	199	5.4			94.6	5.4	3,312(D)
1960	4,169	3,740	89.7	422	10.1	7[7]	0.2	89.9	10.1	3,318(D)

Notes: [1] Ran as Conservative. Conservative Party affiliated with national Democratic Party before the election of 1876.
[2] William Walker, *Prohibitionist*, 7 (0.3%).
[3] Will P. Exum, *Populist*, 369 (10.9%); J. M. Templeton, *Prohibitionist*, 3 (0.1%).
[4] William A. Guthrie, *Populist*, 586 (14.8%).
[5] Iredell Meares, *Progressive*, 57 (3.3%).
[6] Mary Price, *Progressive*, 1 (*).
[7] I. Beverly Lake, (*Democrat*), Write-in, 7 (0.2%).
* Less than 0.05%.

BLADEN COUNTY
GOVERNOR OF NORTH CAROLINA

Year	Total Vote	Democratic Total	%	Republican Total	%	Other Total	%	Two-Party Vote % Dem.	% Repub.	Plurality Dem.-Repub.
1868	2,220	957[1]	43.1	1,263	56.9			43.1	56.9	306(R)
1872	2,656	1,208[1]	45.5	1,448	54.5			45.5	54.5	240(R)
1876	2,785	1,395	50.1	1,390	49.9			50.1	49.9	5(D)
1880	2,808	1,278	45.5	1,530	54.5			45.5	54.5	252(R)
1884	2,937	1,426	48.6	1,511	51.4			48.6	51.4	85(R)
1888	2,906	1,541	53.0	1,365	47.0			53.0	47.0	176(D)
1892	2,742	1,292	47.1	904	33.0	546[2]	19.9	58.8	41.2	388(D)
1896	2,912	1,361	46.7	1,263	43.4	288[3]	9.9	51.9	48.1	98(D)
1900	2,964	1,589	53.6	1,375	46.4			53.6	46.4	214(D)
1904	1,527	999	65.4	528	34.6			65.4	34.6	471(D)
1908	1,812	1,213	66.9	599	33.1			66.9	33.1	614(D)
1912	1,686	1,229	72.9	43	2.5	414[4]	24.6	96.6	3.4	1,186(D)
1916	1,867	1,269	68.0	598	32.0			68.0	32.0	671(D)
1920	3,001	1,991	66.3	1,010	33.7			66.3	33.7	981(D)
1924	2,291	1,691	73.8	600	26.2			73.8	26.2	1,091(D)
1928	3,618	2,185	60.4	1,433	39.6			60.4	39.6	752(D)
1932	3,479	2,590	74.4	889	25.6			74.4	25.6	1,701(D)
1936	3,707	3,105	83.8	602	16.2			83.8	16.2	2,503(D)
1940	3,311	2,917	88.1	394	11.9			88.1	11.9	2,523(D)
1944	2,989	2,474	82.8	515	17.2			82.8	17.2	1,959(D)
1948	3,777	3,442	91.1	326	8.6	9[5]	0.2	91.3	8.7	3,116(D)
1952	4,936	4,190	84.9	746	15.1			84.9	15.1	3,444(D)
1956	5,470	4,860	88.8	610	11.2			88.8	11.2	4,250(D)
1960	6,188	4,469	72.2	1,709	27.6	10[6]	0.2	72.3	27.7	2,760(D)

Notes: [1] Ran as Conservative. Conservative Party affiliated with national Democratic Party before the election of 1876.
[2] Will P. Exum, *Populist*, 546 (19.9%).
[3] William A. Guthrie, *Populist*, 288 (9.9%).
[4] Iredell Meares, *Progressive*, 414 (24.6%).
[5] Mary Price, *Progressive*, 9 (0.2%).
[6] I. Beverly Lake, (*Democrat*), Write-in, 10 (0.2%).

BRUNSWICK COUNTY

GOVERNOR OF NORTH CAROLINA

Year	Total Vote	Democratic Total	%	Republican Total	%	Other Total	%	Two-Party Vote % Dem.	% Repub.	Plurality Dem.-Repub.
1868	1,564	781[1]	49.9	783	50.1			49.9	50.1	2(R)
1872	1,419	711[1]	50.1	708	49.9			50.1	49.9	3(D)
1876	2,047	1,006	49.1	1,041	50.9			49.1	50.9	35(R)
1880	1,598	702	43.9	896	56.1			43.9	56.1	194(R)
1884	1,847	921	49.9	926	50.1			49.9	50.1	5(R)
1888	1,979	1,010	51.0	965	48.8	4[2]	0.2	51.1	48.9	45(D)
1892	1,652	767	46.4	140	8.5	745[3]	45.1	84.6	15.4	627(D)
1896	2,120	820	38.7	890	42.0	410[4]	19.3	48.0	52.0	70(R)
1900	1,863	915	49.1	948	50.9			49.1	50.9	33(R)
1904	1,046	631	60.3	415	39.7			60.3	39.7	216(D)
1908	1,445	671	46.4	774	53.6			46.4	53.6	103(R)
1912	1,408	827	58.7	380	27.0	201[5]	14.3	68.5	31.5	447(D)
1916	1,809	825	45.6	981	54.2	3	0.2	45.7	54.3	156(R)
1920	2,692	1,311	48.7	1,381	51.3			48.7	51.3	70(R)
1924	2,370	1,123	47.4	1,247	52.6			47.4	52.6	124(R)
1928	2,666	1,214	45.5	1,452	54.5			45.5	54.5	238(R)
1932	4,057	2,187	53.9	1,870	46.1			53.9	46.1	317(D)
1936	4,329	2,664	61.5	1,665	38.5			61.5	38.5	999(D)
1940	4,157	2,600	62.5	1,557	37.5			62.5	37.5	1,043(D)
1944	4,256	2,315	54.4	1,941	45.6			54.4	45.6	374(D)
1948	4,616	2,758	59.7	1,851	40.1	7[6]	0.2	59.8	40.2	907(D)
1952	5,799	3,434	59.2	2,365	40.8			59.2	40.8	1,069(D)
1956	6,548	3,997	61.0	2,551	39.0			61.0	39.0	1,446(D)
1960	7,191	4,254	59.2	2,931	40.8	6[7]	0.1	59.2	40.8	1,323(D)

Notes: [1] Ran as Conservative. Conservative Party affiliated with national Democratic Party before the election of 1876.
[2] William Walker, *Prohibitionist*, 4 (0.2%).
[3] Will P. Exum, *Populist*, 745 (45.1%).
[4] William A. Guthrie, *Populist*, 410 (19.3%).
[5] Iredell Meares, *Progressive*, 201 (14.3%).
[6] Mary Price, *Progressive*, 7 (0.2%).
[7] I. Beverly Lake, (*Democrat*), Write-in, 6 (0.1%).

BUNCOMBE COUNTY

GOVERNOR OF NORTH CAROLINA

Year	Total Vote	Democratic Total	%	Republican Total	%	Other Total	%	Two-Party Vote % Dem.	% Repub.	Plurality Dem.-Repub.
1868	1,924	875[1]	45.5	1,049	54.5			45.5	54.5	174(R)
1872	2,652	1,538[1]	58.0	1,114	42.0			58.0	42.0	424(D)
1876	3,453	1,965	56.9	1,488	43.1			56.9	43.1	477(D)
1880	3,491	1,925	55.1	1,566	44.9			55.1	44.9	359(D)
1884	4,626	2,685	58.0	1,941	42.0			58.0	42.0	744(D)
1888	5,982	3,041	50.8	2,816	47.1	125[2]	2.1	51.9	48.1	225(D)
1892	7,081	3,584	50.6	3,140	44.4	357[3]	5.0	53.3	46.7	444(D)
1896	8,734	4,159	47.6	4,552	52.1	23[4]	0.3	47.7	52.3	393(R)
1900	7,733	4,332	56.0	3,401	44.0			56.0	44.0	931(D)
1904	5,776	3,253	56.3	2,523	43.7			56.3	43.7	730(D)
1908	7,063	3,629	51.4	3,434	48.6			51.4	48.6	195(D)
1912	6,491	3,875	59.7	1,045	16.1	1,571[5]	24.2	78.8	21.2	2,830(D)
1916	8,322	4,487	53.9	3,835	46.1			53.9	46.1	652(D)
1920	18,417	10,412	56.5	8,005	43.5			56.5	43.5	2,407(D)
1924	16,837	10,826	64.3	6,011	35.7			64.3	35.7	4,815(D)
1928	29,886	15,393	51.5	14,493	48.5			51.5	48.5	900(D)
1932	27,191	18,910	69.5	8,281	30.5			69.5	30.5	10,629(D)
1936	32,674	23,214	71.0	9,460	29.0			71.0	29.0	13,754(D)
1940	33,237	25,587	77.0	7,650	23.0			77.0	23.0	17,937(D)
1944	29,679	21,768	73.3	7,911	26.7			73.3	26.7	13,857(D)
1948	30,722	21,852	71.1	8,746	28.5	124[6]	0.4	71.4	28.6	13,106(D)
1952	46,197	28,916	62.6	17,281	37.4			62.6	37.4	11,635(D)
1956	39,131	23,723	60.6	15,408	39.4			60.6	39.4	8,315(D)
1960	48,511	23,875	49.2	24,636	50.8			49.2	50.8	761(R)

Notes: [1] Ran as Conservative. Conservative Party affiliated with national Democratic Party before the election of 1876.
[2] William Walker, *Prohibitionist*, 125 (2.1%).
[3] Will P. Exum, *Populist*, 23 (0.3%); J. M. Templeton, *Prohibitionist*, 334 (4.7%).
[4] William A. Guthrie, *Populist*, 23 (0.3%).
[5] Iredell Meares, *Progressive*, 1,493 (23.0%).
[6] Mary Price, *Progressive*, 124 (0.4%).

BURKE COUNTY

GOVERNOR OF NORTH CAROLINA

Year	Total Vote	Democratic Total	%	Republican Total	%	Other Total	%	Two-Party Vote % Dem.	% Repub.	Plurality Dem.-Repub.
1868	1,414	635[1]	44.9	779	55.1			44.9	55.1	144(R)
1872	1,535	852[1]	55.5	683	44.5			55.5	44.5	169(D)
1876	1,815	1,195	65.8	620	34.2			65.8	34.2	575(D)
1880	1,890	1,074	56.8	816	43.2			56.8	43.2	258(D)
1884	2,273	1,278	56.2	995	43.8			56.2	43.8	283(D)
1888	2,422	1,247	51.5	1,165	48.1	10[2]	0.4	51.7	48.3	82(D)
1892	2,734	1,425	52.1	1,075	39.3	234[3]	8.6	57.0	43.0	350(D)
1896	2,955	1,488	50.4	1,381	46.7	86[4]	2.9	51.9	48.1	107(D)
1900	2,680	1,509	56.3	1,171	43.7			56.3	43.7	338(D)
1904	2,105	1,110	52.7	995	47.3			52.7	47.3	115(D)
1908	2,668	1,353	50.7	1,315	49.3			50.7	49.3	38(D)
1912	2,679	1,375	51.3	91	3.4	1,213[5]	45.3	93.8	6.2	1,284(D)
1916	3,069	1,585	51.6	1,484	48.4			51.6	48.4	101(D)
1920	6,880	3,314	48.2	3,566	51.8			48.2	51.8	252(R)
1924	7,316	4,089	55.9	3,227	44.1			55.9	44.1	862(D)
1928	8,350	3,847	46.1	4,503	53.9			46.1	53.9	656(R)
1932	10,879	5,898	54.2	4,981	45.8			54.2	45.8	917(D)
1936	12,831	7,030	54.8	5,801	45.2			54.8	45.2	1,229(D)
1940	12,154	7,331	60.3	4,823	39.7			60.3	39.7	2,508(D)
1944	12,490	6,342	50.8	6,148	49.2			50.8	49.2	194(D)
1948	13,373	7,654	57.2	5,707	42.7	12[6]	0.1	57.3	42.7	1,947(D)
1952	18,918	9,609	50.8	9,309	49.2			50.8	49.2	300(D)
1956	19,647	9,679	50.7	9,968	49.3			50.7	49.3	289(D)
1960	23,024	10,815	47.0	12,193	53.0	16[7]	0.1	47.0	53.0	1,378(R)

Notes: [1] Ran as Conservative. Conservative Party affiliated with national Democratic Party before the election of 1876.
[2] William Walker, *Prohibitionist*, 10 (0.4%).
[3] Will P. Exum, *Populist*, 222 (8.2%); J. M. Templeton, *Prohibitionist*, 12 (0.4%).
[4] William A. Guthrie, *Populist*, 86 (2.9%).
[5] Iredell Meares, *Progressive*, 1,211 (45.2%).
[6] Mary Price, *Progressive*, 12 (0.1%).
[7] I. Beverly Lake, (*Democrat*), Write-in, 16 (0.1%).

CABARRUS COUNTY

GOVERNOR OF NORTH CAROLINA

Year	Total Vote	Democratic Total	%	Republican Total	%	Other Total	%	Two-Party Vote % Dem.	% Repub.	Plurality Dem.-Repub.
1868	1,890	1,062[1]	56.2	828	43.8			56.2	43.8	234(D)
1872	1,972	1,161[1]	58.9	811	41.1			58.9	41.1	350(D)
1876	2,553	1,629	63.8	924	36.2			63.8	36.2	705(D)
1880	2,522	1,465	58.1	1,057	41.9			58.1	41.9	408(D)
1884	2,856	1,903	66.6	953	33.4			66.6	33.4	950(D)
1888	2,644	1,645	62.2	915	34.6	84[2]	3.2	64.3	35.7	730(D)
1892	2,924	1,442	49.3	620	21.2	862[3]	29.5	69.9	30.1	822(D)
1896	3,282	1,490	45.4	940	28.6	852[4]	26.0	61.3	38.7	550(D)
1900	3,465	1,915	55.3	1,550	44.7			55.3	44.7	365(D)
1904	2,787	1,538	55.2	1,249	44.8			55.2	44.8	289(D)
1908	3,433	1,616	47.1	1,817	52.9			47.1	52.9	201(R)
1912	3,745	1,864	49.8	1,094	29.2	787[5]	21.0	63.0	37.0	770(D)
1916	4,417	2,091	47.3	2,308	52.3	18	0.4	47.5	52.5	217(R)
1920	9,620	4,394	45.7	5,226	54.3			45.7	54.3	832(R)
1924	8,143	4,539	55.7	3,604	44.3			55.7	44.3	935(D)
1928	11,939	5,991	50.2	5,948	49.8			50.2	49.8	43(D)
1932	12,069	8,497	70.4	3,572	29.6			70.4	29.6	4,925(D)
1936	14,486	9,859	68.1	4,627	31.9			68.1	31.9	5,232(D)
1940	14,197	11,718	82.5	2,479	17.5			82.5	17.5	9,239(D)
1944	12,920	9,078	70.3	3,842	29.7			70.3	29.7	5,236(D)
1948	12,620	8,945	70.9	3,642	28.9	33[6]	0.3	71.1	28.9	5,303(D)
1952	23,734	13,065	55.0	10,669	45.0			55.0	45.0	2,396(D)
1956	21,378	12,346	57.8	9,032	42.2			57.8	42.2	3,314(D)
1960	24,238	9,547	39.4	14,678	60.6	13[7]	*	39.4	60.6	5,131(R)

Notes: [1] Ran as Conservative. Conservative Party affiliated with national Democratic Party before the election of 1876.
[2] William Walker, *Prohibitionist*, 84 (3.2%).
[3] Will P. Exum, *Populist*, 825 (28.2%); J. M. Templeton, *Prohibitionist*, 37 (1.3%).
[4] William A. Guthrie, *Populist*, 852 (25.0%).
[5] Iredell Meares, *Progressive*, 782 (20.9%).
[6] Mary Price, *Progressive*, 33 (0.3%).
[7] I. Beverly Lake, (*Democrat*), Write-in, 13 (*).
* Less than 0.05%.

CALDWELL COUNTY

GOVERNOR OF NORTH CAROLINA

Year	Total Vote	Democratic Total	%	Republican Total	%	Other Total	%	Two-Party Vote % Dem.	% Repub.	Plurality Dem.-Repub.
1868	1,006	617[1]	61.3	389	38.7			61.3	38.7	228(D)
1872	1,161	829[1]	71.4	332	28.6			71.4	28.6	497(D)
1876	1,461	1,172	80.2	289	19.8			80.2	19.8	883(D)
1880	1,390	971	69.9	419	30.1			69.9	30.1	552(D)
1884	1,671	1,251	74.9	420	25.1			74.9	25.1	831(D)
1888	1,973	1,253	63.5	717	36.3	3[2]	0.2	63.6	36.4	536(D)
1892	2,073	1,193	57.6	582	28.0	298[3]	14.4	67.2	32.8	611(D)
1896	2,392	1,290	53.9	964	40.3	138[4]	5.8	57.2	42.8	326(D)
1900	2,520	1,248	49.5	1,272	50.5			49.5	50.5	24(R)
1904	2,594	1,222	47.1	1,372	52.9			47.1	52.9	150(R)
1908	3,161	1,476	46.7	1,685	53.3			46.7	53.3	209(R)
1912	3,094	1,661	53.7	593	19.2	840[5]	27.1	73.7	26.3	1,068(D)
1916	3,434	1,724	50.2	1,707	49.7	3	0.1	50.2	49.8	17(D)
1920	6,175	2,953	47.8	3,222	52.2			47.8	52.2	269(R)
1924	5,840	3,374	57.8	2,466	42.2			57.8	42.2	908(D)
1928	6,682	3,004	45.0	3,678	55.0			45.0	55.0	674(R)
1932	9,290	5,505	59.3	3,785	40.7			59.3	40.7	1,720(D)
1936	10,188	6,198	60.8	3,990	39.2			60.8	39.2	2,208(D)
1940	9,303	6,387	68.7	2,916	31.3			68.7	31.3	3,471(D)
1944	9,631	5,408	56.2	4,223	43.8			56.2	43.8	1,185(D)
1948	11,024	6,674	60.5	4,342	39.4	8[6]	0.1	60.6	39.4	2,332(D)
1952	17,146	8,958	52.2	8,188	47.8			52.2	47.8	770(D)
1956	17,645	9,131	51.7	8,514	48.3			51.7	48.3	617(D)
1960	20,357	9,566	47.0	10,788	53.0	3[7]	*	47.0	53.0	1,222(R)

Notes: [1] Ran as Conservative. Conservative Party affiliated with national Democratic Party before the election of 1876.
[2] William Walker, *Prohibitionist*, 3 (0.2%).
[3] Will P. Exum, *Populist*, 285 (13.8%); J. M. Templeton, *Prohibitionist*, 13 (0.6%).
[4] William A. Guthrie, *Populist*, 138 (5.8%).
[5] Iredell Meares, *Progressive*, 840 (27.1%).
[6] Mary Price, *Progressive*, 8 (0.1%).
[7] I. Beverly Lake, (*Democrat*), Write-in, 3 (*).
* Less than 0.05%.

CAMDEN COUNTY

GOVERNOR OF NORTH CAROLINA

Year	Total Vote	Democratic Total	%	Republican Total	%	Other Total	%	Two-Party Vote %Dem.	%Repub.	Plurality Dem.-Repub.
1868	988	514[1]	52.0	474	48.0			52.0	48.0	40(D)
1872	1,116	562[1]	50.4	554	49.6			50.4	49.6	8(D)
1876	1,231	678	55.1	553	44.9			55.1	44.9	125(D)
1880	1,154	631	54.7	523	45.3			54.7	45.3	108(D)
1884	1,263	699	55.3	564	44.7			55.3	44.7	135(D)
1888	1,200	598	49.8	602	50.2			49.8	50.2	4(R)
1892	1,091	496	45.5	499	45.7	96[2]	8.8	49.8	50.2	3(R)
1896	1,140	511	44.8	584	51.2	45[3]	4.0	46.7	53.3	73(R)
1900	1,112	545	49.0	567	51.0			49.0	51.0	22(R)
1904	448	412	92.0	36	8.0			92.0	8.0	376(D)
1908	546	405	74.2	141	25.8			74.2	25.8	264(D)
1912	394	317	80.4	29	7.4	48[4]	12.2	91.6	8.4	288(D)
1916	438	374	85.4	64	14.6			85.4	14.6	310(D)
1920	681	565	83.0	116	17.0			83.0	17.0	449(D)
1924	557	396	71.1	161	28.9			71.1	28.9	235(D)
1928	814	696	85.5	118	14.5			85.5	14.5	578(D)
1932	991	940	94.9	51	5.1			94.9	5.1	889(D)
1936	1,103	1,006	91.2	97	8.8			91.2	8.8	909(D)
1940	982	893	90.9	89	9.1			90.9	9.1	804(D)
1944	841	753	89.5	88	10.5			89.5	10.5	665(D)
1948	750	681	90.8	65	8.7	4[5]	0.5	91.3	8.7	616(D)
1952	1,144	972	85.0	172	15.0			85.0	15.0	800(D)
1956	1,076	915	85.0	161	15.0			85.0	15.0	754(D)
1960	1,335	1,057	79.2	278	20.8			79.2	20.8	779(D)

Notes: [1] Ran as Conservative. Conservative Party affiliated with national Democratic Party before the election of 1876.
[2] Will P. Exum, *Populist*, 95 (8.7%); J. M. Templeton, *Prohibitionist*, 1 (0.1%).
[3] William A. Guthrie, *Populist*, 45 (4.0%).
[4] Iredell Meares, *Progressive*, 48 (12.2%).
[5] Mary Price, *Progressive*, 4 (0.5%).

CARTERET COUNTY

GOVERNOR OF NORTH CAROLINA

Year	Total Vote	Democratic Total	%	Republican Total	%	Other Total	%	Two-Party Vote % Dem.	% Repub.	Plurality Dem.-Repub.
1868	1,794	905[1]	50.4	889	49.6			50.4	49.6	16(D)
1872	1,801	1,062[1]	59.0	739	41.0			59.0	41.0	323(D)
1876	1,850	1,147	62.0	703	38.0			62.0	38.0	444(D)
1880	1,695	990	58.4	705	41.6			58.4	41.6	285(D)
1884	1,768	1,171	66.2	597	33.8			66.2	33.8	574(D)
1888	1,800	1,075	59.7	676	37.6	49[2]	2.7	61.4	38.6	399(D)
1892	2,032	1,244	61.2	550	27.1	238[3]	11.7	69.3	30.7	694(D)
1896	2,243	1,157	51.6	979	43.6	107[4]	4.8	54.2	45.8	178(D)
1900	2,320	1,363	58.7	957	41.3			58.7	41.3	406(D)
1904	1,628	1,020	62.7	608	37.3			62.7	37.3	412(D)
1908	2,171	1,173	54.0	998	46.0			54.0	46.0	175(D)
1912	1,876	1,165	62.1	222	11.8	489[5]	26.1	84.0	16.0	943(D)
1916	2,405	1,142	47.5	1,263	52.5			47.5	52.5	121(R)
1920	4,386	2,094	47.7	2,292	52.3			47.7	52.3	198(R)
1924	4,145	2,313	55.8	1,832	44.2			55.8	44.2	481(D)
1928	5,438	2,712	49.9	2,726	50.1			49.9	50.1	14(R)
1932	5,238	3,456	66.0	1,782	34.0			66.0	34.0	1,674(D)
1936	5,686	3,692	64.9	1,994	35.1			64.9	35.1	1,698(D)
1940	5,492	3,895	70.9	1,597	29.1			70.9	29.1	2,298(D)
1944	4,952	3,566	72.0	1,386	28.0			72.0	28.0	2,180(D)
1948	5,069	3,946	77.8	1,118	22.1	5[6]	0.1	77.9	22.1	2,828(D)
1952	7,006	4,992	71.3	2,014	28.7			71.3	28.7	2,978(D)
1956	7,490	5,276	70.4	2,214	29.6			70.4	29.6	3,062(D)
1960	9,765	5,249	53.8	4,515	46.2	1[7]	*	53.8	46.2	734(D)

Notes: [1] Ran as Conservative. Conservative Party affiliated with national Democratic Party before the election of 1876.
[2] William Walker, *Prohibitionist*, 49 (2.7%).
[3] Will P. Exum, *Populist*, 234 (11.5%); J. M. Templeton, *Prohibitionist*, 4 (0.2%).
[4] William A. Guthrie, *Populist*, 107 (4.8%).
[5] Iredell Meares, *Progressive*, 489 (26.1%).
[6] Mary Price, *Progressive*, 5 (0.1%).
[7] I. Beverly Lake, (*Democrat*), Write-in, 1 (*).
* Less than 0.05%.

GOVERNOR OF NORTH CAROLINA

CASWELL COUNTY

Year	Total Vote	Democratic Total	%	Republican Total	%	Other Total	%	Two-Party Vote % Dem.	% Repub.	Plurality Dem.-Repub.
1868	2,845	1,429[1]	50.2	1,416	49.8			50.2	49.8	13(D)
1872	2,871	1,415[1]	49.3	1,456	50.7			49.3	50.7	41(R)
1876	3,090	1,462	47.3	1,628	52.7			47.3	52.7	166(R)
1880	3,236	1,446	44.7	1,790	55.3			44.7	55.3	344(R)
1884	3,153	1,550	49.2	1,603	50.8			49.2	50.8	53(R)
1888	3,068	1,358	44.3	1,697	55.3	13[2]	0.4	44.5	55.5	339(R)
1892	2,905	951	32.7	1,498	51.6	456[3]	15.7	38.8	61.2	547(R)
1896	3,058	1,310	42.8	1,699	55.6	49[4]	1.6	43.5	56.5	389(R)
1900	2,734	1,421	52.0	1,313	48.0			52.0	48.0	108(D)
1904	1,065	870	81.7	195	18.3			81.7	18.3	675(D)
1908	1,201	878	73.1	323	26.9			73.1	26.9	555(D)
1912	1,042	830	79.6	202	19.4	10[5]	1.0	80.4	19.6	628(D)
1916	1,180	838	71.0	342	29.0			71.0	29.0	496(D)
1920	1,746	1,250	71.6	496	28.4			71.6	28.4	754(D)
1924	1,517	1,074	70.8	443	29.2			70.8	29.2	631(D)
1928	1,708	1,257	73.6	451	26.4			73.6	26.4	806(D)
1932	2,012	1,828	90.9	184	9.1			90.9	9.1	1,644(D)
1936	2,524	2,110	83.6	414	16.4			83.6	16.4	1,696(D)
1940	2,491	2,204	88.5	287	11.5			88.5	11.5	1,917(D)
1944	2,227	1,851	83.1	376	16.9			83.1	16.9	1,475(D)
1948	2,336	2,102	90.0	230	9.8	4[6]	0.2	90.1	9.9	1,872(D)
1952	3,407	2,878	84.5	529	15.5			84.5	15.5	2,349(D)
1956	3,513	2,866	81.6	647	18.4			81.6	18.4	2,219(D)
1960	3,984	2,675	67.1	1,283	32.2	26[7]	0.7	67.6	32.4	1,392(D)

Notes: [1] Ran as Conservative. Conservative Party affiliated with national Democratic Party before the election of 1876.
[2] William Walker, *Prohibitionist*, 13 (0.4%).
[3] Will P. Exum, *Populist*, 453 (15.6%); J. M. Templeton, *Prohibitionist*, 3 (0.1%).
[4] William A. Guthrie, *Populist*, 49 (1.6%).
[5] Iredell Meares, *Progressive*, 10 (1.0%).
[6] Mary Price, *Progressive*, 4 (0.2%).
[7] I. Beverly Lake, (*Democrat*), Write-in, 26 (0.7%).

CATAWBA COUNTY

GOVERNOR OF NORTH CAROLINA

Year	Total Vote	Democratic Total	%	Republican Total	%	Other Total	%	Two-Party Vote % Dem.	% Repub.	Plurality Dem.-Repub.
1868	1,464	1,057[1]	72.2	407	27.8			72.2	27.8	650(D)
1872	1,687	1,261[1]	74.7	426	25.3			74.7	25.3	835(D)
1876	2,317	1,869	80.7	448	19.3			80.7	19.3	1,421(D)
1880	2,486	1,867	75.1	619	24.9			75.1	24.9	1,248(D)
1884	3,255	2,603	80.0	652	20.0			80.0	20.0	1,951(D)
1888	3,188	2,360	74.0	756	23.7	72[2]	2.3	75.7	24.3	1,604(D)
1892	3,368	1,743	51.8	665	19.7	960[3]	28.5	72.4	27.6	1,078(D)
1896	3,659	1,768	48.3	1,022	27.9	869[4]	23.8	63.4	36.6	145(D)
1900	3,951	2,008	50.8	1,863	47.2			50.8	47.2	145(D)
1904	2,970	1,537	51.8	1,433	48.2			51.8	48.2	104(D)
1908	3,973	1,961	49.4	2,012	50.6			49.4	50.6	51(R)
1912	4,201	2,136	50.9	300	7.1	1,765[5]	42.0	87.7	12.3	1,836(D)
1916	5,236	2,547	48.6	2,685	51.3	4	0.1	48.7	51.3	138(R)
1920	11,336	5,424	47.8	5,912	52.2			47.8	52.2	488(R)
1924	11,859	5,831	49.2	6,028	50.8			49.2	50.8	197(R)
1928	12,812	5,759	45.0	7,053	55.0			45.0	55.0	1,294(R)
1932	14,270	8,391	58.8	5,879	41.2			58.8	41.2	2,512(D)
1936	17,353	9,684	55.8	7,669	44.2			55.8	44.2	2,015(D)
1940	16,723	11,096	66.4	5,627	33.6			66.4	33.6	5,469(D)
1944	17,274	10,143	58.7	7,131	41.3			58.7	41.3	3,012(D)
1948	19,987	11,918	59.6	8,039	40.2	30[6]	0.2	59.7	40.3	3,879(D)
1952	28,031	13,986	49.9	14,045	50.1			49.9	50.1	59(R)
1956	30,432	15,246	50.1	15,186	49.9			50.1	49.9	60(D)
1960	32,611	14,456	44.3	18,149	55.7	6[7]	*	44.3	55.7	3,693(R)

Notes: [1] Ran as Conservative. Conservative Party affiliated with national Democratic Party before the election of 1876.
[2] William Walker, *Prohibitionist*, 72 (2.3%).
[3] Will P. Exum, *Populist*, 889 (26.4%); J. M. Templeton, *Prohibitionist*, 71 (2.1%).
[4] William A. Guthrie, *Populist*, 869 (23.8%).
[5] Iredell Meares, *Progressive*, 1,763 (42.0%).
[6] Mary Price, *Progressive*, 30 (0.2%).
[7] I. Beverly Lake, (*Democrat*), Write-in, 6 (*).
* Less than 0.05%.

CHATHAM COUNTY
GOVERNOR OF NORTH CAROLINA

Year	Total Vote	Democratic Total	%	Republican Total	%	Other Total	%	Two-Party Vote % Dem.	% Repub.	Plurality Dem.-Repub.
1868	2,974	1,151[1]	38.7	1,823	61.3			38.7	61.3	672(R)
1872	3,457	1,774[1]	51.3	1,683	48.7			51.3	48.7	91(D)
1876	3,981	2,079	52.2	1,902	47.8			52.2	47.8	177(D)
1880	4,047	2,159	53.3	1,888	46.7			53.3	46.7	271(D)
1884	4,152	2,481	59.8	1,671	40.2			59.8	40.2	810(D)
1888	4,710	2,546	54.1	2,029	43.1	135[2]	2.8	55.6	44.4	517(D)
1892	4,299	1,609	37.4	372	8.7	2,318[3]	53.9	81.2	18.8	1,237(D)
1896	4,378	1,698	38.8	1,469	33.6	1,211[4]	27.6	53.6	46.4	229(D)
1900	3,649	1,755	48.1	1,894	51.9			48.1	51.9	139(R)
1904	3,059	1,616	52.8	1,443	47.2			52.8	47.2	173(D)
1908	3,022	1,594	52.7	1,428	47.3			52.7	47.3	166(D)
1912	3,059	1,683	55.0	155	5.1	1,221[5]	39.9	91.6	8.4	1,528(D)
1916	3,340	1,813	54.3	1,514	45.3	13	0.4	54.5	45.5	299(D)
1920	6,114	3,219	52.6	2,895	47.4			52.6	47.4	324(D)
1924	6,023	3,271	54.3	2,752	45.7			54.3	45.7	519(D)
1928	6,433	3,352	52.1	3,081	47.9			52.1	47.9	271(D)
1932	7,026	4,177	59.5	2,849	40.5			59.5	40.5	1,328(D)
1936	6,487	3,870	59.7	2,617	40.3			59.7	40.3	1,253(D)
1940	5,828	4,037	69.3	1,791	30.7			69.3	30.7	2,246(D)
1944	6,043	3,734	61.8	2,309	38.2			61.8	38.2	1,425(D)
1948	5,784	4,129	71.4	1,650	28.5	5[6]	0.1	71.4	28.6	2,479(D)
1952	7,793	4,818	61.8	2,975	38.2			61.8	38.2	1,843(D)
1956	7,792	5,020	64.4	2,772	35.6			64.4	35.6	2,248(D)
1960	8,965	4,729	52.8	4,233	47.2	3[7]	*	52.8	47.2	496(D)

Notes: [1] Ran as Conservative. Conservative Party affiliated with national Democratic Party before the election of 1876.
[2] William Walker, *Prohibitionist*, 135 (2.8%).
[3] Will P. Exum, *Populist*, 2,240 (52.1%); J. M. Templeton, *Prohibitionist*, 78 (1.8%).
[4] William A. Guthrie, *Populist*, 1,211 (27.6%).
[5] Iredell Meares, *Progressive*, 1,219 (39.8%).
[6] Mary Price, *Progressive*, 5 (0.1%).
[7] I. Beverly Lake, (*Democrat*), Write-in, 3 (*).
* Less than 0.05%.

CHEROKEE COUNTY — GOVERNOR OF NORTH CAROLINA

Year	Total Vote	Democratic Total	%	Republican Total	%	Other Total	%	Two-Party Vote % Dem.	% Repub.	Plurality Dem.-Repub.
1868	633	250[1]	39.5	383	60.5			39.5	60.5	133(R)
1872	919	486[1]	52.9	433	47.1			52.9	47.1	53(D)
1876	†									
1880	1,391	748	53.8	643	46.2			53.8	46.2	105(D)
1884	1,100	506	46.0	594	54.0			46.0	54.0	88(R)
1888	1,526	643	42.1	868	56.9	15[2]	1.0	42.6	57.4	225(R)
1892	1,547	687	44.4	804	52.0	56[3]	3.6	46.1	53.9	117(R)
1896	1,772	759	42.8	988	55.8	25[4]	1.4	43.4	56.6	229(R)
1900	1,858	778	41.9	1,080	58.1			41.9	58.1	302(R)
1904	1,662	673	40.5	989	59.5			40.5	59.5	316(R)
1908	2,096	823	39.3	1,273	60.7			39.3	60.7	450(R)
1912	2,188	949	43.4	1,165	53.2	74[5]	3.4	44.9	55.1	216(R)
1916	2,364	1,003	42.4	1,361	57.6			42.4	57.6	358(R)
1920	4,236	1,762	41.6	2,474	58.4			41.6	58.4	712(R)
1924	4,084	1,767	43.3	2,317	56.7			43.3	56.7	550(R)
1928	5,207	2,149	41.3	3,058	58.7			41.3	58.7	909(R)
1932	6,520	3,336	51.2	3,184	48.8			51.2	48.8	152(D)
1936	6,640	3,383	50.9	3,257	49.1			50.9	49.1	126(D)
1940	5,705	3,161	55.4	2,544	44.6			55.4	44.6	617(D)
1944	5,157	2,581	50.0	2,576	50.0			50.0	50.0	5(D)
1948	5,578	3,113	55.8	2,451	43.9	14[6]	0.3	55.9	44.1	662(D)
1952	6,485	3,637	56.1	2,848	43.9			56.1	43.9	789(D)
1956	6,564	3,087	47.0	3,477	53.0			47.0	53.0	390(R)
1960	7,551	3,512	46.5	4,038	53.5	1[7]	*	46.5	53.5	526(R)

Notes: [1] Ran as Conservative. Conservative Party affiliated with national Democratic Party before the election of 1876.
[2] William Walker, *Prohibitionist*, 15 (1.0%).
[3] Will P. Exum, *Populist*, 37 (2.4%); J. M. Templeton, *Prohibitionist*, 19 (1.2%).
[4] William A. Guthrie, *Populist*, 25 (1.4%).
[5] Iredell Meares, *Progressive*, 74 (3.4%).
[6] Mary Price, *Progressive*, 14 (0.3%).
[7] I. Beverly Lake, (*Democrat*), Write-in, 1 (*).
* Less than 0.05%.
† No returns available.

CHOWAN COUNTY

GOVERNOR OF NORTH CAROLINA

Year	Total Vote	Democratic Total	%	Republican Total	%	Other Total	%	Two-Party Vote %Dem.	%Repub.	Plurality Dem.-Repub.
1868	1,159	467[1]	40.3	692	59.7			40.3	59.7	225(R)
1872	1,318	576[1]	43.7	742	56.3			43.7	56.3	166(R)
1876	1,425	620	43.5	805	56.5			43.5	56.5	185(R)
1880	1,482	628	42.4	854	57.6			42.4	57.6	226(R)
1884	1,515	704	46.5	811	53.5			46.5	53.5	107(R)
1888	1,540	742	48.2	791	51.4	7[2]	0.4	48.4	51.6	49(R)
1892	1,558	679	43.6	793	50.9	86[3]	5.5	46.1	53.9	114(R)
1896	1,948	722	37.1	1,134	58.2	92[4]	4.7	38.9	61.1	412(R)
1900	2,003	1,055	52.7	948	47.3			52.7	47.3	107(D)
1904	720	625	86.8	95	13.2			86.8	13.2	530(D)
1908	834	658	78.9	176	21.1			78.9	21.1	482(D)
1912	803	695	86.5	48	6.0	60[5]	7.5	93.5	6.5	647(D)
1916	684	604	88.3	80	11.7			88.3	11.7	524(D)
1920	1,291	1,129	87.5	162	12.5			87.5	12.5	967(D)
1924	813	733	90.2	80	9.8			90.2	9.8	653(D)
1928	1,196	1,084	90.6	112	9.4			90.6	9.4	972(D)
1932	1,692	1,656	97.9	36	2.1			97.9	2.1	1,620(D)
1936	1,484	1,381	93.1	103	6.9			93.1	6.9	1,278(D)
1940	1,539	1,504	97.7	35	2.3			97.7	2.3	1,469(D)
1944	1,335	1,260	94.4	75	5.6			94.4	5.6	1,185(D)
1948	1,225	1,173	95.7	46	3.8	6[6]	0.5	96.2	3.8	1,127(D)
1952	1,714	1,577	92.0	137	8.0			92.0	8.0	1,440(D)
1956	1,946	1,739	89.4	207	10.6			89.4	10.6	1,532(D)
1960	2,369	1,953	82.5	415	17.5	1[7]	*	82.5	17.5	1,538(D)

Notes: [1] Ran as Conservative. Conservative Party affiliated with national Democratic Party before the election of 1876.
[2] William Walker, *Prohibitionist*, 7 (0.4%).
[3] Will P. Exum, *Populist*, 85 (5.4%); J. M. Templeton, *Prohibitionist*, 1 (0.1%).
[4] William A. Guthrie, *Populist*, 92 (4.7%).
[5] Iredell Meares, *Progressive*, 60 (7.5%).
[6] Mary Price, *Progressive*, 6 (0.5%).
[7] I. Beverly Lake, (*Democrat*), Write-in, 1 (*).
* Less than 0.05%.

CLAY COUNTY — GOVERNOR OF NORTH CAROLINA

Year	Total Vote	Democratic Total	%	Republican Total	%	Other Total	%	Two-Party Vote % Dem.	% Repub.	Plurality Dem.-Repub.
1868	338	207[1]	61.2	131	38.8			61.2	38.8	76(D)
1872	394	252[1]	64.0	142	36.0			64.0	36.0	110(D)
1876	492	312	63.4	180	36.6			63.4	36.6	132(D)
1880	537	356	66.3	181	33.7			66.3	33.7	175(D)
1884	559	352	63.0	207	37.0			63.0	37.0	145(D)
1888	692	391	56.5	286	41.3	15[2]	2.2	57.8	42.2	105(D)
1892	709	373	52.6	253	35.7	83[3]	11.7	59.6	40.4	120(D)
1896	778	422	54.2	302	38.9	54[4]	6.9	58.3	41.7	120(D)
1900	806	388	48.1	418	51.9			48.1	51.9	30(R)
1904	672	346	51.5	326	48.5			51.5	48.5	20(D)
1908	666	348	52.3	318	47.7			52.3	47.7	30(D)
1912	776	381	49.1	9	1.2	386[5]	49.7	97.7	2.3	372(D)
1916	862	398	46.2	464	53.8			46.2	53.8	66(R)
1920	1,676	763	45.5	913	54.5			45.5	54.5	150(R)
1924	2,128	1,004	47.2	1,124	52.8			47.2	52.8	120(R)
1928	1,973	961	48.7	1,012	51.3			48.7	51.3	51(R)
1932	2,615	1,331	50.9	1,284	49.1			50.9	49.1	47(D)
1936	2,873	1,275	44.4	1,598	55.6			44.4	55.6	323(R)
1940	2,505	1,326	52.9	1,179	47.1			52.9	47.1	147(D)
1944	2,518	1,287	51.1	1,231	48.9			51.1	48.9	56(D)
1948	2,530	1,345	53.2	1,182	46.7	3[6]	0.1	53.2	46.8	163(D)
1952	2,870	1,476	51.4	1,394	48.6			51.4	48.6	82(D)
1956	2,709	1,353	49.9	1,356	50.1			49.9	50.1	3(R)
1960	2,963	1,416	47.8	1,547	52.2			47.8	52.2	131(R)

Notes: [1] Ran as Conservative. Conservative Party affiliated with national Democratic Party before the election of 1876.
[2] William Walker, *Prohibitionist*, 15 (2.2%).
[3] Will P. Exum, *Populist*, 83 (11.7%).
[4] William A. Guthrie, *Populist*, 54 (6.9%).
[5] Iredell Meares, *Progressive*, 386 (49.7%).
[6] Mary Price, *Progressive*, 3 (0.1%).

CLEVELAND COUNTY GOVERNOR OF NORTH CAROLINA

Year	Total Vote	Democratic Total	%	Republican Total	%	Other Total	%	Two-Party Vote % Dem.	% Repub.	Plurality Dem.-Repub.
1868	1,607	930[1]	57.9	677	42.1			57.9	42.1	253(D)
1872	1,646	1,099[1]	66.8	547	33.2			66.8	33.2	552(D)
1876	2,281	1,755	76.9	526	23.1			76.9	23.1	1,229(D)
1880	2,245	1,691	75.3	554	24.7			75.3	24.7	1,137(D)
1884	2,642	2,030	76.8	612	23.2			76.8	23.2	1,418(D)
1888	3,049	2,269	74.4	764	25.1	16[2]	0.5	74.8	25.2	1,505(D)
1892	3,383	1,799	53.2	600	17.7	984[3]	29.1	75.0	25.0	1,199(D)
1896	3,969	2,017	50.8	1,200	30.2	752[4]	19.0	62.7	37.3	817(D)
1900	3,824	2,652	69.4	1,172	30.6			69.4	30.6	1,480(D)
1904	3,255	2,209	67.9	1,046	32.1			67.9	32.1	1,163(D)
1908	3,756	2,304	61.3	1,452	38.7			61.3	38.7	852(D)
1912	3,357	2,398	71.4	114	3.4	845[5]	25.2	95.5	4.5	2,284(D)
1916	4,174	2,705	64.8	1,469	35.2			64.8	35.2	1,236(D)
1920	8,094	5,116	63.2	2,978	36.8			63.2	36.8	2,138(D)
1924	5,585	3,789	67.8	1,796	32.2			67.8	32.2	1,993(D)
1928	10,131	6,453	63.7	3,678	36.3			63.7	36.3	2,775(D)
1932	9,974	8,143	81.6	1,831	18.4			81.6	18.4	6,312(D)
1936	13,219	10,925	82.6	2,294	17.4			82.6	17.4	8,631(D)
1940	10,998	9,366	85.2	1,632	14.8			85.2	14.8	7,734(D)
1944	10,477	8,353	79.7	2,124	20.3			79.7	20.3	6,229(D)
1948	9,145	7,659	83.7	1,472	16.1	14[6]	0.2	83.9	16.1	6,187(D)
1952	16,930	12,607	74.5	4,323	25.5			74.5	25.5	8,284(D)
1956	15,597	11,872	76.1	3,725	23.9			76.1	23.9	8,147(D)
1960	18,714	11,482	61.4	7,188	38.4	44[7]	0.2	61.5	38.5	4,294(D)

Notes: [1] Ran as Conservative. Conservative Party affiliated with national Democratic Party before the election of 1876.
[2] William Walker, *Prohibitionist*, 16 (0.5%).
[3] Will P. Exum, *Populist*, 977 (28.9%); J. M. Templeton, *Prohibitionist*, 7 (0.2%).
[4] William A. Guthrie, *Populist*, 752 (19.0%).
[5] Iredell Meares, *Progressive*, 845 (15.2%).
[6] Mary Price, *Progressive*, 14 (0.2%).
[7] I. Beverly Lake, *(Democrat)*, Write-in, 44 (0.2%).

COLUMBUS COUNTY

GOVERNOR OF NORTH CAROLINA

Year	Total Vote	Democratic Total	%	Republican Total	%	Other Total	%	Two-Party Vote % Dem.	% Repub.	Plurality Dem.-Repub.
1868	1,257	823[1]	65.5	434	34.5			65.5	34.5	389(D)
1872	1,663	1,024[1]	61.6	639	38.4			61.6	38.4	385(D)
1876	2,205	1,438	65.2	767	34.8			65.2	34.8	671(D)
1880	2,499	1,577	63.1	922	36.9			63.1	36.9	655(D)
1884	2,790	1,867	67.0	923	33.0			67.0	33.0	944(D)
1888	2,983	2,072	69.5	910	30.5	1[2]	*	69.5	30.5	1,162(D)
1892	3,021	1,618	53.6	755	25.0	648[3]	21.4	68.2	31.8	863(D)
1896	3,165	1,420	44.9	1,014	32.0	731[4]	23.1	58.3	41.7	406(D)
1900	3,379	2,178	64.5	1,201	35.5			64.5	35.5	977(D)
1904	2,351	1,610	68.5	741	31.5			68.5	31.5	869(D)
1908	3,248	2,056	63.3	1,192	36.7			63.3	36.7	864(D)
1912	2,661	1,894	71.2	343	12.9	424[5]	15.9	84.7	15.3	1,551(D)
1916	3,437	2,192	63.8	1,245	36.2			63.8	36.2	947(D)
1920	4,968	3,313	66.7	1,655	33.3			66.7	33.3	1,658(D)
1924	4,283	2,855	66.7	1,428	33.3			66.7	33.3	1,427(D)
1928	6,526	3,661	56.1	2,865	43.9			56.1	43.9	796(D)
1932	5,900	5,167	87.6	733	12.4			87.6	12.4	4,434(D)
1936	7,243	5,952	82.2	1,291	17.8			82.2	17.8	4,661(D)
1940	6,540	5,826	89.1	714	10.9			89.1	10.9	5,112(D)
1944	6,855	5,541	80.8	1,314	19.2			80.8	19.2	4,227(D)
1948	7,296	6,442	88.3	841	11.5	13[6]	0.2	88.5	11.5	5,601(D)
1952	9,488	8,108	85.5	1,380	14.5			85.5	14.5	6,728(D)
1956	9,726	8,748	89.9	978	10.1			89.9	10.1	7,770(D)
1960	13,771	10,488	76.2	3,279	23.8	4[7]	*	76.2	23.8	7,209(D)

Notes: [1] Ran as Conservative. Conservative Party affiliated with national Democratic Party before the election of 1876.
[2] William Walker, *Prohibitionist*, 1 (*).
[3] Will P. Exum, *Populist*, 648 (21.4%).
[4] William A. Guthrie, *Populist*, 731 (23.1%).
[5] Iredell Meares, *Progressive*, 424 (15.9%).
[6] Mary Price, *Progressive*, 13 (0.2%).
[7] I. Beverly Lake, (*Democrat*), Write-in, 4 (*).
* Less than 0.05%.

CRAVEN COUNTY   GOVERNOR OF NORTH CAROLINA

Year	Total Vote	Democratic Total	%	Republican Total	%	Other Total	%	Two-Party Vote % Dem.	% Repub.	Plurality Dem.-Repub.
1868	4,850	1,461[1]	30.1	3,389	69.9			30.1	69.9	1,928(R)
1872	3,854	1,146[1]	29.7	2,708	70.3			29.7	70.3	1,562(R)
1876	4,147	1,280	30.9	2,867	69.1			30.9	69.1	1,587(R)
1880	4,006	1,190	29.7	2,816	70.3			29.7	70.3	1,626(R)
1884	3,853	1,328	34.5	2,525	65.5			34.5	65.5	1,197(R)
1888	4,052	1,408	34.7	2,637	65.1	7[2]	0.2	34.8	65.2	1,229(R)
1892	3,393	1,483	43.7	1,657	48.8	253[3]	7.5	47.2	52.8	174(R)
1896	4,751	1,656	34.9	2,867	60.3	228[4]	4.8	36.6	63.4	1,211(R)
1900	3,543	2,611	73.7	932	26.3			73.7	26.3	1,679(D)
1904	1,820	1,614	88.7	206	11.3			88.7	11.3	1,408(D)
1908	1,860	1,520	81.7	340	18.3			81.7	18.3	1,180(D)
1912	2,112	1,859	88.0	118	5.6	135[5]	6.4	94.0	6.0	1,741(D)
1916	2,294	1,787	77.9	507	22.1			77.9	22.1	1,280(D)
1920	4,068	3,464	85.2	604	14.8			85.2	14.8	2,860(D)
1924	3,302	3,081	93.3	221	6.7			93.3	6.7	2,860(D)
1928	4,720	3,744	79.3	976	20.7			79.3	20.7	2,768(D)
1932	4,774	4,446	93.1	328	6.9			93.1	6.9	4,118(D)
1936	5,699	5,313	93.2	386	6.8			93.2	6.8	4,927(D)
1940	5,400	5,107	94.6	293	5.4			94.6	5.4	4,184(D)
1944	5,176	4,772	92.2	404	7.8			92.2	7.8	4,368(D)
1948	5,999	5,621	93.7	369	6.2	9[6]	0.1	93.8	6.2	5,252(D)
1952	8,428	7,281	86.4	1,147	13.6			86.4	13.6	6,134(D)
1956	8,878	7,814	88.0	1,064	12.0			88.0	12.0	6,750(D)
1960	10,969	7,125	65.0	3,834	34.9	10[7]	0.1	65.0	35.0	4,301(D)

Notes: [1] Ran as Conservative. Conservative Party affiliated with national Democratic Party before the election of 1876.
[2] William Walker, Prohibitionist, 7 (0.2%).
[3] Will P. Exum, Populist, 249 (7.4%); J. M. Templeton, Prohibitionist, 4 (0.1%).
[4] William A. Guthrie, Populist, 228 (4.8%).
[5] Iredell Meares, Progressive, 135 (6.4%).
[6] Mary Price, Progressive, 9 (0.1%).
[7] I. Beverly Lake, (Democrat), Write-in, 10 (0.1%).

CUMBERLAND COUNTY

GOVERNOR OF NORTH CAROLINA

Year	Total Vote	Democratic Total	%	Republican Total	%	Other Total	%	Two-Party Vote % Dem.	% Repub.	Plurality Dem.-Repub.
1868	2,991	1,234[1]	41.3	1,757	58.7			41.3	58.7	523(R)
1872	3,773	1,890[1]	50.1	1,883	49.9			50.1	49.9	7(D)
1876	4,311	2,179	50.5	2,132	49.5			50.5	49.5	47(D)
1880	4,241	2,079	49.0	2,162	51.0			49.0	51.0	83(R)
1884	4,638	2,479	53.4	2,159	46.6			53.4	46.6	320(D)
1888	4,858	2,577	53.1	2,231	45.9	50[2]	1.0	53.6	46.4	346(D)
1892	4,847	2,389	49.3	1,001	20.7	1,457[3]	30.0	70.5	29.5	1,388(D)
1896	4,741	1,955	41.2	2,261	47.7	525[4]	11.1	46.4	53.6	306(R)
1900	4,348	2,719	62.5	1,629	37.5			62.5	37.5	1,090(D)
1904	2,716	1,678	61.8	1,038	38.2			61.8	38.2	640(D)
1908	3,269	2,019	61.8	1,250	38.2			61.8	38.2	769(D)
1912	2,772	1,786	64.4	499	18.0	487[5]	17.6	78.2	21.8	1,287(D)
1916	3,169	1,996	63.0	1,173	37.0			63.0	37.0	823(D)
1920	5,165	3,316	64.2	1,849	35.8			64.2	35.8	1,467(D)
1924	4,397	3,304	75.1	1,093	24.9			75.1	24.9	2,211(D)
1928	6,843	4,312	63.0	2,531	37.0			63.0	37.0	1,781(D)
1932	5,962	5,091	85.4	871	14.6			85.4	14.6	4,220(D)
1936	7,183	5,469	76.1	1,714	23.9			76.1	23.9	3,755(D)
1940	6,890	6,057	87.9	833	12.1			87.9	12.1	5,224(D)
1944	8,117	6,744	83.1	1,373	16.9			83.1	16.9	5,371(D)
1948	8,741	7,579	86.7	1,121	12.8	41[6]	0.5	87.1	12.9	6,458(D)
1952	15,795	12,173	77.1	3,622	22.9			77.1	22.9	8,551(D)
1956	15,089	12,343	81.8	2,746	18.2			81.8	18.2	9,597(D)
1960	19,610	13,451	68.6	6,159	31.4			68.6	31.4	7,292(D)

Notes: [1] Ran as Conservative. Conservative Party affiliated with national Democratic Party before the election of 1876.
[2] William Walker, *Prohibitionist*, 50 (1.0%).
[3] Will P. Exum, *Populist*, 1,436 (29.6%); J. M. Templeton, *Prohibitionist*, 21 (0.4%).
[4] William A. Guthrie, *Populist*, 525 (11.1%).
[5] Iredell Meares, *Progressive*, 480 (17.3%).
[6] Mary Price, *Progressive*, 41 (0.5%).

CURRITUCK COUNTY

GOVERNOR OF NORTH CAROLINA

Year	Total Vote	Democratic Total	%	Republican Total	%	Other Total	%	Two-Party Vote %Dem.	%Repub.	Plurality Dem.-Repub.
1868	1,314	883[1]	67.2	431	32.8			67.2	32.8	452(D)
1872	1,112	763[1]	68.6	349	31.4			68.6	31.4	414(D)
1876	1,365	974	71.4	391	28.6			71.4	28.6	583(D)
1880	1,314	988	75.2	326	24.8			75.2	24.8	662(D)
1884	1,391	978	70.3	413	29.7			70.3	29.7	565(D)
1888	1,422	978	68.8	438	30.8	6[2]	0.4	69.1	30.9	540(D)
1892	1,315	820	62.4	386	29.3	109[3]	8.3	68.0	32.0	434(D)
1896	1,374	778	56.6	475	34.6	121[4]	8.8	62.1	37.9	303(D)
1900	1,376	1,002	72.8	374	27.2			72.8	27.2	628(D)
1904	574	548	95.5	26	4.5			95.5	4.5	522(D)
1908	783	734	93.7	49	6.3			93.7	6.3	685(D)
1912	654	629	96.2	21	3.2	4[5]	0.6	96.8	3.2	608(D)
1916	993	921	92.7	72	7.3			92.7	7.3	849(D)
1920	1,043	974	93.4	69	6.6			93.4	6.6	905(D)
1924	721	639	88.6	82	11.4			88.6	11.4	557(D)
1928	1,356	1,288	95.0	68	5.0			95.0	5.0	1,220(D)
1932	1,801	1,774	98.5	27	1.5			98.5	1.5	1,747(D)
1936	1,656	1,584	95.7	72	4.3			95.7	4.3	1,512(D)
1940	1,519	1,467	96.6	52	3.4			96.6	3.4	1,415(D)
1944	1,220	1,126	92.3	94	7.7			92.3	7.7	1,032(D)
1948	1,296	1,244	96.0	51	3.9	1[6]	0.1	96.1	3.9	1,193(D)
1952	1,662	1,545	93.0	117	7.0			93.0	7.0	1,428(D)
1956	1,850	1,650	89.2	200	10.8			89.2	10.8	1,450(D)
1960	2,046	1,732	84.6	314	15.4			84.6	15.4	1,418(D)

Notes: [1] Ran as Conservative. Conservative Party affiliated with national Democratic Party before the election of 1876.
[2] William Walker, *Prohibitionist*, 6 (0.4%).
[3] Will P. Exum, *Populist*, 106 (8.1%); J. M. Templeton, *Prohibitionist*, 3 (0.2%).
[4] William A. Guthrie, *Populist*, 121 (8.8%).
[5] Iredell Meares, *Progressive*, 4 (0.6%).
[6] Mary Price, *Progressive*, 1 (0.1%).

DARE COUNTY† GOVERNOR OF NORTH CAROLINA

Year	Total Vote	Democratic Total	%	Republican Total	%	Other Total	%	Two-Party Vote % Dem.	% Repub.	Plurality Dem.-Repub.
1868										
1872	502	232[1]	46.2	270	53.8			46.2	53.8	38(R)
1876	‡									
1880	548	283	51.6	265	48.4			51.6	48.4	18(D)
1884	530	244	46.0	286	54.0			46.0	54.0	42(R)
1888	635	326	51.3	309	48.7			51.3	48.7	17(D)
1892	664	332	50.0	331	49.9	1[2]	0.1	50.1	49.9	1(D)
1896	873	409	46.9	463	53.0	1[3]	0.1	46.9	53.1	54(R)
1900	930	524	56.3	406	43.7			56.3	43.7	118(D)
1904	780	429	55.0	351	45.0			55.0	45.0	78(D)
1908	797	443	55.6	354	44.4			55.6	44.4	89(D)
1912	651	391	60.1	243	37.3	17[4]	2.6	61.7	38.3	148(D)
1916	833	458	55.0	375	45.0			55.0	45.0	83(D)
1920	1,470	846	57.6	624	42.4			57.6	42.4	222(D)
1924	1,461	823	56.3	638	43.7			56.3	43.7	185(D)
1928	1,694	977	57.7	717	42.3			57.7	42.3	260(D)
1932	1,805	1,327	73.5	478	26.5			73.5	26.5	849(D)
1936	1,891	1,365	72.2	526	27.8			72.2	27.8	839(D)
1940	1,460	1,186	81.2	274	18.8			81.2	18.8	912(D)
1944	1,175	972	82.7	203	17.3			82.7	17.3	769(D)
1948	1,173	975	83.1	197	16.8	1[5]	0.1	83.2	16.8	778(D)
1952	1,565	1,192	76.2	373	23.8			76.2	23.8	819(D)
1956	1,814	1,336	73.6	478	26.4			73.6	26.4	858(D)
1960	2,252	1,551	68.9	701	31.1			68.9	31.1	850(D)

Notes: [1] Ran as Conservative. Conservative Party affiliated with national Democratic Party before the election of 1876.
[2] J. M. Templeton, *Prohibitionist*, 1 (0.1%).
[3] William A. Guthrie, *Populist*, 1 (0.1%).
[4] Iredell Meares, *Progressive*, 14 (2.1%).
[5] Mary Price, *Progressive*, 1 (0.1%).
† Dare county was created in 1870.
‡ No returns available.

GOVERNOR OF NORTH CAROLINA

DAVIDSON COUNTY

Year	Total Vote	Democratic Total	%	Republican Total	%	Other Total	%	Two-Party Vote % Dem.	% Repub.	Plurality Dem.-Repub.
1868	2,518	821[1]	32.6	1,697	67.4			32.6	67.4	876(R)
1872	2,900	1,384[1]	47.7	1,516	52.3			47.7	52.3	132(R)
1876	3,552	1,714	48.3	1,838	51.7			48.3	51.7	124(R)
1880	3,632	1,745	48.0	1,887	52.0			48.0	52.0	142(R)
1884	4,026	1,954	48.5	2,072	51.5			48.5	51.5	118(R)
1888	4,465	2,018	45.2	2,335	52.3	112[2]	2.5	46.4	53.6	317(R)
1892	4,262	1,928	45.3	1,830	42.9	504[3]	11.8	51.3	48.7	98(D)
1896	4,429	1,881	42.5	2,372	53.6	176[4]	3.9	44.2	55.8	491(R)
1900	4,681	2,406	51.4	2,275	48.6			51.4	48.6	131(D)
1904	4,156	2,154	51.8	2,002	48.2			51.8	48.2	152(D)
1908	4,712	2,231	47.3	2,481	52.7			47.3	52.7	250(R)
1912	5,195	2,505	48.2	2,118	40.8	572[5]	11.0	54.2	45.8	387(D)
1916	5,474	2,647	48.4	2,814	51.4	13	0.2	48.5	51.5	167(R)
1920	10,751	4,907	45.6	5,844	54.4			45.6	54.4	937(R)
1924	12,760	6,558	51.4	6,202	48.6			51.4	48.6	356(D)
1928	15,513	7,223	46.6	8,290	53.4			46.6	53.4	1,067(R)
1932	15,765	9,333	59.2	6,432	40.8			59.2	40.8	2,901(D)
1936	18,142	8,951	49.3	9,191	50.7			49.3	50.7	240(R)
1940	17,980	11,013	61.3	6,967	38.7			61.3	38.7	4,046(D)
1944	18,686	9,472	50.7	9,214	49.3			50.7	49.3	258(D)
1948	17,710	10,022	56.6	7,668	43.3	20[6]	0.1	56.7	43.3	2,354(D)
1952	25,254	13,037	51.6	12,217	48.4			51.6	48.4	820(D)
1956	26,094	13,534	51.9	12,560	48.1			51.9	48.1	974(D)
1960	31,939	13,746	43.0	18,193	57.0			43.0	57.0	4,447(R)

Notes: [1] Ran as Conservative. Conservative Party affiliated with national Democratic Party before the election of 1876.
[2] William Walker, *Prohibitionist*, 112 (2.5%).
[3] Will P. Exum, *Populist*, 424 (10.0%); J. M. Templeton, *Prohibitionist*, 80 (1.8%).
[4] William A. Guthrie, *Populist*, 176 (3.9%).
[5] Iredell Meares, *Progressive*, 567 (10.9%).
[6] Mary Price, *Progressive*, 20 (0.1%).

DAVIE COUNTY

GOVERNOR OF NORTH CAROLINA

Year	Total Vote	Democratic Total	%	Republican Total	%	Other Total	%	Two-Party Vote % Dem.	% Repub.	Plurality Dem.-Repub.
1868	1,245	723[1]	58.1	522	41.9			58.1	41.9	201(D)
1872	1,488	826[1]	55.5	662	44.5			55.5	44.5	164(D)
1876	1,719	1,011	58.8	708	41.2			58.8	41.2	303(D)
1880	1,811	913	50.4	898	49.6			50.4	49.6	15(D)
1884	2,174	1,067	49.1	1,107	50.9			49.1	50.9	40(R)
1888	2,228	1,008	45.3	1,204	54.0	16[2]	0.7	45.6	54.4	196(R)
1892	2,057	738	35.8	1,073	52.2	246[3]	12.0	40.8	59.2	335(R)
1896	2,208	747	33.8	1,303	59.1	158[4]	7.1	36.4	63.6	556(R)
1900	2,323	956	41.1	1,367	58.9			41.1	58.9	411(R)
1904	1,822	764	41.9	1,058	58.1			41.9	58.1	294(R)
1908	1,965	802	40.8	1,163	59.2			40.8	59.2	361(R)
1912	2,000	835	41.8	1,082	54.1	83[5]	4.1	43.6	56.4	247(R)
1916	2,168	901	41.5	1,259	58.1	8	0.4	41.7	58.3	358(R)
1920	4,217	1,634	38.7	2,583	61.3			38.7	61.3	949(R)
1924	4,487	1,807	40.3	2,680	59.7			40.3	59.7	873(R)
1928	4,337	1,553	35.8	2,784	64.2			35.8	64.2	1,231(R)
1932	5,081	2,418	47.6	2,663	52.4			47.6	52.4	245(R)
1936	4,932	2,030	41.2	2,902	58.8			41.2	58.8	872(R)
1940	5,406	2,790	51.6	2,616	48.4			51.6	48.4	174(D)
1944	5,521	2,286	41.4	3,235	58.6			41.4	58.6	949(R)
1948	4,960	2,404	48.5	2,549	51.4	7[6]	0.1	48.5	51.5	145(R)
1952	6,245	2,731	43.7	3,514	56.3			43.7	56.3	783(R)
1956	6,608	2,808	42.5	3,800	57.5			42.5	57.5	992(R)
1960	7,201	2,638	36.6	4,555	63.3	8[7]	0.1	36.7	63.3	1,917(R)

Notes: [1] Ran as Conservative. Conservative Party affiliated with national Democratic Party before the election of 1876.
[2] William Walker, *Prohibitionist*, 16 (0.7%).
[3] Will P. Exum, *Populist*, 231 (11.3%); J. M. Templeton, *Prohibitionist*, 15 (0.7%).
[4] William A. Guthrie, *Populist*, 158 (7.1%).
[5] Iredell Meares, *Progressive*, 68 (3.4%).
[6] Mary Price, *Progressive*, 7 (0.1%).
[7] I. Beverly Lake, *(Democrat)*, Write-in, 8 (0.1%).

GOVERNOR OF NORTH CAROLINA

Duplin County

Year	Total Vote	Democratic Total	%	Republican Total	%	Other Total	%	Two-Party Vote % Dem.	% Repub.	Plurality Dem.-Repub.
1868	2,449	1,488[1]	60.8	961	39.2			60.8	39.2	527(D)
1872	2,782	1,750[1]	62.9	1,032	37.1			62.9	37.1	718(D)
1876	3,438	2,194	63.8	1,244	36.2			63.8	36.2	950(D)
1880	3,177	1,963	61.8	1,214	38.2			61.8	38.2	749(D)
1884	3,413	2,239	65.6	1,174	34.4			65.6	34.4	1,065(D)
1888	3,365	2,205	65.5	1,154	34.3	6[2]	0.2	65.6	34.4	1,051(D)
1892	3,290	1,502	45.6	970	29.5	818[3]	24.9	60.8	39.2	532(D)
1896	3,564	1,551	43.5	1,145	32.1	868[4]	24.4	57.5	42.5	406(D)
1900	3,422	2,125	62.1	1,297	37.9			62.1	37.9	828(D)
1904	2,276	1,456	64.0	820	36.0			64.0	36.0	636(D)
1908	2,781	1,642	59.0	1,139	41.0			59.0	41.0	503(D)
1912	2,911	1,892	65.0	46	1.6	973[5]	33.4	97.6	2.4	1,846(D)
1916	3,352	1,836	54.8	1,516	45.2			54.8	45.2	320(D)
1920	6,136	3,432	55.9	2,704	44.1			55.9	44.1	728(D)
1924	4,483	2,981	66.5	1,502	33.5			66.5	33.5	1,479(D)
1928	5,911	3,361	56.9	2,550	43.1			56.9	43.1	811(D)
1932	5,711	4,512	79.0	1,199	21.0			79.0	21.0	3,313(D)
1936	7,309	5,595	76.5	1,714	23.5			76.5	23.5	3,881(D)
1940	6,500	5,391	82.9	1,109	17.1			82.9	17.1	4,282(D)
1944	6,588	5,307	80.6	1,281	19.4			80.6	19.4	4,026(D)
1948	7,034	6,182	87.9	843	12.0	9[6]	0.1	88.0	12.0	5,339(D)
1952	8,233	6,924	84.1	1,309	15.9			84.1	15.9	5,615(D)
1956	8,760	7,572	86.4	1,188	13.6			86.4	13.6	6,384(D)
1960	10,200	7,321	71.8	2,816	27.6	63[7]	0.6	72.2	27.8	4,505(D)

Notes: [1] Ran as Conservative. Conservative Party affiliated with national Democratic Party before the election of 1876.
[2] William Walker, *Prohibitionist*, 6 (0.2%).
[3] Will P. Exum, *Populist*, 817 (24.8%); J. M. Templeton, *Prohibitionist*, 1 (0.1%).
[4] William A. Guthrie, *Populist*, 868 (24.4%).
[5] Iredell Meares, *Progressive*, 970 (33.3%).
[6] Mary Price, *Progressive*, 9 (0.1%).
[7] I. Beverly Lake, *(Democrat)*, Write-in, 63 (0.6%).

DURHAM COUNTY†

GOVERNOR OF NORTH CAROLINA

Year	Total Vote	Democratic Total	%	Republican Total	%	Other Total	%	Two-Party Vote % Dem.	% Repub.	Plurality Dem.-Repub.
1868										
1872										
1876										
1880										
1884	2,772	1,576	56.9	1,196	43.1			56.9	43.1	380(D)
1888	3,515	1,815	51.6	1,617	46.0	83[1]	2.4	52.9	47.1	198(D)
1892	3,513	1,500	42.7	1,233	35.1	780[2]	22.2	54.9	45.1	267(D)
1896	4,320	2,092	48.4	1,858	43.0	370[3]	8.6	53.0	47.0	234(D)
1900	4,935	2,765	56.0	2,170	44.0			56.0	44.0	595(D)
1904	2,750	1,716	62.4	1,034	37.6			62.4	37.6	682(D)
1908	3,655	1,962	53.7	1,693	46.3			53.7	46.3	269(D)
1912	3,551	2,264	63.8	349	9.8	938[4]	26.4	86.7	13.3	1,915(D)
1916	4,297	2,505	58.3	1,786	41.6	6	0.1	58.4	41.6	719(D)
1920	8,200	4,706	57.4	3,494	42.6			57.4	42.6	1,212(D)
1924	7,985	5,233	65.5	2,752	34.5			65.5	34.5	2,481(D)
1928	12,635	6,671	52.8	5,964	47.2			52.8	47.2	707(D)
1932	10,459	8,075	77.2	2,384	22.8			77.2	22.8	5,691(D)
1936	14,420	9,811	68.0	4,609	32.0			68.0	32.0	5,202(D)
1940	16,754	14,942	89.2	1,812	10.8			89.2	10.8	13,130(D)
1944	15,673	13,239	84.5	2,434	15.5			84.5	15.5	10,805(D)
1948	16,989	14,111	83.1	2,285	13.4	593[5]	3.5	86.1	13.9	11,826(D)
1952	29,729	24,493	82.4	5,236	17.6			82.4	17.6	19,257(D)
1956	24,187	17,529	72.5	6,658	27.5			72.5	27.5	10,871(D)
1960	31,578	17,215	54.5	14,359	45.5	4[6]	*	54.5	45.5	2,856(D)

Notes: [1] William Walker, *Prohibitionist*, 83 (2.4%).
[2] Will P. Exum, *Populist*, 679 (19.3%); J. M. Templeton, *Prohibitionist*, 101 (2.9%).
[3] William A. Guthrie, *Populist*, 370 (8.6%).
[4] Iredell Meares, *Progressive*, 932 (26.3%).
[5] Mary Price, *Progressive*, 593 (3.5%).
[6] I. Beverly Lake, (*Democrat*), Write-in, 4 (*).
* Less than 0.05%.
† Durham county was created in 1884.

EDGECOMBE COUNTY   GOVERNOR OF NORTH CAROLINA

		DEMOCRATIC		REPUBLICAN		OTHER		TWO-PARTY VOTE		PLURALITY
Year	Total Vote	Total	%	Total	%	Total	%	% Dem.	% Repub.	Dem.-Repub.
1868	3,495	1,158[1]	33.1	2,337	66.9			33.1	66.9	1,179(R)
1872	4,926	1,474[1]	29.9	3,452	70.1			29.9	70.1	1,978(R)
1876	5,500	1,651	30.0	3,849	70.0			30.0	70.0	2,198(R)
1880	5,193	1,723	33.2	3,470	66.8			33.2	66.8	1,747(R)
1884	5,011	1,695	33.8	3,316	66.2			33.8	66.2	1,621(R)
1888	3,837	1,322	34.4	2,509	65.4	6[2]	0.2	34.5	65.5	1,187(R)
1892	3,414	1,760	51.5	1,074	31.5	580[3]	17.0	62.1	37.9	686(D)
1896	4,953	1,807	36.5	2,736	55.2	410[4]	8.3	39.8	60.2	929(R)
1900	4,143	3,758	90.7	385	9.3			90.7	9.3	3,373(D)
1904	1,767	1,632	92.4	135	7.6			92.4	7.6	1,497(D)
1908	2,231	1,839	82.4	392	17.6			82.4	17.6	1,447(D)
1912	2,008	1,823	90.8	93	4.6	92[5]	4.6	95.2	4.9	1,730(D)
1916	2,160	2,018	93.4	117	5.4	25	1.2	94.5	5.5	1,901(D)
1920	3,687	3,395	92.1	292	7.9			92.1	7.9	3,103(D)
1924	2,529	2,437	96.4	92	3.6			96.4	3.6	2,345(D)
1928	5,131	4,662	90.9	469	9.1			90.9	9.1	4,193(D)
1932	6,091	5,884	96.6	207	3.4			96.6	3.4	5,677(D)
1936	6,512	5,781	88.8	731	11.2			88.8	11.2	5,050(D)
1940	8,161	8,002	98.1	159	1.9			98.1	1.9	7,843(D)
1944	6,657	6,436	96.7	221	3.3			96.7	3.3	6,215(D)
1948	7,009	6,781	96.7	193	2.8	35[6]	0.5	97.2	2.8	6,588(D)
1952	9,983	9,479	95.0	504	5.0			95.0	5.0	8,975(D)
1956	9,395	8,716	92.8	679	7.2			92.8	7.2	8,037(D)
1960	9,714	7,703	79.3	2,005	20.6	6[7]	0.1	79.3	20.7	5,698(D)

Notes: [1] Ran as Conservative. Conservative Party affiliated with national Democratic Party before the election of 1876.
[2] William Walker, *Prohibitionist*, 6 (0.2%).
[3] Will P. Exum, *Populist*, 580 (17.0%).
[4] William A. Guthrie, *Populist*, 410 (8.3%).
[5] Iredell Meares, *Progressive*, 43 (2.1%).
[6] Mary Price, *Progressive*, 35 (0.5%).
[7] I. Beverly Lake, (*Democrat*), Write-in, 6 (0.1%).

GOVERNOR OF NORTH CAROLINA

FORSYTH COUNTY

Year	Total Vote	Democratic Total	%	Republican Total	%	Other Total	%	Two-Party Vote % Dem.	% Repub.	Plurality Dem.-Repub.
1868	1,416	314[1]	22.2	1,102	77.8			22.2	77.8	788(R)
1872	2,148	1,033[1]	48.1	1,115	51.9			48.1	51.9	82(R)
1876	2,994	1,454	48.6	1,540	51.4			48.6	51.4	86(R)
1880	3,561	1,765	49.6	1,796	50.4			49.6	50.4	31(R)
1884	3,978	2,101	52.8	1,877	47.2			52.8	47.2	224(D)
1888	4,896	2,259	46.1	2,584	52.8	53[2]	1.1	46.6	53.4	325(R)
1892	5,740	2,903	50.6	2,377	41.4	460[3]	8.0	55.0	45.0	526(D)
1896	6,691	2,685	40.1	3,780	56.5	226[4]	3.4	41.5	58.5	1,095(R)
1900	5,345	2,913	54.5	2,432	45.5			54.5	45.5	481(D)
1904	4,573	2,421	52.9	2,152	47.1			52.9	47.1	269(D)
1908	5,435	2,653	48.8	2,782	51.2			48.8	51.2	129(R)
1912	6,378	3,119	48.9	2,646	41.5	613[5]	9.6	54.1	45.9	473(D)
1916	7,952	4,108	51.7	3,629	45.6	215	2.7	53.1	46.9	479(D)
1920	15,009	8,250	55.0	6,759	45.0			55.0	45.0	1,491(D)
1924	13,131	7,875	60.0	5,256	40.0			60.0	40.0	2,619(D)
1928	21,069	11,176	53.0	9,893	47.0			53.0	47.0	1,283(D)
1932	20,245	14,557	71.9	5,688	28.1			71.9	28.1	8,869(D)
1936	22,885	12,874	56.3	10,011	43.7			56.3	43.7	2,863(D)
1940	27,350	21,484	78.6	5,866	21.4			78.6	21.4	15,618(D)
1944	25,188	16,922	67.2	8,266	32.8			67.2	32.8	8,656(D)
1948	24,258	17,380	71.6	6,231	25.7	647[6]	2.7	73.6	26.4	11,149(D)
1952	49,639	32,730	65.9	16,909	34.1			65.9	34.1	15,821(D)
1956	43,456	25,990	59.8	17,466	40.2			59.8	40.2	8,524(D)
1960	55,484	24,620	44.4	30,849	55.6	15[7]	*	44.4	55.6	6,229(R)

Notes: [1] Ran as Conservative. Conservative Party affiliated with national Democratic Party before the election of 1876.
[2] William Walker, *Prohibitionist*, 53 (1.1%).
[3] Will P. Exum, *Populist*, 453 (7.9%); J. M. Templeton, *Prohibitionist*, 7 (0.1%).
[4] William A. Guthrie, *Populist*, 226 (3.4%).
[5] Iredell Meares, *Progressive*, 312 (4.9%).
[6] Mary Price, *Progressive*, 647 (2.7%).
[7] I. Beverly Lake, (*Democrat*), Write-in, 15 (*).
* Less than 0.05%.

FRANKLIN COUNTY GOVERNOR OF NORTH CAROLINA

Year	Total Vote	Democratic Total	%	Republican Total	%	Other Total	%	Two-Party Vote % Dem.	% Repub.	Plurality Dem.-Repub.
1868	2,655	1,226[1]	46.2	1,429	53.8			46.2	53.8	203(R)
1872	3,035	1,475[1]	48.6	1,560	51.4			48.6	51.4	85(R)
1876	3,781	1,865	49.3	1,916	50.7			49.3	50.7	51(R)
1880	4,032	2,034	50.4	1,998	49.6			50.4	49.6	36(D)
1884	4,117	2,130	51.7	1,987	48.3			51.7	48.3	143(D)
1888	4,248	2,204	51.9	2,041	48.0	3[2]	0.1	51.9	48.1	163(D)
1892	4,078	1,786	43.8	890	21.8	1,402[3]	34.4	66.7	33.3	896(D)
1896	5,015	2,204	43.9	1,898	37.9	913[4]	18.2	53.7	46.3	306(D)
1900	4,852	3,021	62.3	1,831	37.7			62.3	37.7	1,190(D)
1904	2,415	2,149	89.0	266	11.0			89.0	11.0	1,883(D)
1908	2,525	2,093	82.9	432	17.1			82.9	17.1	1,661(D)
1912	2,257	1,941	86.0	113	5.0	203[5]	9.0	94.5	5.5	1,828(D)
1916	2,473	2,092	84.6	381	15.4			84.6	15.4	1,711(D)
1920	3,338	2,786	83.5	552	16.5			83.5	16.5	2,234(D)
1924	2,257	1,987	88.0	270	12.0			88.0	12.0	1,717(D)
1928	3,533	3,118	88.3	415	11.7			88.3	11.7	2,703(D)
1932	4,456	4,240	95.2	216	4.8			95.2	4.8	4,024(D)
1936	4,987	4,433	88.9	554	11.1			88.9	11.1	3,879(D)
1940	4,681	4,543	97.1	138	2.9			97.1	2.9	4,405(D)
1944	3,969	3,789	95.5	180	4.5			95.5	4.5	3,609(D)
1948	4,807	4,659	96.9	144	3.0	4[6]	0.1	96.9	3.1	4,515(D)
1952	5,873	5,606	95.5	267	4.5			95.5	4.5	5,339(D)
1956	5,967	5,621	94.2	346	5.8			94.2	5.8	5,275(D)
1960	6,107	5,061	82.9	1,039	17.0	7[7]	0.1	83.0	17.0	4,022(D)

Notes: [1] Ran as Conservative. Conservative Party affiliated with national Democratic Party before the election of 1876.
[2] William Walker, *Prohibitionist*, 3 (0.1%).
[3] Will P. Exum, *Populist*, 1,398 (34.3%); J. M. Templeton, *Prohibitionist*, 4 (0.1%).
[4] William A. Guthrie, *Populist*, 913 (18.2%).
[5] Iredell Meares, *Progressive*, 202 (8.9%).
[6] Mary Price, *Progressive*, 4 (0.1%).
[7] I. Beverly Lake, (*Democrat*), Write-in, 7 (0.1%).

GASTON COUNTY

GOVERNOR OF NORTH CAROLINA

Year	Total Vote	Democratic Total	%	Republican Total	%	Other Total	%	Two-Party Vote % Dem.	% Repub.	Plurality Dem.-Repub.
1868	1,404	604[1]	43.0	800	57.0			43.0	57.0	196(R)
1872	1,615	927[1]	57.4	688	42.6			57.4	42.6	239(D)
1876	2,049	1,235	60.3	814	39.7			60.3	39.7	421(D)
1880	2,224	1,097	49.3	1,127	50.7			49.3	50.7	30(R)
1884	2,319	1,385	59.7	934	40.3			59.7	40.3	451(D)
1888	2,951	1,584	53.6	1,286	43.7	81[2]	2.7	55.2	44.8	298(D)
1892	3,183	1,634	51.3	1,146	36.0	403[3]	12.7	58.8	41.2	488(D)
1896	3,713	1,559	42.0	1,891	50.9	263[4]	7.1	45.2	54.8	332(R)
1900	4,098	2,514	61.3	1,584	38.7			61.3	38.7	930(D)
1904	2,845	2,029	71.3	816	28.7			71.3	28.7	1,213(D)
1908	4,388	2,568	58.5	1,820	41.5			58.5	41.5	748(D)
1912	4,868	3,363	69.1	390	8.0	1,115[5]	22.9	89.6	10.4	2,973(D)
1916	5,550	3,019	54.4	2,531	45.6			54.4	45.6	488(D)
1920	12,969	7,220	56.7	5,749	44.3			56.7	44.3	1,471(D)
1924	10,161	6,694	65.9	3,467	34.1			65.9	34.1	3,227(D)
1928	17,338	8,640	49.8	8,698	50.2			49.8	50.2	58(R)
1932	18,150	12,927	71.2	5,223	28.8			71.2	28.8	7,704(D)
1936	21,473	15,711	73.2	5,762	26.8			73.2	26.8	9,949(D)
1940	21,044	17,158	81.5	3,886	18.5			81.5	18.5	13,272(D)
1944	19,155	14,376	75.1	4,779	24.9			75.1	24.9	9,597(D)
1948	18,267	13,159	72.1	5,064	27.7	44[6]	0.2	72.2	27.8	8,095(D)
1952	36,214	22,998	63.5	13,216	36.5			63.5	36.5	9,782(D)
1956	33,232	22,296	67.1	10,936	32.9			67.1	32.9	11,360(D)
1960	40,888	21,419	52.4	19,469	47.6			52.4	47.6	1,950(D)

Notes: [1] Ran as Conservative. Conservative Party affiliated with national Democratic Party before the election of 1876.
[2] William Walker, *Prohibitionist*, 81 (2.7%).
[3] Will P. Exum, *Populist*, 379 (11.9%); J. M. Templeton, *Prohibitionist*, 24 (0.8%).
[4] William A. Guthrie, *Populist*, 263 (7.1%).
[5] Iredell Meares, *Progressive*, 1,076 (22.1%).
[6] Mary Price, *Progressive*, 44 (0.2%).

GATES COUNTY

GOVERNOR OF NORTH CAROLINA

Year	Total Vote	Democratic Total	%	Republican Total	%	Other Total	%	Two-Party Vote % Dem.	% Repub.	Plurality Dem.-Repub.
1868	1,098	650[1]	59.2	448	40.8			59.2	40.8	202(D)
1872	1,241	727[1]	58.6	514	41.4			58.6	41.4	213(D)
1876	1,439	940	65.3	499	34.7			65.3	34.7	441(D)
1880	1,527	1,009	66.1	518	33.9			66.1	33.9	491(D)
1884	1,887	1,183	62.7	704	37.3			62.7	37.3	479(D)
1888	1,941	1,131	58.3	800	41.2	10[2]	0.5	58.6	41.4	331(D)
1892	1,806	889	49.2	545	30.2	372[3]	20.6	62.0	38.0	344(D)
1896	1,887	877	46.5	767	40.6	243[4]	12.9	53.3	46.7	110(D)
1900	1,835	1,232	67.1	603	32.9			67.1	32.9	629(D)
1904	954	736	77.1	218	22.9			77.1	22.9	518(D)
1908	978	700	71.6	278	28.4			71.6	28.4	422(D)
1912	850	640	75.3	110	12.9	100[5]	11.8	85.3	14.7	530(D)
1916	1,087	800	73.6	287	26.4			73.6	26.4	513(D)
1920	1,106	812	73.4	294	26.6			73.4	26.6	518(D)
1924	759	664	87.5	95	12.5			87.5	12.5	569(D)
1928	1,021	755	74.0	266	26.0			74.0	26.0	489(D)
1932	1,274	1,214	95.3	60	4.7			95.3	4.7	1,154(D)
1936	1,520	1,415	93.1	105	6.9			93.1	6.9	1,310(D)
1940	1,322	1,257	95.1	65	4.9			95.1	4.9	1,192(D)
1944	1,118	1,032	92.3	86	7.7			92.3	7.7	946(D)
1948	1,014	964	95.1	48	4.7	2[6]	0.2	95.3	4.7	916(D)
1952	1,431	1,331	93.0	100	7.0			93.0	7.0	1,231(D)
1956	1,496	1,351	90.3	145	9.7			90.3	9.7	1,206(D)
1960	1,817	1,577	86.8	240	13.2			86.8	13.2	1,337(D)

Notes: [1] Ran as Conservative. Conservative Party affiliated with national Democratic Party before the election of 1876.
[2] William Walker, *Prohibitionist*, 10 (0.5%).
[3] Will P. Exum, *Populist*, 372 (20.6%).
[4] William A. Guthrie, *Populist*, 243 (12.9%).
[5] Iredell Meares, *Progressive*, 100 (11.8%).
[6] Mary Price, *Progressive*, 2 (0.2%).

GRAHAM COUNTY†   GOVERNOR OF NORTH CAROLINA

Year	Total Vote	Democratic Total	%	Republican Total	%	Other Total	%	Two-Party Vote % Dem.	% Repub.	Plurality Dem.–Repub.
1868										
1872	‡									
1876	‡									
1880	‡									
1884	405	268	66.2	137	33.8			66.2	33.8	131(D)
1888	466	271	58.2	182	39.0	13[1]	2.8	59.8	40.2	89(D)
1892	589	323	54.8	260	44.2	6[2]	1.0	55.4	44.6	63(D)
1896	704	359	51.0	344	48.9	1[3]	0.1	51.1	48.9	15(D)
1900	739	396	53.6	343	46.4			53.6	46.4	53(D)
1904	770	373	48.4	397	51.6			48.4	51.6	24(R)
1908	883	422	47.8	461	52.2			47.8	52.2	39(R)
1912	914	431	47.1	411	45.0	72[4]	7.9	51.2	48.8	20(D)
1916	935	475	50.8	460	49.2			50.8	49.2	15(D)
1920	1,571	655	41.7	916	58.3			41.7	58.3	261(R)
1924	1,777	871	49.0	906	51.0			49.0	51.0	35(R)
1928	2,250	1,058	47.0	1,192	53.0			47.0	53.0	134(R)
1932	2,573	1,349	52.4	1,224	47.6			52.4	47.6	125(D)
1936	2,800	1,463	52.3	1,337	47.7			52.3	47.7	126(D)
1940	2,438	1,364	56.0	1,074	44.0			56.0	44.0	290(D)
1944	3,172	1,812	57.1	1,360	42.9			57.1	42.9	452(D)
1948	2,751	1,653	60.1	1,097	39.9	1[5]	*	60.1	39.9	556(D)
1952	2,960	1,688	57.0	1,272	43.0			57.0	43.0	416(D)
1956	3,213	1,596	49.7	1,617	50.3			49.7	50.3	21(R)
1960	3,172	1,555	49.0	1,617	51.0			49.0	51.0	62(R)

Notes: [1] William Walker, *Prohibitionist*, 13 (2.8%).
[2] Will P. Exum, *Populist*, 6 (1.0%).
[3] William A. Guthrie, *Populist*, 1 (0.1%).
[4] Iredell Meares, *Progressive*, 72 (7.9%).
[5] Mary Price, *Progressive*, 1 (*).
* Less than 0.05%.
† Graham county was created in 1872.
‡ Graham county voted with Cherokee county until 1883.

GRANVILLE COUNTY

GOVERNOR OF NORTH CAROLINA

Year	Total Vote	Democratic Total	%	Republican Total	%	Other Total	%	Two-Party Vote % Dem.	% Repub.	Plurality Dem.-Repub.
1868	4,358	1,846[1]	42.4	2,512	57.6			42.4	57.6	666(R)
1872	4,631	1,976[1]	42.7	2,655	57.3			42.7	57.3	679(R)
1876	4,545	2,134	47.0	2,411	53.0			47.0	53.0	277(R)
1880	5,973	2,831	47.4	3,142	52.6			47.4	52.6	311(R)
1884	4,286	2,199	51.3	2,087	48.7			51.3	48.7	112(D)
1888	5,025	2,406	47.9	2,609	51.9	10[2]	0.2	48.0	52.0	203(R)
1892	3,505	1,406	40.1	1,589	45.3	510[3]	14.6	46.9	53.1	183(R)
1896	4,455	1,896	42.6	2,196	49.3	363[4]	8.1	46.3	53.7	300(R)
1900	4,067	2,540	62.5	1,527	37.5			62.5	37.5	1,013(D)
1904	2,091	1,589	76.0	502	24.0			76.0	24.0	1,087(D)
1908	2,338	1,746	74.7	592	25.3			74.7	25.3	1,154(D)
1912	2,157	1,670	77.4	289	13.4	198[5]	9.2	85.3	14.7	1,381(D)
1916	2,344	1,702	72.6	642	27.4			72.6	27.4	1,060(D)
1920	3,455	2,662	77.0	793	23.0			77.0	23.0	1,869(D)
1924	2,651	2,218	83.7	433	16.3			83.7	16.3	1,785(D)
1928	3,809	3,241	85.1	568	14.9			85.1	14.9	2,673(D)
1932	4,017	3,806	94.7	211	5.3			94.7	5.3	3,595(D)
1936	4,280	3,892	90.9	388	9.1			90.9	9.1	3,504(D)
1940	4,037	3,924	97.2	113	2.8			97.2	2.8	3,811(D)
1944	3,304	3,113	94.2	191	5.8			94.2	5.8	2,922(D)
1948	4,033	3,871	96.0	155	3.8	7[6]	0.2	96.2	3.8	3,716(D)
1952	5,506	5,156	93.6	350	6.4			93.6	6.4	4,806(D)
1956	5,324	4,766	89.5	558	10.5			89.5	10.5	4,208(D)
1960	6,291	4,627	73.6	1,654	26.3	10[7]	0.1	73.7	26.3	2,973(D)

Notes: [1] Ran as Conservative. Conservative Party affiliated with national Democratic Party before the election of 1876.
[2] William Walker, *Prohibitionist*, 10 (0.2%).
[3] Will P. Exum, *Populist*, 505 (14.4%); J. M. Templeton, *Prohibitionist*, 5 (0.2%).
[4] William A. Guthrie, *Populist*, 363 (8.1%).
[5] Iredell Meares, *Progressive*, 198 (9.2%).
[6] Mary Price, *Progressive*, 7 (0.2%).
[7] I. Beverly Lake, (*Democrat*), Write-in, 10 (0.1%).

GREENE COUNTY

GOVERNOR OF NORTH CAROLINA

Year	Total Vote	Democratic Total	%	Republican Total	%	Other Total	%	Two-Party Vote % Dem.	% Repub.	Plurality Dem.-Repub.
1868	1,380	598[1]	43.3	782	56.7			43.3	56.7	184(R)
1872	1,730	783[1]	45.3	947	54.7			45.3	54.7	164(R)
1876	1,958	885	45.2	1,073	54.8			45.2	54.8	188(R)
1880	1,813	863	47.6	950	52.4			47.6	52.4	87(R)
1884	2,140	1,046	48.9	1,094	51.1			48.9	51.1	48(R)
1888	2,081	1,008	48.4	1,072	51.5	1[2]	0.1	48.5	51.5	64(R)
1892	1,841	1,035	56.2	567	30.8	239[3]	13.0	64.6	35.4	468(D)
1896	2,247	1,005	44.7	1,021	45.5	221[4]	9.8	49.6	50.4	16(R)
1900	2,248	1,474	65.6	774	34.4			65.6	34.4	700(D)
1904	1,252	990	79.1	262	20.9			79.1	20.9	728(D)
1908	1,419	915	64.5	504	35.5			64.5	35.5	411(D)
1912	1,183	921	77.9	163	13.8	99[5]	8.3	85.0	15.0	758(D)
1916	1,348	1,062	78.8	286	21.2			78.8	21.2	776(D)
1920	2,091	1,664	79.6	427	20.4			79.6	20.4	1,237(D)
1924	1,283	1,132	88.2	151	11.8			88.2	11.8	981(D)
1928	1,661	1,332	80.2	329	19.8			80.2	19.8	1,003(D)
1932	2,566	2,477	96.5	89	3.5			96.5	3.5	2,388(D)
1936	3,040	2,837	93.3	203	6.7			93.3	6.7	2,634(D)
1940	2,892	2,826	97.7	66	2.3			97.7	2.3	2,760(D)
1944	2,347	2,264	96.5	83	3.5			96.5	3.5	2,181(D)
1948	2,522	2,469	97.9	51	2.0	2[6]	0.1	97.9	2.1	2,418(D)
1952	3,000	2,934	97.8	66	2.2			97.8	2.2	2,868(D)
1956	3,251	3,155	97.0	96	3.0			97.0	3.0	3,059(D)
1960	3,515	3,112	88.5	400	11.4	3[7]	0.1	88.6	11.4	2,712(D)

Notes: [1] Ran as Conservative. Conservative Party affiliated with national Democratic Party before the election of 1876.
[2] William Walker, *Prohibitionist*, 1 (0.1%).
[3] Will P. Exum, *Populist*, 239 (13.0%).
[4] William A. Guthrie, *Populist*, 221 (9.8%).
[5] Iredell Meares, *Progressive*, 99 (8.3%).
[6] Mary Price, *Progressive*, 2 (0.1%).
[7] I. Beverly Lake, (*Democrat*), Write-in, 3 (0.1%).

GUILFORD COUNTY
GOVERNOR OF NORTH CAROLINA

Year	Total Vote	Democratic Total	%	Republican Total	%	Other Total	%	Two-Party Vote % Dem.	% Repub.	Plurality Dem.-Repub.
1868	3,218	1,479[1]	46.0	1,739	54.0			46.0	54.0	260(R)
1872	3,680	1,849[1]	50.2	1,831	49.8			50.2	49.8	18(D)
1876	4,241	2,264	53.4	1,977	46.6			53.4	46.6	287(D)
1880	4,499	2,251	50.0	2,248	50.0			50.0	50.0	3(D)
1884	4,699	2,491	53.0	2,208	47.0			53.0	47.0	283(D)
1888	5,531	2,470	44.7	2,680	48.4	381[2]	6.9	48.0	52.0	210(R)
1892	5,969	2,815	47.2	2,500	41.9	654[3]	10.9	53.0	47.0	315(D)
1896	6,964	3,417	49.1	3,393	48.7	154[4]	2.2	50.2	49.8	24(D)
1900	7,414	4,071	54.9	3,343	45.1			54.9	45.1	728(D)
1904	4,642	2,924	63.0	1,718	37.0			63.0	37.0	1,206(D)
1908	6,713	3,948	58.8	2,765	41.2			58.8	41.2	1,183(D)
1912	6,259	3,874	61.9	661	10.6	1,724[5]	27.5	85.4	14.6	3,213(D)
1916	8,278	4,588	55.4	3,643	44.0	47	0.6	55.7	44.3	945(D)
1920	17,382	9,594	55.2	7,788	44.8			55.2	44.8	1,806(D)
1924	15,689	9,236	58.9	6,453	41.1			58.9	41.1	2,783(D)
1928	26,979	13,523	50.1	13,456	49.9			50.1	49.9	67(D)
1932	29,279	18,550	63.4	10,729	36.6			63.4	36.6	7,821(D)
1936	34,202	19,362	56.6	14,840	43.4			56.6	43.4	4,522(D)
1940	35,558	26,678	75.0	8,880	25.0			75.0	25.0	17,798(D)
1944	34,960	24,529	70.2	10,431	29.8			70.2	29.8	14,098(D)
1948	34,774	24,904	71.6	9,463	27.2	407[6]	1.2	72.5	27.5	15,441(D)
1952	59,920	38,122	63.6	21,798	36.4			63.6	36.4	16,324(D)
1956	53,772	34,138	63.5	19,634	36.5			63.5	36.5	14,504(D)
1960	70,252	29,468	41.9	40,752	58.0	32[7]	0.1	42.0	58.0	11,284(R)

Notes: [1] Ran as Conservative. Conservative Party affiliated with national Democratic Party before the election of 1876.
[2] William Walker, *Prohibitionist*, 381 (6.9%).
[3] Will P. Exum, *Populist*, 406 (6.8%); J. M. Templeton, *Prohibitionist*, 248 (4.1%).
[4] William A. Guthrie, *Populist*, 154 (2.2%).
[5] Iredell Meares, *Progressive*, 1,685 (26.9%).
[6] Mary Price, *Progressive*, 407 (1.2%).
[7] I. Beverly Lake, (*Democrat*), Write-in, 32 (0.1%).

HALIFAX COUNTY

GOVERNOR OF NORTH CAROLINA

Year	Total Vote	Democratic Total	%	Republican Total	%	Other Total	%	Two-Party Vote % Dem.	% Repub.	Plurality Dem.-Repub.
1868	4,394	1,314[1]	30.0	3,080	70.0			30.0	70.0	1,766(R)
1872	5,307	1,667[1]	31.4	3,640	68.6			31.4	68.6	1,973(R)
1876	†									
1880	4,201	1,775	42.3	2,426	57.7			42.3	57.7	651(R)
1884	6,050	2,264	37.4	3,786	62.6			37.4	62.6	1,522(R)
1888	5,392	2,495	46.3	2,897	53.7			46.3	53.7	402(R)
1892	5,048	3,328	65.9	1,124	22.3	596[2]	11.8	74.8	25.2	2,204(D)
1896	6,248	1,997	32.0	3,979	63.7	272[3]	4.3	33.4	66.6	1,982(R)
1900	7,495	6,618	88.3	877	11.7			88.3	11.7	5,741(D)
1904	2,622	2,478	94.5	144	5.5			94.5	5.5	2,334(D)
1908	2,561	2,285	89.2	276	10.8			89.2	10.8	2,009(D)
1912	2,494	2,334	93.6	40	1.6	120[4]	4.8	98.3	1.7	2,294(D)
1916	2,584	2,337	90.4	246	9.5	1	0.1	90.5	9.5	2,091(D)
1920	3,953	3,540	89.6	413	10.4			89.6	10.4	3,127(D)
1924	3,514	3,329	94.7	185	5.3			94.7	5.3	3,144(D)
1928	5,750	5,379	93.5	371	6.5			93.5	6.5	5,008(D)
1932	6,696	6,474	96.7	222	3.3			96.7	3.3	6,252(D)
1936	7,959	6,669	83.8	1,290	16.2			83.8	16.2	5,379(D)
1940	8,185	8,003	97.8	182	2.2			97.8	2.2	7,821(D)
1944	6,815	6,667	97.8	148	2.2			97.8	2.2	6,519(D)
1948	7,218	6,926	96.0	284	3.9	8[5]	0.1	96.1	3.9	6,642(D)
1952	10,739	10,139	94.4	600	5.6			94.4	5.6	9,539(D)
1956	10,125	9,313	92.0	812	8.0			92.0	8.0	8,501(D)
1960	11,147	9,043	81.1	2,072	18.6	32[6]	0.3	81.4	18.6	6,971(D)

Notes: [1] Ran as Conservative. Conservative Party affiliated with national Democratic Party before the election of 1876.
[2] Will P. Exum, *Populist*, 593 (11.7%); J. M. Templeton, *Prohibitionist*, 3 (0.1%).
[3] William A. Guthrie, *Populist*, 272 (4.3%).
[4] Iredell Meares, *Progressive*, 120 (4.8%).
[5] Mary Price, *Progressive*, 8 (0.1%).
[6] I. Beverly Lake, (*Democrat*), Write-in, 32 (0.3%).
† No returns available.

GOVERNOR OF NORTH CAROLINA

HARNETT COUNTY

Year	Total Vote	Democratic Total	%	Republican Total	%	Other Total	%	Two-Party Vote % Dem.	% Repub.	Plurality Dem.-Repub.
1868	1,381	691[1]	50.0	690	50.0			50.0	50.0	1(D)
1872	1,490	795[1]	53.4	695	46.6			53.4	46.6	100(D)
1876	1,799	1,050	58.4	749	41.6			58.4	41.6	301(D)
1880	1,719	995	57.9	724	42.1			57.9	42.1	271(D)
1884	1,971	1,254	63.6	717	36.4			63.6	36.4	537(D)
1888	3,327	1,444	43.4	1,877	56.4	6[2]	0.2	43.5	56.5	433(R)
1892	2,486	1,242	50.0	567	22.8	677[3]	27.2	68.7	31.3	675(D)
1896	2,751	1,264	46.0	1,024	37.2	463[4]	16.8	55.2	44.8	240(D)
1900	2,854	1,515	53.1	1,339	46.9			53.1	46.9	176(D)
1904	1,922	1,217	63.3	705	36.7			63.3	36.7	512(D)
1908	2,562	1,550	60.5	1,012	39.5			60.5	39.5	538(D)
1912	2,528	1,409	55.7	208	8.2	911[5]	36.1	87.1	12.9	1,201(D)
1916	3,612	1,979	54.8	1,624	45.0	9	0.2	54.9	45.1	355(D)
1920	7,220	3,902	54.0	3,318	46.0			54.0	46.0	584(D)
1924	6,160	3,336	54.2	2,824	45.8			54.2	45.8	512(D)
1928	8,635	4,219	48.9	4,416	51.1			48.9	51.1	197(R)
1932	9,048	6,292	69.5	2,756	30.5			69.5	30.5	3,536(D)
1936	9,818	6,563	66.8	3,255	33.2			66.8	33.2	3,308(D)
1940	8,771	6,548	74.7	2,223	25.3			74.7	25.3	4,325(D)
1944	9,275	6,388	68.9	2,887	31.1			68.9	31.1	3,501(D)
1948	8,937	7,195	80.5	1,732	19.4	10[6]	0.1	80.6	19.4	5,463(D)
1952	11,427	8,413	73.6	3,014	26.4			73.6	26.4	5,399(D)
1956	11,247	8,615	76.6	2,632	23.4			76.6	23.4	5,983(D)
1960	13,081	7,915	60.5	5,166	39.5			60.5	39.5	2,749(D)

Notes: [1] Ran as Conservative. Conservative Party affiliated with national Democratic Party before the election of 1876.
[2] William Walker, *Prohibitionist*, 6 (0.2%).
[3] Will P. Exum, *Populist*, 657 (26.4%); J. M. Templeton, *Prohibitionist*, 20 (0.8%).
[4] William A. Guthrie, *Populist*, 463 (16.8%).
[5] Iredell Meares, *Progressive*, 901 (35.6%).
[6] Mary Price, *Progressive*, 10 (0.1%).

GOVERNOR OF NORTH CAROLINA

HAYWOOD COUNTY

Year	Total Vote	Democratic Total	%	Republican Total	%	Other Total	%	Two-Party Vote % Dem.	% Repub.	Plurality Dem.-Repub.
1868	811	408[1]	50.3	403	49.7			50.3	49.7	5(D)
1872	1,169	749[1]	64.1	420	35.9			64.1	35.9	329(D)
1876	1,399	960	68.6	439	31.4			68.6	31.4	521(D)
1880	1,399	959	68.6	440	31.4			68.6	31.4	519(D)
1884	1,928	1,184	61.4	744	38.6			61.4	38.6	440(D)
1888	2,326	1,326	57.0	974	41.9	26[2]	1.1	57.7	42.3	352(D)
1892	2,567	1,507	58.7	949	37.0	111[3]	4.3	61.4	38.6	558(D)
1896	2,950	1,878	63.7	1,039	35.2	33[4]	1.1	64.4	35.6	839(D)
1900	2,980	1,736	58.3	1,244	41.7			58.3	41.7	492(D)
1904	2,755	1,656	60.1	1,099	39.9			60.1	39.9	557(D)
1908	3,236	1,983	61.3	1,253	38.7			61.3	38.7	730(D)
1912	3,277	2,087	63.7	561	17.1	629[5]	19.2	78.8	21.2	1,526(D)
1916	3,902	2,376	60.9	1,526	39.1			60.9	39.1	850(D)
1920	7,189	4,227	58.8	2,962	41.2			58.8	41.2	1,265(D)
1924	6,944	4,569	65.8	2,375	34.2			65.8	34.2	2,194(D)
1928	8,856	4,837	54.6	4,019	45.4			54.6	45.4	818(D)
1932	9,922	6,936	69.9	2,986	30.1			69.9	30.1	3,950(D)
1936	11,385	8,141	71.5	3,244	28.5			71.5	28.5	4,897(D)
1940	10,521	8,303	78.9	2,218	21.1			78.9	21.1	6,085(D)
1944	10,361	7,692	74.2	2,669	25.8			74.2	25.8	5,023(D)
1948	10,638	8,133	76.5	2,500	23.5	5[6]	*	76.5	23.5	5,633(D)
1952	14,699	9,635	65.5	5,064	34.5			65.5	34.5	4,571(D)
1956	14,416	9,131	63.3	5,285	36.7			63.3	36.7	3,846(D)
1960	16,481	8,704	52.8	7,775	47.2	2[7]	*	52.8	47.2	929(D)

Notes: [1] Ran as Conservative. Conservative Party affiliated with national Democratic Party before the election of 1876.
[2] William Walker, *Prohibitionist*, 26 (1.1%).
[3] Will P. Exum, *Populist*, 49 (1.9%); J. M. Templeton, *Prohibitionist*, 62 (2.4%).
[4] William A. Guthrie, *Populist*, 33 (1.1%).
[5] Iredell Meares, *Progressive*, 625 (19.1%).
[6] Mary Price, *Progressive*, 5 (*).
[7] I. Beverly Lake, (*Democrat*), Write-in, 2 (*).
* Less than 0.05%.

HENDERSON COUNTY

GOVERNOR OF NORTH CAROLINA

Year	Total Vote	Democratic Total	%	Republican Total	%	Other Total	%	Two-Party Vote % Dem.	% Repub.	Plurality Dem.-Repub.
1868	861	290[1]	33.7	571	66.3			33.7	66.3	281(R)
1872	1,221	505[1]	41.4	716	58.6			41.4	58.6	211(R)
1876	1,485	710	47.8	775	52.2			47.8	52.2	65(R)
1880	1,489	646	43.4	843	56.6			43.4	56.6	197(R)
1884	1,759	782	44.5	977	55.5			44.5	55.5	195(R)
1888	2,216	917	41.3	1,291	58.3	8[2]	0.4	41.5	58.5	374(R)
1892	2,112	842	39.9	1,172	55.5	98[3]	4.6	41.8	58.2	330(R)
1896	2,498	1,005	40.2	1,452	58.1	41[4]	1.7	40.9	59.1	447(R)
1900	2,589	1,121	43.3	1,468	56.7			43.3	56.7	347(R)
1904	2,226	906	40.7	1,320	59.3			40.7	59.3	414(R)
1908	2,495	998	40.0	1,497	60.0			40.0	60.0	499(R)
1912	2,588	1,086	42.0	695	26.8	807[5]	31.2	61.0	39.0	391(D)
1916	2,949	1,154	39.1	1,794	60.8	1	0.1	39.1	60.9	640(R)
1920	6,129	2,525	41.2	3,604	58.8			41.2	58.8	1,079(R)
1924	6,472	3,066	47.4	3,406	52.6			47.4	52.6	340(R)
1928	8,452	3,881	45.9	4,571	54.1			45.9	54.1	690(R)
1932	9,664	5,374	55.6	4,290	44.4			55.6	44.4	1,084(D)
1936	10,914	5,926	54.3	4,988	45.7			54.3	45.7	938(D)
1940	10,081	6,437	63.9	3,644	36.1			63.9	36.1	2,793(D)
1944	9,223	4,945	53.6	4,278	46.4			53.6	46.4	667(D)
1948	9,326	4,966	53.2	4,346	46.6	14[6]	0.2	53.3	46.7	620(D)
1952	12,299	5,433	44.2	6,866	55.8			44.2	55.8	1,433(R)
1956	13,175	5,936	45.1	7,239	54.9			45.1	54.9	1,303(R)
1960	15,412	5,537	35.9	9,868	64.0	7[7]	0.1	35.9	64.1	4,331(R)

Notes: [1] Ran as Conservative. Conservative Party affiliated with national Democratic Party before the election of 1876.
[2] William Walker, *Prohibitionist*, 8 (0.4%).
[3] Will P. Exum, *Populist*, 75 (3.6%); J. M. Templeton, *Prohibitionist*, 23 (1.0%).
[4] William A. Guthrie, *Populist*, 41 (1.7%).
[5] Iredell Meares, *Progressive*, 805 (31.1%).
[6] Mary Price, *Progressive*, 14 (0.2%).
[7] I. Beverly Lake, (*Democrat*), Write-in, 7 (0.1%).

HERTFORD COUNTY
GOVERNOR OF NORTH CAROLINA

Year	Total Vote	Democratic Total	%	Republican Total	%	Other Total	%	Two-Party Vote % Dem.	% Repub.	Plurality Dem.-Repub.
1868	1,376	581[1]	42.2	795	57.8			42.2	57.8	214(R)
1872	1,857	874[1]	47.1	983	52.9			47.1	52.9	109(R)
1876	2,103	1,008	47.9	1,095	52.1			47.9	52.1	87(R)
1880	2,090	959	45.9	1,131	54.1			45.9	54.1	172(R)
1884	2,834	1,129	39.8	1,705	60.2			39.8	60.2	576(R)
1888	2,334	1,132	48.5	1,202	51.5			48.5	51.5	70(R)
1892	1,683	665	39.5	867	51.5	151[2]	9.0	43.4	56.6	202(R)
1896	2,684	879	32.8	1,436	53.5	369[3]	13.7	38.0	62.0	557(R)
1900	1,797	1,368	76.1	429	23.9			76.1	23.9	939(D)
1904	947	804	84.9	143	15.1			84.9	15.1	661(D)
1908	1,171	880	75.1	291	24.9			75.1	24.9	589(D)
1912	905	764	84.4	88	9.7	53[4]	5.9	89.7	10.3	676(D)
1916	1,145	967	84.5	178	15.5			84.5	15.5	789(D)
1920	1,375	1,165	84.7	210	15.3			84.7	15.3	955(D)
1924	1,094	986	90.1	108	9.9			90.1	9.9	878(D)
1928	1,410	1,288	91.3	122	8.7			91.3	8.7	1,166(D)
1932	1,936	1,855	95.8	81	4.2			95.8	4.2	1,774(D)
1936	2,233	2,112	94.6	121	5.4			94.6	5.4	1,991(D)
1940	2,383	2,330	97.8	53	2.2			97.8	2.2	2,277(D)
1944	1,889	1,831	96.9	58	3.1			96.9	3.1	1,773(D)
1948	2,284	2,200	96.3	80	3.5	4[5]	0.2	96.5	3.5	2,120(D)
1952	3,196	3,054	95.6	142	4.4			95.6	4.4	2,912(D)
1956	3,347	3,014	90.1	333	9.9			90.1	9.9	2,681(D)
1960	3,835	3,277	85.4	554	14.5	4[6]	0.1	85.5	14.5	2,723(D)

Notes: [1] Ran as Conservative. Conservative Party affiliated with national Democratic Party before the election of 1876.
[2] Will P. Exum, *Populist*, 149 (8.9%); J.M. Templeton, *Prohibitionist*, 2 (0.1%).
[3] William A. Guthrie, *Populist*, 369 (13.7%).
[4] Iredell Meares, *Progressive*, 53 (5.9%).
[5] Mary Price, *Progressive*, 4 (0.2%).
[6] I. Beverly Lake, *(Democrat)*, Write-in, 4 (0.1%).

HOKE COUNTY†   GOVERNOR OF NORTH CAROLINA

Year	Total Vote	Democratic Total	%	Republican Total	%	Other Total	%	Two-Party Vote % Dem.	% Repub.	Plurality Dem.-Repub.
1868										
1872										
1876										
1880										
1884										
1888										
1892										
1896										
1900										
1904										
1908	714	658	92.1	24	3.4	32[1]	4.5	96.5	3.5	634(D)
1912	879	794	90.3	85	9.7			90.3	9.7	709(D)
1916	1,422	1,266	89.0	156	11.0			89.0	11.0	1,110(D)
1920	1,272	1,160	91.2	112	8.8			91.2	8.8	1,048(D)
1924	1,525	1,321	86.6	204	13.4			86.6	13.4	1,117(D)
1928	1,838	1,775	96.6	63	3.4			96.6	3.4	1,712(D)
1932	1,968	1,777	90.3	191	9.7			90.3	9.7	1,586(D)
1936	1,990	1,892	95.1	98	4.9			95.1	4.9	1,794(D)
1940	1,880	1,772	94.3	108	5.7			94.3	5.7	1,664(D)
1944	1,641	1,553	94.6	88	5.4			94.6	5.4	1,465(D)
1948	2,257	1,982	87.8	275	12.2			87.8	12.2	1,707(D)
1952	2,437	2,188	89.8	249	10.2			89.8	10.2	1,939(D)
1956	2,709	2,228	82.2	472	17.5	9[2]	0.3	82.5	17.5	1,756(D)

Notes: [1] Iredell Meares, *Progressive*, 32 (4.5%).
[2] I. Beverly Lake, *(Democrat)*, Write-in, 9 (0.3%).
† Hoke county was created in 1911.

HYDE COUNTY

GOVERNOR OF NORTH CAROLINA

Year	Total Vote	Democratic Total	%	Republican Total	%	Other Total	%	Two-Party Vote %Dem.	%Repub.	Plurality Dem.-Repub.
1868	1,475	808[1]	54.8	667	45.2			54.8	45.2	141(D)
1872	1,426	816[1]	57.2	610	42.8			57.2	42.8	206(D)
1876	1,604	939	58.5	665	41.5			58.5	41.5	274(D)
1880	1,391	799	57.4	592	42.6			57.4	42.6	207(D)
1884	1,544	867	56.2	677	43.8			56.2	43.8	190(D)
1888	1,619	854	52.8	758	46.8	7[2]	0.4	53.0	47.0	96(D)
1892	1,595	864	54.2	14	0.9	717[3]	44.9	98.4	1.6	850(D)
1896	1,896	881	46.5	810	42.7	205[4]	10.8	52.1	47.9	71(D)
1900	1,876	971	51.8	905	48.2			51.8	48.2	66(D)
1904	914	686	75.1	228	24.9			75.1	24.9	458(D)
1908	878	701	79.8	177	20.2			79.8	20.2	524(D)
1912	980	685	69.9	59	6.0	236[5]	24.1	92.0	8.0	626(D)
1916	1,076	792	73.6	284	26.4			73.6	26.4	508(D)
1920	1,645	1,170	71.1	475	28.9			71.1	28.9	695(D)
1924	1,009	657	65.1	352	34.9			65.1	34.9	305(D)
1928	1,128	722	64.0	406	36.0			64.0	36.0	316(D)
1932	1,127	995	88.3	132	11.7			88.3	11.7	863(D)
1936	1,339	1,030	76.9	309	23.1			76.9	23.1	721(D)
1940	1,377	1,141	82.9	236	17.1			82.9	17.1	905(D)
1944	1,011	793	78.4	218	21.6			78.4	21.6	575(D)
1948	989	844	85.3	145	14.7			85.3	14.7	699(D)
1952	1,204	971	80.6	233	19.4			80.6	19.4	738(D)
1956	1,300	1,081	83.2	219	16.8			83.2	16.8	862(D)
1960	1,615	1,133	70.2	482	29.8			70.2	29.8	651(D)

Notes: [1] Ran as Conservative. Conservative Party affiliated with national Democratic Party before the election of 1876.
[2] William Walker, *Prohibitionist*, 7 (0.4%).
[3] Will P. Exum, *Populist*, 716 (44.9%); J. M. Templeton, *Prohibitionist*, 1 (*).
[4] William A. Guthrie, *Populist*, 205 (10.8%).
[5] Iredell Meares, *Progressive*, 236 (24.1%).
* Less than 0.05%.

GOVERNOR OF NORTH CAROLINA

IREDELL COUNTY

Year	Total Vote	Democratic Total	%	Republican Total	%	Other Total	%	Two-Party Vote % Dem.	% Repub.	Plurality Dem.-Repub.
1868	2,359	1,518[1]	64.3	841	35.7			64.3	35.7	677(D)
1872	2,732	1,738[1]	63.6	994	36.4			63.6	36.4	744(D)
1876	3,595	2,356	65.5	1,239	34.5			65.5	34.5	1,117(D)
1880	3,949	2,346	59.4	1,603	40.6			59.4	40.6	743(D)
1884	4,387	2,679	61.1	1,708	38.9			61.1	38.9	971(D)
1888	4,681	2,724	58.2	1,897	40.5	60[2]	1.3	58.9	41.1	827(D)
1892	4,459	2,274	51.0	1,500	33.6	685[3]	15.4	60.3	39.7	774(D)
1896	4,960	2,524	50.9	2,008	40.5	428[4]	8.6	55.7	44.3	516(D)
1900	5,098	2,779	54.5	2,319	45.5			54.5	45.5	460(D)
1904	3,654	2,147	58.8	1,507	41.2			58.8	41.2	640(D)
1908	4,279	2,533	59.2	1,746	40.8			59.2	40.8	787(D)
1912	4,162	2,649	63.6	512	12.3	1,001[5]	24.1	83.8	16.2	2,137(D)
1916	5,372	3,290	61.2	2,076	38.7	6	0.1	61.3	38.7	1,214(D)
1920	10,770	6,351	59.0	4,419	41.0			59.0	41.0	1,932(D)
1924	10,113	6,505	64.3	3,608	35.7			64.3	35.7	2,897(D)
1928	12,290	6,539	53.2	5,751	46.8			53.2	46.8	788(D)
1932	12,173	8,387	68.9	3,786	31.1			68.9	31.1	4,601(D)
1936	14,697	9,852	67.0	4,845	33.0			67.0	33.0	5,007(D)
1940	13,914	10,248	73.7	3,666	26.3			73.7	26.3	6,582(D)
1944	12,798	8,461	66.1	4,337	33.9			66.1	33.9	4,124(D)
1948	11,938	8,473	71.0	3,449	28.9	16[6]	0.1	71.1	28.9	5,024(D)
1952	19,850	11,590	58.4	8,260	41.6			58.4	41.6	3,330(D)
1956	18,085	10,898	60.3	7,187	39.7			60.3	39.7	3,711(D)
1960	21,198	9,627	45.4	11,557	54.5	14[7]	0.1	45.4	54.6	1,930(R)

Notes: [1] Ran as Conservative. Conservative Party affiliated with national Democratic Party before the election of 1876.
[2] William Walker, *Prohibitionist*, 60 (1.3%).
[3] Will P. Exum, *Populist*, 635 (14.3%); J. M. Templeton, *Prohibitionist*, 50 (1.1%).
[4] William A. Guthrie, *Populist*, 428 (8.6%).
[5] Iredell Meares, *Progressive*, 1,000 (24.0%).
[6] Mary Price, *Progressive*, 16 (0.1%).
[7] I. Beverly Lake, *(Democrat)*, Write-in, 14 (0.1%).

JACKSON COUNTY

GOVERNOR OF NORTH CAROLINA

Year	Total Vote	Democratic Total	%	Republican Total	%	Other Total	%	Two-Party Vote % Dem.	% Repub.	Plurality Dem.-Repub.
1868	734	500[1]	68.1	234	31.9			68.1	31.9	266(D)
1872	730	564[1]	77.3	166	22.7			77.3	22.7	398(D)
1876	908	628	69.2	280	30.8			69.2	30.8	348(D)
1880	871	656	75.3	215	24.7			75.3	24.7	441(D)
1884	1,058	713	67.4	345	32.6			67.4	32.6	368(D)
1888	1,472	903	61.3	569	38.7			61.3	38.7	334(D)
1892	1,710	966	56.5	576	33.7	168[2]	9.8	62.6	37.4	390(D)
1896	2,022	1,002	49.6	872	43.1	148[3]	7.3	53.5	46.5	130(D)
1900	2,143	1,118	52.2	1,025	47.8			52.2	47.8	93(D)
1904	1,971	1,021	51.8	950	48.2			51.8	48.2	71(D)
1908	2,101	1,028	48.9	1,073	51.1			48.9	51.1	45(R)
1912	2,221	1,233	55.5	764	34.4	224[4]	10.1	61.7	38.3	469(D)
1916	2,595	1,302	50.2	1,293	49.8			50.2	49.8	9(D)
1920	4,752	2,398	50.5	2,354	49.5			50.5	49.5	44(D)
1924	5,949	3,170	53.3	2,779	46.7			53.3	46.7	391(D)
1928	6,738	3,356	49.8	3,382	50.2			49.8	50.2	26(R)
1932	7,257	4,379	60.3	2,878	39.7			60.3	39.7	1,501(D)
1936	7,630	4,575	60.0	3,055	40.0			60.0	40.0	1,520(D)
1940	6,874	4,504	65.5	2,370	34.5			65.5	34.5	2,134(D)
1944	6,803	4,190	61.6	2,613	38.4			61.6	38.4	1,577(D)
1948	6,834	4,398	64.3	2,431	35.6	5[5]	0.1	64.4	35.6	1,967(D)
1952	8,010	4,580	57.2	3,430	42.8			57.2	42.8	1,150(D)
1956	7,302	4,288	58.7	3,014	41.3			58.7	41.3	1,274(D)
1960	7,976	4,354	54.6	3,622	45.4			54.6	45.4	732(D)

Notes: [1] Ran as Conservative. Conservative Party affiliated with national Democratic Party before the election of 1876.
[2] Will P. Exum, *Populist*, 164 (9.6%); J.M. Templeton, *Prohibitionist*, 4 (0.2%).
[3] William A. Guthrie, *Populist*, 148 (7.3%).
[4] Iredell Meares, *Progressive*, 220 (9.9%).
[5] Mary Price, *Progressive*, 5 (0.1%).

GOVERNOR OF NORTH CAROLINA

JOHNSTON COUNTY

Year	Total Vote	Democratic Total	%	Republican Total	%	Other Total	%	Two-Party Vote % Dem.	% Repub.	Plurality Dem.-Repub.
1868	2,302	957[1]	41.6	1,345	58.4			41.6	58.4	388(R)
1872	2,855	1,481[1]	51.9	1,374	48.1			51.9	48.1	107(D)
1876	3,801	2,050	53.9	1,751	46.1			53.9	46.1	299(D)
1880	3,770	2,063	54.7	1,707	45.3			54.7	45.3	356(D)
1884	4,627	2,801	60.5	1,826	39.5			60.5	39.5	975(D)
1888	5,038	3,021	60.0	2,009	39.9	8[2]	0.1	60.1	39.9	1,012(D)
1892	4,619	3,145	68.1	917	19.8	557[3]	12.1	77.4	22.6	2,228(D)
1896	5,332	3,074	57.7	1,834	34.4	424[4]	7.9	62.6	37.4	1,240(D)
1900	5,527	3,777	68.3	1,750	31.7			68.3	31.7	2,027(D)
1904	4,099	2,586	63.1	1,513	36.9			63.1	36.9	1,073(D)
1908	5,412	2,816	52.0	2,596	48.0			52.0	48.0	220(D)
1912	5,222	2,959	56.7	1,761	33.7	502[5]	9.6	62.7	37.3	1,198(D)
1916	6,173	3,227	52.3	2,946	47.7			52.3	47.7	281(D)
1920	11,412	6,076	53.2	5,336	46.8			53.2	46.8	740(D)
1924	9,569	4,727	49.4	4,842	50.6			49.4	50.6	115(R)
1928	13,177	5,931	45.0	7,246	55.0			45.0	55.0	1,315(R)
1932	13,522	9,460	70.0	4,062	30.0			70.0	30.0	5,398(D)
1936	15,089	9,554	63.3	5,535	36.7			63.3	36.7	4,019(D)
1940	13,873	9,794	70.6	4,079	29.4			70.6	29.4	5,715(D)
1944	12,483	8,273	66.3	4,210	33.7			66.3	33.7	4,063(D)
1948	12,912	10,018	77.6	2,878	22.3	16[6]	0.1	77.7	22.3	7,140(D)
1952	15,099	11,163	73.9	3,936	26.1			73.9	26.1	7,227(D)
1956	14,148	10,850	76.7	3,298	23.3			76.7	23.3	7,552(D)
1960	16,087	9,881	61.4	6,198	38.5	8[7]	0.1	61.5	38.5	3,683(D)

Notes: [1] Ran as Conservative. Conservative Party affiliated with national Democratic Party before the election of 1876.
[2] William Walker, *Prohibitionist*, 8 (0.1%).
[3] Will P. Exum, *Populist*, 557 (12.1%).
[4] William A. Guthrie, *Populist*, 424 (7.9%).
[5] Iredell Meares, *Progressive*, 502 (9.6%).
[6] Mary Price, *Progressive*, 16 (0.1%).
[7] I. Beverly Lake, (*Democrat*), Write-in, 8 (0.1%).

GOVERNOR OF NORTH CAROLINA

JONES COUNTY

Year	Total Vote	Democratic Total	%	Republican Total	%	Other Total	%	Two-Party Vote % Dem.	% Repub.	Plurality Dem.-Repub.
1868	1,034	441[1]	42.6	593	57.4			42.6	57.4	152(R)
1872	1,198	559[1]	46.7	639	53.3			46.7	53.3	80(R)
1876	1,401	599	42.7	802	57.3			42.7	57.3	203(R)
1880	1,371	575	41.9	796	58.1			41.9	58.1	221(R)
1884	1,501	746	49.7	755	50.3			49.7	50.3	9(R)
1888	1,304	684	52.5	620	47.5			52.5	47.5	64(D)
1892	1,338	659	49.3	307	22.9	372[2]	27.8	68.2	31.8	352(D)
1896	1,511	659	43.6	704	46.6	148[3]	9.8	48.3	51.7	45(R)
1900	1,600	906	56.6	694	43.4			56.6	43.4	212(D)
1904	890	662	74.4	228	25.6			74.4	25.6	434(D)
1908	903	631	69.9	272	30.1			69.9	30.1	359(D)
1912	836	694	83.0	76	9.1	66[4]	7.9	90.1	9.9	618(D)
1916	936	705	75.3	231	24.7			75.3	24.7	474(D)
1920	1,327	999	75.3	328	24.7			75.3	24.7	671(D)
1924	861	711	82.6	150	17.4			82.6	17.4	561(D)
1928	1,125	824	73.2	301	26.8			73.2	26.8	523(D)
1932	1,535	1,416	92.2	119	7.8			92.2	7.8	1,297(D)
1936	1,631	1,433	87.9	198	12.1			87.9	12.1	1,235(D)
1940	1,502	1,343	89.4	159	10.6			89.4	10.6	1,184(D)
1944	1,316	1,176	89.4	140	10.6			89.4	10.6	1,036(D)
1948	1,342	1,267	94.4	75	5.6			94.4	5.6	1,192(D)
1952	1,842	1,696	92.1	146	7.9			92.1	7.9	1,550(D)
1956	2,340	2,118	90.5	222	9.5			90.5	9.5	1,896(D)
1960	2,473	1,971	79.7	502	20.3			79.7	20.3	1,469(D)

Notes: [1] Ran as Conservative. Conservative Party affiliated with national Democratic Party before the election of 1876.
[2] Will P. Exum, *Populist*, 371 (27.7%); J. M. Templeton, *Prohibitionist*, 1 (0.1%).
[3] William A. Guthrie, *Populist*, 148 (9.8%).
[4] Iredell Meares, *Progressive*, 66 (7.9%).

LEE COUNTY†   GOVERNOR OF NORTH CAROLINA

Year	Total Vote	Democratic Total	%	Republican Total	%	Other Total	%	Two-Party Vote % Dem.	% Repub.	Plurality Dem.-Repub.
1868										
1872										
1876										
1880										
1884										
1888										
1892										
1896										
1900										
1904										
1908	1,413	912	64.5	501	35.5			64.5	35.5	411(D)
1912	1,369	888	64.9	95	6.9	386[1]	28.2	90.3	9.7	793(D)
1916	1,630	1,049	64.4	581	35.6			64.4	35.6	468(D)
1920	3,474	2,319	66.8	1,155	33.2			66.8	33.2	1,164(D)
1924	2,539	1,862	73.3	677	26.7			73.3	26.7	1,185(D)
1928	3,286	2,110	64.2	1,176	35.8			64.2	35.8	934(D)
1932	3,769	3,019	80.1	750	19.9			80.1	19.9	2,269(D)
1936	4,193	3,121	74.4	1,072	25.6			74.4	25.6	2,049(D)
1940	4,091	3,650	89.2	441	10.8			89.2	10.8	3,209(D)
1944	4,123	3,470	84.2	653	15.8			84.2	15.8	2,817(D)
1948	4,268	3,699	86.7	566	13.2	3[2]	0.1	86.7	13.3	3,133(D)
1952	6,682	5,205	77.9	1,477	22.1			77.9	22.1	3,728(D)
1956	5,941	4,755	80.0	1,186	20.0			80.0	20.0	3,569(D)
1960	7,067	3,997	56.6	3,070	43.4			56.6	43.4	927(D)

Notes: [1] Iredell Meares, *Progressive*, 386 (28.2%).
[2] Mary Price, *Progressive*, 3 (0.1%).
† Lee county was created in 1907.

LENOIR COUNTY

GOVERNOR OF NORTH CAROLINA

Year	Total Vote	Democratic Total	%	Republican Total	%	Other Total	%	Two-Party Vote % Dem.	% Repub.	Plurality Dem.–Repub.
1868	2,030	838[1]	41.3	1,192	58.7			41.3	58.7	354(R)
1872	2,214	944[1]	42.6	1,270	57.4			42.6	57.4	326(R)
1876	2,711	1,217	44.9	1,494	55.1			44.9	55.1	277(R)
1880	2,458	1,088	44.3	1,370	55.7			44.3	55.7	282(R)
1884	3,019	1,620	53.7	1,399	46.3			53.7	46.3	221(D)
1888	3,068	1,587	51.7	1,436	46.8	45[2]	1.5	52.5	47.5	151(D)
1892	2,848	1,426	50.1	943	33.1	479[3]	16.8	60.2	39.8	483(D)
1896	3,359	1,598	47.6	1,501	44.7	260[4]	7.7	51.6	48.4	97(D)
1900	3,224	2,101	65.2	1,123	34.8			65.2	34.8	978(D)
1904	2,102	1,471	70.0	631	30.0			70.0	30.0	840(D)
1908	2,386	1,490	62.4	896	37.6			62.4	37.6	594(D)
1912	2,081	1,666	80.1	214	10.3	201[5]	9.6	88.6	11.4	1,452(D)
1916	2,349	1,696	72.2	653	27.8			72.2	27.8	1,043(D)
1920	3,906	2,882	73.8	1,024	26.2			73.8	26.2	1,858(D)
1924	2,689	2,294	85.3	395	14.7			85.3	14.7	1,899(D)
1928	3,592	2,955	82.3	637	17.7			82.3	17.7	2,318(D)
1932	4,926	4,600	93.4	326	6.6			93.4	6.6	4,274(D)
1936	5,733	5,006	87.3	727	12.7			87.3	12.7	4,279(D)
1940	6,247	6,000	96.0	247	4.0			96.0	4.0	5,753(D)
1944	5,301	4,992	94.2	309	5.8			94.2	5.8	4,683(D)
1948	5,738	5,511	96.0	197	3.5	30[6]	0.5	96.5	3.5	5,314(D)
1952	8,371	7,712	92.1	659	7.9			92.1	7.9	7,053(D)
1956	9,078	8,077	89.0	1,001	11.0			89.0	11.0	7,076(D)
1960	11,684	8,095	69.3	3,578	30.6	11[7]	0.1	69.3	30.7	4,517(D)

Notes: [1] Ran as Conservative. Conservative Party affiliated with national Democratic Party before the election of 1876.
[2] William Walker, *Prohibitionist*, 45 (1.5%).
[3] Will P. Exum, *Populist*, 475 (16.7%); J. M. Templeton, *Prohibitionist*, 4 (0.1%).
[4] William A. Guthrie, *Populist*, 260 (7.7%).
[5] Iredell Meares, *Progressive*, 201 (9.6%).
[6] Mary Price, *Progressive*, 30 (0.5%).
[7] I. Beverly Lake, (*Democrat*), Write-in, 11 (0.1%).

LINCOLN COUNTY
GOVERNOR OF NORTH CAROLINA

Year	Total Vote	Democratic Total	%	Republican Total	%	Other Total	%	Two-Party Vote %Dem.	%Repub.	Plurality Dem.-Repub.
1868	1,234	593[1]	48.0	641	52.0			48.0	52.0	48(R)
1872	1,609	903[1]	56.1	706	43.9			56.1	43.9	197(D)
1876	1,768	1,125	63.6	643	36.4			63.6	36.4	482(D)
1880	1,665	902	54.2	763	45.8			54.2	45.8	139(D)
1884	1,915	1,162	60.7	753	39.3			60.7	39.3	409(D)
1888	2,117	1,209	57.1	901	42.6	7[2]	0.3	57.3	42.7	308(D)
1892	2,021	992	49.1	563	27.9	466[3]	23.0	63.8	36.2	429(D)
1896	2,390	1,125	47.1	1,034	43.2	231[4]	9.7	52.1	47.9	91(D)
1900	2,629	1,341	51.0	1,288	49.0			51.0	49.0	53(D)
1904	1,773	1,062	59.9	711	40.1			59.9	40.1	351(D)
1908	2,466	1,286	52.1	1,180	47.9			52.1	47.9	106(D)
1912	2,411	1,324	54.9	67	2.8	1,020[5]	42.3	95.2	4.8	1,257(D)
1916	2,888	1,502	52.0	1,386	48.0			52.0	48.0	116(D)
1920	6,453	3,326	51.5	3,127	48.5			51.5	48.5	199(D)
1924	5,627	2,948	52.4	2,679	47.6			52.4	47.6	269(D)
1928	7,255	3,503	48.3	3,752	51.7			48.3	51.7	249(R)
1932	8,222	4,403	53.6	3,819	46.4			53.6	46.4	584(D)
1936	8,940	5,223	58.4	3,717	41.6			58.4	41.6	1,506(D)
1940	8,053	4,986	61.9	3,067	38.1			61.9	38.1	1,919(D)
1944	7,673	4,168	54.3	3,505	45.7			54.3	45.7	663(D)
1948	8,320	4,833	58.1	3,480	41.8	7[6]	0.1	58.1	41.9	1,353(D)
1952	11,539	6,230	54.0	5,309	46.0			54.0	46.0	921(D)
1956	12,390	6,766	54.6	5,624	45.4			54.6	45.4	1,142(D)
1960	13,553	7,010	51.7	6,534	48.2	9[7]	0.1	51.8	48.2	476(D)

Notes: [1] Ran as Conservative. Conservative Party affiliated with national Democratic Party before the election of 1876.
[2] William Walker, *Prohibitionist*, 7 (0.3%).
[3] Will P. Exum, *Populist*, 453 (22.4%); J. M. Templeton, *Prohibitionist*, 13 (0.6%).
[4] William A. Guthrie, *Populist*, 231 (9.7%).
[5] Iredell Meares, *Progressive*, 1,015 (42.1%).
[6] Mary Price, *Progressive*, 7 (0.1%).
[7] I. Beverly Lake, (*Democrat*), Write-in, 9 (0.1%).

MACON COUNTY

GOVERNOR OF NORTH CAROLINA

Year	Total Vote	Democratic Total	%	Republican Total	%	Other Total	%	Two-Party Vote % Dem.	% Repub.	Plurality Dem.-Repub.
1868	817	502[1]	61.4	315	38.6			61.4	38.6	187(D)
1872	785	655[1]	83.4	130	16.6			83.4	16.6	525(D)
1876	1,042	747	71.7	295	28.3			71.7	28.3	452(D)
1880	1,056	789	74.7	267	25.3			74.7	25.3	522(D)
1884	1,201	708	58.9	493	41.1			58.9	41.1	215(D)
1888	1,554	780	50.2	742	47.7	32[2]	2.1	51.2	48.8	38(D)
1892	1,608	850	52.9	520	32.3	238[3]	14.8	62.0	38.0	330(D)
1896	2,030	1,009	49.7	889	43.8	132[4]	6.5	53.2	46.8	120(D)
1900	2,103	1,044	49.6	1,059	50.4			49.6	50.4	15(R)
1904	1,887	924	49.0	963	51.0			49.0	51.0	39(R)
1908	1,957	940	48.0	1,017	52.0			48.0	52.0	77(R)
1912	1,984	1,056	53.2	314	15.8	614[5]	31.0	77.1	22.9	742(D)
1916	2,179	1,126	51.7	1,053	48.3			51.7	48.3	73(D)
1920	4,138	2,101	50.8	2,037	49.2			50.8	49.2	64(D)
1924	4,869	2,651	54.5	2,218	45.5			54.5	45.5	433(D)
1928	5,086	2,544	50.0	2,542	50.0			50.0	50.0	2(D)
1932	5,532	3,201	57.9	2,331	42.1			57.9	42.1	870(D)
1936	5,618	3,128	55.7	2,490	44.3			55.7	44.3	638(D)
1940	5,225	3,020	57.8	2,205	42.2			57.8	42.2	815(D)
1944	5,314	2,879	54.2	2,435	45.8			54.2	45.8	444(D)
1948	5,341	3,170	59.3	2,167	40.6	4[6]	0.1	59.4	40.6	1,003(D)
1952	6,673	3,723	55.8	2,950	44.2			55.8	44.2	773(D)
1956	6,371	3,543	55.6	2,828	44.4			55.6	44.4	715(D)
1960	6,919	3,497	50.5	3,422	49.5			50.5	49.5	75(D)

Notes: [1] Ran as Conservative. Conservative Party affiliated with national Democratic Party before the election of 1876.
[2] William Walker, *Prohibitionist*, 32 (2.1%).
[3] Will P. Exum, *Populist*, 229 (14.2%); J. M. Templeton, *Prohibitionist*, 9 (0.6%).
[4] William A. Guthrie, *Populist*, 132 (6.5%).
[5] Iredell Meares, *Progressive*, 614 (31.0%).
[6] Mary Price, *Progressive*, 4 (0.1%).

MADISON COUNTY

GOVERNOR OF NORTH CAROLINA

Year	Total Vote	Democratic Total	%	Republican Total	%	Other Total	%	Two-Party Vote % Dem.	% Repub.	Plurality Dem.-Repub.
1868	833	305[1]	36.6	528	63.4			36.6	63.4	223(R)
1872	1,276	635[1]	49.8	641	50.2			49.8	50.2	6(R)
1876	†									
1880	2,026	937	46.2	1,089	53.8			46.2	53.8	152(R)
1884	2,475	1,087	43.9	1,388	56.1			43.9	56.1	301(R)
1888	3,057	1,176	38.5	1,873	61.3	8[2]	0.2	38.6	61.4	697(R)
1892	3,058	1,135	37.1	1,805	59.0	118[3]	3.9	38.6	61.4	670(R)
1896	3,632	1,309	36.0	2,275	62.7	48[4]	1.3	36.5	63.5	966(R)
1900	3,550	1,176	33.1	2,374	66.9			33.1	66.9	1,198(R)
1904	2,951	1,012	34.3	1,939	65.7			34.3	65.7	927(R)
1908	2,879	878	30.5	2,001	69.5			30.5	69.5	1,123(R)
1912	2,667	925	34.7	842	31.6	900[5]	33.7	52.3	47.7	83(D)
1916	2,932	941	32.1	1,991	67.9			32.1	67.9	1,050(R)
1920	4,939	1,330	26.9	3,609	73.1			26.9	73.1	2,279(R)
1924	4,540	1,430	31.5	3,110	68.5			31.5	68.5	1,680(R)
1928	4,874	1,316	27.0	3,558	73.0			27.0	73.0	2,242(R)
1932	7,203	2,677	37.2	4,526	62.8			37.2	62.8	1,849(R)
1936	8,095	3,137	38.7	4,958	61.3			38.7	61.3	1,821(R)
1940	7,756	3,247	41.9	4,509	58.1			41.9	58.1	1,262(R)
1944	6,484	2,278	35.1	4,206	64.9			35.1	64.9	1,928(R)
1948	5,976	2,777	46.5	3,193	53.4	6[6]	0.1	46.5	53.5	416(R)
1952	8,261	3,920	47.5	4,341	52.5			47.5	52.5	421(R)
1956	7,943	4,174	52.5	3,769	47.5			52.5	47.5	405(D)
1960	9,041	4,848	53.6	4,193	46.4			53.6	46.4	655(D)

Notes: [1] Ran as Conservative, Conservative Party affiliated with national Democratic Party before the election of 1876.
[2] William Walker, *Prohibitionist*, 8 (0.2%).
[3] Will P. Exum, *Populist*, 118 (3.9%).
[4] William A. Guthrie, *Populist*, 48 (1.3%).
[5] Iredell Meares, *Progressive*, 900 (33.7%).
[6] Mary Price, *Progressive*, 6 (0.1%).
† No returns available.

GOVERNOR OF NORTH CAROLINA

MARTIN COUNTY

Year	Total Vote	Democratic Total	%	Republican Total	%	Other Total	%	Two-Party Vote % Dem.	% Repub.	Plurality Dem.-Repub.
1868	1,864	921[1]	49.4	943	50.6			49.4	50.6	22(R)
1872	2,053	1,035[1]	50.4	1,018	49.6			50.4	49.6	17(D)
1876	2,465	1,316	53.4	1,149	46.6			53.4	46.6	167(D)
1880	2,681	1,386	51.7	1,295	48.3			51.7	48.3	91(D)
1884	2,810	1,576	56.1	1,234	43.9			56.1	43.9	342(D)
1888	2,966	1,674	56.4	1,287	43.4	5[2]	0.2	56.5	43.5	387(D)
1892	2,843	1,485	52.2	1,009	35.5	349[3]	12.3	59.5	40.5	476(D)
1896	3,072	1,479	48.1	1,382	45.0	211[4]	6.9	51.7	48.3	97(D)
1900	2,992	2,002	66.9	990	33.1			66.9	33.1	1,012(D)
1904	1,625	1,446	89.0	179	11.0			89.0	11.0	1,267(D)
1908	1,745	1,385	79.4	360	20.6			79.4	20.6	1,025(D)
1912	1,513	1,264	83.5	231	15.3	18[5]	1.2	84.5	15.5	1,033(D)
1916	1,733	1,463	84.4	270	15.6			84.4	15.6	1,193(D)
1920	3,073	2,577	83.9	496	16.1			83.9	16.1	2,081(D)
1924	2,205	2,012	91.2	193	8.8			91.2	8.8	1,819(D)
1928	3,205	2,905	90.6	300	9.4			90.6	9.4	2,605(D)
1932	3,828	3,750	98.0	78	2.0			98.0	2.0	3,672(D)
1936	4,140	3,929	94.9	211	5.1			94.9	5.1	3,718(D)
1940	4,605	4,526	98.3	79	1.7			98.3	1.7	4,447(D)
1944	4,257	4,149	97.5	108	2.5			97.5	2.5	4,041(D)
1948	4,779	4,691	98.2	85	1.7	3[6]	0.1	98.2	1.8	4,606(D)
1952	5,743	5,574	97.1	169	2.9			97.1	2.9	5,405(D)
1956	6,110	5,812	95.1	298	4.9			95.1	4.9	5,514(D)
1960	6,455	5,842	90.5	600	9.3	13[7]	0.2	90.7	9.3	5,242(D)

Notes: [1] Ran as Conservative. Conservative Party affiliated with national Democratic Party before the election of 1876.
[2] William Walker, *Prohibitionist*, 5 (0.2%).
[3] Will P. Exum, *Populist*, 346 (12.2%); J. M. Templeton, *Prohibitionist*, 3 (0.1%).
[4] William A. Guthrie, *Populist*, 211 (6.9%).
[5] Iredell Meares, *Progressive*, 18 (1.2%).
[6] Mary Price, *Progressive*, 3 (0.1%).
[7] I. Beverly Lake, (*Democrat*), Write-in, 13 (0.2%).

McDOWELL COUNTY GOVERNOR OF NORTH CAROLINA

Year	Total Vote	Democratic Total	%	Republican Total	%	Other Total	%	Two-Party Vote % Dem.	% Repub.	Plurality Dem.-Repub.
1868	1,179	503[1]	42.7	676	57.3			42.7	57.3	173(R)
1872	1,225	706[1]	57.6	519	42.4			57.6	42.4	187(D)
1876	1,492	950	63.7	542	36.3			63.7	36.3	408(D)
1880	1,349	771	57.2	578	42.8			57.2	42.8	193(D)
1884	1,589	951	59.8	638	40.2			59.8	40.2	313(D)
1888	1,891	1,019	53.9	858	45.4	14[2]	0.7	54.3	45.7	161(D)
1892	1,868	1,062	56.8	732	39.2	74[3]	4.0	59.2	40.8	330(D)
1896	2,145	1,075	50.1	949	44.2	121[4]	5.7	53.1	46.9	126(D)
1900	2,208	1,174	53.2	1,034	46.8			53.2	46.8	140(D)
1904	1,773	856	48.3	917	51.7			48.3	51.7	61(R)
1908	1,957	973	49.7	984	50.3			49.7	50.3	11(R)
1912	2,144	1,062	49.5	886	41.3	196[5]	9.2	54.5	45.5	176(D)
1916	2,502	1,268	50.7	1,234	49.3			50.7	49.3	34(D)
1920	5,384	2,821	52.4	2,563	47.6			52.4	47.6	258(D)
1924	5,641	3,084	54.7	2,557	45.3			54.7	45.3	527(D)
1928	7,081	3,859	54.5	3,222	45.5			54.5	45.5	637(D)
1932	7,332	4,829	65.9	2,503	34.1			65.9	34.1	2,326(D)
1936	8,436	5,162	61.2	3,274	38.8			61.2	38.8	1,888(D)
1940	7,439	5,325	71.6	2,114	28.4			71.6	28.4	3,211(D)
1944	6,148	3,985	64.8	2,163	35.2			64.8	35.2	1,822(D)
1948	7,124	4,749	66.7	2,360	33.1	15[6]	0.2	66.8	33.2	2,389(D)
1952	9,288	5,650	60.8	3,638	39.2			60.8	39.2	2,012(D)
1956	9,753	5,896	60.5	3,857	39.5			60.5	39.5	2,039(D)
1960	11,065	5,491	49.6	5,571	50.4	3[7]	*	49.6	50.4	80(R)

Notes: [1] Ran as Conservative. Conservative Party affiliated with national Democratic Party before the election of 1876.
[2] William Walker, *Prohibitionist*, 14 (0.7%).
[3] Will P. Exum, *Populist*, 64 (3.4%); J. M. Templeton, *Prohibitionist*, 10 (0.6%).
[4] William A. Guthrie, *Populist*, 121 (5.7%).
[5] Iredell Meares, *Progressive*, 189 (8.8%).
[6] Mary Price, *Progressive*, 15 (0.2%).
[7] I. Beverly Lake, (*Democrat*), Write-in, 3 (*).
* Less than 0.05%.

MECKLENBURG COUNTY

GOVERNOR OF NORTH CAROLINA

Year	Total Vote	Democratic Total	%	Republican Total	%	Other Total	%	Two-Party Vote % Dem.	% Repub.	Plurality Dem.-Repub.
1868	3,618	1,916[1]	53.0	1,702	47.0			53.0	47.0	214(D)
1872	4,772	2,511[1]	52.6	2,261	47.4			52.6	47.4	250(D)
1876	6,016	3,428	57.0	2,588	43.0			57.0	43.0	840(D)
1880	6,494	3,289	50.6	3,205	49.4			50.6	49.4	84(D)
1884	6,767	3,727	55.1	3,040	44.9			55.1	44.9	687(D)
1888	7,550	4,163	55.1	3,277	43.4	110[2]	1.5	56.0	44.0	886(D)
1892	6,511	3,887	59.7	1,961	30.1	663[3]	10.2	66.5	33.5	1,926(D)
1896	8,814	4,439	50.4	3,748	42.5	627[4]	7.1	54.2	45.8	711(D)
1900	6,722	5,095	75.8	1,627	24.2			75.8	24.2	3,468(D)
1904	3,897	3,229	82.9	668	17.1			82.9	17.1	2,561(D)
1908	5,598	4,213	75.3	1,385	24.7			75.3	24.7	2,828(D)
1912	4,934	4,110	83.3	452	9.2	372[5]	7.5	90.1	9.9	3,658(D)
1916	5,573	4,403	79.0	1,163	20.9	7	0.1	79.1	20.9	3,240(D)
1920	14,581	11,221	77.0	3,360	23.0			77.0	23.0	7,861(D)
1924	11,106	8,978	80.8	2,128	19.2			80.8	19.2	6,850(D)
1928	22,586	15,213	67.4	7,373	32.6			67.4	32.6	7,840(D)
1932	23,029	19,027	82.6	4,002	17.4			82.6	17.4	15,025(D)
1936	29,817	24,459	82.0	5,358	18.0			82.0	18.0	19,101(D)
1940	34,197	29,783	87.1	4,414	12.9			87.1	12.9	25,369(D)
1944	33,362	28,184	84.5	5,178	15.5			84.5	15.5	23,636(D)
1948	31,789	25,490	80.2	6,177	19.4	122[6]	0.4	80.5	19.5	19,313(D)
1952	74,248	50,179	67.6	24,069	32.4			67.6	32.4	26,110(D)
1956	68,222	44,785	65.6	23,437	34.4			65.6	34.4	21,348(D)
1960	85,937	43,403	50.5	42,365	49.3	169[7]	0.2	50.6	49.4	1,038(D)

Notes: [1] Ran as Conservative. Conservative Party affiliated with national Democratic Party before the election of 1876.
[2] William Walker, *Prohibitionist*, 110 (1.5%).
[3] Will P. Exum, *Populist*, 550 (8.5%); J. M. Templeton, *Prohibitionist*, 113 (1.7%).
[4] William A. Guthrie, *Populist*, 627 (7.1%).
[5] Iredell Meares, *Progressive*, 342 (6.9%).
[6] Mary Price, *Progressive*, 122 (0.4%).
[7] I. Beverly Lake, (*Democrat*), Write-in, 169 (0.2%).

MITCHELL COUNTY   GOVERNOR OF NORTH CAROLINA

Year	Total Vote	Democratic Total	%	Republican Total	%	Other Total	%	Two-Party Vote % Dem.	% Repub.	Plurality Dem.-Repub.
1868	663	120[1]	18.1	543	81.9			18.1	81.9	423(R)
1872	821	193[1]	23.5	628	76.5			23.5	76.5	435(R)
1876	1,292	559	43.3	733	56.7			43.3	56.7	174(R)
1880	1,460	497	34.0	963	66.0			34.0	66.0	466(R)
1884	1,783	635	35.6	1,148	64.4			35.6	64.4	513(R)
1888	2,215	698	31.5	1,516	68.4	1[2]	0.1	31.5	68.5	818(R)
1892	2,057	714	34.7	1,311	63.7	32[3]	1.6	35.3	64.7	597(R)
1896	2,488	618	24.8	1,855	74.6	15[4]	0.6	25.0	75.0	1,237(R)
1900	2,353	413	17.5	1,940	82.5			17.5	82.5	1,527(R)
1904	1,778	417	23.5	1,361	76.5			23.5	76.5	944(R)
1908	2,372	575	24.2	1,797	75.8			24.2	75.8	1,222(R)
1912	1,306	412	31.5	177	13.6	717[5]	54.9	70.0	30.0	235(D)
1916	1,759	462	26.3	1,297	73.7			26.3	73.7	835(R)
1920	2,971	736	24.8	2,235	75.2			24.8	75.2	1,499(R)
1924	2,351	747	31.8	1,604	68.2			31.8	68.2	857(R)
1928	4,301	985	22.9	3,316	77.1			22.9	77.1	2,331(R)
1932	4,983	1,732	34.8	3,251	65.2			34.8	65.2	1,519(R)
1936	4,995	1,664	33.3	3,331	66.7			33.3	66.7	1,667(R)
1940	4,617	1,388	30.1	3,229	69.9			30.1	69.9	1,841(R)
1944	4,108	962	23.4	3,146	76.6			23.4	76.6	2,184(R)
1948	3,847	1,059	27.5	2,781	72.3	7[6]	0.2	27.6	72.4	1,722(R)
1952	5,118	1,396	27.3	3,722	72.7			27.3	72.7	2,326(R)
1956	5,212	1,406	27.0	3,806	73.0			27.0	73.0	2,400(R)
1960	5,928	1,421	24.0	4,506	76.0	1[7]	*	24.0	76.0	3,085(R)

Notes: [1] Ran as Conservative. Conservative Party affiliated with national Democratic Party before the election of 1876.
[2] William Walker, *Prohibitionist*, 1 (0.1%).
[3] Will P. Exum, *Populist*, 32 (1.6%).
[4] William A. Guthrie, *Populist*, 15 (0.6%).
[5] Iredell Meares, *Progressive*, 717 (54.9%).
[6] Mary Price, *Progressive*, 7 (0.2%).
[7] I. Beverly Lake, (*Democrat*), Write-in, 1 (*).

MONTGOMERY COUNTY

GOVERNOR OF NORTH CAROLINA

Year	Total Vote	Democratic Total	%	Republican Total	%	Other Total	%	Two-Party Vote % Dem.	% Repub.	Plurality Dem.-Repub.
1868	737	220[1]	29.9	517	70.1			29.9	70.1	297(R)
1872	1,128	475[1]	42.1	653	57.9			42.1	57.9	178(R)
1876	1,393	634	45.5	759	54.5			45.5	54.5	125(R)
1880	1,593	695	43.6	898	56.4			43.6	56.4	203(R)
1884	1,827	901	49.3	926	50.7			49.3	50.7	25(R)
1888	2,197	979	44.6	1,215	55.3	3[2]	0.1	44.6	55.4	236(R)
1892	2,034	988	48.6	834	41.0	212[3]	10.4	54.2	45.8	154(D)
1896	2,343	984	42.0	1,204	51.4	155[4]	6.6	45.0	55.0	220(R)
1900	2,209	1,341	60.7	868	39.3			60.7	39.3	473(D)
1904	1,791	967	54.0	824	46.0			54.0	46.0	143(D)
1908	2,094	1,047	50.0	1,047	50.0			50.0	50.0	0
1912	2,091	1,132	54.1	291	13.9	668[5]	32.0	79.6	20.4	841(D)
1916	2,413	1,225	50.8	1,188	49.2			50.8	49.2	37(D)
1920	4,614	2,305	50.0	2,309	50.0			50.0	50.0	4(R)
1924	4,570	2,510	54.9	2,060	45.1			54.9	45.1	450(D)
1928	5,034	2,558	50.8	2,476	49.2			50.8	49.2	82(D)
1932	5,208	2,929	56.2	2,279	43.8			56.2	43.8	650(D)
1936	5,923	3,324	56.1	2,599	43.9			56.1	43.9	725(D)
1940	4,792	3,030	63.2	1,762	36.8			63.2	36.8	1,268(D)
1944	4,596	2,716	59.1	1,880	40.9			59.1	40.9	836(D)
1948	4,602	2,752	59.8	1,850	40.2			59.8	40.2	902(D)
1952	6,361	3,609	56.7	2,752	43.3			56.7	43.3	857(D)
1956	6,436	3,713	57.7	2,723	42.3			57.7	42.3	990(D)
1960	6,978	3,459	49.6	3,516	50.4	3[6]	*	49.6	50.4	57(R)

Notes: [1] Ran as Conservative. Conservative Party affiliated with national Democratic Party before the election of 1876.
[2] William Walker, *Prohibitionist*, 3 (0.1%).
[3] Will P. Exum, *Populist*, 202 (9.9%); J. M. Templeton, *Prohibitionist*, 10 (0.5%).
[4] William A. Guthrie, *Populist*, 155 (6.6%).
[5] Iredell Meares, *Progressive*, 668 (32.0%).
[6] I. Beverly Lake, (*Democrat*), Write-in, 3 (*).
* Less than 0.05%.

GOVERNOR OF NORTH CAROLINA

Moore County

Year	Total Vote	Democratic Total	%	Republican Total	%	Other Total	%	Two-Party Vote % Dem.	% Repub.	Plurality Dem.-Repub.
1868	1,802	735[1]	40.8	1,067	59.2			40.8	59.2	332(R)
1872	1,916	1,035[1]	54.0	881	46.0			54.0	46.0	154(D)
1876	2,549	1,347	52.8	1,202	47.2			52.8	47.2	145(D)
1880	2,849	1,452	51.0	1,397	49.0			51.0	49.0	55(D)
1884	3,223	1,797	55.8	1,426	44.2			55.8	44.2	371(D)
1888	3,843	1,944	50.6	1,846	48.0	53[2]	1.4	51.3	48.7	98(D)
1892	3,833	1,693	44.2	1,373	35.8	767[3]	20.0	55.2	44.8	320(D)
1896	4,185	1,739	41.6	1,910	45.6	536[4]	12.8	47.7	52.3	171(R)
1900	3,765	1,890	50.2	1,875	49.8			50.2	49.8	15(D)
1904	2,614	1,487	56.9	1,127	43.1			56.9	43.1	360(D)
1908	2,195	1,219	55.5	976	44.5			55.5	44.5	243(D)
1912	2,100	1,208	57.5	464	22.1	428[5]	20.4	72.2	27.8	744(D)
1916	2,409	1,361	56.5	1,029	42.7	19	0.8	56.9	43.1	332(D)
1920	4,950	2,708	54.7	2,242	45.3			54.7	45.3	466(D)
1924	4,720	2,872	60.8	1,848	39.2			60.8	39.2	1,024(D)
1928	6,216	3,051	49.1	3,165	50.9			49.1	50.9	114(R)
1932	6,784	4,299	63.4	2,485	36.6			63.4	36.6	1,814(D)
1936	6,714	3,831	57.1	2,883	42.9			57.1	42.9	948(D)
1940	6,768	4,445	65.7	2,323	34.3			65.7	34.3	2,122(D)
1944	6,228	3,849	61.8	2,379	38.2			61.8	38.2	1,470(D)
1948	6,691	4,489	67.1	2,194	32.8	8[6]	0.1	67.2	32.8	2,295(D)
1952	10,464	6,116	58.4	4,348	41.6			58.4	41.6	1,768(D)
1956	9,842	6,102	62.0	3,740	38.0			62.0	38.0	2,362(D)
1960	11,279	5,815	51.6	5,462	48.4	2[7]	*	51.6	48.4	353(D)

Notes: [1] Ran as Conservative. Conservative Party affiliated with national Democratic Party before the election of 1876.
[2] William Walker, *Prohibitionist*, 53 (1.4%).
[3] Will P. Exum, *Populist*, 750 (19.6%); J. M. Templeton, *Prohibitionist*, 17 (0.4%).
[4] William A. Guthrie, *Populist*, 536 (12.8%).
[5] Iredell Meares, *Progressive*, 410 (19.5%).
[6] Mary Price, *Progressive*, 8 (0.1%).
[7] I. Beverly Lake, (*Democrat*), Write-in, 2 (*).
* Less than 0.05%.

GOVERNOR OF NORTH CAROLINA

NASH COUNTY

Year	Total Vote	Democratic Total	%	Republican Total	%	Other Total	%	Two-Party Vote %Dem.	%Repub.	Plurality Dem.-Repub.
1868	1,758	1,018[1]	57.9	740	42.1			57.9	42.1	278(D)
1872	2,577	1,284[1]	49.8	1,293	50.2			49.8	50.2	9(R)
1876	3,038	1,686	55.5	1,352	44.5			55.5	44.5	334(D)
1880	2,923	1,556	53.2	1,367	46.8			53.2	46.8	189(D)
1884	3,365	1,837	54.6	1,528	45.4			54.6	45.4	309(D)
1888	3,856	2,157	55.9	1,699	44.1		*	55.9	44.1	458(D)
1892	2,777	1,081	38.9	347	12.5	1,349[3]	48.6	75.7	24.3	734(D)
1896	4,546	1,578	34.7	1,571	34.6	1,397[4]	30.7	50.1	49.9	7(D)
1900	4,317	2,957	68.5	1,360	31.5			68.5	31.5	1,597(D)
1904	2,066	1,489	72.1	577	27.9			72.1	27.9	912(D)
1908	3,070	1,848	60.2	1,222	39.8			60.2	39.8	626(D)
1912	2,587	1,922	74.3	200	7.7	465[5]	18.0	90.6	9.4	1,722(D)
1916	3,020	2,174	72.0	826	27.3	20	0.7	72.5	27.5	1,348(D)
1920	5,590	4,072	72.8	1,518	27.2			72.8	27.2	3,800(D)
1924	4,018	3,253	81.0	765	19.0			81.0	19.0	2,488(D)
1928	6,235	4,853	77.8	1,382	22.2			77.8	22.2	3,471(D)
1932	7,909	7,242	91.6	668	8.4			91.6	8.4	6,573(D)
1936	8,290	6,894	83.2	1,396	16.8			83.2	16.8	5,498(D)
1940	8,673	8,283	95.5	390	4.5			95.5	4.5	7,893(D)
1944	7,827	7,303	93.3	524	6.7			93.3	6.7	6,779(D)
1948	8,371	8,028	95.9	336	4.0	7[6]	0.1	96.0	4.0	7,692(D)
1952	12,738	11,705	91.9	1,033	8.1			91.9	8.1	10,672(D)
1956	12,432	11,593	93.3	839	6.7			93.3	6.7	10,754(D)
1960	13,865	10,238	73.8	3,619	26.1	8[7]	0.1	73.8	26.2	6,619(D)

Notes: [1] Ran as Conservative. Conservative Party affiliated with national Democratic Party before the election of 1876.
[2] William Walker, *Prohibitionist*, 1 (*).
[3] Will P. Exum, *Populist*, 1,348 (48.5%); J. M. Templeton, *Prohibitionist*, 1 (*).
[4] William A. Guthrie, *Populist*, 1,397 (30.7%).
[5] Iredell Meares, *Progressive*, 426 (16.5%).
[6] Mary Price, *Progressive*, 7 (0.1%).
[7] I. Beverly Lake, (*Democrat*), Write-in, 8 (0.1%).
* Less than 0.05%.

NEW HANOVER COUNTY   GOVERNOR OF NORTH CAROLINA

Year	Total Vote	Democratic Total	%	Republican Total	%	Other Total	%	Two-Party Vote %Dem.	%Repub.	Plurality Dem.-Repub.
1868	5,799	2,231[1]	38.5	3,568	61.5			38.5	61.5	1,337(R)
1872	5,875	2,261[1]	38.5	3,614	61.5			38.5	61.5	1,353(R)
1876	4,610	1,622	35.2	2,988	64.8			35.2	64.8	1,366(R)
1880	3,708	1,359	36.7	2,349	63.3			36.7	63.3	990(R)
1884	4,629	1,751	37.8	2,878	62.2			37.8	62.2	1,127(R)
1888	4,740	1,880	39.7	2,856	60.2	4[2]	0.1	39.7	60.3	976(R)
1892	3,960	2,447	61.8	1,326	33.5	187[3]	4.7	64.9	35.1	1,121(D)
1896	5,438	2,218	40.8	3,145	57.8	75[4]	1.4	41.4	58.6	927(R)
1900	2,966	2,963	99.9	3	0.1			99.9	0.1	2,960(D)
1904	1,340	1,284	95.8	56	4.2			95.8	4.2	1,228(D)
1908	2,393	2,110	88.2	283	11.8			88.2	11.8	1,827(D)
1912	2,270	1,990	87.7	211	9.3	69[5]	3.0	90.4	9.6	1,779(D)
1916	2,750	2,499	90.9	251	9.1			90.9	9.1	2,248(D)
1920	4,814	4,342	90.2	472	9.8			90.2	9.8	3,870(D)
1924	5,853	5,295	90.5	558	9.5			90.5	9.5	4,737(D)
1928	6,824	4,695	68.8	2,129	31.2			68.8	31.2	2,566(D)
1932	7,413	6,615	89.2	798	10.8			89.2	10.8	5,817(D)
1936	8,182	6,783	82.9	1,399	17.1			82.9	17.1	5,384(D)
1940	9,670	8,919	92.2	751	7.8			92.2	7.8	8,168(D)
1944	11,199	9,832	87.8	1,367	12.2			87.8	12.2	8,465(D)
1948	10,700	9,301	86.9	1,339	12.5	60[6]	0.6	87.4	12.6	7,962(D)
1952	18,735	15,780	84.2	2,955	15.8			84.2	15.8	12,825(D)
1956	18,907	15,979	84.5	2,928	15.5			84.5	15.5	13,051(D)
1960	22,862	13,171	57.6	9,657	42.2	34[7]	0.2	57.6	42.4	3,514(D)

Notes: [1] Ran as Conservative. Conservative Party affiliated with national Democratic Party before the election of 1876.
[2] William Walker, *Prohibitionist*, 4 (0.1%).
[3] Will P. Exum, *Populist*, 187 (4.7%).
[4] William A. Guthrie, *Populist*, 75 (1.4%).
[5] Iredell Meares, *Progressive*, 69 (3.0%).
[6] Mary Price, *Progressive*, 60 (0.6%).
[7] I. Beverly Lake, *(Democrat)*, Write-in, 34 (0.2%).

GOVERNOR OF NORTH CAROLINA

NORTHAMPTON COUNTY

Year	Total Vote	Democratic Total	%	Republican Total	%	Other Total	%	Two-Party Vote % Dem.	% Repub.	Plurality Dem.-Repub.
1868	2,692	803[1]	29.8	1,889	70.2			29.8	70.2	1,086(R)
1872	3,085	1,095[1]	35.5	1,990	64.5			35.5	64.5	895(R)
1876	3,598	1,422	39.5	2,176	60.5			39.5	60.5	754(R)
1880	3,553	1,512	42.6	2,041	57.4			42.6	57.4	529(R)
1884	4,084	1,733	42.4	2,351	57.6			42.4	57.6	618(R)
1888	3,655	1,659	45.4	1,990	54.4	6[2]	0.2	45.5	54.5	331(R)
1892	3,339	1,455	43.6	1,027	30.7	857[3]	25.7	58.6	41.4	428(D)
1896	4,190	1,660	39.6	2,312	55.2	218[4]	5.2	41.8	58.2	652(R)
1900	3,534	2,438	69.0	1,096	31.0			69.0	31.0	1,342(D)
1904	1,642	1,539	93.7	103	6.3			93.7	6.3	1,436(D)
1908	1,812	1,691	93.3	121	6.7			93.3	6.7	1,570(D)
1912	1,757	1,672	95.1	43	2.5	42[5]	2.4	97.5	2.5	1,629(D)
1916	1,492	1,462	98.0	30	2.0			98.0	2.0	1,432(D)
1920	2,455	2,329	94.9	126	5.1			94.9	5.1	2,203(D)
1924	1,806	1,705	94.4	101	5.6			94.4	5.6	1,604(D)
1928	2,264	2,104	92.9	160	7.1			92.9	7.1	1,944(D)
1932	3,401	3,277	96.4	124	3.6			96.4	3.6	3,153(D)
1936	3,617	3,448	95.3	169	4.7			95.3	4.7	3,279(D)
1940	3,793	3,730	98.3	63	1.7			98.3	1.7	3,667(D)
1944	3,441	3,345	97.2	96	2.8			97.2	2.8	3,249(D)
1948	3,770	3,674	97.4	93	2.5	3[6]	0.1	97.5	2.5	3,581(D)
1952	4,720	4,533	96.0	187	4.0			96.0	4.0	4,346(D)
1956	4,892	4,555	93.1	337	6.9			93.1	6.9	4,218(D)
1960	5,331	4,875	91.5	443	8.3	13[7]	0.2	91.7	8.3	4,432(D)

Notes: [1] Ran as Conservative. Conservative Party affiliated with national Democratic Party before the election of 1876.
[2] William Walker, *Prohibitionist*, 6 (0.2%).
[3] Will P. Exum, *Populist*, 819 (24.6%); J. M. Templeton, *Prohibitionist*, 38 (1.1%).
[4] William A. Guthrie, *Populist*, 218 (5.2%).
[5] Iredell Meares, *Progressive*, 42 (2.4%).
[6] Mary Price, *Progressive*, 3 (0.1%).
[7] I. Beverly Lake, (*Democrat*), Write-in, 13 (0.2%).

GOVERNOR OF NORTH CAROLINA

Onslow County

Year	Total Vote	Democratic Total	%	Republican Total	%	Other Total	%	Two-Party Vote % Dem.	% Repub.	Plurality Dem.-Repub.
1868	1,134	726[1]	64.0	408	36.0			64.0	36.0	318(D)
1872	1,384	892[1]	64.5	492	35.5			64.5	35.5	400(D)
1876	1,655	1,308	79.0	347	21.0			79.0	21.0	961(D)
1880	1,565	1,035	66.1	530	33.9			66.1	33.9	505(D)
1884	1,756	1,284	73.1	472	26.9			73.1	26.9	812(D)
1888	1,606	1,180	73.5	425	26.5	1[2]	*	73.5	26.5	755(D)
1892	2,552	1,777	69.6	298	11.7	477[3]	18.7	85.6	14.4	1,479(D)
1896	2,135	1,154	54.1	671	31.4	310[4]	14.5	63.2	36.8	483(D)
1900	2,185	1,548	70.8	637	29.2			70.8	29.2	911(D)
1904	1,347	908	67.4	439	32.6			67.4	32.6	469(D)
1908	1,547	988	63.9	559	36.1			63.9	36.1	429(D)
1912	1,403	904	64.4	55	3.9	444[5]	31.7	94.3	5.7	849(D)
1916	1,948	1,144	58.7	804	41.3			58.7	41.3	340(D)
1920	2,400	1,578	65.8	822	34.2			65.8	34.2	756(D)
1924	1,527	1,163	76.2	364	23.8			76.2	23.8	799(D)
1928	2,181	1,426	65.4	755	34.6			65.4	34.6	671(D)
1932	2,789	2,562	91.9	227	8.1			91.9	8.1	2,335(D)
1936	2,692	2,446	90.9	246	9.1			90.9	9.1	2,200(D)
1940	2,435	2,261	92.9	174	7.1			92.9	7.1	2,087(D)
1944	2,766	2,416	87.3	350	12.7			87.3	12.7	2,066(D)
1948	3,589	3,380	94.2	205	5.7	4[6]	0.1	94.3	5.7	3,175(D)
1952	5,032	4,464	88.7	568	11.3			88.7	11.3	3,896(D)
1956	5,923	5,225	88.2	698	11.8			88.2	11.8	4,527(D)
1960	8,274	5,731	69.3	2,534	30.6	9[7]	0.1	69.3	30.7	3,197(D)

Notes: [1] Ran as Conservative. Conservative Party affiliated with national Democratic Party before the election of 1876.
[2] William Walker, *Prohibitionist*, 1 (*).
[3] Will P. Exum, *Populist*, 477 (18.7%).
[4] William A. Guthrie, *Populist*, 310 (14.5%).
[5] Iredell Meares, *Progressive*, 444 (31.7%).
[6] Mary Price, *Progressive*, 4 (0.1%).
[7] I. Beverly Lake, (*Democrat*), Write-in, 9 (0.1%).
* Less than 0.05%.

GOVERNOR OF NORTH CAROLINA

ORANGE COUNTY

Year	Total Vote	Democratic Total	%	Republican Total	%	Other Total	%	Two-Party Vote % Dem.	% Repub.	Plurality Dem.-Repub.
1868	3,144	1,834[1]	58.3	1,310	41.7			58.3	41.7	524(D)
1872	3,266	1,945[1]	59.6	1,321	40.4			59.6	40.4	624(D)
1876	4,085	2,410	59.0	1,675	41.0			59.0	41.0	735(D)
1880	4,139	2,225	53.8	1,914	46.2			53.8	46.2	311(D)
1884	2,741	1,670	60.9	1,071	39.1			60.9	39.1	599(D)
1888	2,939	1,610	54.8	1,288	43.8	41[2]	1.4	55.6	44.4	322(D)
1892	2,804	1,117	39.8	875	31.2	812[3]	29.0	56.1	43.9	242(D)
1896	2,981	1,245	41.8	1,238	41.5	498[4]	16.7	50.1	49.9	7(D)
1900	2,940	1,471	50.0	1,469	50.0			50.0	50.0	2(D)
1904	1,508	952	63.1	556	36.9			63.1	36.9	396(D)
1908	2,091	1,077	51.5	1,014	48.5			51.5	48.5	63(D)
1912	2,082	1,096	52.6	516	24.8	470[5]	22.6	68.0	32.0	580(D)
1916	2,372	1,213	51.1	1,159	48.9			51.1	48.9	54(D)
1920	3,867	2,081	53.8	1,786	46.2			53.8	46.2	295(D)
1924	3,208	2,015	62.8	1,193	37.2			62.8	37.2	822(D)
1928	4,477	2,432	54.3	2,045	45.7			54.3	45.7	387(D)
1932	4,092	2,999	73.3	1,093	26.7			73.3	26.7	1,906(D)
1936	5,181	3,095	59.7	2,086	40.3			59.7	40.3	1,009(D)
1940	4,653	3,788	81.4	865	18.6			81.4	18.6	2,923(D)
1944	4,580	3,419	74.7	1,161	25.3			74.7	25.3	2,258(D)
1948	5,711	4,638	81.2	959	16.8	114[6]	2.0	82.9	17.1	3,679(D)
1952	8,344	6,369	76.3	1,975	23.7			76.3	23.7	4,394(D)
1956	8,880	6,551	73.8	2,329	26.2			73.8	26.2	4,222(D)
1960	12,299	7,443	60.5	4,840	39.4	16[7]	0.1	60.6	39.4	2,603(D)

Notes: [1] Ran as Conservative. Conservative Party affiliated with national Democratic Party before the election of 1876.
[2] William Walker, *Prohibitionist*, 41 (1.4%).
[3] Will P. Exum, *Populist*, 804 (28.7%); J. M. Templeton, *Prohibitionist*, 8 (0.3%).
[4] William A. Guthrie, *Populist*, 498 (16.7%).
[5] Iredell Meares, *Progressive*, 468 (22.5%).
[6] Mary Price, *Progressive*, 114 (2.0%).
[7] I. Beverly Lake, (*Democrat*), Write-in, 16 (0.1%).

PAMLICO COUNTY†

GOVERNOR OF NORTH CAROLINA

Year	Total Vote	Democratic Total	%	Republican Total	%	Other Total	%	Two-Party Vote % Dem.	% Repub.	Plurality Dem.-Repub.
1868										
1872	804	446[1]	55.5	358	44.5			55.5	44.5	88(D)
1876	1,258	742	59.0	516	41.0			59.0	41.0	226(D)
1880	970	584	60.2	386	39.8			60.2	39.8	198(D)
1884	1,353	748	55.3	605	44.7			55.3	44.7	143(D)
1888	1,368	740	54.1	619	45.2	9[2]	0.7	54.5	45.5	121(D)
1892	1,311	497	37.9	413	31.5	401[3]	30.6	54.6	45.4	84(D)
1896	1,495	503	33.7	649	43.4	343[4]	22.9	43.7	56.3	146(R)
1900	1,256	657	52.3	599	47.7			52.3	47.7	58(D)
1904	1,009	612	60.7	397	39.3			60.7	39.3	215(D)
1908	1,149	671	58.4	478	41.6			58.4	41.6	193(D)
1912	1,107	703	63.5	108	9.8	296[5]	26.7	86.7	13.3	595(D)
1916	1,238	700	56.5	530	42.8	8	0.7	56.5	43.5	170(D)
1920	2,302	1,291	56.1	1,011	43.9			56.1	43.9	280(D)
1924	1,302	909	69.8	393	30.2			69.8	30.2	516(D)
1928	1,879	1,069	56.9	810	43.1			56.9	43.1	259(D)
1932	2,177	1,418	65.1	759	34.9			65.1	34.9	659(D)
1936	2,341	1,463	62.5	878	37.5			62.5	37.5	585(D)
1940	1,925	1,394	72.4	531	27.6			72.4	27.6	863(D)
1944	1,819	1,208	66.4	611	33.6			66.4	33.6	597(D)
1948	2,152	1,607	74.7	540	25.1	5[6]	0.2	74.8	25.2	1,067(D)
1952	2,171	1,556	71.7	615	28.3			71.7	28.3	941(D)
1956	2,183	1,594	73.0	589	27.0			73.0	27.0	1,005(D)
1960	2,736	1,722	62.9	1,012	37.0	2[7]	0.1	63.0	37.0	710(D)

Notes: [1] Ran as Conservative. Conservative Party affiliated with national Democratic Party before the election of 1876.
[2] William Walker, *Prohibitionist*, 9 (0.7%).
[3] Will P. Exum, *Populist*, 398 (30.4%); J. M. Templeton, *Prohibitionist*, 3 (0.2%).
[4] William A. Guthrie, *Populist*, 343 (22.9%).
[5] Iredell Meares, *Progressive*, 279 (25.2%).
[6] Mary Price, *Progressive*, 5 (0.2%).
[7] I. Beverly Lake, (*Democrat*), Write-in, 2 (0.1%).
† Pamlico county was created in 1872.

PASQUOTANK COUNTY GOVERNOR OF NORTH CAROLINA

Year	Total Vote	Democratic Total	%	Republican Total	%	Other Total	%	Two-Party Vote % Dem.	% Repub.	Plurality Dem.-Repub.
1868	1,409	511[1]	36.3	898	63.7			36.3	63.7	387(R)
1872	1,710	657[1]	38.4	1,053	61.6			38.4	61.6	396(R)
1876	2,067	847	41.0	1,220	59.0			41.0	59.0	373(R)
1880	1,625	573	35.3	1,052	64.7			35.3	64.7	479(R)
1884	2,131	892	41.9	1,239	58.1			41.9	58.1	347(R)
1888	2,081	832	40.0	1,217	58.5	32[2]	1.5	40.6	59.4	385(R)
1892	2,282	869	38.1	1,216	53.3	197[3]	8.6	41.7	58.3	347(R)
1896	2,571	938	36.5	1,510	58.7	123[4]	4.8	38.3	61.7	572(R)
1900	2,428	1,502	61.9	926	38.1			61.9	38.1	576(D)
1904	1,212	1,001	82.6	211	17.4			82.6	17.4	790(D)
1908	1,313	1,048	79.8	265	20.2			79.8	20.2	783(D)
1912	1,189	1,011	85.0	61	5.1	117[5]	9.9	94.3	5.7	950(D)
1916	1,397	1,168	83.6	229	16.4			83.6	16.4	939(D)
1920	2,233	1,816	81.3	417	18.7			81.3	18.7	1,399(D)
1924	1,568	1,020	65.0	548	35.0			65.0	35.0	472(D)
1928	2,708	2,278	84.1	430	15.9			84.1	15.9	1,848(D)
1932	3,307	3,140	95.0	167	5.0			95.0	5.0	2,973(D)
1936	3,369	3,033	90.0	336	10.0			90.0	10.0	2,697(D)
1940	3,665	3,402	92.8	263	7.2			92.8	7.2	3,139(D)
1944	3,049	2,672	87.6	377	12.4			87.6	12.4	2,295(D)
1948	2,783	2,470	88.8	310	11.1	3[6]	0.1	88.8	11.2	2,160(D)
1952	5,133	4,447	86.6	686	13.4			86.6	13.4	3,761(D)
1956	4,673	3,957	84.7	716	15.3			84.7	15.3	3,241(D)
1960	6,223	4,845	77.9	1,375	22.1	3[7]	*	77.9	22.1	3,470(D)

Notes: [1] Ran as Conservative. Conservative Party affiliated with national Democratic Party before the election of 1876.
[2] William Walker, *Prohibitionist*, 32 (1.5%).
[3] Will P. Exum, *Populist*, 187 (8.2%); J. M. Templeton, *Prohibitionist*, 10 (0.4%).
[4] William A. Guthrie, *Populist*, 123 (4.8%).
[5] Iredell Meares, *Progressive*, 117 (9.9%).
[6] Mary Price, *Progressive*, 3 (0.1%).
[7] I. Beverly Lake, (*Democrat*), Write-in, 3 (*).
* Less than 0.05%.

PENDER COUNTY†

GOVERNOR OF NORTH CAROLINA

Year	Total Vote	Democratic Total	%	Republican Total	%	Other Total	%	Two-Party Vote %Dem.	%Repub.	Plurality Dem.-Repub.
1868										
1872										
1876	2,418	1,166	48.2	1,252	51.8			48.2	51.8	86(R)
1880	2,244	998	44.5	1,246	55.5			44.5	55.5	248(R)
1884	2,455	1,215	49.5	1,240	50.5			49.5	50.5	25(R)
1888	1,478	721	48.8	757	51.2			48.8	51.2	36(R)
1892	1,990	901	45.3	957	48.1	132[1]	6.6	48.5	51.5	56(R)
1896	2,434	1,089	44.8	1,159	47.6	186[2]	7.6	48.4	51.6	70(R)
1900	1,536	1,260	82.0	276	18.0			82.0	18.0	984(D)
1904	1,096	972	88.7	124	11.3			88.7	11.3	848(D)
1908	1,313	1,019	77.6	294	22.4			77.6	22.4	725(D)
1912	1,243	988	79.5	21	1.7	234[3]	18.8	97.9	2.1	967(D)
1916	1,326	973	73.4	353	26.6			73.4	26.6	620(D)
1920	2,283	1,611	70.6	672	29.4			70.6	29.4	939(D)
1924	1,427	1,219	85.4	208	14.6			85.4	14.6	1,011(D)
1928	2,317	1,547	66.8	770	33.2			66.8	33.2	777(D)
1932	2,225	1,992	89.5	233	10.5			89.5	10.5	1,759(D)
1936	2,569	2,266	88.2	303	11.8			88.2	11.8	1,963(D)
1940	2,424	2,230	92.0	194	8.0			92.0	8.0	2,036(D)
1944	2,030	1,711	84.3	319	15.7			84.3	15.7	1,392(D)
1948	1,974	1,761	89.2	208	10.6	5[4]	0.2	89.4	10.6	1,553(D)
1952	2,851	2,420	84.9	431	15.1			84.9	15.1	1,989(D)
1956	3,124	2,785	89.1	339	10.9			89.1	10.9	2,446(D)
1960	3,991	2,816	70.5	1,164	29.2	11[5]	0.3	70.8	29.2	1,652(D)

Notes: [1] Will P. Exum, *Populist*, 132 (6.6%).
[2] William A. Guthrie, *Populist*, 186 (7.6%).
[3] Iredell Meares, *Progressive*, 234 (18.8%).
[4] Mary Price, *Progressive*, 5 (0.2%).
[5] I. Beverly Lake, *(Democrat)*, Write-in, 11 (0.3%).
† Pender county was created in 1875.

PERQUIMANS COUNTY

GOVERNOR OF NORTH CAROLINA

Year	Total Vote	Democratic Total	%	Republican Total	%	Other Total	%	Two-Party Vote % Dem.	% Repub.	Plurality Dem.-Repub.
1868	1,392	529[1]	38.0	863	62.0			38.0	62.0	334(R)
1872	1,552	642[1]	41.4	910	58.6			41.4	58.6	268(R)
1876	1,840	824	44.8	1,016	55.2			44.8	55.2	192(R)
1880	1,728	749	43.3	979	56.7			43.3	56.7	230(R)
1884	1,754	777	44.3	977	55.7			44.3	55.7	200(R)
1888	1,777	779	43.8	981	55.2	17[2]	1.0	44.3	55.7	202(R)
1892	1,622	521	32.1	816	50.3	285[3]	17.6	39.0	61.0	295(R)
1896	1,817	684	37.6	1,006	55.4	127[4]	7.0	40.5	59.5	322(R)
1900	1,691	959	56.7	732	43.3			56.7	43.3	227(D)
1904	974	663	68.1	311	31.9			68.1	31.9	352(D)
1908	1,025	598	58.3	427	41.7			58.3	41.7	171(D)
1912	1,038	686	66.1	310	29.9	42[5]	4.0	68.9	31.1	376(D)
1916	917	631	68.8	286	31.2			68.8	31.2	345(D)
1920	1,537	1,057	68.8	480	31.2			68.8	31.2	577(D)
1924	840	557	66.3	283	33.7			66.3	33.7	274(D)
1928	1,264	884	70.0	380	30.0			70.0	30.0	504(D)
1932	1,527	1,373	89.9	154	10.1			89.9	10.1	1,219(D)
1936	1,341	1,165	86.9	176	13.1			86.9	13.1	989(D)
1940	1,274	1,145	89.9	129	10.1			89.9	10.1	1,016(D)
1944	1,070	918	85.8	152	14.2			85.8	14.2	766(D)
1948	971	916	94.3	53	5.5	2[6]	0.2	94.5	5.5	863(D)
1952	1,599	1,376	86.1	223	13.9			86.1	13.9	1,153(D)
1956	1,620	1,280	79.0	340	21.0			79.0	21.0	940(D)
1960	1,945	1,515	77.9	429	22.1	1[7]	*	77.9	22.1	1,086(D)

Notes: [1] Ran as Conservative. Conservative Party affiliated with national Democratic Party before the election of 1876.
[2] William Walker, *Prohibitionist*, 17 (1.0%).
[3] Will P. Exum, *Populist*, 285 (17.6%).
[4] William A. Guthrie, *Populist*, 127 (7.0%).
[5] Iredell Meares, *Progressive*, 42 (4.0%).
[6] Mary Price, *Progressive*, 2 (0.2%).
[7] I. Beverly Lake, (*Democrat*), Write-in, 1 (*).
* Less than 0.05%.

PERSON COUNTY

GOVERNOR OF NORTH CAROLINA

Year	Total Vote	Democratic Total	%	Republican Total	%	Other Total	%	Two-Party Vote %Dem.	%Repub.	Plurality Dem.-Repub.
1868	1,695	814[1]	48.0	881	52.0			48.0	52.0	67(R)
1872	1,920	1,101[1]	57.3	819	42.7			57.3	42.7	282(D)
1876	2,182	1,191	54.6	991	45.4			54.6	45.4	200(D)
1880	2,411	1,308	54.3	1,103	45.7			54.3	45.7	205(D)
1884	2,572	1,490	57.9	1,082	42.1			57.9	42.1	408(D)
1888	2,675	1,375	51.4	1,293	48.3	7[2]	0.3	51.5	48.5	82(D)
1892	2,985	1,259	42.2	1,404	47.0	322[3]	10.8	47.3	52.7	145(R)
1896	3,100	1,681	54.2	1,399	45.1	20[4]	0.7	54.6	45.4	282(D)
1900	2,893	1,607	55.5	1,286	44.5			55.5	44.5	321(D)
1904	1,507	949	63.0	558	37.0			63.0	37.0	391(D)
1908	1,737	890	51.2	847	48.8			51.2	48.8	43(D)
1912	1,720	847	49.2	811	47.2	62[5]	3.6	51.1	48.9	36(D)
1916	1,866	937	50.2	929	49.8			50.2	49.8	8(D)
1920	3,211	1,629	50.7	1,582	49.3			50.7	49.3	47(D)
1924	2,607	1,603	61.5	1,004	38.5			61.5	38.5	599(D)
1928	2,335	1,425	61.0	910	39.0			61.0	39.0	515(D)
1932	3,019	2,419	80.1	600	19.9			80.1	19.9	1,819(D)
1936	3,053	2,343	76.7	710	23.3			76.7	23.3	1,633(D)
1940	3,304	3,027	91.6	277	8.4			91.6	8.4	2,750(D)
1944	2,862	2,421	84.6	441	15.4			84.6	15.4	1,980(D)
1948	3,522	3,230	91.7	285	8.1	7[6]	0.2	91.9	8.1	2,945(D)
1952	5,258	4,689	89.2	569	10.8			89.2	10.8	4,120(D)
1956	4,921	4,160	84.5	761	15.5			84.5	15.5	3,399(D)
1960	6,076	4,325	71.2	1,744	28.7	7[7]	0.1	71.3	28.7	2,581(D)

Notes: [1] Ran as Conservative. Conservative Party affiliated with national Democratic Party before the election of 1876.
[2] William Walker, *Prohibitionist*, 7 (0.3%).
[3] Will P. Exum, *Populist*, 319 (10.7%); J. M. Templeton, *Prohibitionist*, 3 (0.1%).
[4] William A. Guthrie, *Populist*, 20 (0.7%).
[5] Iredell Meares, *Progressive*, 62 (3.6%).
[6] Mary Price, *Progressive*, 7 (0.2%).
[7] I. Beverly Lake, *(Democrat)*, Write-in, 7 (0.1%).

PITT COUNTY
GOVERNOR OF NORTH CAROLINA

Year	Total Vote	Democratic Total	%	Republican Total	%	Other Total	%	Two-Party Vote % Dem.	% Repub.	Plurality Dem.-Repub.
1868	3,022	1,247[1]	41.3	1,775	58.7			41.3	58.7	528(R)
1872	3,557	1,782[1]	50.1	1,775	49.9			50.1	49.9	7(D)
1876	4,019	2,125	52.9	1,894	47.1			52.9	47.1	231(D)
1880	3,999	2,228	55.7	1,771	44.3			55.7	44.3	457(D)
1884	4,641	2,436	52.5	2,205	47.5			52.5	47.5	231(D)
1888	4,991	2,593	52.0	2,328	46.6	70[2]	1.4	52.7	47.3	265(D)
1892	4,679	2,083	44.5	1,123	24.0	1,473[3]	31.5	65.0	35.0	960(D)
1896	5,521	2,538	46.0	2,462	44.6	521[4]	9.4	50.8	49.2	76(D)
1900	5,529	3,433	62.1	2,096	37.9			62.1	37.9	1,337(D)
1904	2,737	2,298	84.0	439	16.0			84.0	16.0	1,859(D)
1908	3,311	2,500	75.5	811	24.5			75.5	24.5	1,689(D)
1912	3,121	2,420	77.5	457	14.7	244[5]	7.8	84.1	15.9	1,963(D)
1916	3,502	2,762	78.9	740	21.1			78.9	21.1	2,022(D)
1920	4,990	4,156	83.3	834	16.7			83.3	16.7	3,682(D)
1924	3,795	3,362	88.6	433	11.4			88.6	11.4	2,929(D)
1928	6,104	5,274	86.4	830	13.6			86.4	13.6	4,444(D)
1932	7,827	7,606	97.2	221	2.8			97.2	2.8	7,385(D)
1936	9,207	8,265	89.8	942	10.2			89.8	10.2	7,323(D)
1940	10,124	9,939	98.2	185	1.8			98.2	1.8	9,754(D)
1944	8,155	7,881	96.6	274	3.4			96.6	3.4	7,607(D)
1948	9,438	8,967	95.0	386	4.1	85[6]	0.9	95.9	4.1	8,581(D)
1952	12,930	12,256	94.8	674	5.2			94.8	5.2	11,582(D)
1956	14,157	13,157	92.9	1,000	7.1			92.9	7.1	12,157(D)
1960	15,747	12,551	79.7	3,162	20.1	34[7]	0.2	79.9	20.1	9,389(D)

Notes: [1] Ran as Conservative. Conservative Party affiliated with national Democratic Party before the election of 1876.
[2] William Walker, *Prohibitionist*, 70 (1.4%).
[3] Will P. Exum, *Populist*, 1,444 (30.9%); J. M. Templeton, *Prohibitionist*, 29 (0.6%).
[4] William A. Guthrie, *Populist*, 521 (9.4%).
[5] Iredell Meares, *Progressive*, 239 (7.7%).
[6] Mary Price, *Progressive*, 85 (0.9%).
[7] I. Beverly Lake, (*Democrat*), Write-in, 34 (0.2%).

POLK COUNTY

GOVERNOR OF NORTH CAROLINA

Year	Total Vote	Democratic Total	%	Republican Total	%	Other Total	%	Two-Party Vote % Dem.	% Repub.	Plurality Dem.-Repub.
1868	492	93[1]	18.9	399	81.1			18.9	81.1	306(R)
1872	566	224[1]	39.6	342	60.4			39.6	60.4	118(R)
1876	757	416	55.0	341	45.0			55.0	45.0	75(D)
1880	759	330	43.5	429	56.5			43.5	56.5	99(R)
1884	927	446	48.1	481	51.9			48.1	51.9	35(R)
1888	1,048	480	45.8	560	53.4	8[2]	0.8	46.2	53.8	80(R)
1892	1,070	507	47.4	563	52.6			47.4	52.6	56(R)
1896	1,193	477	40.0	715	59.9	1[3]	0.1	40.0	60.0	238(R)
1900	1,184	534	45.1	650	55.9			45.1	55.9	116(R)
1904	1,054	502	47.6	552	52.4			47.6	52.4	50(R)
1908	1,130	536	47.4	594	52.6			47.4	52.6	58(R)
1912	1,303	676	51.9	621	47.7	6[4]	0.4	52.1	47.9	55(D)
1916	1,426	683	47.9	743	52.1			47.9	52.1	60(R)
1920	2,736	1,387	50.7	1,349	49.3			50.7	49.3	38(D)
1924	3,066	1,659	54.1	1,407	45.9			54.1	45.9	252(D)
1928	3,473	1,828	52.6	1,645	47.4			52.6	47.4	183(D)
1932	3,893	2,426	62.3	1,467	37.7			62.3	37.7	959(D)
1936	4,296	2,571	59.8	1,725	40.2			59.8	40.2	846(D)
1940	3,960	2,546	64.3	1,414	35.7			64.3	35.7	1,132(D)
1944	3,999	2,439	61.0	1,560	39.0			61.0	39.0	879(D)
1948	4,004	2,516	62.8	1,486	37.1	2[5]	0.1	62.9	37.1	1,030(D)
1952	6,264	3,181	50.8	3,083	49.2			50.8	49.2	98(D)
1956	5,169	2,942	56.9	2,227	43.1			56.9	43.1	715(D)
1960	5,532	2,952	53.4	2,578	46.6	2[6]	*	53.4	46.6	374(D)

Notes: [1] Ran as Conservative. Conservative Party affiliated with national Democratic Party before the election of 1876.
[2] William Walker, *Prohibitionist*, 8 (0.8%).
[3] William A. Guthrie, *Populist*, 1 (0.1%).
[4] Iredell Meares, *Progressive*, 6 (0.4%).
[5] Mary Price, *Progressive*, 2 (0.1%).
[6] I. Beverly Lake, (*Democrat*), Write-in, 2 (*).
* Less than 0.05%.

RANDOLPH COUNTY

GOVERNOR OF NORTH CAROLINA

Year	Total Vote	Democratic Total	%	Republican Total	%	Other Total	%	Two-Party Vote % Dem.	% Repub.	Plurality Dem.-Repub.
1868	2,147	633[1]	29.5	1,514	70.5			29.5	70.5	881(R)
1872	2,753	1,364[1]	49.5	1,389	50.5			49.5	50.5	25(R)
1876	3,268	1,699	52.0	1,569	48.0			52.0	48.0	130(D)
1880	3,810	1,976	51.9	1,834	48.1			51.9	48.1	142(D)
1884	3,872	2,044	52.8	1,828	47.2			52.8	47.2	216(D)
1888	4,804	2,171	45.2	2,327	48.4	306[2]	6.4	48.3	51.7	156(R)
1892	4,823	2,113	43.8	1,870	38.8	840[3]	17.4	53.1	46.9	243(D)
1896	5,225	2,263	43.3	2,711	51.9	251[4]	4.8	45.5	54.5	448(R)
1900	4,981	2,468	49.5	2,513	50.5			49.5	50.5	45(R)
1904	4,303	2,409	56.0	1,894	44.0			56.0	44.0	515(D)
1908	5,193	2,546	49.0	2,647	51.0			49.0	51.0	101(R)
1912	5,062	2,828	55.9	475	9.4	1,759[5]	34.7	85.6	14.4	2,353(D)
1916	5,800	2,761	47.6	3,037	52.4			47.6	52.4	276(R)
1920	11,309	5,066	44.8	6,243	55.2			44.8	55.2	1,177(R)
1924	11,681	5,395	46.2	6,286	53.8	2	*	46.2	53.8	891(R)
1928	12,548	5,560	44.3	6,988	55.7			44.3	55.7	1,428(R)
1932	13,900	7,381	53.1	6,519	46.9			53.1	46.9	862(D)
1936	14,481	7,010	48.4	7,471	51.6			48.4	51.6	461(R)
1940	15,469	8,422	54.4	7,047	45.6			54.4	45.6	1,375(D)
1944	15,995	7,403	46.3	8,592	53.7			46.3	53.7	1,189(R)
1948	15,824	8,199	51.8	7,619	48.2	6[6]	*	51.8	48.2	580(D)
1952	21,076	10,108	48.0	10,968	52.0			48.0	52.0	860(R)
1956	21,518	10,410	48.4	11,108	51.6			48.4	51.6	698(R)
1960	25,660	9,628	37.5	16,021	62.4	11[7]	0.1	37.5	62.5	6,393(R)

Notes: [1] Ran as Conservative. Conservative Party affiliated with national Democratic Party before the election of 1876.
[2] William Walker, *Prohibitionist*, 306 (6.4%).
[3] Will P. Exum, *Populist*, 535 (11.1%); J. M. Templeton, *Prohibitionist*, 305 (6.3%).
[4] William A. Guthrie, *Populist*, 251 (4.8%).
[5] Iredell Meares, *Progressive*, 1,759 (34.7%).
[6] Mary Price, *Progressive*, 6 (*).
[7] I. Beverly Lake, (*Democrat*), Write-in, 11 (0.1%).
* Less than 0.05%.

RICHMOND COUNTY

GOVERNOR OF NORTH CAROLINA

Year	Total Vote	Democratic Total	%	Republican Total	%	Other Total	%	Two-Party Vote % Dem.	% Repub.	Plurality Dem.-Repub.
1868	1,857	662[1]	35.6	1,195	64.4			35.6	64.4	533(R)
1872	2,320	1,016[1]	43.8	1,304	56.2			43.8	56.2	288(R)
1876	2,829	1,343	47.5	1,486	52.5			47.5	52.5	143(R)
1880	3,079	1,340	43.5	1,739	56.5			43.5	56.5	399(R)
1884	3,633	1,958	53.9	1,675	46.1			53.9	46.1	283(D)
1888	3,407	1,711	50.2	1,684	49.4	12[2]	0.4	50.4	49.6	27(D)
1892	3,283	1,740	53.0	1,074	32.7	469[3]	14.3	61.8	38.2	666(D)
1896	4,693	1,849	39.4	2,462	52.5	382[4]	8.1	42.9	57.1	613(R)
1900	1,830	1,645	89.9	185	10.1			89.9	10.1	1,460(D)
1904	1,229	955	77.7	274	22.3			77.7	22.3	681(D)
1908	1,472	1,106	75.1	366	24.9			75.1	24.9	740(D)
1912	1,562	1,357	86.9	116	7.4	89[5]	5.7	92.1	7.9	1,241(D)
1916	2,199	1,606	73.0	593	27.0			73.0	27.0	1,013(D)
1920	4,353	3,219	73.9	1,134	26.1			73.9	26.1	2,085(D)
1924	3,223	2,719	84.4	504	15.6			84.4	15.6	2,215(D)
1928	5,149	3,679	71.5	1,470	28.5			71.5	28.5	2,209(D)
1932	5,490	4,749	86.5	741	13.5			86.5	13.5	4,008(D)
1936	6,893	5,913	85.8	980	14.2			85.8	14.2	4,933(D)
1940	7,029	6,423	91.4	606	8.6			91.4	8.6	5,817(D)
1944	5,959	5,360	89.9	599	10.1			89.9	10.1	4,761(D)
1948	5,865	5,303	90.4	551	9.4	11[6]	0.2	90.6	9.4	4,752(D)
1952	10,200	8,492	83.3	1,708	16.7			83.3	16.7	6,784(D)
1956	9,385	8,165	87.0	1,220	13.0			87.0	13.0	6,945(D)
1960	11,468	8,503	74.1	2,965	25.9			74.1	25.9	5,538(D)

Notes: [1] Ran as Conservative. Conservative Party affiliated with national Democratic Party before the election of 1876.
[2] William Walker, *Prohibitionist*, 12 (0.4%).
[3] Will P. Exum, *Populist*, 469 (14.3%).
[4] William A. Guthrie, *Populist*, 382 (8.1%).
[5] Iredell Meares, *Progressive*, 85 (5.4%).
[6] Mary Price, *Progressive*, 11 (0.2%).

GOVERNOR OF NORTH CAROLINA

ROBESON COUNTY

Year	Total Vote	Democratic Total	%	Republican Total	%	Other Total	%	Two-Party Vote % Dem.	% Repub.	Plurality Dem.-Repub.
1868	2,867	1,252[1]	43.7	1,615	56.3			43.7	56.3	363(R)
1872	3,214	1,631[1]	50.7	1,583	49.3			50.7	49.3	48(D)
1876	3,853	2,096	54.4	1,757	45.6			54.4	45.6	339(D)
1880	4,187	2,253	53.8	1,934	46.2			53.8	46.2	319(D)
1884	4,353	2,361	54.2	1,992	45.8			54.2	45.8	369(D)
1888	4,855	2,823	58.2	1,988	40.9	44[2]	0.9	58.7	41.3	835(D)
1892	4,520	2,270	50.2	1,121	24.8	1,129[3]	25.0	66.9	33.1	1,149(D)
1896	5,752	2,176	37.8	2,282	39.7	1,294[4]	22.5	48.8	51.2	106(R)
1900	4,657	4,100	88.0	557	12.0			88.0	12.0	3,543(D)
1904	3,295	2,449	74.3	846	25.7			74.3	25.7	1,603(D)
1908	4,120	3,005	72.9	1,115	27.1			72.9	27.1	1,890(D)
1912	3,658	3,103	84.8	211	5.8	344[5]	9.4	93.6	6.4	2,892(D)
1916	4,503	3,068	68.1	1,435	31.9			68.1	31.9	1,633(D)
1920	8,296	6,185	74.6	2,111	25.4			74.6	25.4	4,074(D)
1924	5,388	4,778	88.7	610	11.3			88.7	11.3	4,168(D)
1928	7,653	5,816	76.0	1,837	24.0			76.0	24.0	3,979(D)
1932	8,690	7,927	91.2	763	8.8			91.2	8.8	7,164(D)
1936	10,717	9,714	90.6	1,003	9.4			90.6	9.4	8,711(D)
1940	9,969	9,228	92.6	741	7.4			92.6	7.4	8,487(D)
1944	7,885	7,204	91.4	681	8.6			91.4	8.6	6,523(D)
1948	8,821	8,241	93.4	493	5.6	87[6]	1.0	94.4	5.6	7,748(D)
1952	12,646	11,235	88.8	1,411	11.2			88.8	11.2	9,824(D)
1956	12,768	11,792	92.4	976	7.6			92.4	7.6	10,816(D)
1960	15,088	12,214	80.9	2,846	18.9	28[7]	0.2	81.1	18.9	9,368(D)

Notes: [1] Ran as Conservative. Conservative Party affiliated with national Democratic Party before the election of 1876.
[2] William Walker, *Prohibitionist*, 44 (0.9%).
[3] Will P. Exum, *Populist*, 1,129 (25.0%).
[4] William A. Guthrie, *Populist*, 1,294 (22.5%).
[5] Iredell Meares, *Progressive*, 344 (9.4%).
[6] Mary Price, *Progressive*, 87 (1.0%).
[7] I. Beverly Lake, (*Democrat*), Write-in, 28 (0.2%).

ROCKINGHAM COUNTY — GOVERNOR OF NORTH CAROLINA

Year	Total Vote	Democratic Total	%	Republican Total	%	Other Total	%	Two-Party Vote % Dem.	% Repub.	Plurality Dem.-Repub.
1868	2,555	1,143[1]	44.7	1,412	55.3			44.7	55.3	269(R)
1872	2,954	1,653[1]	56.0	1,301	44.0			56.0	44.0	352(D)
1876	3,621	2,100	58.0	1,521	42.0			58.0	42.0	579(D)
1880	3,863	2,361	61.1	1,502	38.9			61.1	38.9	859(D)
1884	4,020	2,443	60.8	1,577	39.2			60.8	39.2	866(D)
1888	4,532	2,395	52.8	2,101	46.4	36[2]	0.8	53.3	46.7	294(D)
1892	12,682	9,881	77.9	1,881	14.8	920[3]	7.3	84.0	16.0	8,000(D)
1896	5,131	2,503	48.8	2,428	47.3	200[4]	3.9	50.8	49.2	75(D)
1900	4,859	2,913	60.0	1,946	40.0			60.0	40.0	967(D)
1904	3,237	2,023	62.5	1,214	37.5			62.5	37.5	809(D)
1908	3,922	2,039	52.0	1,883	48.0			52.0	48.0	156(D)
1912	3,402	1,997	58.7	895	26.3	510[5]	15.0	69.0	31.0	1,102(D)
1916	4,266	2,288	53.6	1,978	46.4			53.6	46.4	310(D)
1920	8,061	4,469	55.4	3,592	44.6			55.4	44.6	877(D)
1924	7,050	4,481	63.6	2,569	36.4			63.6	36.4	1,912(D)
1928	9,380	4,667	49.8	4,713	50.2			49.8	50.2	46(R)
1932	10,617	7,490	70.5	3,127	29.5			70.5	29.5	4,363(D)
1936	13,412	8,995	67.1	4,417	32.9			67.1	32.9	4,578(D)
1940	13,452	11,086	82.4	2,366	17.6			82.4	17.6	8,720(D)
1944	11,203	8,416	75.1	2,787	24.9			75.1	24.9	3,629(D)
1948	12,191	10,040	82.4	2,134	17.5	17[6]	0.1	82.4	17.6	7,906(D)
1952	18,758	14,256	76.0	4,502	24.0			76.0	24.0	9,754(D)
1956	17,333	12,475	72.0	4,858	28.0			72.0	28.0	7,617(D)
1960	20,496	10,984	53.6	9,473	46.2	39[7]	0.2	53.7	46.3	1,511(D)

Notes: [1] Ran as Conservative. Conservative Party affiliated with national Democratic Party before the election of 1876.
[2] William Walker, *Prohibitionist*, 36 (0.8%).
[3] Will P. Exum, *Populist*, 905 (7.2%); J. M. Templeton, *Prohibitionist*, 15 (0.1%).
[4] William A. Guthrie, *Populist*, 200 (3.9%).
[5] Iredell Meares, *Progressive*, 453 (13.3%).
[6] Mary Price, *Progressive*, 17 (0.1%).
[7] I. Beverly Lake, (*Democrat*), Write-in, 39 (0.2%).

GOVERNOR OF NORTH CAROLINA

ROWAN COUNTY

Year	Total Vote	Democratic Total	%	Republican Total	%	Other Total	%	Two-Party Vote % Dem.	% Repub.	Plurality Dem.-Repub.
1868	2,784	1,618[1]	58.1	1,166	41.9			58.1	41.9	452(D)
1872	2,774	1,656[1]	59.7	1,118	40.3			59.7	40.3	538(D)
1876	3,413	2,163	63.4	1,250	36.6			63.4	36.6	913(D)
1880	3,338	1,979	59.3	1,359	40.7			59.3	40.7	620(D)
1884	4,008	2,636	65.8	1,372	34.2			65.8	34.2	1,264(D)
1888	4,053	2,739	67.6	1,266	31.2	48[2]	1.2	68.4	31.6	1,473(D)
1892	4,006	2,327	58.1	848	21.2	831[3]	20.7	73.3	26.7	1,479(D)
1896	4,583	2,495	54.4	1,428	31.2	660[4]	14.4	63.6	36.4	1,067(D)
1900	4,676	3,157	67.5	1,519	32.5			67.5	32.5	1,638(D)
1904	3,695	2,497	67.6	1,198	32.4			67.6	32.4	1,299(D)
1908	4,442	2,719	61.2	1,723	38.8			61.2	38.8	996(D)
1912	4,635	2,839	61.3	808	17.4	988[5]	21.3	77.9	22.1	2,031(D)
1916	5,490	3,001	54.7	2,454	44.7	35	0.6	55.0	45.0	547(D)
1920	11,280	6,427	57.0	4,853	43.0			57.0	43.0	1,574(D)
1924	8,973	5,335	59.5	3,638	40.5			59.5	40.5	1,697(D)
1928	13,248	6,324	47.7	6,924	52.3			47.7	52.3	600(R)
1932	14,386	9,841	68.4	4,545	31.6			68.4	31.6	5,296(D)
1936	16,681	10,157	60.9	6,524	39.1			60.9	39.1	3,633(D)
1940	16,796	13,017	77.5	3,779	22.5			77.5	22.5	9,238(D)
1944	15,186	9,936	65.4	5,250	34.6			65.4	34.6	4,686(D)
1948	15,561	10,571	67.9	4,944	31.8	46[6]	0.3	68.1	31.9	5,627(D)
1952	28,098	15,324	54.5	12,774	45.5			54.5	45.5	2,550(D)
1956	26,961	15,187	56.3	11,774	43.7			56.3	43.7	3,413(D)
1960	30,565	13,770	45.0	16,739	54.8	56[7]	0.2	45.1	54.9	2,969(R)

Notes: [1] Ran as Conservative. Conservative Party affiliated with national Democratic Party before the election of 1876.
[2] William Walker, *Prohibitionist*, 48 (1.2%).
[3] Will P. Exum, *Populist*, 787 (19.6%); J. M. Templeton, *Prohibitionist*, 44 (1.1%).
[4] William A. Guthrie, *Populist*, 660 (14.4%).
[5] Iredell Meares, *Progressive*, 961 (20.7%).
[6] Mary Price, *Progressive*, 46 (0.3%).
[7] I. Beverly Lake, (*Democrat*), Write-in, 56 (0.2%).

RUTHERFORD COUNTY

GOVERNOR OF NORTH CAROLINA

Year	Total Vote	Democratic Total	%	Republican Total	%	Other Total	%	Two-Party Vote % Dem.	% Repub.	Plurality Dem.-Repub.
1868	1,799	467[1]	26.0	1,332	74.0			26.0	74.0	865(R)
1872	1,740	727[1]	41.8	1,013	58.2			41.8	58.2	286(R)
1876	2,374	1,231	51.9	1,143	48.1			51.9	48.1	88(D)
1880	2,422	1,204	49.7	1,218	50.3			49.7	50.3	14(R)
1884	2,749	1,517	55.2	1,232	44.8			55.2	44.8	285(D)
1888	3,372	1,690	50.1	1,663	49.3	19[2]	0.6	50.4	49.6	27(D)
1892	3,608	1,799	49.9	1,550	42.9	259[3]	7.2	53.7	46.3	249(D)
1896	4,141	2,049	49.5	1,945	47.0	147[4]	3.5	51.3	48.7	104(D)
1900	4,481	2,389	53.3	2,092	46.7			53.3	46.7	297(D)
1904	3,167	1,873	59.1	1,294	40.9			59.1	40.9	579(D)
1908	3,750	2,011	53.6	1,739	46.4			53.6	46.4	272(D)
1912	3,799	2,211	58.2	165	4.3	1,423[5]	37.5	93.1	6.9	2,046(D)
1916	4,303	2,432	56.5	1,871	43.5			56.5	43.5	561(D)
1920	9,094	5,092	56.0	4,002	44.0			56.0	44.0	1,090(D)
1924	9,012	5,170	57.4	3,842	42.6			57.4	42.6	1,328(D)
1928	10,433	5,312	50.9	5,121	49.1			50.9	49.1	191(D)
1932	13,016	8,298	63.8	4,718	36.2			63.8	36.2	3,580(D)
1936	14,672	9,437	64.3	5,235	35.7			64.3	35.7	4,202(D)
1940	12,995	8,999	69.2	3,996	30.8			69.2	30.8	5,003(D)
1944	11,976	7,576	63.3	4,400	36.7			63.3	36.7	3,176(D)
1948	11,726	7,677	65.5	4,040	34.4	9[6]	0.1	65.5	34.5	3,637(D)
1952	16,065	9,997	62.2	6,068	37.8			62.2	37.8	3,929(D)
1956	15,179	9,699	63.9	5,480	36.1			63.9	36.1	4,219(D)
1960	17,535	9,333	53.2	8,202	46.8			53.2	46.8	1,131(D)

Notes: [1] Ran as Conservative. Conservative Party affiliated with national Democratic Party before the election of 1876.
[2] William Walker, *Prohibitionist*, 19 (0.6%).
[3] Will P. Exum, *Populist*, 254 (7.1%); J. M. Templeton, *Prohibitionist*, 5 (0.1%).
[4] William A. Guthrie, *Populist*, 147 (3.5%).
[5] Iredell Meares, *Progressive*, 1,423 (37.5%).
[6] Mary Price, *Progressive*, 9 (0.1%).

SAMPSON COUNTY
GOVERNOR OF NORTH CAROLINA

Year	Total Vote	Democratic Total	%	Republican Total	%	Other Total	%	Two-Party Vote % Dem.	% Repub.	Plurality Dem.-Repub.
1868	2,186	1,168[1]	53.4	1,018	46.6			53.4	46.6	150(D)
1872	3,131	1,697[1]	54.2	1,434	45.8			54.2	45.8	263(D)
1876	3,740	2,071	55.4	1,669	44.6			55.4	44.6	402(D)
1880	3,746	2,108	56.3	1,638	43.7			56.3	43.7	470(D)
1884	4,061	2,525	62.2	1,536	37.8			62.2	37.8	989(D)
1888	3,998	2,370	59.3	1,616	40.4	12[2]	0.3	59.5	40.5	754(D)
1892	4,243	1,370	32.3	1,266	29.8	1,607[3]	37.9	52.0	48.0	104(D)
1896	4,089	1,270	31.0	1,258	30.8	1,561[4]	38.2	50.2	49.8	12(D)
1900	3,310	1,356	41.0	1,954	59.0			41.0	59.0	598(R)
1904	2,822	1,046	37.1	1,776	62.9			37.1	62.9	730(R)
1908	3,823	1,400	36.6	2,423	63.4			36.6	63.4	1,023(R)
1912	3,831	1,289	33.6	176	4.6	2,366[5]	61.8	88.0	12.0	1,113(D)
1916	4,084	1,326	32.5	2,758	67.5			32.5	67.5	1,432(R)
1920	7,761	2,428	31.3	5,333	68.7			31.3	68.7	2,905(R)
1924	5,405	2,089	38.7	3,316	61.3			38.7	61.3	1,227(R)
1928	7,910	2,750	34.8	5,160	65.2			34.8	65.2	2,410(R)
1932	9,190	4,679	50.9	4,511	49.1			50.9	49.1	168(D)
1936	10,724	5,256	49.0	5,468	51.0			49.0	51.0	212(R)
1940	10,878	5,076	46.6	5,802	53.4			46.6	53.4	726(R)
1944	9,968	4,065	40.8	5,903	59.2			40.8	59.2	1,838(R)
1948	10,577	5,728	54.2	4,770	45.1	79[6]	0.7	54.6	45.4	958(D)
1952	13,203	7,448	56.4	5,755	43.6			56.4	43.6	1,693(D)
1956	12,934	7,563	58.5	5,371	41.5			58.5	41.5	2,192(D)
1960	14,978	7,832	52.3	7,143	47.7	3[7]	*	52.3	47.7	689(D)

Notes: [1] Ran as Conservative. Conservative Party affiliated with national Democratic Party before the election of 1876.
[2] William Walker, *Prohibitionist*, 12 (0.3%).
[3] Will P. Exum, *Populist*, 1,585 (37.4%); J. M. Templeton, *Prohibitionist*, 22 (0.5%).
[4] William A. Guthrie, *Populist*, 1,561 (38.2%).
[5] Iredell Meares, *Progressive*, 2,366 (61.8%).
[6] Mary Price, *Progressive*, 79 (0.7%).
[7] I. Beverly Lake, (*Democrat*), Write-in, 3 (*).
* Less than 0.05%.

SCOTLAND COUNTY†   GOVERNOR OF NORTH CAROLINA

Year	Total Vote	Democratic Total	%	Republican Total	%	Other Total	%	Two-Party Vote % Dem.	% Repub.	Plurality Dem.-Repub.
1868										
1872										
1876										
1880										
1884										
1888										
1892										
1896										
1900	1,090	1,065	97.7	25	2.3			97.7	2.3	1,040(D)
1904	716	662	92.5	54	7.5			92.5	7.5	608(D)
1908	799	752	94.1	47	5.9			94.1	5.9	705(D)
1912	830	774	93.2	8	1.0	48[1]	5.8	99.0	1.0	766(D)
1916	1,107	944	85.3	161	14.5	2	0.2	85.4	14.6	783(D)
1920	1,967	1,671	85.0	296	15.0			85.0	15.0	1,375(D)
1924	1,649	1,511	91.6	138	8.4			91.6	8.4	1,373(D)
1928	2,377	2,036	85.7	341	14.3			85.7	14.3	1,695(D)
1932	2,799	2,608	93.2	191	6.8			93.2	6.8	2,417(D)
1936	3,281	2,899	88.4	382	11.6			88.4	11.6	2,517(D)
1940	3,041	2,906	95.6	135	4.4			95.6	4.4	2,771(D)
1944	2,484	2,335	94.0	149	6.0			94.0	6.0	2,186(D)
1948	2,687	2,549	94.9	125	4.6	13[2]	0.5	95.3	4.7	2,424(D)
1952	4,288	3,859	90.0	429	10.0			90.0	10.0	3,430(D)
1956	4,085	3,661	89.6	424	10.4			89.6	10.4	3,237(D)
1960	4,851	3,909	80.6	940	19.4	2[3]	*	80.6	19.4	2,969(D)

Notes: [1] Iredell Meares, *Progressive*, 48 (5.8%).
[2] Mary Price, *Progressive*, 13 (0.5%).
[3] I. Beverly Lake, (*Democrat*), Write-in, 2 (*).
* Less than 0.05%.
† Scotland county was created in 1899.

STANLY COUNTY
GOVERNOR OF NORTH CAROLINA

Year	Total Vote	Democratic Total	%	Republican Total	%	Other Total	%	Two-Party Vote %Dem.	%Repub.	Plurality Dem.-Repub.
1868	947	549[1]	58.0	398	42.0			58.0	42.0	151(D)
1872	982	646[1]	65.8	336	34.2			65.8	34.2	310(D)
1876	1,426	954	66.9	472	33.1			66.9	33.1	482(D)
1880	1,479	873	59.0	606	41.0			59.0	41.0	267(D)
1884	1,714	1,100	64.2	614	35.8			64.2	35.8	486(D)
1888	1,834	996	54.3	817	44.6	21[2]	1.1	54.9	45.1	179(D)
1892	1,594	1,079	67.7	270	16.9	245[3]	15.4	80.0	20.0	809(D)
1896	1,947	1,102	56.6	494	25.4	351[4]	18.0	69.0	31.0	608(D)
1900	2,290	1,453	63.4	837	36.6			63.4	36.6	616(D)
1904	2,076	1,016	48.9	1,060	51.1			48.9	51.1	44(R)
1908	3,167	1,537	48.5	1,630	51.5			48.5	51.5	93(R)
1912	3,348	1,742	52.0	600	17.9	1,006[5]	30.1	74.4	25.6	1,142(D)
1916	4,063	2,105	51.8	1,945	47.9	13	0.3	52.0	48.0	160(D)
1920	8,174	3,901	47.7	4,273	52.3			47.7	52.3	372(R)
1924	7,547	3,968	52.6	3,579	47.4			52.6	47.4	389(D)
1928	8,001	3,826	47.8	4,175	52.2			47.8	52.2	349(R)
1932	9,969	5,795	58.1	4,174	41.9			58.1	41.9	1,621(D)
1936	10,897	6,101	56.0	4,796	44.0			56.0	44.0	1,305(D)
1940	10,779	6,383	59.2	4,396	40.8			59.2	40.8	1,987(D)
1944	11,334	5,578	49.2	5,756	50.8			49.2	50.8	178(R)
1948	11,603	6,132	52.8	5,452	47.0	19[6]	0.2	52.9	47.1	680(D)
1952	17,090	8,475	49.6	8,615	50.4			49.6	50.4	140(R)
1956	17,548	8,680	49.5	8,868	50.5			49.5	50.5	188(R)
1960	19,393	8,708	44.9	10,681	55.1	4[7]	*	44.9	55.1	1,973(R)

Notes: [1] Ran as Conservative. Conservative Party affiliated with national Democratic Party before the election of 1876.
[2] William Walker, *Prohibitionist*, 21 (1.1%).
[3] Will P. Exum, *Populist*, 221 (13.9%); J. M. Templeton, *Prohibitionist*, 24 (1.5%).
[4] William A. Guthrie, *Populist*, 351 (18.0%).
[5] Iredell Meares, *Progressive*, 1,005 (30.1%).
[6] Mary Price, *Progressive*, 19 (0.2%).
[7] I. Beverly Lake, (*Democrat*), Write-in, 4 (*).
* Less than 0.05%.

STOKES COUNTY

GOVERNOR OF NORTH CAROLINA

Year	Total Vote	Democratic Total	%	Republican Total	%	Other Total	%	Two-Party Vote % Dem.	% Repub.	Plurality Dem.-Repub.
1868	1,205	447[1]	37.1	758	62.9			37.1	62.9	311(R)
1872	1,735	905[1]	52.2	830	47.8			52.2	47.8	75(D)
1876	2,145	1,129	52.6	1,016	47.4			52.6	47.4	113(D)
1880	2,147	1,181	55.0	966	45.0			55.0	45.0	215(D)
1884	2,363	1,334	56.5	1,029	43.5			56.5	43.5	305(D)
1888	2,787	1,450	52.0	1,333	47.8	4[2]	0.2	52.1	47.9	117(D)
1892	2,997	1,230	41.0	1,570	52.4	197[3]	6.6	43.9	56.1	340(R)
1896	3,499	1,407	40.2	2,052	58.7	40[4]	1.1	40.7	59.3	645(R)
1900	3,463	1,519	43.9	1,944	56.1			43.9	56.1	425(R)
1904	2,600	1,117	43.0	1,483	57.0			43.0	57.0	366(R)
1908	2,794	1,123	40.2	1,671	59.8			40.2	59.8	548(R)
1912	1,822	1,168	64.1	585	32.1	69[5]	3.8	66.6	33.4	583(D)
1916	3,434	1,543	44.9	1,871	54.5	20	0.6	45.2	54.8	328(R)
1920	4,900	2,001	40.8	2,899	59.2			40.8	59.2	898(R)
1924	4,788	2,298	48.0	2,490	52.0			48.0	52.0	192(R)
1928	6,004	2,444	40.7	3,560	59.3			40.7	59.3	1,116(R)
1932	6,480	3,565	55.0	2,915	45.0			55.0	45.0	650(D)
1936	7,471	3,883	52.0	3,588	48.0			52.0	48.0	295(D)
1940	6,904	4,135	59.9	2,769	40.1			59.9	40.1	1,366(D)
1944	7,348	3,996	54.4	3,352	45.6			54.4	45.6	644(D)
1948	7,904	4,687	59.3	3,208	40.6	9[6]	0.1	59.3	40.7	1,479(D)
1952	8,217	4,714	57.4	3,503	42.6			57.4	42.6	1,211(D)
1956	8,177	4,409	53.9	3,768	46.1			53.9	46.1	641(D)
1960	9,458	4,685	49.5	4,756	50.3	17[7]	0.2	49.6	50.4	71(R)

Notes: [1] Ran as Conservative. Conservative Party affiliated with national Democratic Party before the election of 1876.
[2] William Walker, *Prohibitionist*, 4 (0.2%).
[3] Will P. Exum, *Populist*, 191 (6.4%); J. M. Templeton, *Prohibitionist*, 6 (0.2%).
[4] William A. Guthrie, *Populist*, 40 (1.1%).
[5] Iredell Meares, *Progressive*, 69 (3.8%).
[6] Mary Price, *Progressive*, 9 (0.1%).
[7] I. Beverly Lake, (*Democrat*), Write-in, 17 (0.2%).

SURRY COUNTY
GOVERNOR OF NORTH CAROLINA

Year	Total Vote	Democratic Total	%	Republican Total	%	Other Total	%	Two-Party Vote %Dem.	%Repub.	Plurality Dem.-Repub.
1868	1,426	596[1]	41.8	830	58.2			41.8	58.2	234(R)
1872	1,827	989[1]	54.1	838	45.9			54.1	45.9	151(D)
1876	2,328	1,286	55.2	1,042	44.8			55.2	44.8	244(D)
1880	2,369	1,370	57.8	999	42.2			57.8	42.2	371(D)
1884	2,804	1,371	48.9	1,433	51.1			48.9	51.1	62(R)
1888	3,283	1,671	50.9	1,595	48.6	17[2]	0.5	51.2	48.8	76(D)
1892	3,741	1,998	53.4	1,683	45.0	60[3]	1.6	54.3	45.7	315(D)
1896	4,631	2,083	45.0	2,540	54.8	8[4]	0.2	45.1	54.9	457(R)
1900	4,748	2,154	45.4	2,594	54.6			45.4	54.6	440(R)
1904	4,241	1,833	43.2	2,408	56.8			43.2	56.8	575(R)
1908	4,601	1,820	39.6	2,781	60.4			39.6	60.4	961(R)
1912	4,829	2,006	41.5	2,529	52.4	294[5]	6.1	44.2	55.8	523(R)
1916	5,013	2,022	40.3	2,982	59.5	9	0.2	40.4	59.6	960(R)
1920	8,742	3,569	40.8	5,173	59.2			40.8	59.2	1,604(R)
1924	9,483	4,504	47.5	4,979	52.5			47.5	52.5	475(R)
1928	11,173	4,678	41.9	6,495	58.1			41.9	58.1	1,817(R)
1932	12,267	7,551	61.6	4,716	38.4			61.6	38.4	2,835(D)
1936	13,357	8,039	60.2	5,318	39.8			60.2	39.8	2,721(D)
1940	12,965	8,839	68.2	4,126	31.8			68.2	31.8	4,713(D)
1944	12,397	7,599	61.3	4,798	38.7			61.3	38.7	2,801(D)
1948	12,407	8,384	67.6	4,013	32.3	10[6]	0.1	67.6	32.4	4,371(D)
1952	15,838	9,701	61.3	6,137	38.7			61.3	38.7	3,564(D)
1956	15,808	8,687	55.0	7,121	45.0			55.0	45.0	1,566(D)
1960	18,201	8,594	47.2	9,603	52.8	4[7]	*	47.2	52.8	1,009(R)

Notes: [1] Ran as Conservative. Conservative Party affiliated with national Democratic Party before the election of 1876.
[2] William Walker, *Prohibitionist*, 17 (0.5%).
[3] Will P. Exum, *Populist*, 47 (1.2%); J. M. Templeton, *Prohibitionist*, 13 (0.4%).
[4] William A. Guthrie, *Populist*, 8 (0.2%).
[5] Iredell Meares, *Progressive*, 294 (6.1%).
[6] Mary Price, *Progressive*, 10 (0.1%).
[7] I. Beverly Lake, (*Democrat*), Write-in, 4 (*).
* Less than 0.05%.

SWAIN COUNTY†

GOVERNOR OF NORTH CAROLINA

Year	Total Vote	Democratic Total	%	Republican Total	%	Other Total	%	Two-Party Vote % Dem.	% Repub.	Plurality Dem.-Repub.
1868										
1872	361	332[1]	92.0	29	8.0			92.0	8.0	303(D)
1876	‡									
1880	471	404	85.8	67	14.2			85.8	14.2	337(D)
1884	649	494	76.1	155	23.9			76.1	23.9	339(D)
1888	930	505	54.3	410	44.1	15[2]	1.6	55.2	44.8	95(D)
1892	1,191	580	48.7	395	33.2	216[3]	18.1	59.5	40.5	185(D)
1896	1,339	739	55.2	531	39.7	69[4]	5.1	58.2	41.8	208(D)
1900	1,356	540	39.8	816	60.2			39.8	60.2	276(R)
1904	1,325	521	39.3	804	60.7			39.3	60.7	283(R)
1908	1,516	614	40.5	902	59.5			40.5	59.5	288(R)
1912	1,834	799	43.6	789	43.0	246[5]	13.4	50.3	49.7	10(D)
1916	1,935	794	41.0	1,141	59.0			41.0	59.0	347(R)
1920	3,670	1,418	38.6	2,252	61.4			38.6	61.4	834(R)
1924	3,972	1,795	44.8	2,177	55.2			44.8	55.2	382(R)
1928	4,230	1,895	44.8	2,335	55.2			44.8	55.2	440(R)
1932	4,348	2,384	54.8	1,964	45.2			54.8	45.2	420(D)
1936	4,717	2,600	55.1	2,117	44.9			55.1	44.9	483(D)
1940	3,830	2,449	63.9	1,381	36.1			63.9	36.1	1,068(D)
1944	3,563	2,124	59.6	1,439	40.4			59.6	40.4	685(D)
1948	3,367	2,100	62.4	1,265	37.6	2[6]	*	62.4	37.6	835(D)
1952	3,157	2,153	68.2	1,004	31.8			68.2	31.8	1,149(D)
1956	3,790	2,134	56.3	1,656	43.7			56.3	43.7	478(D)
1960	4,100	2,300	56.1	1,800	43.9			56.1	43.9	500(D)

Notes: [1] Ran as Conservative. Conservative Party affiliated with national Democratic Party before the election of 1876.
[2] William Walker, *Prohibitionist*, 15 (1.6%).
[3] Will P. Exum, *Populist*, 185 (15.5%); J. M. Templeton, *Prohibitionist*, 31 (2.6%).
[4] William A. Guthrie, *Populist*, 69 (5.1%).
[5] Iredell Meares, *Progressive*, 246 (13.4%).
[6] Mary Price, *Progressive*, 2 (*).
* Less than 0.05%.
† Swain county was created in 1871.
‡ No returns available.

TRANSYLVANIA COUNTY — GOVERNOR OF NORTH CAROLINA

Year	Total Vote	Democratic Total	%	Republican Total	%	Other Total	%	Two-Party Vote % Dem.	% Repub.	Plurality Dem.-Repub.
1868	396	231[1]	58.3	165	41.7			58.3	41.7	66(D)
1872	585	379[1]	64.8	206	35.2			64.8	35.2	173(D)
1876	696	437	62.8	259	37.2			62.8	37.2	178(D)
1880	674	390	57.9	284	42.1			57.9	42.1	106(D)
1884	782	459	58.7	323	41.3			58.7	41.3	136(D)
1888	1,073	520	48.5	553	51.5			48.5	51.5	33(R)
1892	1,034	522	50.5	506	48.9	6[2]	0.6	50.8	49.2	16(D)
1896	1,252	600	47.9	649	51.9	3[3]	0.2	48.0	52.0	49(R)
1900	1,203	596	49.5	607	50.5			49.5	50.5	11(R)
1904	1,087	587	54.0	500	46.0			54.0	46.0	87(D)
1908	1,179	600	50.9	579	49.1			50.9	49.1	21(D)
1912	1,272	640	50.3	310	24.4	322[4]	25.3	67.4	32.6	330(D)
1916	1,657	821	49.5	836	50.5			49.5	50.5	15(R)
1920	3,208	1,549	48.3	1,659	51.7			48.3	51.7	110(R)
1924	3,617	1,842	50.9	1,775	49.1			50.9	49.1	67(D)
1928	3,983	1,973	49.5	2,010	50.5			49.5	50.5	37(R)
1932	4,291	2,563	59.7	1,728	40.3			59.7	40.3	835(D)
1936	4,851	2,852	58.8	1,999	41.2			58.8	41.2	853(D)
1940	5,368	3,278	61.1	2,090	38.9			61.1	38.9	1,188(D)
1944	5,240	3,050	58.2	2,190	41.8			58.2	41.8	860(D)
1948	6,377	3,575	56.0	2,791	43.8	11[5]	0.2	56.2	43.8	784(D)
1952	7,606	4,072	53.5	3,534	46.5			53.5	46.5	538(D)
1956	7,387	4,167	56.4	3,220	43.6			56.4	43.6	947(D)
1960	7,603	3,870	50.9	3,732	49.1	1[6]	*	50.9	49.1	138(D)

Notes: [1] Ran as Conservative. Conservative Party affiliated with national Democratic Party before the election of 1876.
[2] Will P. Exum, *Populist*, 6 (0.6%).
[3] William A. Guthrie, *Populist*, 3 (0.2%).
[4] Iredell Meares, *Progressive*, 321 (25.2%).
[5] Mary Price, *Progressive*, 11 (0.2%).
[6] I. Beverly Lake, (*Democrat*), Write-in, 1 (*).
* Less than 0.05%.

TYRRELL COUNTY

GOVERNOR OF NORTH CAROLINA

Year	Total Vote	Democratic Total	%	Republican Total	%	Other Total	%	Two-Party Vote % Dem.	% Repub.	Plurality Dem.-Repub.
1868	629	392[1]	62.3	237	37.7			62.3	37.7	155(D)
1872	738	391	53.0	347	47.0			53.0	47.0	44(D)
1876	797	546	68.5	251	31.5			68.5	31.5	295(D)
1880	763	410	53.7	353	46.3			53.7	46.3	57(D)
1884	823	488	59.3	335	40.7			59.3	40.7	153(D)
1888	841	472	56.1	367	43.7	2[2]	0.2	56.3	43.7	105(D)
1892	764	248	32.5	275	36.0	241[3]	31.5	47.4	52.6	27(R)
1896	903	305	33.8	489	54.1	109[4]	12.1	38.4	61.6	184(R)
1900	1,001	591	59.0	410	41.0			59.0	41.0	181(D)
1904	666	392	58.9	274	41.1			58.9	41.1	118(D)
1908	702	357	50.9	345	49.1			50.9	49.1	12(D)
1912	734	382	52.0	309	42.1	43[5]	5.9	55.3	44.7	73(D)
1916	798	410	51.4	388	48.6			51.4	48.6	22(D)
1920	1,252	717	57.3	535	42.7			57.3	42.7	182(D)
1924	1,092	493	45.1	599	54.9			45.1	54.9	106(R)
1928	1,002	540	53.9	462	46.1			53.9	46.1	78(D)
1932	1,104	830	75.2	274	24.8			75.2	24.8	556(D)
1936	1,272	933	73.3	339	26.7			73.3	26.7	594(D)
1940	1,437	1,039	72.3	398	27.7			72.3	27.7	641(D)
1944	798	571	71.6	227	28.4			71.6	28.4	344(D)
1948	1,040	803	77.2	235	22.6	2[6]	0.2	77.4	22.6	568(D)
1952	1,227	966	78.7	261	21.3			78.7	21.3	705(D)
1956	1,054	815	77.3	239	22.7			77.3	22.7	576(D)
1960	1,248	1,026	82.2	222	17.8			82.2	17.8	804(D)

Notes: [1] Ran as Conservative. Conservative Party affiliated with national Democratic Party before the election of 1876.
[2] William Walker, *Prohibitionist*, 2 (0.2%).
[3] Will P. Exum, *Populist*, 241 (31.5%).
[4] William A. Guthrie, *Populist*, 109 (12.1%).
[5] Iredell Meares, *Progressive*, 43 (5.9%).
[6] Mary Price, *Progressive*, 2 (0.2%).

UNION COUNTY

GOVERNOR OF NORTH CAROLINA

Year	Total Vote	Democratic Total	%	Republican Total	%	Other Total	%	Two-Party Vote % Dem.	% Repub.	Plurality Dem.-Repub.
1868	1,477	719[1]	48.7	758	51.3			48.7	51.3	39(R)
1872	1,654	1,023[1]	61.9	631	38.1			61.9	38.1	392(D)
1876	2,299	1,564	68.0	735	32.0			68.0	32.0	829(D)
1880	2,361	1,481	62.7	880	37.3			62.7	37.3	601(D)
1884	2,458	1,838	74.8	620	25.2			74.8	25.2	1,328(D)
1888	3,061	2,040	66.6	997	32.6	24[2]	0.8	67.2	32.8	1,043(D)
1892	3,159	1,827	57.8	475	15.1	857[3]	27.1	79.4	20.6	1,352(D)
1896	3,773	1,784	47.3	1,001	26.5	988[4]	26.2	64.1	35.9	783(D)
1900	3,039	2,379	78.3	660	21.7			78.3	21.7	1,719(D)
1904	1,530	1,233	80.6	297	19.4			80.6	19.4	936(D)
1908	2,787	2,086	74.8	701	25.2			74.8	25.2	1,385(D)
1912	2,183	1,724	79.0	114	5.2	345[5]	15.8	93.8	6.2	1,610(D)
1916	3,406	2,758	81.0	635	18.6	13	0.4	81.3	18.7	2,123(D)
1920	5,524	4,025	72.9	1,499	27.1			72.9	27.1	2,526(D)
1924	3,395	2,782	81.9	613	18.1			81.9	18.1	2,169(D)
1928	5,093	3,495	68.6	1,598	31.4			68.6	31.4	1,897(D)
1932	6,622	5,747	86.8	875	13.2			86.8	13.2	4,872(D)
1936	7,789	7,209	92.6	580	7.4			92.6	7.4	6,629(D)
1940	7,391	6,867	92.9	524	7.1			92.9	7.1	6,343(D)
1944	6,469	5,630	87.0	839	13.0			87.0	13.0	4,791(D)
1948	5,034	4,525	89.9	498	9.9	11[6]	0.2	90.1	9.9	4,027(D)
1952	10,381	8,475	81.6	1,906	18.4			81.6	18.4	6,569(D)
1956	9,467	7,823	82.6	1,644	17.4			82.6	17.4	6,179(D)
1960	11,298	7,670	67.9	3,610	31.9	18[7]	0.2	68.0	32.0	4,060(D)

Notes: [1] Ran as Conservative. Conservative Party affiliated with national Democratic Party before the election of 1876.
[2] William Walker, *Prohibitionist*, 24 (0.8%).
[3] Will P. Exum, *Populist*, 851 (26.9%); J. M. Templeton, *Prohibitionist*, 6 (0.2%).
[4] William A. Guthrie, *Populist*, 988 (26.2%).
[5] Iredell Meares, *Progressive*, 326 (14.9%).
[6] Mary Price, *Progressive*, 11 (0.2%).
[7] I. Beverly Lake, (*Democrat*), Write-in, 18 (0.2%).

GOVERNOR OF NORTH CAROLINA

VANCE COUNTY†

Year	Total Vote	Democratic Total	%	Republican Total	%	Other Total	%	Two-Party Vote % Dem.	% Repub.	Plurality Dem.-Repub.
1868										
1872										
1876										
1880										
1884	2,767	1,155	41.7	1,612	58.3			41.7	58.3	457(R)
1888	3,325	1,382	41.6	1,936	58.2	7[1]	0.2	41.7	58.3	554(R)
1892	3,074	930	30.3	1,301	42.3	843[2]	27.4	41.7	58.3	371(R)
1896	3,178	1,815	57.1	1,093	34.4	270[3]	8.5	62.4	37.6	722(D)
1900	2,248	1,304	58.0	944	42.0			58.0	42.0	360(D)
1904	1,470	1,042	70.9	428	29.1			70.9	29.1	614(D)
1908	1,765	1,187	67.3	578	32.7			67.3	32.7	609(D)
1912	1,574	1,223	77.7	199	12.6	152[4]	9.7	86.0	14.0	1,024(D)
1916	1,996	1,459	73.1	537	26.9			73.1	26.9	922(D)
1920	3,263	2,459	75.4	804	24.6			75.4	24.6	1,655(D)
1924	2,628	2,271	86.4	357	13.6			86.4	13.6	1,914(D)
1928	3,796	2,901	76.4	895	23.6			76.4	23.6	2,006(D)
1932	4,119	3,825	92.9	294	7.1			92.9	7.1	3,531(D)
1936	4,531	3,780	83.4	751	16.6			83.4	16.6	3,029(D)
1940	4,475	4,258	95.1	217	4.9			95.1	4.9	4,041(D)
1944	4,343	4,038	93.0	305	7.0			93.0	7.0	3,733(D)
1948	4,441	4,163	93.8	246	5.5	32[5]	0.7	94.4	5.6	3,917(D)
1952	7,059	6,526	92.4	533	7.6			92.4	7.6	5,993(D)
1956	6,785	6,114	90.1	671	9.9			90.1	9.9	5,443(D)
1960	7,664	5,762	75.2	1,892	24.7	10[6]	0.1	75.3	24.7	3,870(D)

Notes: [1] William Walker, *Prohibitionist*, 7 (0.2%).
[2] Will P. Exum, *Populist*, 838 (27.2%); J. M. Templeton, *Prohibitionist*, 5 (0.2%).
[3] William A. Guthrie, *Populist*, 270 (8.5%).
[4] Iredell Meares, *Progressive*, 151 (9.6%).
[5] Mary Price, *Progressive*, 32 (0.7%).
[6] I. Beverly Lake, (*Democrat*), Write-in, 10 (0.1%).
† Vance county was created in 1881.

GOVERNOR OF NORTH CAROLINA

WAKE COUNTY

Year	Total Vote	Democratic Total	Democratic %	Republican Total	Republican %	Other Total	Other %	Two-Party Vote % Dem.	Two-Party Vote % Repub.	Plurality Dem.-Repub.
1868	5,675	2,343[1]	41.3	3,332	58.7			41.3	58.7	989(R)
1872	7,112	3,269[1]	46.0	3,843	54.0			46.0	54.0	574(R)
1876	8,659	4,192	48.4	4,467	51.6			48.4	51.6	275(R)
1880	8,928	4,280	47.9	4,648	52.1			47.9	52.1	368(R)
1884	9,052	4,774	52.7	4,278	47.3			52.7	47.3	496(D)
1888	9,666	4,618	47.8	4,943	51.1	105[2]	1.1	48.3	51.7	325(R)
1892	8,616	3,792	44.0	1,673	19.4	3,151[3]	36.6	69.4	30.6	2,119(D)
1896	10,066	4,491	44.6	4,801	47.7	774[4]	7.7	48.3	51.7	310(R)
1900	10,180	5,732	56.3	4,448	43.7			56.3	43.7	1,284(D)
1904	4,738	3,647	77.0	1,091	23.0			77.0	23.0	2,556(D)
1908	6,732	4,149	61.6	2,583	38.4			61.6	38.4	1,566(D)
1912	5,767	4,221	73.2	593	10.3	953[5]	16.5	87.7	12.3	3,628(D)
1916	7,019	4,719	67.2	2,298	32.8			67.2	32.8	2,421(D)
1920	11,494	8,145	70.9	3,349	29.1			70.9	29.1	4,796(D)
1924	11,567	9,300	80.4	2,267	19.6	2	*	80.4	19.6	7,033(D)
1928	16,065	11,856	73.8	4,209	26.2			73.8	26.2	7,647(D)
1932	16,930	14,459	85.4	2,471	14.6			85.4	14.6	11,988(D)
1936	20,832	15,171	72.8	5,661	27.2			72.8	27.2	9,510(D)
1940	20,237	18,762	92.7	1,475	7.3			92.7	7.3	17,287(D)
1944	21,196	18,836	88.9	2,360	11.1			88.9	11.1	16,476(D)
1948	23,857	21,579	90.5	2,102	8.8	176[6]	0.7	91.1	8.9	19,477(D)
1952	37,903	31,925	84.2	5,978	15.8			84.2	15.8	25,947(D)
1956	35,757	29,543	82.6	6,214	17.4			82.6	17.4	23,329(D)
1960	43,313	25,407	58.7	17,856	41.2	50[7]	0.1	58.7	41.3	7,551(D)

Notes: [1] Ran as Conservative. Conservative Party affiliated with national Democratic Party before the election of 1876.
[2] William Walker, *Prohibitionist*, 105 (1.1%).
[3] Will P. Exum, *Populist*, 3,035 (35.2%); J. M. Templeton, *Prohibitionist*, 116 (1.4%).
[4] William A. Guthrie, *Populist*, 774 (7.7%).
[5] Iredell Meares, *Progressive*, 943 (16.4%).
[6] Mary Price, *Progressive*, 176 (0.7%).
[7] I. Beverly Lake, (*Democrat*), Write-in, 50 (0.1%).
* Less than 0.05%.

WARREN COUNTY

GOVERNOR OF NORTH CAROLINA

Year	Total Vote	Democratic Total	%	Republican Total	%	Other Total	%	Two-Party Vote % Dem.	% Repub.	Plurality Dem.-Repub.
1868	3,163	944[1]	29.8	2,219	70.2			29.8	70.2	1,275(R)
1872	3,487	1,107[1]	31.7	2,380	68.3			31.7	68.3	1,273(R)
1876	3,780	1,315	34.8	2,465	65.2			34.8	65.2	1,150(R)
1880	4,044	1,354	33.5	2,690	66.5			33.5	66.5	1,336(R)
1884	3,288	1,146	34.9	2,142	65.1			34.9	65.1	996(R)
1888	1,420	545	38.4	875	61.6			38.4	61.6	330(R)
1892	3,041	802	26.4	1,295	42.6	944[2]	31.0	38.2	61.8	493(R)
1896	3,402	922	27.1	2,171	63.8	309[3]	9.1	29.8	70.2	1,249(R)
1900	3,202	2,133	66.6	1,069	33.4			66.6	33.4	1,064(D)
1904	1,319	1,185	89.8	134	10.2			89.8	10.2	1,051(D)
1908	1,362	1,171	86.0	191	14.0			86.0	14.0	980(D)
1912	1,154	1,044	90.5	88	7.6	22[4]	1.9	92.2	7.8	956(D)
1916	1,412	1,279	90.6	133	9.4			90.6	9.4	1,146(D)
1920	2,135	1,891	88.6	244	11.4			88.6	11.4	1,647(D)
1924	1,921	1,827	95.1	94	4.9			95.1	4.9	1,733(D)
1928	2,499	2,363	94.6	136	5.4			94.6	5.4	2,227(D)
1932	2,782	2,707	97.3	75	2.7			97.3	2.7	2,632(D)
1936	2,946	2,712	92.1	234	7.9			92.1	7.9	2,478(D)
1940	2,841	2,756	97.0	85	3.0			97.0	3.0	2,671(D)
1944	2,545	2,439	95.8	106	4.2			95.8	4.2	2,333(D)
1948	2,705	2,618	96.8	82	3.0	5[5]	0.2	97.0	3.0	2,536(D)
1952	3,524	3,362	95.4	162	4.6			95.4	4.6	3,200(D)
1956	3,384	3,123	92.3	261	7.7			92.3	7.7	2,862(D)
1960	3,700	3,135	84.7	552	14.9	13[6]	0.4	85.0	15.0	2,583(D)

Notes: [1] Ran as Conservative. Conservative Party affiliated with national Democratic Party before the election of 1876.
[2] Will P. Exum, *Populist*, 944 (31.0%).
[3] William A. Guthrie, *Populist*, 309 (9.1%).
[4] Iredell Meares, *Progressive*, 22 (1.9%).
[5] Mary Price, *Progressive*, 5 (0.2%).
[6] I. Beverly Lake, (*Democrat*), Write-in, 13 (0.4%).

WASHINGTON COUNTY
GOVERNOR OF NORTH CAROLINA

Year	Total Vote	Democratic Total	%	Republican Total	%	Other Total	%	Two-Party Vote % Dem.	% Repub.	Plurality Dem.-Repub.
1868	1,146	350[1]	30.5	796	69.5			30.5	69.5	446(R)
1872	1,409	492[1]	34.9	917	65.1			34.9	65.1	425(R)
1876	1,681	676	40.2	1,005	59.8			40.2	59.8	329(R)
1880	1,571	621	39.5	950	60.5			39.5	60.5	329(R)
1884	1,720	648	37.7	1,072	62.3			37.7	62.3	424(R)
1888	1,832	807	44.1	1,014	55.3	11[2]	0.6	44.3	55.7	207(R)
1892	1,417	576	40.6	423	29.9	418[3]	29.5	57.7	42.3	153(D)
1896	2,020	591	29.3	1,270	62.9	159[4]	7.8	31.8	68.2	679(R)
1900	1,547	976	63.1	571	36.9			63.1	36.9	405(D)
1904	854	500	58.5	354	41.5			58.5	41.5	146(D)
1908	1,060	534	50.4	526	49.6			50.4	49.6	8(D)
1912	1,019	509	50.0	471	46.2	39[5]	3.8	51.9	48.1	38(D)
1916	1,137	651	57.3	486	42.7			57.3	42.7	165(D)
1920	2,086	1,115	53.5	971	46.5			53.5	46.5	144(D)
1924	1,680	846	50.4	834	49.6			50.4	49.6	12(D)
1928	2,097	1,038	49.5	1,059	50.5			49.5	50.5	21(R)
1932	2,343	1,668	71.2	675	28.8			71.2	28.8	993(D)
1936	2,372	1,760	74.2	612	25.8			74.2	25.8	1,148(D)
1940	2,033	1,719	84.6	314	15.4			84.6	15.4	1,405(D)
1944	2,237	1,783	79.7	454	20.3			79.7	20.3	1,329(D)
1948	2,015	1,794	89.0	217	10.8	4[6]	0.2	89.2	10.8	1,577(D)
1952	2,675	2,167	81.0	508	19.0			81.0	19.0	1,659(D)
1956	2,864	2,215	77.3	649	22.7			77.3	22.7	1,566(D)
1960	3,402	2,492	73.3	910	26.7			73.3	26.7	1,582(D)

Notes: [1] Ran as Conservative. Conservative Party affiliated with national Democratic Party before the election of 1876.
[2] William Walker, *Prohibitionist*, 11 (0.6%).
[3] Will P. Exum, *Populist*, 414 (29.2%); J. M. Templeton, *Prohibitionist*, 4 (0.3%).
[4] William A. Guthrie, *Populist*, 159 (7.8%).
[5] Iredell Meares, *Progressive*, 39 (3.8%).
[6] Mary Price, *Progressive*, 4 (0.2%).

WATAUGA COUNTY
GOVERNOR OF NORTH CAROLINA

Year	Total Vote	Democratic Total	%	Republican Total	%	Other Total	%	Two-Party Vote % Dem.	% Repub.	Plurality Dem.-Repub.
1868	613	304[1]	49.6	309	50.4			49.6	50.4	5(R)
1872	†									
1876	977	676	69.2	301	30.8			69.2	30.8	375(D)
1880	1,224	672	54.9	552	45.1			54.9	45.1	120(D)
1884	1,383	759	54.9	624	45.1			54.9	45.1	135(D)
1888	1,855	888	47.9	965	52.0	2[2]	0.1	47.9	52.1	77(R)
1892	1,857	928	50.0	829	44.6	100[3]	5.4	52.8	47.2	99(D)
1896	2,246	1,041	46.3	1,172	52.2	33[4]	1.5	47.0	53.0	131(R)
1900	2,466	1,055	42.8	1,411	57.2			42.8	57.2	356(R)
1904	2,131	898	42.1	1,233	57.9			42.1	57.9	335(R)
1908	2,277	998	43.8	1,279	56.2			43.8	56.2	281(R)
1912	2,159	981	45.4	723	33.5	455[5]	21.1	57.6	42.4	258(D)
1916	2,515	1,134	45.1	1,381	54.9			45.1	54.9	247(R)
1920	4,353	1,753	40.3	2,600	59.7			40.3	59.7	847(R)
1924	5,152	2,405	46.7	2,747	53.3			46.7	53.3	342(R)
1928	5,991	3,199	53.4	2,792	46.6			53.4	46.6	407(D)
1932	6,535	3,376	51.7	3,159	48.3			51.7	48.3	218(D)
1936	7,612	3,909	51.4	3,703	48.6			51.4	48.6	206(D)
1940	7,312	3,721	50.9	3,591	49.1			50.9	49.1	130(D)
1944	7,250	3,389	46.7	3,861	53.3			46.7	53.3	472(R)
1948	7,465	3,846	51.5	3,616	48.5	3[6]	*	51.5	48.5	230(D)
1952	8,146	4,038	49.6	4,108	50.4			49.6	50.4	70(R)
1956	7,968	3,855	48.4	4,113	51.6			48.4	51.6	258(R)
1960	8,734	4,127	47.3	4,607	52.7			47.3	52.7	480(R)

Notes: [1] Ran as Conservative. Conservative Party affiliated with national Democratic Party before the election of 1876.
[2] William Walker, *Prohibitionist*, 2 (0.1%).
[3] Will P. Exum, *Populist*, 94 (5.1%); J. M. Templeton, *Prohibitionist*, 6 (0.3%).
[4] William A. Guthrie, *Populist*, 33 (1.5%).
[5] Iredell Meares, *Progressive*, 455 (21.1%).
[6] Mary Price, *Progressive*, 3 (*).
* Less than 0.05%.
† No returns available.

GOVERNOR OF NORTH CAROLINA

WAYNE COUNTY

Year	Total Vote	Democratic Total	%	Republican Total	%	Other Total	%	Two-Party Vote % Dem.	% Repub.	Plurality Dem.-Repub.
1868	2,704	1,229[1]	45.5	1,475	54.5			45.5	54.5	246(R)
1872	3,698	1,749[1]	47.3	1,949	52.7			47.3	52.7	200(R)
1876	4,453	2,248	50.5	2,205	49.5			50.5	49.5	43(D)
1880	4,563	2,330	51.1	2,233	48.9			51.1	48.9	97(D)
1884	5,296	2,796	52.8	2,500	47.2			52.8	47.2	296(D)
1888	5,406	2,781	51.4	2,561	47.4	64[2]	1.2	52.1	47.9	220(D)
1892	4,862	2,283	47.0	1,580	32.5	999[3]	20.5	59.1	40.9	703(D)
1896	5,436	2,719	50.0	2,336	43.0	381[4]	7.0	53.8	46.2	383(D)
1900	5,706	3,828	67.1	1,878	32.9			67.1	32.9	1,950(D)
1904	3,205	2,091	65.2	1,114	34.8			65.2	34.8	977(D)
1908	3,724	2,274	61.1	1,450	38.9			61.1	38.9	824(D)
1912	3,471	2,390	68.8	131	3.8	950[5]	27.4	94.8	5.2	2,259(D)
1916	4,052	2,627	64.8	1,425	35.2			64.8	35.2	1,202(D)
1920	7,623	4,847	63.6	2,776	36.4			63.6	36.4	2,071(D)
1924	5,004	3,801	76.0	1,203	24.0			76.0	24.0	2,598(D)
1928	8,253	4,738	57.4	3,515	42.6			57.4	42.6	1,223(D)
1932	7,966	6,317	79.3	1,649	20.7			79.3	20.7	4,668(D)
1936	8,449	6,051	71.6	2,398	28.4			71.6	28.4	3,653(D)
1940	8,545	7,168	83.9	1,377	16.1			83.9	16.1	5,791(D)
1944	7,664	6,153	80.3	1,511	19.7			80.3	19.7	4,642(D)
1948	8,262	7,160	86.7	1,092	13.2	10[6]	0.1	86.8	13.2	6,068(D)
1952	11,570	9,260	80.0	2,310	20.0			80.0	20.0	6,950(D)
1956	10,439	8,468	81.1	1,971	18.9			81.1	18.9	6,497(D)
1960	12,833	8,057	62.8	4,775	37.2	1[7]	*	62.8	37.2	3,282(D)

Notes: [1] Ran as Conservative. Conservative Party affiliated with national Democratic Party before the election of 1876.
[2] William Walker, *Prohibitionist*, 64 (1.2%).
[3] Will P. Exum, *Populist*, 964 (19.8%); J. M. Templeton, *Prohibitionist*, 35 (0.7%).
[4] William A. Guthrie, *Populist*, 381 (7.0%).
[5] Iredell Meares, *Progressive*, 948 (27.3%).
[6] Mary Price, *Progressive*, 10 (0.1%).
[7] I. Beverly Lake, (*Democrat*), Write-in, 1 (*).
* Less than 0.05%.

GOVERNOR OF NORTH CAROLINA

WILKES COUNTY

Year	Total Vote	Democratic Total	%	Republican Total	%	Other Total	%	Two-Party Vote % Dem.	% Repub.	Plurality Dem.-Repub.
1868	1,966	537[1]	27.3	1,429	72.7			27.3	72.7	892(R)
1872	2,328	1,034[1]	44.4	1,294	55.6			44.4	55.6	260(R)
1876	2,783	1,284	46.1	1,499	53.9			46.1	53.9	215(R)
1880	3,028	1,480	48.9	1,548	51.1			48.9	51.1	68(R)
1884	3,238	1,301	40.2	1,937	59.8			40.2	59.8	636(R)
1888	3,986	1,706	42.8	2,252	56.5	28[2]	0.7	43.1	56.9	546(R)
1892	3,807	1,755	46.1	1,921	50.5	131[3]	3.4	47.7	52.3	166(R)
1896	4,712	1,788	38.0	2,828	60.0	96[4]	2.0	38.7	61.3	1,040(R)
1900	3,692	1,435	38.9	2,257	61.1			38.9	61.1	822(R)
1904	3,797	1,360	35.8	2,437	64.2			35.8	64.2	1,077(R)
1908	4,930	1,599	32.4	3,331	67.6			32.4	67.6	1,732(R)
1912	4,472	1,622	36.3	528	11.8	2,322[5]	51.9	75.4	24.6	1,090(D)
1916	5,068	1,595	31.5	3,471	68.5	2	*	31.5	68.5	1,876(R)
1920	9,337	2,884	30.9	6,453	69.1			30.9	69.1	3,659(R)
1924	9,711	3,563	36.7	6,148	63.3			36.7	63.3	2,585(R)
1928	10,900	3,506	32.2	7,394	67.8			32.2	67.8	3,888(R)
1932	12,346	5,628	45.6	6,718	54.4			45.6	54.4	1,090(R)
1936	14,749	6,222	42.2	8,527	57.8			42.2	57.8	2,305(R)
1940	15,765	7,332	46.5	8,433	53.5			46.5	53.5	1,101(R)
1944	14,638	5,626	38.4	9,012	61.6			38.4	61.6	3,386(R)
1948	14,496	6,581	45.4	7,904	54.5	11[6]	0.1	45.4	54.6	1,323(R)
1952	18,536	7,787	42.0	10,749	58.0			42.0	58.0	2,962(R)
1956	17,248	6,192	35.9	11,056	64.1			35.9	64.1	4,864(R)
1960	21,035	8,148	38.7	12,884	61.3	3[7]	*	38.7	61.3	4,736(R)

Notes: [1] Ran as Conservative. Conservative Party affiliated with national Democratic Party before the election of 1876.
[2] William Walker, *Prohibitionist*, 28 (0.7%).
[3] Will P. Exum, *Populist*, 116 (3.0%); J. M. Templeton, *Prohibitionist*, 15 (0.4%).
[4] William A. Guthrie, *Populist*, 96 (2.0%).
[5] Iredell Meares, *Progressive*, 2,322 (51.9%).
[6] Mary Price, *Progressive*, 11 (0.1%).
[7] I. Beverly Lake, (*Democrat*), Write-in, 3 (*).
* Less than 0.05%.

GOVERNOR OF NORTH CAROLINA

WILSON COUNTY

Year	Total Vote	Democratic Total	%	Republican Total	%	Other Total	%	Two-Party Vote % Dem.	Two-Party Vote % Repub.	Plurality Dem.-Repub.
1868	1,792	883[1]	49.3	909	50.7			49.3	50.7	26(R)
1872	2,471	1,319[1]	53.4	1,152	46.6			53.4	46.6	167(D)
1876	2,873	1,714	59.7	1,159	40.3			59.7	40.3	562(D)
1880	2,962	1,573	53.1	1,389	46.9			53.1	46.9	184(D)
1884	3,628	2,135	58.8	1,493	41.2			58.8	41.2	642(D)
1888	3,680	2,159	58.7	1,521	41.3			58.7	41.3	638(D)
1892	3,716	2,032	54.7	406	10.9	1,278[2]	34.4	83.3	16.7	1,626(D)
1896	4,047	1,552	38.3	1,443	35.7	1,052[3]	26.0	51.8	48.2	109(D)
1900	4,346	2,916	67.1	1,430	32.9			67.1	32.9	1,486(D)
1904	1,973	1,387	70.3	586	29.7			70.3	29.7	801(D)
1908	2,736	1,905	69.6	831	30.4			69.6	30.4	1,074(D)
1912	2,384	1,877	78.7	65	2.7	442[4]	18.6	96.7	3.3	1,812(D)
1916	2,726	2,050	75.2	676	24.8			75.2	24.8	1,374(D)
1920	4,826	3,530	73.1	1,296	26.9			73.1	26.9	2,234(D)
1924	3,126	2,659	85.1	467	14.9			85.1	14.9	2,192(D)
1928	5,436	4,185	77.0	1,251	23.0			77.0	23.0	2,934(D)
1932	6,498	5,970	91.9	528	8.1			91.9	8.1	5,442(D)
1936	7,179	5,845	81.4	1,334	18.6			81.4	18.6	4,511(D)
1940	8,029	7,676	95.6	353	4.4			95.6	4.4	7,323(D)
1944	6,626	6,139	92.7	487	7.3			92.7	7.3	5,652(D)
1948	6,704	6,360	94.9	315	4.7	29[5]	0.4	95.3	4.7	6,045(D)
1952	10,793	9,894	91.7	899	8.3			91.7	8.3	8,995(D)
1956	11,251	10,103	89.8	1,148	10.2			89.8	10.2	8,955(D)
1960	10,945	8,102	74.0	2,829	25.9	14[6]	0.1	74.1	25.9	5,273(D)

Notes: [1] Ran as Conservative. Conservative Party affiliated with national Democratic Party before the election of 1876.
[2] Will P. Exum, *Populist*, 1,277 (34.4%); J. M. Templeton, *Prohibitionist*, 1 (*).
[3] William A. Guthrie, *Populist*, 1,052 (26.0%).
[4] Iredell Meares, *Progressive*, 442 (18.6%).
[5] Mary Price, *Progressive*, 29 (0.4%).
[6] I. Beverly Lake, (*Democrat*), Write-in, 14 (0.1%).
* Less than 0.05%.

GOVERNOR OF NORTH CAROLINA

YADKIN COUNTY

Year	Total Vote	Democratic Total	%	Republican Total	%	Other Total	%	Two-Party Vote % Dem.	% Repub.	Plurality Dem.-Repub.
1868	1,494	726[1]	48.6	768	51.4			48.6	51.4	42(R)
1872	1,625	759[1]	46.7	866	53.3			46.7	53.3	107(R)
1876	1,961	849	43.3	1,112	56.7			43.3	56.7	263(R)
1880	2,073	920	44.4	1,153	55.6			44.4	55.6	233(R)
1884	2,191	950	43.4	1,241	56.6			43.4	56.6	264(R)
1888	2,530	1,071	42.3	1,419	56.1	40[2]	1.6	43.0	57.0	402(R)
1892	2,482	1,044	42.1	1,234	49.7	204[3]	8.2	45.8	54.2	190(R)
1896	2,737	1,017	37.2	1,641	59.9	79[4]	2.9	38.3	61.7	624(R)
1900	2,832	1,011	35.7	1,821	64.3			35.7	64.3	810(R)
1904	2,114	703	33.3	1,411	66.7			33.3	66.7	708(R)
1908	2,367	718	30.3	1,649	69.7			30.3	69.7	931(R)
1912	2,238	744	33.3	1,068	47.7	426[5]	19.0	41.1	58.9	324(R)
1916	2,596	858	33.1	1,738	66.9			33.1	66.9	880(R)
1920	4,650	1,355	29.1	3,295	70.9			29.1	70.9	1,940(R)
1924	4,269	1,389	32.5	2,880	67.5			32.5	67.5	1,491(R)
1928	4,925	1,284	26.1	3,641	73.9			26.1	73.9	2,357(R)
1932	6,313	2,759	43.7	3,554	56.3			43.7	56.3	795(R)
1936	7,163	2,702	37.7	4,461	62.3			37.7	62.3	1,759(R)
1940	7,600	3,406	44.8	4,194	55.2			44.8	55.2	788(R)
1944	6,819	2,426	35.6	4,393	64.4			35.6	64.4	1,967(R)
1948	5,958	2,426	40.7	3,522	59.1	10[6]	0.2	40.8	59.2	1,096(R)
1952	8,068	3,109	38.5	4,959	61.5			38.5	61.5	1,850(R)
1956	7,733	2,720	35.2	5,013	64.8			35.2	64.8	2,293(R)
1960	10,055	3,081	30.6	6,973	69.4	1[7]	*	30.6	69.4	3,892(R)

Notes: [1] Ran as Conservative. Conservative Party affiliated with national Democratic Party before the election of 1876.
[2] William Walker, *Prohibitionist*, 40 (1.6%).
[3] Will P. Exum, *Populist*, 163 (6.6%); J. M. Templeton, *Prohibitionist*, 41 (1.6%).
[4] William A. Guthrie, *Populist*, 79 (2.9%).
[5] Iredell Meares, *Progressive*, 426 (19.0%).
[6] Mary Price, *Progressive*, 10 (0.2%).
[7] I. Beverly Lake, (*Democrat*), Write-in, 1 (*).
* Less than 0.05%.

YANCEY COUNTY
GOVERNOR OF NORTH CAROLINA

Year	Total Vote	Democratic Total	%	Republican Total	%	Other Total	%	Two-Party Vote % Dem.	% Repub.	Plurality Dem.-Repub.
1868	742	450[1]	60.6	292	39.4			60.6	39.4	158(D)
1872	875	503[1]	57.5	372	42.5			57.5	42.5	131(D)
1876	1,091	742	68.0	349	32.0			68.0	32.0	393(D)
1880	1,098	680	61.9	418	38.1			61.9	38.1	262(D)
1884	1,402	740	52.8	662	47.2			52.8	47.2	78(D)
1888	1,729	940	54.4	789	45.6			54.4	45.6	151(D)
1892	1,664	917	55.1	601	36.1	146[2]	8.8	60.4	39.6	316(D)
1896	2,036	1,030	50.6	978	48.0	28[3]	1.4	51.3	48.7	52(D)
1900	2,067	986	47.7	1,081	52.3			47.7	52.3	95(R)
1904	1,973	1,035	52.5	938	47.5			52.5	47.5	97(D)
1908	1,914	1,002	52.4	912	47.6			52.4	47.6	90(D)
1912	2,228	1,150	51.6	50	2.3	1,028[4]	46.1	95.8	4.2	1,100(D)
1916	2,364	1,263	53.4	1,101	46.6			53.4	46.6	162(D)
1920	4,880	2,306	47.3	2,574	52.7			47.3	52.7	268(R)
1924	4,781	2,649	55.4	2,132	44.6			55.4	44.6	517(D)
1928	5,189	2,714	52.3	2,475	47.7			52.3	47.7	239(D)
1932	5,841	3,302	56.5	2,539	43.5			56.5	43.5	763(D)
1936	6,293	3,588	57.0	2,705	43.0			57.0	43.0	883(D)
1940	5,677	3,060	53.9	2,617	46.1			53.9	46.1	443(D)
1944	5,697	3,308	58.1	2,389	41.9			58.1	41.9	919(D)
1948	5,949	3,764	63.3	2,179	36.6	6[5]	0.1	63.3	36.7	1,585(D)
1952	6,492	3,706	57.1	2,786	42.9			57.1	42.9	920(D)
1956	5,785	3,270	56.5	2,515	43.5			56.5	43.5	755(D)
1960	6,713	3,629	54.1	3,084	45.9			54.1	45.9	545(D)

Notes: [1] Ran as Conservative. Conservative Party affiliated with national Democratic Party before the election of 1876.
[2] Will P. Exum, *Populist*, 146 (8.8%).
[3] William A. Guthrie, *Populist*, 28 (1.4%).
[4] Iredell Meares, *Progressive*, 1,028 (46.1%).
[5] Mary Price, *Progressive*, 6 (0.1%).

General Elections for

UNITED STATES SENATOR

1914-1960

LIST OF CANDIDATES
(The winning candidate is printed in capitals.)

Year	Democrat	Republican	Other
1914	LEE S. OVERMAN (Rowan County)	A. A. Whitener (Catawba County)	H. J. Oliver
1918	FURNIFOLD M. SIMMONS (Jones County)	John M. Morehead (Mecklenburg County)	
1920	LEE S. OVERMAN (Rowan County)	A. E. Holton (Forsyth County)	
1924	F. M. SIMMONS (Jones County)	A. A. Whitener (Catawba County)	
1926	LEE S. OVERMAN (Rowan County)	Johnson Hayes (Wilkes County)	
1930	JOSIAH W. BAILEY (Wake County)	George M. Pritchard (Buncombe County)	
1932	ROBERT R. REYNOLDS (Buncombe County)	Jake F. Newell (Mecklenburg County)	
1936	JOSIAH W. BAILEY (Wake County)	Frank Patton (Burke County)	
1938	ROBERT R. REYNOLDS (Buncombe County)	Charles A. Jonas (Lincoln County)	
1942	JOSIAH W. BAILEY (Wake County)	Sam J. Morris (Wake County)	
1944	CLYDE R. HOEY (Cleveland County)	A. I. Ferree (Randolph County)	
1948	J. MELVILLE BROUGHTON (Wake County)	John A. Wilkinson (Beaufort County)	William T. Brown *Progressive* (Robeson County)
1950[1]	CLYDE R. HOEY (Cleveland County)	Halsey B. Leavitt (Buncombe County)	
1950[2]	WILLIS SMITH (Wake County)	E. L. Gavin (Lee County)	Frank P. Graham *Write-in* (Orange County)
1954[3]	W. KERR SCOTT (Alamance County)		
1954[1]	W. KERR SCOTT (Alamance County)	Paul C. West (Wake County)	
1954[2]	SAM J. ERVIN, JR. (Burke County)		
1956	SAM J. ERVIN, JR. (Burke County)	Joel A. Johnson (Johnston County)	
1958	B. EVERETT JORDAN (Alamance County)	Richard C. Clark, Jr. (Henderson County)	
1960	B. EVERETT JORDAN (Alamance County)	Kyle Hayes (Wilkes County)	

1. Regular term.
2. Unexpired term.
3. Short term.

STATE OF NORTH CAROLINA

UNITED STATES SENATOR

Year	Total Vote	Democratic Total	%	Republican Total	%	Other Total	%	Two-Party Vote % Dem.	% Repub.	Plurality Dem.-Repub.
1914	208,868	121,342	58.1	87,101	41.7	425	0.2	58.2	41.8	34,241(D)
1918	237,221	143,524	60.5	93,697	39.5			60.5	39.5	49,827(D)
1920	539,847	310,504	57.5	229,343	42.5			57.5	42.5	81,161(D)
1924	479,797	295,404	61.6	184,393	38.4			61.6	38.4	111,011(D)
1926	361,825	218,934	60.5	142,891	39.5			60.5	39.5	76,043(D)
1930	535,154	324,393	60.6	210,761	39.4			60.6	39.4	113,632(D)
1932	705,591	484,048	68.6	221,534	31.4			68.6	31.4	262,514(D)
1936	796,977	563,968	70.8	233,009	29.2			70.8	29.2	330,959(D)
1938	496,335	316,685	63.8	179,650	36.2			63.8	36.2	137,035(D)
1942	349,592	230,427	65.9	119,165	34.1			65.9	34.1	111,262(D)
1944	759,850	533,813	70.3	226,037	29.7			70.3	29.7	307,776(D)
1948	764,559	540,762	70.7	220,307	28.8	3,490[4]	0.5	71.1	28.9	320,455(D)
1950[1]	548,276	376,472	68.7	171,804	31.3			68.7	31.3	204,668(D)
1950[2]	544,924	364,912	67.0	177,753	32.6	2,259[5]	0.4	67.2	32.8	187,159(D)
1954[3]	619,634	408,312	65.9	211,322	34.1			65.9	34.1	196,990(D)
1954[1]	402,268	402,268	100.0					100.0		402,268(D)
1954[2]	410,574	410,574	100.0					100.0		410,574(D)
1956	1,098,828	731,353	66.6	367,475	33.4			66.6	33.4	363,878(D)
1958	616,469	431,492	70.0	184,977	30.0			70.0	30.0	246,515(D)
1960	1,291,485	793,521	61.4	497,964	38.6			61.4	38.6	295,557(D)

Notes: [1] Regular term.
[2] Unexpired term.
[3] Short term.
[4] William T. Brown, *Progressive*, 3,490 (0.5%)
[5] Frank P. Graham, (*Democrat*), Write-in, 2,259 (0.4%)

ALAMANCE COUNTY

UNITED STATES SENATOR

Year	Total Vote	Democratic Total	%	Republican Total	%	Other Total	%	Two-Party Vote % Dem.	% Repub.	Plurality Dem.-Repub.
1914	3,474	1,942	55.9	1,528	44.0	4	0.1	56.0	44.0	414(D)
1918	4,769	2,528	53.0	2,241	47.0			53.0	47.0	287(D)
1920	9,893	5,289	53.5	4,604	46.5			53.5	46.5	685(D)
1924	8,135	4,955	60.9	3,180	39.1			60.9	39.1	1,775(D)
1926	7,664	4,360	56.9	3,304	43.1			56.9	43.1	1,056(D)
1930	11,896	6,346	53.3	5,550	46.7			53.3	46.7	796(D)
1932	12,939	7,774	60.1	5,165	39.9			60.1	39.9	2,069(D)
1936	14,127	9,337	66.1	4,790	33.9			66.1	33.9	4,547(D)
1938	9,762	6,210	63.6	3,552	36.4			63.6	36.4	2,658(D)
1942	5,457	3,913	71.7	1,544	28.3			71.7	28.3	2,369(D)
1944	13,703	9,529	69.5	4,174	30.5			69.5	30.5	5,355(D)
1948	14,928	10,868	72.8	4,031	27.0	29[4]	0.2	72.9	27.1	6,837(D)
1950[1]	12,209	8,318	68.1	3,891	31.9			68.1	31.9	4,427(D)
1950[2]	12,029	7,707	64.1	4,258	35.4	64[5]	0.5	64.4	35.6	3,449(D)
1954[3]	16,568	13,304	80.3	3,264	19.7			80.3	19.7	10,040(D)
1954[1]	9,475	9,475	100.0					100.0		9,475(D)
1954[2]	9,360	9,360	100.0					100.0		9,360(D)
1956	21,955	14,992	68.3	6,963	31.7			68.3	31.7	8,029(D)
1958	12,853	10,117	78.7	2,736	21.3			78.7	21.3	7,381(D)
1960	28,821	16,801	58.3	12,020	41.7			58.3	41.7	4,781(D)

Notes: [1] Regular term.
[2] Unexpired term.
[3] Short term.
[4] William T. Brown, *Progressive*, 29 (0.2%).
[5] Frank P. Graham, *(Democrat)*, Write-in, 64 (0.5%)

ALEXANDER COUNTY

UNITED STATES SENATOR

Year	Total Vote	Democratic Total	%	Republican Total	%	Other Total	%	Two-Party Vote % Dem.	% Repub.	Plurality Dem.-Repub.
1914	2,069	930	44.9	1,139	55.1			44.9	55.1	209(R)
1918	1,962	821	41.8	1,141	58.2			41.8	58.2	320(R)
1920	4,684	2,045	43.7	2,639	56.3			43.7	56.3	594(R)
1924	4,721	2,297	48.7	2,424	51.3			48.7	51.3	127(R)
1926	4,523	2,320	51.3	2,203	48.7			51.3	48.7	117(D)
1930	4,623	2,471	53.5	2,152	46.5			53.5	46.5	319(D)
1932	4,979	2,875	57.7	2,104	42.3			57.7	42.3	771(D)
1936	5,436	3,003	55.2	2,433	44.8			55.2	44.8	570(D)
1938	5,185	2,776	53.5	2,409	46.5			53.5	46.5	367(D)
1942	4,946	2,320	46.9	2,626	53.1			46.9	53.1	306(R)
1944	5,230	2,339	44.7	2,891	55.3			44.7	55.3	552(R)
1948	4,786	2,534	52.9	2,249	47.0	3[4]	0.1	53.0	47.0	285(D)
1950[1]	5,941	3,353	56.4	2,588	43.6			56.4	43.6	765(D)
1950[2]	5,920	3,315	56.0	2,605	44.0			56.0	44.0	710(D)
1954[3]	6,161	3,447	56.0	2,714	44.0	1[5]	*	56.0	44.0	733(D)
1954[1]	3,428	3,428	100.0					100.0		3,428(D)
1954[2]	3,445	3,445	100.0					100.0		3,445(D)
1956	6,455	3,164	49.0	3,291	51.0			49.0	51.0	127(R)
1958	5,909	3,597	60.9	2,312	39.1			60.9	39.1	1,285(D)
1960	7,134	3,412	47.8	3,722	52.2			47.8	52.2	310(R)

Notes: [1] Regular term.
[2] Unexpired term.
[3] Short term.
[4] William T. Brown, *Progressive*, 3 (0.1%).
[5] Frank P. Graham, *(Democrat)*, Write-in, 1 (*).
* Less than 0.05%.

217

ALLEGHANY COUNTY

UNITED STATES SENATOR

Year	Total Vote	Democratic Total	%	Republican Total	%	Other Total	%	Two-Party Vote % Dem.	% Repub.	Plurality Dem.-Repub.
1914	1,218	715	58.7	503	41.3			58.7	41.3	212(D)
1918	1,162	687	59.1	475	40.9			59.1	40.9	212(D)
1920	2,608	1,426	54.7	1,182	45.3			54.7	45.3	244(D)
1924	2,878	1,658	57.6	1,220	42.4			57.6	42.4	438(D)
1926	2,485	1,412	56.8	1,073	43.2			56.8	43.2	339(D)
1930	3,097	1,711	55.2	1,386	44.8			55.2	44.8	325(D)
1932	2,739	1,910	69.7	829	30.3			69.7	30.3	1,081(D)
1936	3,560	2,097	58.9	1,463	41.1			58.9	41.1	634(D)
1938	2,607	1,787	68.5	820	31.5			68.5	31.5	967(D)
1942	1,356	1,062	78.3	294	21.7			78.3	21.7	768(D)
1944	3,112	1,837	59.0	1,275	41.0			59.0	41.0	562(D)
1948	3,114	1,893	60.8	1,219	39.1	2[4]	0.1	60.8	39.2	674(D)
1950[1]	2,836	1,844	65.0	992	35.0			65.0	35.0	852(D)
1950[2]	2,838	1,834	64.6	1,004	35.4			64.6	35.4	830(D)
1954[3]	3,285	1,959	59.6	1,326	40.4			59.6	40.4	633(D)
1954[1]	1,936	1,936	100.0					100.0		1,936(D)
1954[2]	1,952	1,952	100.0					100.0		1,952(D)
1956	3,277	1,879	57.3	1,398	42.7			57.3	42.7	481(D)
1958	3,251	1,941	59.7	1,310	40.3			59.7	40.3	631(D)
1960	3,965	2,242	56.5	1,723	43.5			56.5	43.5	519(D)

Notes: [1] Regular term.
[2] Unexpired term.
[3] Short term.
[4] William T. Brown, *Progressive*, 2 (0.1%).

Anson County

UNITED STATES SENATOR

Year	Total Vote	Democratic Total	%	Republican Total	%	Other Total	%	Two-Party Vote % Dem.	% Repub.	Plurality Dem.-Repub.
1914	959	865	90.2	94	9.8			90.2	9.8	771(D)
1918	1,814	1,666	91.8	148	8.2			91.8	8.2	1,518(D)
1920	3,798	3,375	88.9	423	11.1			88.9	11.1	2,952(D)
1924	2,613	2,404	92.0	209	8.0			92.0	8.0	2,195(D)
1926	1,758	1,694	96.4	64	3.6			96.4	3.6	1,630(D)
1930	2,256	2,122	94.1	134	5.9			94.1	5.9	1,988(D)
1932	4,432	4,156	93.8	276	6.2			93.8	6.2	3,880(D)
1936	4,693	4,356	92.8	337	7.2			92.8	7.2	4,019(D)
1938	2,547	2,277	89.4	270	10.6			89.4	10.6	2,007(D)
1942	1,164	1,119	96.1	45	3.9			96.1	3.9	1,074(D)
1944	3,917	3,565	91.0	352	9.0			91.0	9.0	3,213(D)
1948	3,510	3,217	91.6	290	8.3	3[4]	0.1	91.7	8.3	2,927(D)
1950[1]	2,009	1,842	91.7	167	8.3			91.7	8.3	1,675(D)
1950[2]	2,009	1,812	90.2	197	9.8			90.2	9.8	1,615(D)
1954[3]	2,100	1,859	88.5	241	11.5			88.5	11.5	1,618(D)
1954[1]	1,873	1,873	100.0					100.0		1,873(D)
1954[2]	1,883	1,883	100.0					100.0		1,883(D)
1956	4,893	4,309	88.1	584	11.9			88.1	11.9	3,725(D)
1958	2,036	1,920	94.3	116	5.7			94.3	5.7	1,804(D)
1960	5,329	4,443	83.4	886	16.6			83.4	16.6	3,557(D)

Notes: [1] Regular term.
[2] Unexpired term.
[3] Short term.
[4] William T. Brown, *Progressive*, 3 (0.1%).

Ashe County

UNITED STATES SENATOR

Year	Total Vote	Democratic Total	%	Republican Total	%	Other Total	%	Two-Party Vote %Dem.	%Repub.	Plurality Dem.-Repub.
1914	3,572	1,817	50.8	1,753	49.1	2	0.1	50.9	49.1	640(D)
1918	3,653	1,778	48.7	1,875	51.3			48.7	51.3	970(R)
1920	7,423	3,630	48.9	3,793	51.1			48.9	51.1	163(R)
1924	8,241	4,350	52.8	3,891	47.2			52.8	47.2	459(D)
1926	7,312	3,908	53.4	3,404	46.6			53.4	46.6	504(D)
1930	7,643	4,014	52.5	3,629	47.5			52.5	47.5	385(D)
1932	8,641	4,636	53.7	4,005	46.3			53.7	46.3	631(D)
1936	10,154	5,611	55.3	4,543	44.7			55.3	44.7	1,068(D)
1938	9,116	5,115	56.1	4,001	43.9			56.1	43.9	1,114(D)
1942	7,430	3,819	51.4	3,611	48.6			51.4	48.6	208(D)
1944	8,903	4,462	50.1	4,441	49.9			50.1	49.9	21(D)
1948	9,148	4,996	54.6	4,143	45.3	9[4]	0.1	54.7	45.3	853(D)
1950[1]	9,072	4,963	54.7	4,109	45.3			54.7	45.3	854(D)
1950[2]	9,050	4,929	54.5	4,121	45.5			54.5	45.5	808(D)
1954[3]	8,559	4,607	53.8	3,952	46.2			53.8	46.2	655(D)
1954[1]	4,586	4,586	100.0					100.0		4,586(D)
1954[2]	4,577	4,577	100.0					100.0		4,577(D)
1956	8,555	4,339	50.7	4,216	49.3			50.7	49.3	123(D)
1958	8,068	4,335	53.7	3,733	46.3			53.7	46.3	602(D)
1960	9,319	4,769	51.2	4,550	48.8			51.2	48.8	219(D)

Notes: [1] Regular term.
[2] Unexpired term.
[3] Short term.
[4] William T. Brown, *Progressive,* 9 (0.1%).

AVERY COUNTY

UNITED STATES SENATOR

Year	Total Vote	Democratic Total	%	Republican Total	%	Other Total	%	Two-Party Vote %Dem.	%Repub.	Plurality Dem.-Repub.
1914	1,166	247	21.2	919	78.8			21.2	78.8	672(R)
1918	888	198	22.3	690	77.7			22.3	77.7	492(R)
1920	2,900	404	13.9	2,496	86.1			13.9	86.1	2,092(R)
1924	2,611	461	17.7	2,150	82.3			17.7	82.3	1,689(R)
1926	1,915	416	21.7	1,499	78.3			21.7	78.3	1,083(R)
1930	2,196	399	18.2	1,797	81.8			18.2	81.8	1,398(R)
1932	3,756	1,027	27.3	2,729	72.7			27.3	72.7	1,702(R)
1936	3,656	783	21.4	2,873	78.6			21.4	78.6	2,090(R)
1938	3,574	1,133	31.7	2,441	68.3			31.7	68.3	1,308(R)
1942	2,188	503	23.0	1,685	77.0			23.0	77.0	1,182(R)
1944	3,778	810	21.4	2,968	78.6			21.4	78.6	2,158(R)
1948	3,632	918	25.3	2,709	74.6	5[4]	0.1	25.3	74.7	1,791(R)
1950[1]	2,964	827	27.9	2,137	72.1			27.9	72.1	1,310(R)
1950[2]	2,934	785	26.8	2,149	73.2			26.8	73.2	1,364(R)
1954[3]	3,377	1,141	33.8	2,236	66.2			33.8	66.2	1,095(R)
1954[1]	1,103	1,103	100.0					100.0		1,103(D)
1954[2]	1,087	1,087	100.0					100.0		1,087(D)
1956	4,633	1,214	26.2	3,419	73.8			26.2	73.8	2,205(R)
1958	3,334	1,028	30.8	2,306	69.2			30.8	69.2	1,278(R)
1960	4,954	1,213	24.5	3,741	75.5			24.5	75.5	2,528(R)

Notes: [1] Regular term.
[2] Unexpired term.
[3] Short term.
[4] William T. Brown, *Progressive*, 5 (0.1%).

Beaufort County

United States Senator

Year	Total Vote	Democratic Total	%	Republican Total	%	Other Total	%	Two-Party Vote % Dem.	% Repub.	Plurality Dem.-Repub.
1914	1,732	1,149	66.4	534	30.8	49	2.8	68.3	31.7	615(D)
1918	2,392	1,704	71.2	688	28.8			71.2	28.8	1,016(D)
1920	5,778	3,564	61.7	2,214	38.3			61.7	38.3	1,350(D)
1924	4,360	3,084	70.7	1,276	29.3			70.7	29.3	1,808(D)
1926	1,439	1,242	86.3	197	13.7			86.3	13.7	1,045(D)
1930	4,728	3,468	73.4	1,260	26.6			73.4	26.6	2,208(D)
1932	6,263	5,371	85.8	892	14.2			85.8	14.2	4,479(D)
1936	6,521	5,569	85.4	952	14.6			85.4	14.6	4,617(D)
1938	2,333	2,024	86.8	309	13.2			86.8	13.2	1,715(D)
1942	1,289	1,118	86.7	171	13.3			86.7	13.3	947(D)
1944	5,453	4,666	85.6	787	14.4			85.6	14.4	3,879(D)
1948	5,671	4,244	74.8	1,422	25.1	5[4]	0.1	74.9	25.1	2,822(D)
1950[1]	2,077	1,856	89.4	221	10.6			89.4	10.6	1,635(D)
1950[2]	2,072	1,819	87.8	252	12.2	1[5]	*	87.8	12.2	1,567(D)
1954[3]	2,226	1,971	88.5	255	11.5			88.5	11.5	1,716(D)
1954[1]	1,922	1,922	100.0					100.0		1,922(D)
1954[2]	1,935	1,935	100.0					100.0		1,935(D)
1956	7,258	6,334	87.3	924	12.7			87.3	12.7	5,410(D)
1958	1,868	1,762	94.3	106	5.7			94.3	5.7	1,656(D)
1960	7,996	6,493	81.2	1,503	18.8			81.2	18.8	4,990(D)

Notes: [1] Regular term.
[2] Unexpired term.
[3] Short term.
[4] William T. Brown, *Progressive*, 5 (0.1%).
[5] Frank P. Graham, (*Democrat*), Write-in, 1 (*).
* Less than 0.05%.

BERTIE COUNTY

UNITED STATES SENATOR

Year	Total Vote	Democratic Total	%	Republican Total	%	Other Total	%	Two-Party Vote %Dem.	%Repub.	Plurality Dem.-Repub.
1914	778	744	95.6	34	4.4			95.6	4.4	710(D)
1918	1,187	1,159	97.6	28	2.4			97.6	2.4	1,131(D)
1920	2,032	1,887	92.9	145	7.1			92.9	7.1	1,742(D)
1924	1,919	1,836	95.7	83	4.3			95.7	4.3	1,753(D)
1926	750	729	97.2	21	2.8			97.2	2.8	708(D)
1930	1,484	1,423	95.9	61	4.1			95.9	4.1	1,362(D)
1932	3,155	3,089	97.9	66	2.1			97.9	2.1	3,023(D)
1936	3,621	3,506	96.8	115	3.2			96.8	3.2	3,391(D)
1938	1,214	1,183	97.4	31	2.6			97.4	2.6	1,152(D)
1942	738	724	98.1	14	1.9			98.1	1.9	710(D)
1944	2,989	2,926	97.9	63	2.1			97.9	2.1	2,863(D)
1948	2,980	2,930	98.3	46	1.6	4[4]	0.1	98.5	1.5	2,884(D)
1950[1]	2,067	2,048	99.1	19	0.9			99.1	0.9	2,029(D)
1950[2]	2,380	2,355	99.0	22	0.9	3[5]	0.1	99.1	0.9	2,333(D)
1954[3]	1,250	1,209	96.7	41	3.3			96.7	3.3	1,168(D)
1954[1]	1,299	1,299	100.0					100.0		1,299(D)
1954[2]	1,297	1,297	100.0					100.0		1,297(D)
1956	3,655	3,483	95.3	172	4.7			95.3	4.7	3,311(D)
1958	2,061	1,994	96.7	67	3.3			96.7	3.3	1,927(D)
1960	4,044	3,787	93.6	257	6.4			93.6	6.4	3,530(D)

Notes: [1] Regular term.
[2] Unexpired term.
[3] Short term.
[4] William T. Brown, *Progressive*, 4 (0.1%).
[5] Frank P. Graham, (*Democrat*), Write-in, 3 (0.1%).

BLADEN COUNTY

UNITED STATES SENATOR

Year	Total Vote	Democratic Total	%	Republican Total	%	Other Total	%	Two-Party Vote %Dem.	%Repub.	Plurality Dem.-Repub.
1914	1,571	957	60.9	614	39.1			60.9	39.1	343(D)
1918	1,300	951	73.2	349	26.8			73.2	26.8	602(D)
1920	3,003	2,000	66.6	1,003	33.4			66.6	33.4	997(D)
1924	2,287	1,703	74.5	584	25.5			74.5	25.5	1,119(D)
1926	1,896	1,457	76.8	439	23.2			76.8	23.2	1,018(D)
1930	1,982	1,468	74.1	514	25.9			74.1	25.9	954(D)
1932	2,980	2,108	70.7	872	29.3			70.7	29.3	1,236(D)
1936	3,535	3,043	86.1	492	13.9			86.1	13.9	2,551(D)
1938	1,313	1,066	81.2	247	18.8			81.2	18.8	819(D)
1942	811	740	91.2	71	8.8			91.2	8.8	669(D)
1944	2,904	2,421	83.4	483	16.6			83.4	16.6	1,938(D)
1948	3,696	3,310	89.6	378	10.2	8[4]	0.2	89.8	10.2	2,932(D)
1950[1]	1,792	1,691	94.4	101	5.6			94.4	5.6	1,590(D)
1950[2]	1,845	1,701	92.2	144	7.8			92.2	7.8	1,557(D)
1954[3]	1,376	1,234	89.7	142	10.3			89.7	10.3	1,092(D)
1954[1]	1,226	1,226	100.0					100.0		1,226(D)
1954[2]	1,219	1,219	100.0					100.0		1,219(D)
1956	5,221	4,652	89.1	569	10.9			89.1	10.9	4,083(D)
1958	1,753	1,694	96.6	59	3.4			96.6	3.4	1,635(D)
1960	5,856	4,743	81.0	1,113	19.0			81.0	19.0	3,630(D)

Notes: [1] Regular term.
[2] Unexpired term.
[3] Short term.
[4] William T. Brown, *Progressive*, 8 (0.2%).

BRUNSWICK COUNTY

UNITED STATES SENATOR

Year	Total Vote	Democratic Total	%	Republican Total	%	Other Total	%	Two-Party Vote %Dem.	%Repub.	Plurality Dem.-Repub.
1914	1,583	757	47.8	826	52.2			47.8	52.2	690(R)
1918	905	385	42.5	520	57.5			42.5	57.5	135(R)
1920	2,695	1,317	48.9	1,378	51.1			48.9	51.1	61(R)
1924	2,357	1,130	47.9	1,227	52.1			47.9	52.1	97(R)
1926	2,199	1,173	53.3	1,026	46.7			53.3	46.7	147(D)
1930	3,105	1,584	51.0	1,521	49.0			51.0	49.0	63(D)
1932	3,953	2,156	54.5	1,797	45.5			54.5	45.5	359(D)
1936	4,285	2,644	61.7	1,641	38.3			61.7	38.3	1,003(D)
1938	4,323	2,453	56.7	1,870	43.3			56.7	43.3	583(D)
1942	3,674	1,969	53.6	1,705	46.4			53.6	46.4	264(D)
1944	4,236	2,303	54.4	1,933	45.6			54.4	45.6	370(D)
1948	4,555	2,669	58.6	1,878	41.2	8[4]	0.2	58.7	41.3	791(D)
1950[1]	4,484	2,868	64.0	1,616	36.0			64.0	36.0	1,252(D)
1950[2]	4,489	2,852	63.5	1,637	36.5			63.5	36.5	1,215(D)
1954[3]	5,358	3,164	59.1	2,194	40.9			59.1	40.9	970(D)
1954[1]	3,100	3,100	100.0					100.0		3,100(D)
1954[2]	3,023	3,023	100.0					100.0		3,023(D)
1956	6,378	3,871	60.7	2,507	39.3			60.7	39.3	1,364(D)
1958	5,690	3,723	65.4	1,967	34.6			65.4	34.6	1,756(D)
1960	6,874	4,414	64.2	2,460	35.8			64.2	35.8	1,954(D)

Notes: [1] Regular term.
[2] Unexpired term.
[3] Short term.
[4] William T. Brown, *Progressive*, 8 (0.2%).

BUNCOMBE COUNTY

UNITED STATES SENATOR

Year	Total Vote	Democratic Total	%	Republican Total	%	Other Total	%	Two-Party Vote % Dem.	Two-Party Vote % Repub.	Plurality Dem.-Repub.
1914	6,371	3,751	58.9	2,620	41.1			58.9	41.1	1,131(D)
1918	7,385	4,104	55.6	3,281	44.4			55.6	44.4	823(D)
1920	18,327	10,413	56.8	7,914	43.2			56.8	43.2	2,499(D)
1924	16,518	10,536	63.8	5,982	36.2			63.8	36.2	4,554(D)
1926	13,110	8,699	66.4	4,411	33.6			66.4	33.6	4,288(D)
1930	27,751	15,338	55.3	12,413	44.7			55.3	44.7	2,925(D)
1932	27,182	18,193	66.9	8,989	33.1			66.9	33.1	9,204(D)
1936	32,314	23,078	71.4	9,236	28.6			71.4	28.6	13,842(D)
1938	25,584	19,073	74.6	6,511	25.4			74.6	25.4	12,562(D)
1942	7,795	6,458	82.8	1,337	17.2			82.8	17.2	5,121(D)
1944	29,635	21,997	74.2	7,638	25.8			74.2	25.8	14,359(D)
1948	29,972	20,826	69.5	9,017	30.1	129[4]	0.4	69.8	30.2	11,809(D)
1950[1]	22,210	15,970	71.9	6,240	28.1			71.9	28.1	9,730(D)
1950[2]	22,068	16,068	72.8	5,893	26.7	107[5]	0.5	73.2	26.8	10,175(D)
1954[3]	19,329	14,171	73.3	5,158	26.7			73.3	26.7	9,013(D)
1954[1]	14,138	14,138	100.0					100.0		14,138(D)
1954[2]	14,507	14,507	100.0					100.0		14,507(D)
1956	37,524	22,186	59.1	15,338	40.9			59.1	40.9	6,848(D)
1958	29,118	19,775	67.9	9,343	32.1			67.9	32.1	10,432(D)
1960	45,168	24,679	54.6	20,489	45.4			54.6	45.4	419(D)

Notes: [1] Regular term.
[2] Unexpired term.
[3] Short term.
[4] William T. Brown, *Progressive*, 129 (0.4%).
[5] Frank P. Graham, *(Democrat)*, Write-in, 107 (0.5%).

BURKE COUNTY

UNITED STATES SENATOR

Year	Total Vote	Democratic Total	%	Republican Total	%	Other Total	%	Two-Party Vote % Dem.	% Repub.	Plurality Dem.-Repub.
1914	2,642	1,395	52.8	1,247	47.2			52.8	47.2	148(D)
1918	2,862	1,352	47.2	1,510	52.8			47.2	52.8	158(R)
1920	6,873	3,311	48.2	3,562	51.8			48.2	51.8	251(R)
1924	7,296	4,097	56.2	3,199	43.8			56.2	43.8	898(D)
1926	6,735	3,550	52.7	3,185	47.3			52.7	47.3	365(D)
1930	8,510	4,581	53.8	3,929	46.2			53.8	46.2	652(D)
1932	10,820	5,817	53.8	5,003	46.2			53.8	46.2	814(D)
1936	12,809	6,972	54.4	5,837	45.6			54.4	45.6	1,135(D)
1938	12,087	6,355	52.6	5,732	47.4			52.6	47.4	623(D)
1942	10,308	5,432	52.7	4,876	47.3			52.7	47.3	556(D)
1944	12,387	6,798	54.9	5,589	45.1			54.9	45.1	1,209(D)
1948	13,791	7,842	56.9	5,940	43.1	9[4]	*	56.9	43.1	1,902(D)
1950[1]	13,000	7,620	58.6	5,380	41.4			58.6	41.4	2,240(D)
1950[2]	12,943	7,457	57.6	5,470	42.3	16[5]	0.1	57.7	42.3	1,987(D)
1954[3]	14,287	7,989	55.9	6,298	44.1			55.9	44.1	1,691(D)
1954[1]	7,977	7,977	100.0					100.0		7,977(D)
1954[2]	8,378	8,378	100.0					100.0		8,378(D)
1956	19,536	10,020	51.3	9,516	48.7			51.3	48.7	504(D)
1958	17,175	10,227	59.5	6,948	40.5			59.5	40.5	3,279(D)
1960	22,670	11,229	49.5	11,441	50.5			49.5	50.5	212(R)

Notes: [1] Regular term.
[2] Unexpired term.
[3] Short term.
[4] William T. Brown, *Progressive*, 9 (*).
[5] Frank P. Graham, (*Democrat*), Write-in, 16 (0.1%).
* Less than 0.05%.

CABARRUS COUNTY

UNITED STATES SENATOR

Year	Total Vote	Democratic Total	%	Republican Total	%	Other Total	%	Two-Party Vote % Dem.	% Repub.	Plurality Dem.-Repub.
1914	3,935	1,896	48.2	2,039	51.8			48.2	51.8	143(R)
1918	3,905	1,840	47.1	2,065	52.9			47.1	52.9	225(R)
1920	9,637	4,429	46.0	5,208	54.0			46.0	54.0	779(R)
1924	8,129	4,533	55.8	3,596	44.2			55.8	44.2	937(D)
1926	8,801	4,804	54.6	3,997	45.4			54.6	45.4	807(D)
1930	11,173	6,868	61.5	4,305	38.5			61.5	38.5	2,563(D)
1932	11,987	8,246	68.8	3,741	31.2			68.8	31.2	4,505(D)
1936	13,998	10,448	74.6	3,550	25.4			74.6	25.4	6,898(D)
1938	9,358	6,890	73.6	2,468	26.4			73.6	26.4	4,422(D)
1942	2,999	2,503	83.5	496	16.5			83.5	16.5	2,007(D)
1944	12,888	9,148	71.0	3,740	29.0			71.0	29.0	5,408(D)
1948	12,325	8,451	68.6	3,838	31.1	36[4]	0.3	68.8	31.2	4,613(D)
1950[1]	10,347	7,873	76.1	2,474	23.9			76.1	23.9	5,399(D)
1950[2]	10,323	7,845	75.9	2,478	24.0	9[5]	0.1	76.0	24.0	5,367(D)
1954[3]	15,714	9,799	62.4	5,915	37.6			62.4	37.6	3,884(D)
1954[1]	9,854	9,854	100.0					100.0		9,854(D)
1954[2]	10,173	10,173	100.0					100.0		10,173(D)
1956	20,745	11,798	56.9	8,947	43.1			56.9	43.1	2,851(D)
1958	12,341	9,795	79.4	2,546	20.6			79.4	20.6	7,249(D)
1960	23,228	11,476	49.4	11,752	50.6			49.4	50.6	276(R)

Notes: [1] Regular term.
[2] Unexpired term.
[3] Short term.
[4] William T. Brown, *Progressive*, 36 (0.3%).
[5] Frank P. Graham, (*Democrat*), Write-in, 9 (0.1%).

CALDWELL COUNTY

UNITED STATES SENATOR

Year	Total Vote	Democratic Total	%	Republican Total	%	Other Total	%	Two-Party Vote % Dem.	% Repub.	Plurality Dem.-Repub.
1914	3,073	1,612	52.5	1,461	47.5			52.5	47.5	151(D)
1918	3,212	1,670	52.0	1,542	48.0			52.0	48.0	128(D)
1920	6,174	2,966	48.0	3,208	52.0			48.0	52.0	242(R)
1924	5,847	3,383	57.9	2,464	42.1			57.9	42.1	919(D)
1926	4,473	2,893	64.7	1,580	35.3			64.7	35.3	1,313(D)
1930	8,036	4,844	60.3	3,192	39.7			60.3	39.7	1,652(D)
1932	9,255	5,340	57.7	3,915	42.3			57.7	42.3	1,425(D)
1936	10,167	6,541	64.3	3,626	35.7			64.3	35.7	2,915(D)
1938	7,021	4,224	60.2	2,797	39.8			60.2	39.8	1,427(D)
1942	4,630	3,132	67.6	1,498	32.4			67.6	32.4	1,634(D)
1944	9,529	5,421	56.9	4,108	43.1			56.9	43.1	1,313(D)
1948	10,805	6,246	57.8	4,553	42.1	6[4]	0.1	57.8	42.2	1,693(D)
1950[1]	9,447	5,608	59.4	3,839	40.6			59.4	40.6	1,769(D)
1950[2]	9,445	5,601	59.3	3,844	40.7			59.3	40.7	1,757(D)
1954[3]	14,506	7,912	54.5	6,594	45.5			54.5	45.5	1,318(D)
1954[1]	7,920	7,920	100.0					100.0		7,920(D)
1954[2]	8,167	8,167	100.0					100.0		8,167(D)
1956	17,396	8,992	51.7	8,404	48.3			51.7	48.3	588(D)
1958	12,957	8,849	68.3	4,108	31.7			68.3	31.7	4,741(D)
1960	19,808	10,052	50.7	9,756	49.3			50.7	49.3	296(D)

Notes: [1] Regular term.
[2] Unexpired term.
[3] Short term.
[4] William T. Brown, *Progressive*, 6 (0.1%).

CAMDEN COUNTY

UNITED STATES SENATOR

Year	Total Vote	Democratic Total	%	Republican Total	%	Other Total	%	Two-Party Vote % Dem.	% Repub.	Plurality Dem.-Repub.
1914	151	140	92.7	11	7.3			92.7	7.3	129(D)
1918	363	305	84.0	58	16.0			84.0	16.0	247(D)
1920	681	563	82.7	118	17.3			82.7	17.3	445(D)
1924	569	433	76.1	136	23.9			76.1	23.9	297(D)
1926	166	152	91.6	14	8.4			91.6	8.4	138(D)
1930	582	531	91.2	51	8.8			91.2	8.8	480(D)
1932	961	895	93.1	66	6.9			93.1	6.9	829(D)
1936	1,096	1,007	91.9	89	8.1			91.9	8.1	918(D)
1938	356	332	93.3	24	6.7			93.3	6.7	308(D)
1942	181	176	97.2	5	2.8			97.2	2.8	171(D)
1944	846	758	89.6	88	10.4			89.6	10.4	670(D)
1948	732	661	90.3	69	9.4	2[4]	0.3	90.5	9.5	592(D)
1950[1]	261	245	93.9	16	6.1			93.9	6.1	229(D)
1950[2]	263	244	92.8	19	7.2			92.8	7.2	225(D)
1954[3]	605	549	90.7	56	9.3			90.7	9.3	493(D)
1954[1]	548	548	100.0					100.0		548(D)
1954[2]	549	549	100.0					100.0		549(D)
1956	1,062	902	84.9	160	15.1			84.9	15.1	742(D)
1958	388	365	94.1	23	5.9			94.1	5.9	342(D)
1960	1,285	1,066	83.0	219	17.0			83.0	17.0	847(D)

Notes: [1] Regular term.
[2] Unexpired term.
[3] Short term.
[4] William T. Brown, *Progressive*, 2 (0.3%).

CARTERET COUNTY

UNITED STATES SENATOR

Year	Total Vote	Democratic Total	%	Republican Total	%	Other Total	%	Two-Party Vote % Dem.	% Repub.	Plurality Dem.-Repub.
1914	1,695	1,113	65.7	582	34.3			65.7	34.3	531(D)
1918	2,056	1,064	51.8	992	48.2			51.8	48.2	72(D)
1920	4,383	2,094	47.8	2,289	52.2			47.8	52.2	195(R)
1924	4,133	2,311	55.9	1,822	44.1			55.9	44.1	489(D)
1926	3,501	2,389	68.2	1,112	31.8			68.2	31.8	1,277(D)
1930	4,941	2,936	59.4	2,005	40.6			59.4	40.6	931(D)
1932	5,204	3,407	65.5	1,797	34.5			65.5	34.5	1,610(D)
1936	5,476	3,622	66.1	1,854	33.9			66.1	33.9	1,768(D)
1938	5,614	3,649	65.0	1,965	35.0			65.0	35.0	1,684(D)
1942	1,060	929	87.6	131	12.4			87.6	12.4	798(D)
1944	4,938	3,569	72.3	1,369	27.7			72.3	27.7	2,200(D)
1948	4,948	3,711	75.0	1,229	24.8	8[4]	0.2	75.1	24.9	2,482(D)
1950[1]	3,944	3,159	80.1	785	19.9			80.1	19.9	2,374(D)
1950[2]	3,934	3,091	78.6	843	21.4			78.6	21.4	2,248(D)
1954[3]	5,844	4,745	81.2	1,099	18.8			81.2	18.8	3,646(D)
1954[1]	4,620	4,620	100.0					100.0		4,620(D)
1954[2]	4,523	4,523	100.0					100.0		4,523(D)
1956	7,287	5,107	70.1	2,180	29.9			70.1	29.9	2,927(D)
1958	4,782	4,023	84.1	759	15.9			84.1	15.9	3,264(D)
1960	9,338	5,662	60.6	3,676	39.4			60.6	39.4	1,986(D)

Notes: [1] Regular term.
[2] Unexpired term.
[3] Short term.
[4] William T. Brown, *Progressive*, 8 (0.2%).

CASWELL COUNTY

UNITED STATES SENATOR

Year	Total Vote	Democratic Total	%	Republican Total	%	Other Total	%	Two-Party Vote % Dem.	% Repub.	Plurality Dem.-Repub.
1914	750	635	84.7	115	15.3			84.7	15.3	520(D)
1918	1,100	872	79.3	228	20.7			79.3	20.7	644(D)
1920	1,746	1,253	71.8	493	28.2			71.8	28.2	760(D)
1924	1,524	1,085	71.2	439	28.8			71.2	28.8	646(D)
1926	1,090	817	75.0	273	25.0			75.0	25.0	544(D)
1930	1,172	946	80.7	226	19.3			80.7	19.3	720(D)
1932	1,987	1,765	92.1	222	7.9			92.1	7.9	1,543(D)
1936	2,425	2,234	92.1	191	7.9			92.1	7.9	2,043(D)
1938	867	721	83.2	146	16.8			83.2	16.8	575(D)
1942	648	561	86.6	87	13.4			86.6	13.4	474(D)
1944	2,222	1,866	84.0	356	16.0			84.0	16.0	1,510(D)
1948	2,210	1,947	88.1	258	11.7	5[4]	0.2	88.3	11.7	1,689(D)
1950[1]	961	845	87.9	116	12.1			87.9	12.1	729(D)
1950[2]	954	831	87.1	123	12.9			87.1	12.9	708(D)
1954[3]	1,731	1,523	88.0	208	12.0			88.0	12.0	1,315(D)
1954[1]	1,480	1,480	100.0					100.0		1,480(D)
1954[2]	1,434	1,434	100.0					100.0		1,434(D)
1956	3,372	2,761	81.9	611	18.1			81.9	18.1	2,150(D)
1958	2,079	1,904	91.6	175	8.4			91.6	8.4	1,729(D)
1960	3,694	2,891	78.3	803	21.7			78.3	21.7	2,088(D)

Notes: [1] Regular term.
[2] Unexpired term.
[3] Short term.
[4] William T. Brown, *Progressive*, 5 (0.2%).

CATAWBA COUNTY

UNITED STATES SENATOR

Year	Total Vote	Democratic Total	%	Republican Total	%	Other Total	%	Two-Party Vote % Dem.	% Repub.	Plurality Dem.-Repub.
1914	4,566	2,186	47.9	2,380	52.1			47.9	52.1	194(R)
1918	4,808	2,323	48.3	2,485	51.7			48.3	51.7	162(R)
1920	11,343	5,436	47.9	5,907	52.1			47.9	52.1	471(R)
1924	12,018	5,845	48.6	6,173	51.4			48.6	51.4	328(R)
1926	9,859	5,171	52.4	4,688	47.6			52.4	47.6	483(D)
1930	12,999	7,225	55.6	5,774	44.4			55.6	44.4	1,451(D)
1932	14,243	8,143	57.2	6,100	42.8			57.2	42.8	2,043(D)
1936	17,312	10,178	58.8	7,134	41.2			58.8	41.2	3,044(D)
1938	15,605	8,419	54.0	7,186	46.0			54.0	46.0	1,233(D)
1942	10,774	6,494	60.3	4,280	39.7			60.3	39.7	2,214(D)
1944	17,044	10,237	60.1	6,807	39.9			60.1	39.9	3,430(D)
1948	19,419	10,913	56.2	8,473	43.6	33[4]	0.2	56.3	43.7	2,440(D)
1950[1]	17,798	9,537	53.6	8,261	46.4			53.6	46.4	1,276(D)
1950[2]	17,784	9,472	53.3	8,312	46.7			53.3	46.7	1,160(D)
1954[3]	21,217	10,973	51.7	10,244	48.3			51.7	48.3	729(D)
1954[1]	10,987	10,987	100.0					100.0		10,987(D)
1954[2]	11,458	11,458	100.0					100.0		11,458(D)
1956	29,688	14,527	48.9	15,161	51.1			48.9	51.1	634(R)
1958	22,995	12,275	53.4	10,720	46.6			53.4	46.6	1,555(D)
1960	31,923	15,147	47.4	16,776	52.6			47.4	52.6	1,629(R)

Notes: [1] Regular term.
[2] Unexpired term.
[3] Short term.
[4] William T. Brown, Progressive, 33 (0.2%).

CHATHAM COUNTY

UNITED STATES SENATOR

Year	Total Vote	Democratic Total	%	Republican Total	%	Other Total	%	Two-Party Vote % Dem.	% Repub.	Plurality Dem.-Repub.
1914	2,761	1,589	57.6	1,172	42.4			57.6	42.4	417(D)
1918	3,138	1,716	54.7	1,422	45.3			54.7	45.3	294(D)
1920	6,123	3,229	52.7	2,894	47.3			52.7	47.3	335(D)
1924	6,161	3,430	55.7	2,731	44.3			55.7	44.3	699(D)
1926	5,135	3,133	61.0	2,002	39.0			61.0	39.0	1,131(D)
1930	5,950	3,324	55.9	2,626	44.1			55.9	44.1	698(D)
1932	6,924	4,023	58.1	2,901	41.9			58.1	41.9	1,122(D)
1936	6,348	4,094	64.5	2,254	35.5			64.5	35.5	1,840(D)
1938	4,466	3,038	68.0	1,428	32.0			68.0	32.0	1,610(D)
1942	3,088	2,323	75.2	765	24.8			75.2	24.8	1,558(D)
1944	6,047	3,776	62.4	2,271	37.6			62.4	37.6	1,505(D)
1948	5,575	3,726	66.8	1,843	33.1	6[4]	0.1	66.9	33.1	1,883(D)
1950[1]	4,527	3,039	67.1	1,488	32.9			67.1	32.9	1,551(D)
1950[2]	4,525	2,898	64.0	1,610	35.6	17[5]	0.4	64.3	35.7	1,288(D)
1954[3]	4,446	3,153	70.9	1,293	29.1			70.9	29.1	1,860(D)
1954[1]	3,065	3,065	100.0					100.0		3,065(D)
1954[2]	3,033	3,033	100.0					100.0		3,033(D)
1956	7,578	4,844	63.9	2,734	36.1			63.9	36.1	2,110(D)
1958	4,050	3,136	77.4	914	22.6			77.4	22.6	2,222(D)
1960	8,623	4,939	57.3	3,684	42.7			57.3	42.7	1,255(D)

Notes: [1] Regular term.
[2] Unexpired term.
[3] Short term.
[4] William T. Brown, *Progressive*, 6 (0.1%).
[5] Frank P. Graham, *(Democrat)*, Write-in, 17 (0.4%).

CHEROKEE COUNTY

UNITED STATES SENATOR

Year	Total Vote	Democratic Total	%	Republican Total	%	Other Total	%	Two-Party Vote % Dem.	% Repub.	Plurality Dem.-Repub.
1914	2,016	887	44.0	1,129	56.0			44.0	56.0	242(R)
1918	2,023	903	44.6	1,120	55.4			44.6	55.4	217(R)
1920	4,226	1,753	41.5	2,473	58.5			41.5	58.5	720(R)
1924	4,073	1,765	43.3	2,308	56.7			43.3	56.7	543(R)
1926	3,905	1,842	47.2	2,063	52.8			47.2	52.8	221(R)
1930	5,010	2,378	47.5	2,632	52.5			47.5	52.5	254(R)
1932	4,510	1,303	28.9	3,207	71.1			28.9	71.1	1,904(R)
1936	6,599	3,352	50.8	3,247	49.2			50.8	49.2	105(D)
1938	6,799	3,439	50.6	3,360	49.4			50.6	49.4	79(D)
1942	6,552	3,479	53.1	3,073	46.9			53.1	46.9	406(D)
1944	5,146	2,582	50.2	2,564	49.8			50.2	49.8	18(D)
1948	5,515	3,034	55.0	2,468	44.8	13[4]	0.2	55.1	44.9	566(D)
1950[1]	6,577	3,842	58.4	2,735	41.6			58.4	41.6	1,107(D)
1950[2]	6,559	3,808	58.1	2,751	41.9			58.1	41.9	1,057(D)
1954[3]	6,849	3,323	48.5	3,526	51.5			48.5	51.5	203(R)
1954[1]	3,276	3,276	100.0					100.0		3,276(D)
1954[2]	3,270	3,270	100.0					100.0		3,270(D)
1956	6,503	3,043	46.8	3,460	53.2			46.8	53.2	417(R)
1958	7,481	3,892	52.0	3,589	48.0			52.0	48.0	303(D)
1960	7,459	3,535	47.4	3,924	52.6			47.4	52.6	389(R)

Notes: [1] Regular term.
[2] Unexpired term.
[3] Short term.
[4] William T. Brown, *Progressive*, 13 (0.2%).

CHOWAN COUNTY

UNITED STATES SENATOR

Year	Total Vote	Democratic Total	%	Republican Total	%	Other Total	%	Two-Party Vote % Dem.	% Repub.	Plurality Dem.-Repub.
1914	331	329	99.4	2	0.6			99.4	0.6	327(D)
1918	654	608	93.0	46	7.0			93.0	7.0	562(D)
1920	1,305	1,133	86.8	172	13.2			86.8	13.2	961(D)
1924	814	735	90.3	79	9.7			90.3	9.7	656(D)
1926	239	228	95.4	11	4.6			95.4	4.6	217(D)
1930	568	545	96.0	23	4.0			96.0	4.0	522(D)
1932	1,626	1,583	97.4	43	2.6			97.4	2.6	1,540(D)
1936	1,440	1,371	95.2	69	4.8			95.2	4.8	1,302(D)
1938	342	331	96.8	11	3.2			96.8	3.2	320(D)
1942	337	331	98.2	6	1.8			98.2	1.8	325(D)
1944	1,342	1,273	94.9	69	5.1			94.9	5.1	1,204(D)
1948	1,204	1,135	94.3	64	5.3	5[4]	0.4	94.7	5.3	1,071(D)
1950[1]	598	571	95.5	27	4.5			95.5	4.5	544(D)
1950[2]	584	554	94.9	30	5.1			94.9	5.1	524(D)
1954[3]	534	494	92.5	40	7.5			92.5	7.5	454(D)
1954[1]	493	493	100.0					100.0		493(D)
1954[2]	501	501	100.0					100.0		501(D)
1956	1,908	1,710	89.6	198	10.4			89.6	10.4	1,512(D)
1958	505	496	98.2	9	1.8			98.2	1.8	487(D)
1960	2,265	2,031	89.7	234	10.3			89.7	10.3	1,797(D)

Notes: [1] Regular term.
[2] Unexpired term.
[3] Short term.
[4] William T. Brown, *Progressive*, 5 (0.4%).

CLAY COUNTY

UNITED STATES SENATOR

Year	Total Vote	Democratic Total	%	Republican Total	%	Other Total	%	Two-Party Vote % Dem.	% Repub.	Plurality Dem.-Repub.
1914	763	357	46.8	406	53.2			46.8	53.2	49(R)
1918	798	370	46.4	428	53.6			46.4	53.6	58(R)
1920	1,676	763	45.5	913	54.5			45.5	54.5	150(R)
1924	2,230	1,008	45.2	1,222	54.8			45.2	54.8	214(R)
1926	1,797	845	47.0	952	53.0			47.0	53.0	107(R)
1930	2,407	1,243	51.6	1,164	48.4			51.6	48.4	79(D)
1932	2,615	1,318	50.4	1,297	49.6			50.4	49.6	21(D)
1936	2,870	1,280	44.6	1,590	55.4			44.6	55.4	310(R)
1938	2,915	1,549	53.1	1,366	46.9			53.1	46.9	183(D)
1942	2,368	1,207	51.0	1,161	49.0			51.0	49.0	46(D)
1944	2,519	1,293	51.3	1,226	48.7			51.3	48.7	67(D)
1948	2,564	1,372	53.5	1,188	46.3	4[4]	0.2	53.6	46.4	184(D)
1950[1]	2,948	1,553	52.7	1,395	47.3			52.7	47.3	158(D)
1950[2]	2,945	1,553	52.7	1,392	47.3			52.7	47.3	161(D)
1954[3]	2,823	1,413	50.0	1,410	50.0			50.0	50.0	3(D)
1954[1]	1,414	1,414	100.0					100.0		1,414(D)
1954[2]	1,412	1,412	100.0					100.0		1,412(D)
1956	2,704	1,350	49.9	1,354	50.1			49.9	50.1	4(R)
1958	2,853	1,425	49.9	1,428	50.1			49.9	50.1	3(R)
1960	2,946	1,431	48.6	1,515	51.4			48.6	51.4	84(R)

Notes: [1] Regular term.
[2] Unexpired term.
[3] Short term.
[4] William T. Brown, *Progressive*, 4 (0.2%).

CLEVELAND COUNTY

UNITED STATES SENATOR

Year	Total Vote	Democratic Total	%	Republican Total	%	Other Total	%	Two-Party Vote % Dem.	% Repub.	Plurality Dem.-Repub.
1914	3,026	1,960	64.8	1,064	35.1	2	0.1	64.8	35.2	896(D)
1918	3,526	2,410	68.3	1,116	31.7			68.3	31.7	1,294(D)
1920	8,147	5,202	63.9	2,945	36.1			63.9	36.1	2,257(D)
1924	5,584	3,795	68.0	1,789	32.0			68.0	32.0	2,006(D)
1926	3,837	3,040	79.2	797	20.8			79.2	20.8	2,243(D)
1930	7,373	5,013	68.0	2,360	32.0			68.0	32.0	2,653(D)
1932	9,992	7,940	79.5	2,052	20.5			79.5	20.5	5,888(D)
1936	12,864	10,721	83.3	2,143	16.7			83.3	16.7	8,578(D)
1938	6,157	4,442	72.1	1,715	27.9			72.1	27.9	2,727(D)
1942	2,462	2,083	84.6	379	15.4			84.6	15.4	1,704(D)
1944	10,517	8,458	80.4	2,059	19.6			80.4	19.6	6,399(D)
1948	8,912	7,330	82.2	1,569	17.6	13[4]	0.2	82.4	17.6	5,761(D)
1950[1]	4,737	4,206	88.8	531	11.2			88.8	11.2	3,675(D)
1950[2]	4,665	4,088	87.6	577	12.4			87.6	12.4	3,511(D)
1954[3]	4,480	3,513	78.4	967	21.6			78.4	21.6	2,546(D)
1954[1]	3,504	3,504	100.0					100.0		3,504(D)
1954[2]	3,660	3,660	100.0					100.0		3,660(D)
1956	14,904	11,185	75.0	3,719	25.0			75.0	25.0	7,466(D)
1958	2,818	2,548	90.4	270	9.6			90.4	9.6	2,278(D)
1960	17,332	12,241	70.6	5,091	29.4			70.6	29.4	7,150(D)

Notes: [1] Regular term.
[2] Unexpired term.
[3] Short term.
[4] William T. Brown, *Progressive*, 13 (0.2%).

COLUMBUS COUNTY

UNITED STATES SENATOR

Year	Total Vote	Democratic Total	%	Republican Total	%	Other Total	%	Two-Party Vote % Dem.	% Repub.	Plurality Dem.-Repub.
1914	2,171	1,592	73.3	579	26.7			73.3	26.7	1,013(D)
1918	1,875	1,346	71.8	529	28.2			71.8	28.2	817(D)
1920	4,976	3,337	67.1	1,639	32.9			67.1	32.9	1,698(D)
1924	4,273	2,848	66.7	1,425	33.3			66.7	33.3	1,423(D)
1926	4,128	3,126	75.7	1,002	24.3			75.7	24.3	2,124(D)
1930	3,992	2,673	67.0	1,319	33.0			67.0	33.0	1,354(D)
1932	5,851	5,046	86.2	805	13.8			86.2	13.8	4,241(D)
1936	7,026	5,907	84.1	1,119	15.9			84.1	15.9	4,788(D)
1938	2,654	2,188	82.4	466	17.6			82.4	17.6	1,722(D)
1942	1,328	1,197	90.1	131	9.9			90.1	9.9	1,066(D)
1944	6,851	5,576	81.4	1,275	18.6			81.4	18.6	4,301(D)
1948	7,168	6,254	87.2	902	12.6	12[4]	0.2	87.4	12.6	5,352(D)
1950[1]	3,491	3,183	91.2	308	8.8			91.2	8.8	2,875(D)
1950[2]	3,496	3,158	90.3	338	9.7			90.3	9.7	2,820(D)
1954[3]	2,892	2,624	90.7	268	9.3			90.7	9.3	2,356(D)
1954[1]	2,460	2,460	100.0					100.0		2,460(D)
1954[2]	2,591	2,591	100.0					100.0		2,591(D)
1956	9,415	8,492	90.2	923	9.8			90.2	9.8	7,569(D)
1958	2,736	2,619	95.7	117	4.3			95.7	4.3	2,502(D)
1960	13,169	11,269	85.6	1,900	14.4			85.6	14.4	9,369(D)

Notes: [1] Regular term.
[2] Unexpired term.
[3] Short term.
[4] William T. Brown, *Progressive*, 12 (0.2%).

CRAVEN COUNTY

UNITED STATES SENATOR

Year	Total Vote	Democratic Total	%	Republican Total	%	Other Total	%	Two-Party Vote % Dem.	% Repub.	Plurality Dem.-Repub.
1914	968	839	86.7	129	13.3			86.7	13.3	710(D)
1918	1,817	1,561	85.9	256	14.1			85.9	14.1	1,305(D)
1920	4,066	3,463	85.2	603	14.8			85.2	14.8	2,860(D)
1924	3,302	3,081	93.3	221	6.7			93.3	6.7	2,860(D)
1926	1,318	1,237	93.9	81	6.1			93.9	6.1	1,156(D)
1930	2,967	2,282	76.9	685	23.1			76.9	23.1	1,597(D)
1932	4,772	4,415	92.5	357	7.5			92.5	7.5	4,058(D)
1936	5,602	5,293	94.5	309	5.5			94.5	5.5	4,984(D)
1938	1,634	1,485	90.9	149	9.1			90.9	9.1	1,336(D)
1942	804	765	95.1	39	4.9			95.1	4.9	726(D)
1944	5,383	5,006	93.0	377	7.0			93.0	7.0	4,629(D)
1948	5,898	5,349	90.7	529	9.0	20[4]	0.3	91.0	9.0	4,820(D)
1950[1]	2,661	2,459	92.4	202	7.6			92.4	7.6	2,257(D)
1950[2]	2,637	2,371	89.9	248	9.4	18[5]	0.7	90.5	9.5	2,123(D)
1954[3]	3,295	3,037	92.2	258	7.8			92.2	7.8	2,779(D)
1954[1]	3,031	3,031	100.0					100.0		3,031(D)
1954[2]	3,064	3,064	100.0					100.0		3,064(D)
1956	8,739	7,716	88.3	1,023	11.7			88.3	11.7	6,693(D)
1958	3,115	2,900	93.1	215	6.9			93.1	6.9	2,685(D)
1960	10,243	7,958	77.7	2,285	22.3			77.7	22.3	5,673(D)

Notes: [1] Regular term.
[2] Unexpired term.
[3] Short term.
[4] William T. Brown, *Progressive*, 20 (0.3%).
[5] Frank P. Graham, (*Democrat*), Write-in, 18 (0.7%).

CUMBERLAND COUNTY

UNITED STATES SENATOR

Year	Total Vote	Democratic Total	%	Republican Total	%	Other Total	%	Two-Party Vote % Dem.	% Repub.	Plurality Dem.-Repub.
1914	2,189	1,298	59.3	891	40.7			59.3	40.7	407(D)
1918	1,700	1,344	79.1	356	20.9			79.1	20.9	988(D)
1920	5,177	3,341	64.5	1,836	35.5			64.5	35.5	1,505(D)
1924	4,401	3,316	75.3	1,085	24.7			75.3	24.7	2,231(D)
1926	2,737	1,835	67.0	902	33.0			67.0	33.0	933(D)
1930	3,658	2,691	73.6	957	26.4			73.6	26.4	1,724(D)
1932	5,853	4,916	84.0	937	16.0			84.0	16.0	3,979(D)
1936	6,786	5,800	85.5	986	14.5			85.5	14.5	4,814(D)
1938	1,863	1,556	83.5	307	16.5			83.5	16.5	1,249(D)
1942	1,459	1,310	89.8	149	10.2			89.8	10.2	1,161(D)
1944	8,144	6,847	84.1	1,297	15.9			84.1	15.9	5,550(D)
1948	8,515	7,111	83.5	1,360	16.0	44[4]	0.5	83.9	16.1	5,751(D)
1950[1]	3,007	2,661	88.5	346	11.5			88.5	11.5	2,315(D)
1950[2]	3,019	2,623	86.9	388	12.9	8[5]	0.2	87.1	12.9	2,235(D)
1954[3]	3,588	3,004	83.7	584	16.3			83.7	16.3	2,420(D)
1954[1]	2,994	2,994	100.0					100.0		2,994(D)
1954[2]	3,047	3,047	100.0					100.0		3,047(D)
1956	14,576	11,895	81.6	2,681	18.4			81.6	18.4	9,214(D)
1958	8,318	7,898	95.0	420	5.0			95.0	5.0	7,478(D)
1960	18,634	13,957	74.9	4,677	25.1			74.9	25.1	9,280(D)

Notes: [1] Regular term.
[2] Unexpired term.
[3] Short term.
[4] William T. Brown, *Progressive*, 44 (0.5%).
[5] Frank P. Graham, *(Democrat)*, Write-in, 8 (0.2%).

CURRITUCK COUNTY

UNITED STATES SENATOR

Year	Total Vote	Democratic Total	%	Republican Total	%	Other Total	%	Two-Party Vote %Dem.	%Repub.	Plurality Dem.-Repub.
1914	705	687	97.5	18	2.5			97.5	2.5	669(D)
1918	541	507	93.7	34	6.3			93.7	6.3	473(D)
1920	1,041	974	93.6	67	6.4			93.6	6.4	907(D)
1924	626	590	94.2	36	5.8			94.2	5.8	554(D)
1926	358	346	96.6	12	3.4			96.6	3.4	334(D)
1930	614	601	97.9	13	2.1			97.9	2.1	588(D)
1932	1,792	1,763	98.4	29	1.6			98.4	1.6	1,734(D)
1936	1,631	1,571	96.3	60	3.7			96.3	3.7	1,511(D)
1938	1,158	1,141	98.5	17	1.5			98.5	1.5	1,124(D)
1942	468	460	98.3	8	1.7			98.3	1.7	452(D)
1944	1,216	1,129	92.8	87	7.2			92.8	7.2	1,042(D)
1948	1,278	1,225	95.9	53	4.1			95.9	4.1	1,172(D)
1950[1]	727	707	97.2	20	2.8			97.2	2.8	687(D)
1950[2]	739	714	96.6	25	3.4			96.6	3.4	689(D)
1954[3]	843	771	91.5	72	8.5			91.5	8.5	699(D)
1954[1]	758	758	100.0					100.0		758(D)
1954[2]	761	761	100.0					100.0		761(D)
1956	1,733	1,624	93.7	109	6.3			93.7	6.3	1,515(D)
1958	673	651	96.7	22	3.3			96.7	3.3	629(D)
1960	1,932	1,746	90.4	186	9.6			90.4	9.6	1,560(D)

Notes: [1] Regular term. [2] Unexpired term. [3] Short term.

242

DARE COUNTY

UNITED STATES SENATOR

Year	Total Vote	Democratic Total	%	Republican Total	%	Other Total	%	Two-Party Vote % Dem.	% Repub.	Plurality Dem.-Repub.
1914	632	344	54.4	288	45.6			54.4	45.6	56(D)
1918	657	364	55.4	293	44.6			55.4	44.6	71(D)
1920	1,469	845	57.5	624	42.5			57.5	42.5	221(D)
1924	1,462	837	57.3	625	42.7			57.3	42.7	212(D)
1926	1,221	713	58.4	508	41.6			58.4	41.6	205(D)
1930	1,457	1,037	71.2	420	28.8			71.2	28.8	617(D)
1932	1,749	1,233	70.5	516	29.5			70.5	29.5	717(D)
1936	1,855	1,351	72.8	504	27.2			72.8	27.2	847(D)
1938	922	825	89.5	97	10.5			89.5	10.5	728(D)
1942	360	334	92.8	26	7.2			92.8	7.2	308(D)
1944	1,162	969	83.4	193	16.6			83.4	16.6	776(D)
1948	1,129	928	82.2	201	17.8			82.2	17.8	727(D)
1950[1]	723	652	90.2	71	9.8			90.2	9.8	581(D)
1950[2]	700	631	90.1	69	9.9			90.1	9.9	562(D)
1954[3]	1,254	941	75.0	313	25.0			75.0	25.0	628(D)
1954[1]	911	911	100.0					100.0		911(D)
1954[2]	889	889	100.0					100.0		889(D)
1956	1,680	1,187	70.7	493	29.3			70.7	29.3	694(D)
1958	651	569	87.4	82	12.6			87.4	12.6	487(D)
1960	2,068	1,547	74.8	521	25.2			74.8	25.2	1,026(D)

Notes: [1] Regular term.
[2] Unexpired term.
[3] Short term.

DAVIDSON COUNTY

UNITED STATES SENATOR

Year	Total Vote	Democratic Total	%	Republican Total	%	Other Total	%	Two-Party Vote % Dem.	% Repub.	Plurality Dem.-Repub.
1914	4,625	2,271	49.1	2,349	50.8	5	0.1	49.2	50.8	78(R)
1918	5,215	2,535	48.6	2,680	51.4			48.6	51.4	145(R)
1920	10,752	4,933	45.9	5,819	54.1			45.9	54.1	886(R)
1924	12,622	6,431	51.0	6,191	49.0			51.0	49.0	240(D)
1926	12,115	6,144	50.7	5,971	49.3			50.7	49.3	173(D)
1930	15,171	8,339	55.0	6,832	45.0			55.0	45.0	1,507(D)
1932	15,991	9,385	58.7	6,606	41.3			58.7	41.3	2,779(D)
1936	18,091	9,983	55.2	8,108	44.8			55.2	44.8	1,875(D)
1938	15,921	8,382	52.6	7,539	47.4			52.6	47.4	843(D)
1942	14,194	7,742	54.5	6,452	45.5			54.5	45.5	1,290(D)
1944	19,035	9,697	50.9	9,338	49.1			50.9	49.1	359(D)
1948	16,932	9,449	55.8	7,459	44.1	24[4]	0.1	55.9	44.1	1,990(D)
1950[1]	18,690	10,609	56.8	8,081	43.2			56.8	43.2	2,528(D)
1950[2]	18,444	10,149	55.0	8,259	44.8	36[5]	0.2	55.1	44.9	1,890(D)
1954[3]	19,269	11,168	58.0	8,101	42.0			58.0	42.0	3,067(D)
1954[1]	11,024	11,024	100.0					100.0		11,024(D)
1954[2]	11,061	11,061	100.0					100.0		11,061(D)
1956	25,636	13,132	51.2	12,504	48.8			51.2	48.8	628(D)
1958	19,880	12,458	62.7	7,422	37.3			62.7	37.3	5,036(D)
1960	31,423	15,115	48.1	16,308	51.9			48.1	51.9	1,193(R)

Notes: [1] Regular term.
[2] Unexpired term.
[3] Short term.
[4] William T. Brown, *Progressive*, 24 (0.1%).
[5] Frank P. Graham, *(Democrat)*, Write-in, 36 (0.2%).

Davie County

UNITED STATES SENATOR

Year	Total Vote	Democratic Total	%	Republican Total	%	Other Total	%	Two-Party Vote % Dem.	% Repub.	Plurality Dem.-Repub.
1914	1,863	770	41.3	1,086	58.3	7	0.4	41.5	58.5	316(R)
1918	1,890	674	35.7	1,216	64.3			35.7	64.3	542(R)
1920	4,215	1,636	38.8	2,579	61.2			38.8	61.2	943(R)
1924	4,489	1,813	40.4	2,676	59.6			40.4	59.6	863(R)
1926	4,403	1,953	44.4	2,450	55.6			44.4	55.6	497(R)
1930	3,997	1,893	47.4	2,104	52.6			47.4	52.6	211(R)
1932	5,074	2,285	45.0	2,789	55.0			45.0	55.0	504(R)
1936	4,859	2,149	44.2	2,710	55.8			44.2	55.8	561(R)
1938	4,817	2,312	48.0	2,505	52.0			48.0	52.0	193(R)
1942	4,778	2,247	47.0	2,531	53.0			47.0	53.0	284(R)
1944	5,412	2,234	41.3	3,178	58.7			41.3	58.7	944(R)
1948	4,842	2,257	46.6	2,579	53.3	6[4]	0.1	46.7	53.3	322(R)
1950[1]	4,735	2,237	47.2	2,498	52.8			47.2	52.8	261(R)
1950[2]	4,702	2,146	45.6	2,553	54.3	3[5]	0.1	45.7	54.3	407(R)
1954[3]	4,913	2,402	48.9	2,511	51.1			48.9	51.1	109(R)
1954[1]	2,369	2,369	100.0					100.0		2,369(D)
1954[2]	2,352	2,352	100.0					100.0		2,352(D)
1956	6,439	2,699	41.9	3,740	58.1			41.9	58.1	1,041(R)
1958	4,657	2,269	48.7	2,388	51.3			48.7	51.3	119(R)
1960	7,053	2,745	38.9	4,308	61.1			38.9	61.1	1,563(R)

Notes: [1] Regular term.
[2] Unexpired term.
[3] Short term.
[4] William T. Brown, *Progressive*, 6 (0.1%).
[5] Frank P. Graham, (*Democrat*), Write-in, 3 (0.1%).

DUPLIN COUNTY

UNITED STATES SENATOR

Year	Total Vote	Democratic Total	%	Republican Total	%	Other Total	%	Two-Party Vote % Dem.	% Repub.	Plurality Dem.-Repub.
1914	2,528	1,403	55.5	1,122	45.4	3	0.1	55.6	44.4	281(D)
1918	2,723	1,672	61.4	1,051	38.6			61.4	38.6	621(D)
1920	6,141	3,442	56.0	2,699	44.0			56.0	44.0	723(D)
1924	4,493	2,995	66.7	1,498	33.3			66.7	33.3	1,497(D)
1926	2,750	2,100	76.4	650	23.6			76.4	23.6	1,450(D)
1930	3,728	2,681	71.9	1,047	28.1			71.9	28.1	1,634(D)
1932	5,715	4,457	78.0	1,258	22.0			78.0	22.0	3,199(D)
1936	7,212	5,635	78.1	1,577	21.9			78.1	21.9	4,058(D)
1938	3,531	2,913	82.5	618	17.5			82.5	17.5	2,295(D)
1942	1,846	1,616	87.5	230	12.5			87.5	12.5	1,386(D)
1944	6,580	5,319	80.8	1,261	19.2			80.8	19.2	4,058(D)
1948	6,913	5,989	86.6	914	13.2	10[4]	0.2	86.8	13.2	5,075(D)
1950[1]	3,040	2,773	91.2	267	8.8			91.2	8.8	2,506(D)
1950[2]	3,024	2,698	89.2	320	10.6	6[5]	0.2	89.4	10.6	2,378(D)
1954[3]	3,490	3,195	91.5	295	8.5			91.5	8.5	2,900(D)
1954[1]	3,132	3,132	100.0					100.0		3,132(D)
1954[2]	3,081	3,081	100.0					100.0		3,081(D)
1956	8,418	7,334	87.1	1,084	12.9			87.1	12.9	6,250(D)
1958	2,842	2,659	93.6	183	6.4			93.6	6.4	2,476(D)
1960	9,426	7,662	81.3	1,764	18.7			81.3	18.7	5,898(D)

Notes: [1] Regular term.
[2] Unexpired term.
[3] Short term.
[4] William T. Brown, *Progressive*, 10 (0.2%).
[5] Frank P. Graham, *(Democrat)*, Write-in, 6 (0.2%).

DURHAM COUNTY

UNITED STATES SENATOR

Year	Total Vote	Democratic Total	%	Republican Total	%	Other Total	%	Two-Party Vote % Dem.	% Repub.	Plurality Dem.-Repub.
1914	2,032	1,455	71.6	574	28.2	3	0.2	71.7	28.3	881(D)
1918	3,174	2,030	64.0	1,144	36.0			64.0	36.0	886(D)
1920	8,244	4,772	57.9	3,472	42.1			57.9	42.1	1,300(D)
1924	7,993	5,200	65.1	2,793	34.9			65.1	34.9	2,407(D)
1926	4,441	3,228	72.7	1,213	27.3			72.7	27.3	2,015(D)
1930	7,852	4,803	61.2	3,049	38.8			61.2	38.8	1,754(D)
1932	10,425	7,731	74.2	2,694	25.8			74.2	25.8	5,037(D)
1936	13,660	11,194	81.9	2,466	18.1			81.9	18.1	8,728(D)
1938	3,813	3,223	84.5	590	15.5			84.5	15.5	2,633(D)
1942	1,890	1,637	86.6	253	13.4			86.6	13.4	1,384(D)
1944	15,668	13,449	85.8	2,219	14.2			85.8	14.2	11,010(D)
1948	16,614	13,083	78.7	2,940	17.7	591[4]	3.6	81.7	18.3	10,143(D)
1950[1]	7,276	5,952	81.8	1,324	18.2			81.8	18.2	4,628(D)
1950[2]	7,243	5,351	73.9	1,638	22.6	254[5]	3.5	76.6	23.4	3,713(D)
1954[3]	5,026	3,978	79.1	1,048	20.9			79.1	20.9	2,930(D)
1954[1]	3,990	3,990	100.0					100.0		3,990(D)
1954[2]	4,131	4,131	100.0					100.0		4,131(D)
1956	21,894	16,220	74.1	5,674	25.9			74.1	25.9	10,546(D)
1958	10,120	8,796	86.9	1,324	13.1			86.9	13.1	7,472(D)
1960	26,899	19,255	71.6	7,644	28.4			71.6	28.4	11,611(D)

Notes: [1] Regular term.
[2] Unexpired term.
[3] Short term.
[4] William T. Brown, *Progressive*, 591 (3.6%).
[5] Frank P. Graham, *(Democrat)*, Write-in, 254 (3.5%).

EDGECOMBE COUNTY

UNITED STATES SENATOR

Year	Total Vote	Democratic Total	%	Republican Total	%	Other Total	%	Two-Party Vote % Dem.	% Repub.	Plurality Dem.-Repub.
1914	964	892	92.5	53	5.5	19	2.0	94.4	5.6	839(D)
1918	1,618	1,568	96.9	50	3.1			96.9	3.1	1,518(D)
1920	3,660	3,413	93.3	247	6.7			93.3	6.7	3,166(D)
1924	2,539	2,452	96.6	87	3.4			96.6	3.4	2,365(D)
1926	810	794	98.0	16	2.0			98.0	2.0	778(D)
1930	2,836	2,627	92.6	209	7.4			92.6	7.4	2,418(D)
1932	6,085	5,832	95.8	253	4.2			95.8	4.2	5,579(D)
1936	6,259	5,912	94.5	347	5.5			94.5	5.5	5,565(D)
1938	1,547	1,488	96.2	59	3.8			96.2	3.8	1,429(D)
1942	1,161	1,118	96.3	43	3.7			96.3	3.7	1,075(D)
1944	6,657	6,460	97.0	197	3.0			97.0	3.0	6,263(D)
1948	6,952	6,640	95.5	281	4.0	31[4]	0.5	95.9	4.1	6,359(D)
1950[1]	2,276	2,146	94.3	130	5.7			94.3	5.7	2,016(D)
1950[2]	2,239	2,061	92.1	178	7.9			92.1	7.9	1,883(D)
1954[3]	2,393	2,294	95.9	99	4.1			95.9	4.1	2,195(D)
1954[1]	2,276	2,276	100.0					100.0		2,276(D)
1954[2]	2,274	2,274	100.0					100.0		2,274(D)
1956	9,267	8,591	92.7	676	7.3			92.7	7.3	7,915(D)
1958	3,977	3,844	96.7	133	3.3			96.7	3.3	3,711(D)
1960	9,419	8,060	85.6	1,359	14.4			85.6	14.4	6,701(D)

Notes: [1] Regular term.
[2] Unexpired term.
[3] Short term.
[4] William T. Brown, *Progressive*, 31 (0.5%).

FORSYTH COUNTY

UNITED STATES SENATOR

Year	Total Vote	Democratic Total	%	Republican Total	%	Other Total	%	Two-Party Vote % Dem.	% Repub.	Plurality Dem.-Repub.
1914	6,517	3,327	51.1	2,977	45.7	213	3.2	52.8	47.2	350(D)
1918	6,944	4,027	58.0	2,917	42.0			58.0	42.0	1,110(D)
1920	15,026	8,309	55.3	6,717	44.7			55.3	44.7	1,592(D)
1924	13,114	7,871	60.0	5,243	40.0			60.0	40.0	2,628(D)
1926	7,639	4,790	62.7	2,849	37.3			62.7	37.3	1,941(D)
1930	13,578	7,971	58.7	5,607	41.3			58.7	41.3	2,364(D)
1932	14,035	7,322	52.2	6,713	47.8			52.2	47.8	609(D)
1936	22,053	15,958	72.4	6,095	27.6			72.4	27.6	9,863(D)
1938	10,374	7,483	72.1	2,891	27.9			72.1	27.9	4,592(D)
1942	8,332	5,740	68.9	2,592	31.1			68.9	31.1	3,148(D)
1944	25,084	17,100	68.2	7,984	31.8			68.2	31.8	9,116(D)
1948	23,606	16,400	69.5	6,555	27.8	651[4]	2.7	71.4	28.6	9,845(D)
1950[1]	11,550	8,693	75.3	2,857	24.7			75.3	24.7	5,836(D)
1950[2]	11,313	7,906	69.9	3,038	26.9	369[5]	3.2	72.2	27.8	4,868(D)
1954[3]	16,651	11,024	66.2	5,627	33.8			66.2	33.8	5,397(D)
1954[1]	11,085	11,085	100.0					100.0		11,085(D)
1954[2]	11,691	11,691	100.0					100.0		11,691(D)
1956	42,489	25,144	59.2	17,345	40.8			59.2	40.8	7,799(D)
1958	23,266	16,777	72.1	6,489	27.9			72.1	27.9	10,288(D)
1960	51,608	27,106	52.5	24,502	47.5			52.5	47.5	2,604(D)

Notes: [1] Regular term.
[2] Unexpired term.
[3] Short term.
[4] William T. Brown, *Progressive*, 651 (2.7%).
[5] Frank P. Graham, *(Democrat)*, Write-in, 369 (3.2%).

FRANKLIN COUNTY

UNITED STATES SENATOR

Year	Total Vote	Democratic Total	%	Republican Total	%	Other Total	%	Two-Party Vote % Dem.	% Repub.	Plurality Dem.-Repub.
1914	1,081	953	88.2	128	11.8			88.2	11.8	825(D)
1918	1,785	1,597	89.5	188	10.5			89.5	10.5	1,409(D)
1920	3,339	2,799	83.8	540	16.2			83.8	16.2	2,259(D)
1924	2,266	1,998	88.2	268	11.8			88.2	11.8	1,730(D)
1926	981	843	85.9	138	14.1			85.9	14.1	705(D)
1930	1,775	1,605	90.4	170	9.6			90.4	9.6	1,435(D)
1932	4,433	4,219	95.2	214	4.8			95.2	4.8	4,005(D)
1936	4,817	4,559	94.6	258	5.4			94.6	5.4	4,301(D)
1938	1,513	1,343	88.8	170	11.2			88.8	11.2	1,173(D)
1942	1,098	1,045	95.2	53	4.8			95.2	4.8	992(D)
1944	4,009	3,842	95.8	167	4.2			95.8	4.2	3,675(D)
1948	4,662	4,507	96.7	153	3.3	2[4]	*	96.7	3.3	4,354(D)
1950[1]	2,160	2,093	96.9	67	3.1			96.9	3.1	2,026(D)
1950[2]	2,154	2,045	94.9	107	5.0	2[5]	0.1	95.0	5.0	1,938(D)
1954[3]	1,696	1,613	95.1	83	4.9			95.1	4.9	1,530(D)
1954[1]	1,595	1,595	100.0					100.0		1,595(D)
1954[2]	1,599	1,599	100.0					100.0		1,599(D)
1956	5,783	5,488	94.9	295	5.1			94.9	5.1	5,193(D)
1958	1,298	1,243	95.8	55	4.2			95.8	4.2	1,188(D)
1960	5,681	5,141	90.5	540	9.5			90.5	9.5	4,601(D)

Notes: [1] Regular term.
[2] Unexpired term.
[3] Short term.
[4] William T. Brown, *Progressive*, 2 (*).
[5] Frank P. Graham, *(Democrat)*, Write-in, 2 (0.1%).
* Less than 0.05%.

GASTON COUNTY

UNITED STATES SENATOR

Year	Total Vote	Democratic Total	%	Republican Total	%	Other Total	%	Two-Party Vote % Dem.	% Repub.	Plurality Dem.-Repub.
1914	3,675	2,070	56.3	1,605	43.7			56.3	43.7	465(D)
1918	5,284	3,164	59.9	2,120	40.1			59.9	40.1	1,044(D)
1920	12,979	7,236	55.8	5,743	44.2			55.8	44.2	1,493(D)
1924	10,177	6,693	65.8	3,484	34.2			65.8	34.2	3,209(D)
1926	6,497	4,443	68.4	2,054	31.6			68.4	31.6	2,389(D)
1930	17,920	10,855	60.6	7,065	39.4			60.6	39.4	3,790(D)
1932	18,109	12,423	68.6	5,686	31.4			68.6	31.4	6,737(D)
1936	21,126	15,987	75.7	5,139	24.3			75.7	24.3	10,848(D)
1938	10,901	7,077	64.9	3,824	35.1			64.9	35.1	3,253(D)
1942	6,231	5,190	83.3	1,041	16.7			83.3	16.7	4,149(D)
1944	19,139	14,459	75.5	4,680	24.5			75.5	24.5	9,779(D)
1948	18,228	12,916	70.9	5,258	28.8	54[4]	0.3	71.1	28.9	7,658(D)
1950[1]	11,006	8,716	79.2	2,290	20.8			79.2	20.8	6,426(D)
1950[2]	10,508	8,143	77.5	2,365	22.5			77.5	22.5	5,778(D)
1954[3]	16,303	11,708	71.8	4,595	28.2			71.8	28.2	7,113(D)
1954[1]	11,746	11,746	100.0					100.0		11,746(D)
1954[2]	12,112	12,112	100.0					100.0		12,112(D)
1956	32,460	21,712	66.9	10,748	33.1			66.9	33.1	10,964(D)
1958	11,995	10,120	84.4	1,875	15.6			84.4	15.6	8,245(D)
1960	39,589	24,393	61.6	15,196	38.4			61.6	38.4	9,197(D)

Notes: [1] Regular term.
[2] Unexpired term.
[3] Short term.
[4] William T. Brown, Progressive, 54 (0.3%).

GATES COUNTY

UNITED STATES SENATOR

Year	Total Vote	Democratic Total	%	Republican Total	%	Other Total	%	Two-Party Vote % Dem.	% Repub.	Plurality Dem.-Repub.
1914	754	598	79.3	156	20.7			79.3	20.7	442(D)
1918	548	446	81.4	102	18.6			81.4	18.6	344(D)
1920	1,106	812	73.4	294	26.6			73.4	26.6	518(D)
1924	866	672	77.6	194	22.4			77.6	22.4	478(D)
1926	1,125	950	84.4	175	15.6			84.4	15.6	775(D)
1930	591	512	86.6	79	13.4			86.6	13.4	433(D)
1932	1,242	1,159	93.3	83	6.7			93.3	6.7	1,076(D)
1936	1,479	1,381	93.4	98	6.6			93.4	6.6	1,283(D)
1938	399	373	93.5	26	6.5			93.5	6.5	347(D)
1942	296	286	96.6	10	3.4			96.6	3.4	276(D)
1944	1,128	1,045	92.6	83	7.4			92.6	7.4	962(D)
1948	978	935	95.6	42	4.3	1[4]	0.1	95.7	4.3	893(D)
1950[1]	353	336	95.2	17	4.8			95.2	4.8	319(D)
1950[2]	345	325	94.2	18	5.2	2[5]	0.6	94.8	5.2	307(D)
1954[3]	444	410	92.3	34	7.7			92.3	7.7	376(D)
1954[1]	406	406	100.0					100.0		406(D)
1954[2]	402	402	100.0					100.0		402(D)
1956	1,432	1,315	91.8	117	8.2			91.8	8.2	1,198(D)
1958	385	367	95.3	18	4.7			95.3	4.7	349(D)
1960	1,726	1,564	90.6	162	9.4			90.6	9.4	1,402(D)

Notes: [1] Regular term.
[2] Unexpired term.
[3] Short term.
[4] William T. Brown, *Progressive*, 1 (0.1%).
[5] Frank P. Graham, *(Democrat)*, Write-in, 2 (0.6%).

GRAHAM COUNTY

UNITED STATES SENATOR

Year	Total Vote	Democratic Total	%	Republican Total	%	Other Total	%	Two-Party Vote % Dem.	% Repub.	Plurality Dem.-Repub.
1914	837	440	52.6	397	47.4			52.6	47.4	43(D)
1918	706	371	52.6	335	47.4			52.6	47.4	36(D)
1920	1,567	653	41.7	914	58.3			41.7	58.3	261(R)
1924	1,774	865	48.8	909	51.2			48.8	51.2	44(R)
1926	1,834	858	46.8	976	53.2			46.8	53.2	118(R)
1930	2,399	1,218	50.8	1,181	49.2			50.8	49.2	37(D)
1932	2,571	1,347	52.4	1,224	47.6			52.4	47.6	123(D)
1936	2,786	1,452	52.1	1,334	47.9			52.1	47.9	118(D)
1938	2,948	1,549	52.5	1,399	47.5			52.5	47.5	150(D)
1942	2,241	1,086	48.5	1,155	51.5			48.5	51.5	69(R)
1944	3,171	1,815	57.2	1,356	42.8			57.2	42.8	459(D)
1948	2,639	1,543	58.5	1,096	41.5			58.5	41.5	447(D)
1950[1]	3,087	1,697	55.0	1,390	45.0			55.0	45.0	307(D)
1950[2]	3,085	1,692	54.8	1,393	45.2			54.8	45.2	299(D)
1950[3]	3,135	1,455	46.4	1,680	53.6			46.4	53.6	225(R)
1954[1]	1,436	1,436	100.0					100.0		1,436(D)
1954[2]	1,436	1,436	100.0					100.0		1,436(D)
1956	3,205	1,589	49.6	1,616	50.4			49.6	50.4	27(R)
1958	3,308	1,721	52.0	1,587	48.0			52.0	48.0	134(D)
1960	3,091	1,514	49.0	1,577	51.0			49.0	51.0	63(R)

Notes: [1] Regular term. [2] Unexpired term. [3] Short term.

GRANVILLE COUNTY

UNITED STATES SENATOR

Year	Total Vote	Democratic Total	%	Republican Total	%	Other Total	%	Two-Party Vote %Dem.	%Repub.	Plurality Dem.-Repub.
1914	1,320	1,137	86.1	183	13.9			86.1	13.9	954(D)
1918	1,818	1,474	81.1	344	18.9			81.1	18.9	1,130(D)
1920	3,464	2,671	77.1	793	22.9			77.1	22.9	1,878(D)
1924	2,673	2,243	83.9	430	16.1			83.9	16.1	1,813(D)
1926	1,115	1,006	90.2	109	9.8			90.2	9.8	897(D)
1930	2,164	1,961	90.6	203	9.4			90.6	9.4	1,758(D)
1932	3,971	3,729	93.9	242	6.1			93.9	6.1	3,487(D)
1936	4,176	4,011	96.0	165	4.0			96.0	4.0	3,846(D)
1938	1,106	1,040	94.0	66	6.0			94.0	6.0	974(D)
1942	858	827	96.4	31	3.6			96.4	3.6	796(D)
1944	3,304	3,113	94.2	191	5.8			94.2	5.8	2,922(D)
1948	3,973	3,769	94.9	193	4.8	11[4]	0.3	95.1	4.9	3,576(D)
1950[1]	1,598	1,501	93.9	97	6.1			93.9	6.1	1,404(D)
1950[2]	1,579	1,482	93.9	97	6.1			93.9	6.1	1,385(D)
1954[3]	1,473	1,366	92.7	107	7.3			92.7	7.3	1,259(D)
1954[1]	1,344	1,344	100.0					100.0		1,344(D)
1954[2]	1,375	1,375	100.0					100.0		1,375(D)
1956	5,180	4,674	90.2	506	9.8			90.2	9.8	4,168(D)
1958	1,580	1,468	92.9	112	7.1			92.9	7.1	1,356(D)
1960	5,833	4,893	83.9	940	16.1			83.9	16.1	3,953(D)

Notes: [1] Regular term.
[2] Unexpired term.
[3] Short term.
[4] William T. Brown, *Progressive*, 11 (0.3%).

GREENE COUNTY

UNITED STATES SENATOR

Year	Total Vote	Democratic Total	%	Republican Total	%	Other Total	%	Two-Party Vote % Dem.	% Repub.	Plurality Dem.-Repub.
1914	782	622	79.5	160	20.5			79.5	20.5	462(D)
1918	852	720	84.5	132	15.5			84.5	15.5	588(D)
1920	2,089	1,662	79.6	427	20.4			79.6	20.4	1,235(D)
1924	1,287	1,136	88.3	151	11.7			88.3	11.7	985(D)
1926	534	503	94.2	31	5.8			94.2	5.8	472(D)
1930	896	793	88.5	103	11.5			88.5	11.5	690(D)
1932	2,553	2,461	96.4	92	3.6			96.4	3.6	2,369(D)
1936	2,987	2,838	95.0	149	5.0			95.0	5.0	2,689(D)
1938	924	882	95.5	42	4.5			95.5	4.5	840(D)
1942	567	556	98.1	11	1.9			98.1	1.9	545(D)
1944	2,358	2,275	96.5	83	3.5			96.5	3.5	2,192(D)
1948	2,305	2,242	97.3	59	2.6			97.4	2.6	2,183(D)
1950[1]	782	766	98.0	16	2.0			98.0	2.0	750(D)
1950[2]	774	756	97.7	16	2.1	4[4]	0.1	97.9	2.1	740(D)
1954[3]	1,082	1,064	98.3	18	1.7	2[5]	0.2	98.3	1.7	1,046(D)
1954[1]	1,062	1,062	100.0					100.0		1,062(D)
1954[2]	1,059	1,059	100.0					100.0		1,059(D)
1956	3,194	3,114	97.5	80	2.5			97.5	2.5	3,034(D)
1958	1,837	1,811	98.6	26	1.4			98.6	1.4	1,785(D)
1960	3,417	3,187	93.3	230	6.7			93.3	6.7	2,957(D)

Notes: [1] Regular term.
[2] Unexpired term.
[3] Short term.
[4] William T. Brown, *Progressive*, 4 (0.1%).
[5] Frank P. Graham, *(Democrat)*, Write-in, 2 (0.2%).

GUILFORD COUNTY

UNITED STATES SENATOR

Year	Total Vote	Democratic Total	%	Republican Total	%	Other Total	%	Two-Party Vote % Dem.	% Repub.	Plurality Dem.-Repub.
1914	4,066	2,555	62.8	1,461	36.0	50	1.2	63.6	36.4	1,094(D)
1918	6,141	3,747	61.0	2,394	39.0			61.0	39.0	1,353(D)
1920	17,541	9,808	55.9	7,733	44.1			55.9	44.1	2,075(D)
1924	15,808	9,373	59.3	6,435	40.7			59.3	40.7	2,938(D)
1926	11,034	6,589	59.7	4,445	40.3			59.7	40.3	2,144(D)
1930	21,340	11,699	54.8	9,641	45.2			54.8	45.2	2,058(D)
1932	28,832	18,713	64.9	10,119	35.1			64.9	35.1	8,594(D)
1936	33,352	21,511	64.5	11,841	35.5			64.5	35.5	9,670(D)
1938	12,019	8,272	68.8	3,747	31.2			68.8	31.2	4,525(D)
1942	13,424	9,730	72.5	3,694	27.5			72.5	27.5	6,036(D)
1944	34,862	24,865	71.3	9,997	28.7			71.3	28.7	14,868(D)
1948	34,238	23,349	68.2	10,472	30.6	417[4]	1.2	69.0	31.0	12,877(D)
1950[1]	14,825	11,422	77.0	3,403	23.0			77.0	23.0	8,019(D)
1950[2]	14,536	10,437	71.8	3,765	25.9	334[5]	2.3	73.5	26.5	6,672(D)
1954[3]	19,471	13,379	68.7	6,092	31.3			68.7	31.3	7,287(D)
1954[1]	13,278	13,278	100.0					100.0		13,278(D)
1954[2]	14,144	14,144	100.0					100.0		14,144(D)
1956	52,283	33,099	63.3	19,184	36.7			63.3	36.7	13,915(D)
1958	16,516	12,754	77.2	3,762	22.8			77.2	22.8	8,992(D)
1960	68,236	34,685	50.8	33,551	49.2			50.8	49.2	1,134(D)

Notes: [1] Regular term.
[2] Unexpired term.
[3] Short term.
[4] William T. Brown, *Progressive*, 417 (1.2%).
[5] Frank P. Graham, *(Democrat)*, Write-in, 334 (2.3%).

HALIFAX COUNTY

UNITED STATES SENATOR

Year	Total Vote	Democratic Total	%	Republican Total	%	Other Total	%	Two-Party Vote % Dem.	% Repub.	Plurality Dem.-Repub.
1914	1,086	1,058	97.4	26	2.4	2	0.2	97.6	2.4	1,032(D)
1918	1,835	1,746	95.1	89	4.9			95.1	4.9	1,657(D)
1920	3,951	3,547	89.8	404	10.2			89.8	10.2	3,143(D)
1924	3,526	3,342	94.8	184	5.2			94.8	5.2	3,158(D)
1926	1,248	1,139	91.3	109	8.7			91.3	8.7	1,030(D)
1930	3,678	3,487	94.8	191	5.2			94.8	5.2	3,296(D)
1932	6,665	6,384	95.8	281	4.2			95.8	4.2	6,103(D)
1936	7,676	7,283	94.9	393	5.1			94.9	5.1	6,890(D)
1938	1,947	1,821	93.5	126	6.5			93.5	6.5	1,695(D)
1942	1,574	1,532	97.3	42	2.7			97.3	2.7	1,490(D)
1944	6,924	6,764	97.7	160	2.3			97.7	2.3	6,604(D)
1948	6,848	6,490	94.8	349	5.1	9[4]	0.1	94.9	5.1	6,141(D)
1950[1]	3,754	3,625	96.6	129	3.4			96.6	3.4	3,496(D)
1950[2]	3,752	3,553	94.7	185	4.9			95.1	4.9	3,368(D)
1954[3]	2,688	2,544	94.6	144	5.4	14[5]	0.4	94.6	5.4	2,400(D)
1954[1]	2,514	2,514	100.0					100.0		2,514(D)
1954[2]	2,549	2,549	100.0					100.0		2,549(D)
1956	9,784	9,071	92.7	713	7.3			92.7	7.3	8,358(D)
1958	2,255	2,159	95.7	96	4.3			95.7	4.3	2,063(D)
1960	10,819	9,667	89.4	1,152	10.6			89.4	10.6	8,515(D)

Notes: [1] Regular term.
[2] Unexpired term.
[3] Short term.
[4] William T. Brown, *Progressive*, 9 (0.1%).
[5] Frank P. Graham, (*Democrat*), Write-in, 14 (0.4%).

HARNETT COUNTY

UNITED STATES SENATOR

Year	Total Vote	Democratic Total	%	Republican Total	%	Other Total	%	Two-Party Vote % Dem.	% Repub.	Plurality Dem.-Repub.
1914	2,967	1,391	46.9	1,576	53.1			46.9	53.1	185(R)
1918	3,238	1,865	57.6	1,373	42.4			57.6	42.4	492(D)
1920	7,230	3,918	54.2	3,312	45.8			54.2	45.8	606(D)
1924	6,172	3,349	54.3	2,823	45.7			54.3	45.7	526(D)
1926	5,983	3,278	54.8	2,705	45.2			54.8	45.2	573(D)
1930	8,216	4,968	60.5	3,248	39.5			60.5	39.5	1,720(D)
1932	9,015	6,208	68.9	2,807	31.1			68.9	31.1	3,401(D)
1936	9,670	7,071	73.1	2,599	26.9			73.1	26.9	4,472(D)
1938	6,890	4,675	67.9	2,215	32.1			67.9	32.1	2,460(D)
1942	4,425	3,512	79.4	913	20.6			79.4	20.6	2,599(D)
1944	9,362	6,510	69.5	2,852	30.5			69.5	30.5	3,658(D)
1948	8,760	6,857	78.3	1,891	21.6	12[4]	0.1	78.4	21.6	4,966(D)
1950[1]	5,478	4,410	80.5	1,068	19.5			80.5	19.5	3,342(D)
1950[2]	5,515	4,246	77.0	1,259	22.8	10[5]	0.2	77.1	22.9	2,987(D)
1954[3]	5,789	4,764	82.3	1,025	17.7			82.3	17.7	3,739(D)
1954[1]	4,667	4,667	100.0					100.0		4,667(D)
1954[2]	4,637	4,637	100.0					100.0		4,637(D)
1956	10,930	8,336	76.3	2,594	23.7			76.3	23.7	5,742(D)
1958	5,067	4,566	90.1	501	9.9			90.1	9.9	4,065(D)
1960	12,645	8,441	66.8	4,204	33.2			66.8	33.2	4,237(D)

Notes: [1] Regular term.
[2] Unexpired term.
[3] Short term.
[4] William T. Brown, *Progressive*, 12 (0.1%).
[5] Frank P. Graham, *(Democrat)*, Write-in, 10 (0.2%).

HAYWOOD COUNTY

UNITED STATES SENATOR

Year	Total Vote	Democratic Total	%	Republican Total	%	Other Total	%	Two-Party Vote % Dem.	% Repub.	Plurality Dem.-Repub.
1914	3,136	1,958	62.5	1,174	37.4	4	0.1	62.5	37.5	784(D)
1918	3,229	2,085	64.6	1,144	35.4			64.6	35.4	941(D)
1920	7,187	4,225	58.8	2,962	41.2			58.8	41.2	1,263(D)
1924	7,045	4,569	64.9	2,476	35.1			64.9	35.1	2,093(D)
1926	5,240	3,672	70.1	1,568	29.9			70.1	29.9	2,104(D)
1930	7,984	5,229	65.5	2,755	34.5			65.5	34.5	2,474(D)
1932	9,825	6,679	68.0	3,146	32.0			68.0	32.0	3,533(D)
1936	11,275	8,016	71.1	3,259	28.9			71.1	28.9	4,757(D)
1938	7,324	5,435	74.2	1,889	25.8			74.2	25.8	3,546(D)
1942	5,119	4,039	78.9	1,080	21.1			78.9	21.1	2,959(D)
1944	10,447	7,769	74.4	2,678	25.6			74.4	25.6	5,091(D)
1948	10,515	7,987	75.9	2,521	24.0	7[4]	0.1	76.0	24.0	5,466(D)
1950[1]	7,351	5,722	77.8	1,629	22.2			77.8	22.2	4,093(D)
1950[2]	7,315	5,638	77.1	1,677	22.9			77.1	22.9	3,961(D)
1954[3]	7,292	5,597	76.8	1,695	23.2			76.8	23.2	3,902(D)
1954[1]	5,529	5,529	100.0					100.0		5,529(D)
1954[2]	5,531	5,531	100.0					100.0		5,531(D)
1956	14,162	8,900	62.8	5,262	37.2			62.8	37.2	3,638(D)
1958	10,365	7,413	71.5	2,952	28.5			71.5	28.5	4,461(D)
1960	15,939	9,422	59.1	6,517	40.9			59.1	40.9	2,905(D)

Notes: [1] Regular term.
[2] Unexpired term.
[3] Short term.
[4] William T. Brown, *Progressive*, 7 (0.1%).

HENDERSON COUNTY

UNITED STATES SENATOR

Year	Total Vote	Democratic Total	%	Republican Total	%	Other Total	%	Two-Party Vote % Dem.	% Repub.	Plurality Dem.-Repub.
1914	2,527	1,002	39.6	1,523	60.3	2	0.1	39.7	60.3	521(R)
1918	2,434	984	40.4	1,450	59.6			40.4	59.6	466(R)
1920	6,020	2,522	41.9	3,498	58.1			41.9	58.1	976(R)
1924	6,336	3,084	48.7	3,252	51.3			48.7	51.3	168(R)
1926	6,956	3,273	47.1	3,683	52.9			47.1	52.9	410(R)
1930	7,901	3,920	49.6	3,981	50.4			49.6	50.4	61(R)
1932	9,541	5,178	54.3	4,363	45.7			54.3	45.7	815(D)
1936	10,859	5,923	54.5	4,936	45.5			54.5	45.5	987(D)
1938	8,442	4,529	53.6	3,913	46.4			53.6	46.4	616(D)
1942	5,303	3,475	65.5	1,828	34.5			65.5	34.5	1,647(D)
1944	9,270	5,109	55.1	4,161	44.9			55.1	44.9	948(D)
1948	9,238	4,595	49.7	4,629	50.1	14[4]	0.2	49.8	50.2	34(R)
1950[1]	9,419	5,146	54.6	4,273	45.4			54.6	45.4	873(D)
1950[2]	9,382	5,006	53.4	4,376	46.6			53.4	46.6	630(D)
1954[3]	9,917	4,885	49.3	5,032	50.7			49.3	50.7	147(R)
1954[1]	4,804	4,804	100.0					100.0		4,804(D)
1954[2]	4,938	4,938	100.0					100.0		4,938(D)
1956	12,773	5,605	43.9	7,168	56.1			43.9	56.1	1,563(R)
1958	10,630	5,030	47.3	5,600	52.7			47.3	52.7	570(R)
1960	14,893	6,038	40.5	8,855	59.5			40.5	59.5	2,817(R)

Notes: [1] Regular term.
[2] Unexpired term.
[3] Short term.
[4] William T. Brown, *Progressive*, 14 (0.2%).

HERTFORD COUNTY

UNITED STATES SENATOR

Year	Total Vote	Democratic Total	%	Republican Total	%	Other Total	%	Two-Party Vote %Dem.	%Repub.	Plurality Dem.-Repub.
1914	457	418	91.5	39	8.5			91.5	8.5	379(D)
1918	773	693	89.7	80	10.3			89.7	10.3	613(D)
1920	1,378	1,168	84.8	210	15.2			84.8	15.2	958(D)
1924	1,091	985	90.3	106	9.7			90.3	9.7	879(D)
1926	503	472	93.8	31	6.2			93.8	6.2	441(D)
1930	870	813	93.4	57	6.6			93.4	6.6	756(D)
1932	1,884	1,782	94.6	102	5.4			94.6	5.4	1,680(D)
1936	2,146	2,087	97.3	59	2.7			97.3	2.7	2,028(D)
1938	566	544	96.1	22	3.9			96.1	3.9	522(D)
1942	618	612	99.0	6	1.0			99.0	1.0	606(D)
1944	1,915	1,863	97.3	52	2.7			97.3	2.7	1,811(D)
1948	2,234	2,124	95.1	105	4.7	5[4]	0.2	95.3	4.7	2,019(D)
1950[1]	1,994	1,959	98.2	35	1.8			98.2	1.8	1,924(D)
1950[2]	1,950	1,892	97.0	54	2.8	4[5]	0.2	97.2	2.8	1,838(D)
1954[3]	1,037	996	96.0	41	4.0			96.0	4.0	955(D)
1954[1]	988	988	100.0					100.0		988(D)
1954[2]	987	987	100.0					100.0		987(D)
1956	3,277	2,979	90.9	298	9.1			90.9	9.1	2,681(D)
1958	886	860	97.1	26	2.9			97.1	2.9	834(D)
1960	3,712	3,346	90.1	366	9.9			90.1	9.9	2,980(D)

Notes: [1] Regular term.
[2] Unexpired term.
[3] Short term.
[4] William T. Brown, *Progressive*, 5 (0.2%).
[5] Frank P. Graham, (*Democrat*), Write-in, 4 (0.2%).

HOKE COUNTY

UNITED STATES SENATOR

Year	Total Vote	Democratic Total	%	Republican Total	%	Other Total	%	Two-Party Vote % Dem.	% Repub.	Plurality Dem.-Repub.
1914	478	444	92.9	34	7.1			92.9	7.1	410(D)
1918	801	769	96.0	32	4.0			96.0	4.0	737(D)
1920	1,428	1,274	89.2	154	10.8			89.2	10.8	1,120(D)
1924	1,277	1,165	91.2	112	8.8			91.2	8.8	1,053(D)
1926	788	753	95.6	35	4.4			95.6	4.4	718(D)
1930	1,156	1,070	92.6	86	7.4			92.6	7.4	984(D)
1932	1,813	1,738	95.9	75	4.1			95.9	4.1	1,663(D)
1936	1,978	1,844	93.2	134	6.8			93.2	6.8	1,710(D)
1938	893	813	91.0	80	9.0			91.0	9.0	733(D)
1942	515	502	97.5	13	2.5			97.5	2.5	489(D)
1944	1,871	1,762	94.2	109	5.8			94.2	5.8	1,653(D)
1948	1,603	1,490	93.0	113	7.0			93.0	7.0	1,377(D)
1950[1]	827	803	97.1	24	2.9			97.1	2.9	779(D)
1950[2]	813	787	96.8	26	3.2			96.8	3.2	761(D)
1954[3]	948	912	96.2	36	3.8			96.2	3.8	876(D)
1954[1]	908	908	100.0					100.0		908(D)
1954[2]	911	911	100.0					100.0		911(D)
1956	2,399	2,157	89.9	242	10.1			89.9	10.1	1,915(D)
1958	685	655	95.6	30	4.4			95.6	4.4	625(D)
1960	2,608	2,297	88.1	311	11.9			88.1	11.9	1,986(D)

Notes: [1] Regular term.
[2] Unexpired term.
[3] Short term.

HYDE COUNTY

UNITED STATES SENATOR

Year	Total Vote	Democratic Total	%	Republican Total	%	Other Total	%	Two-Party Vote % Dem.	% Repub.	Plurality Dem.-Repub.
1914	264	233	88.3	31	11.7			88.3	11.7	202(D)
1918	706	570	80.7	136	19.3			80.7	19.3	434(D)
1920	1,645	1,169	71.1	476	28.9			71.1	28.9	693(D)
1924	996	676	67.9	320	32.1			67.9	32.1	356(D)
1926	361	307	85.0	54	15.0			85.0	15.0	253(D)
1930	439	352	80.2	87	19.8			80.2	19.8	265(D)
1932	1,102	968	87.8	134	12.2			87.8	12.8	834(D)
1936	1,254	1,014	80.9	240	19.1			80.9	19.1	774(D)
1938	453	385	85.0	68	15.0			85.0	15.0	317(D)
1942	302	264	87.4	38	12.6			87.4	12.6	226(D)
1944	1,001	789	78.8	212	21.2			78.8	21.2	577(D)
1948	970	739	76.2	231	23.8			76.2	23.8	508(D)
1950[1]	468	426	91.0	42	9.0			91.0	9.0	384(D)
1950[2]	457	413	90.4	44	9.6			90.4	9.6	369(D)
1954[3]	452	391	86.5	61	13.5			86.5	13.5	330(D)
1954[1]	367	367	100.0					100.0		367(D)
1954[2]	353	353	100.0					100.0		353(D)
1956	1,209	984	81.4	225	18.6			81.4	18.6	759(D)
1958	412	376	91.3	36	8.7			91.3	8.7	340(D)
1960	1,402	1,120	79.9	282	20.1			79.9	20.1	838(D)

Notes: [1] Regular term.
[2] Unexpired term.
[3] Short term.

IREDELL COUNTY

UNITED STATES SENATOR

Year	Total Vote	Democratic Total	%	Republican Total	%	Other Total	%	Two-Party Vote %Dem.	%Repub.	Plurality Dem.-Repub.
1914	4,457	2,814	63.1	1,643	36.9			63.1	36.9	1,171(D)
1918	5,062	3,398	67.1	1,664	32.9			67.1	32.9	1,734(D)
1920	10,877	6,493	59.7	4,384	40.3			59.7	40.3	2,109(D)
1924	10,112	6,512	64.4	3,600	35.6			64.4	35.6	2,912(D)
1926	7,197	4,774	66.3	2,423	33.7			66.3	33.7	2,351(D)
1930	11,649	7,393	63.5	4,256	36.5			63.5	36.5	3,137(D)
1932	12,059	7,825	64.9	4,234	35.1			64.9	35.1	3,591(D)
1936	14,392	10,311	71.6	4,081	28.4			71.6	28.4	6,230(D)
1938	10,574	6,792	64.2	3,782	35.8			64.2	35.8	3,010(D)
1942	6,682	4,906	73.4	1,776	26.6			73.4	26.6	3,130(D)
1944	12,709	8,540	67.2	4,169	32.8			67.2	32.8	4,371(D)
1948	11,385	7,380	64.8	3,990	35.1	15[4]	0.1	64.9	35.1	3,390(D)
1950[1]	9,785	6,630	67.8	3,155	32.2			67.8	32.2	3,475(D)
1950[2]	9,832	6,629	67.4	3,169	32.2	34[5]	0.4	67.7	32.3	3,460(D)
1954[3]	13,082	7,975	61.0	5,107	39.0			61.0	39.0	2,868(D)
1954[1]	7,907	7,907	100.0					100.0		7,907(D)
1954[2]	8,211	8,211	100.0					100.0		8,211(D)
1956	17,721	10,585	59.7	7,136	40.3			59.7	40.3	3,449(D)
1958	8,584	6,209	72.3	2,375	27.7			72.3	27.7	3,834(D)
1960	20,312	11,610	57.2	8,702	42.8			57.2	42.8	2,908(D)

Notes: [1] Regular term.
[2] Unexpired term.
[3] Short term.
[4] William T. Brown, *Progressive*, 15 (0.1%).
[5] Frank P. Graham, *(Democrat)*, Write-in, 34 (0.4%).

JACKSON COUNTY

UNITED STATES SENATOR

Year	Total Vote	Democratic Total	%	Republican Total	%	Other Total	%	Two-Party Vote % Dem.	% Repub.	Plurality Dem.-Repub.
1914	2,220	1,159	52.2	1,054	47.5	7	0.3	52.4	47.6	105(D)
1918	1,955	1,040	53.2	915	46.8			53.2	46.8	125(D)
1920	4,753	2,399	50.5	2,354	49.5			50.5	49.5	45(D)
1924	5,938	3,138	52.8	2,800	47.2			52.8	47.2	338(D)
1926	5,174	2,550	49.3	2,624	50.7			49.3	50.7	74(R)
1930	7,117	3,862	54.3	3,255	45.7			54.3	45.7	607(D)
1932	7,225	4,324	59.8	2,901	40.2			59.8	40.2	1,423(D)
1936	7,594	4,556	60.0	3,038	40.0			60.0	40.0	1,518(D)
1938	7,199	4,410	61.3	2,789	38.7			61.3	38.7	1,621(D)
1942	5,545	3,535	63.8	2,010	36.2			63.8	36.2	1,525(D)
1944	6,802	4,191	61.6	2,611	38.4			61.6	38.4	1,580(D)
1948	6,756	4,319	63.9	2,432	36.0	5[4]	0.1	64.0	36.0	1,887(D)
1950[1]	7,792	4,551	58.4	3,241	41.6			58.4	41.6	1,310(D)
1950[2]	7,787	4,540	58.3	3,247	41.7			58.3	41.7	1,293(D)
1954[3]	7,449	4,442	59.6	3,007	40.4			59.6	40.4	1,435(D)
1954[1]	4,405	4,405	100.0					100.0		4,405(D)
1954[2]	4,388	4,388	100.0					100.0		4,388(D)
1956	7,258	4,239	58.4	3,019	41.6			58.4	41.6	1,220(D)
1958	5,394	3,694	68.5	1,700	31.5			68.5	31.5	1,994(D)
1960	7,853	4,412	56.2	3,441	43.8			56.2	43.8	971(D)

Notes: [1] Regular term.
[2] Unexpired term.
[3] Short term.
[4] William T. Brown, *Progressive*, 5 (0.1%).

JOHNSTON COUNTY

UNITED STATES SENATOR

Year	Total Vote	Democratic Total	%	Republican Total	%	Other Total	%	Two-Party Vote %Dem.	%Repub.	Plurality Dem.-Repub.
1914	4,746	2,504	52.8	2,242	47.2			52.8	47.2	262(D)
1918	5,807	3,213	55.3	2,594	44.7			55.3	44.7	619(D)
1920	11,413	6,081	53.3	5,332	46.7			53.3	46.7	749(D)
1924	9,613	4,787	49.8	4,826	50.2			49.8	50.2	39(R)
1926	11,025	6,079	55.1	4,946	44.9			55.1	44.9	1,133(D)
1930	13,542	8,367	61.8	5,175	38.2			61.8	38.2	3,192(D)
1932	13,530	9,384	69.4	4,146	30.6			69.4	30.6	5,238(D)
1936	14,781	10,090	68.3	4,691	31.7			68.3	31.7	5,399(D)
1938	14,592	8,452	57.9	6,140	42.1			57.9	42.1	2,312(D)
1942	9,380	5,984	63.8	3,396	36.2			63.8	36.2	2,588(D)
1944	12,489	8,345	66.8	4,144	33.2			66.8	33.2	4,201(D)
1948	12,671	9,581	75.6	3,070	24.2	20[4]	0.2	75.7	24.3	6,511(D)
1950[1]	9,888	7,311	73.9	2,577	26.1			73.9	26.1	4,734(D)
1950[2]	9,773	6,991	71.5	2,766	28.3	16[5]	0.2	71.7	28.3	4,225(D)
1954[3]	10,410	8,266	79.4	2,144	20.6			79.4	20.6	6,122(D)
1954[1]	7,970	7,970	100.0					100.0		7,970(D)
1954[2]	7,760	7,760	100.0					100.0		7,760(D)
1956	13,675	10,286	75.2	3,389	24.8			75.2	24.8	6,897(D)
1958	5,184	4,414	85.1	770	14.9			85.1	14.9	3,644(D)
1960	14,800	9,995	67.5	4,805	32.5			67.5	32.5	5,190(D)

Notes: [1] Regular term.
[2] Unexpired term.
[3] Short term.
[4] William T. Brown, *Progressive*, 20 (0.2%).
[5] Frank P. Graham, *(Democrat)*, Write-in, 16 (0.2%).

JONES COUNTY

UNITED STATES SENATOR

Year	Total Vote	Democratic Total	%	Republican Total	%	Other Total	%	Two-Party Vote % Dem.	% Repub.	Plurality Dem.-Repub.
1914	432	353	81.7	79	18.3			81.7	18.3	274(D)
1918	773	639	82.7	134	17.3			82.7	17.3	505(D)
1920	1,337	1,000	74.8	337	25.2			74.8	25.2	663(D)
1924	863	717	83.1	146	16.9			83.1	16.9	571(D)
1926	455	425	93.4	30	6.6			93.4	6.6	395(D)
1930	664	531	80.0	133	20.0			80.0	20.0	398(D)
1932	1,541	1,417	92.0	124	8.0			92.0	8.0	1,293(D)
1936	1,557	1,420	91.2	137	8.8			91.2	8.8	1,283(D)
1938	558	492	88.2	66	11.8			88.2	11.8	426(D)
1942	376	349	92.8	27	7.2			92.8	7.2	322(D)
1944	1,320	1,187	89.9	133	10.1			89.9	10.1	1,054(D)
1948	1,318	1,260	95.6	58	4.4			95.6	4.4	1,202(D)
1950[1]	676	649	96.0	27	4.0			96.0	4.0	622(D)
1950[2]	670	640	95.5	30	4.5			95.5	4.5	10(D)
1954[3]	834	796	95.4	38	4.6			95.4	4.6	758(D)
1954[1]	786	786	100.0					100.0		786(D)
1954[2]	783	783	100.0					100.0		783(D)
1956	2,270	2,065	91.0	205	9.0			91.0	9.0	1,860(D)
1958	797	734	92.1	63	7.9			92.1	7.9	671(D)
1960	2,328	1,987	85.4	341	14.6			85.4	14.6	1,646(D)

Notes: [1] Regular term. [2] Unexpired term. [3] Short term.

LEE COUNTY

UNITED STATES SENATOR

Year	Total Vote	Democratic Total	%	Republican Total	%	Other Total	%	Two-Party Vote % Dem.	% Repub.	Plurality Dem.-Repub.
1914	1,410	850	60.3	560	39.7			60.3	39.7	290(D)
1918	1,470	902	61.4	568	38.6			61.4	38.6	334(D)
1920	3,488	2,364	67.8	1,124	32.2			67.8	32.2	1,240(D)
1924	2,549	1,874	73.5	675	26.5			73.5	26.5	1,199(D)
1926	1,665	1,374	82.5	291	17.5			82.5	17.5	1,083(D)
1930	2,095	1,499	71.6	596	28.4			71.6	28.4	903(D)
1932	3,674	2,895	78.8	779	21.2			78.8	21.2	2,116(D)
1936	4,061	3,327	81.9	734	18.1			81.9	18.1	2,593(D)
1938	1,683	1,310	77.8	373	22.1			77.8	22.1	937(D)
1942	1,162	1,001	86.1	161	13.9			86.1	13.9	840(D)
1944	4,122	3,529	85.6	593	14.4			85.6	14.4	2,936(D)
1948	4,135	3,461	83.7	672	16.3	2[4]	*	83.7	16.3	2,789(D)
1950[1]	4,200	3,708	88.3	492	11.7			88.3	11.7	3,216(D)
1950[2]	4,392	3,398	77.4	986	22.4	8[5]	0.2	77.5	22.5	2,412(D)
1954[1]	2,529	2,104	83.2	425	16.8			83.2	16.8	1,679(D)
1954[2]	2,023	2,023	100.0					100.0		2,023(D)
1954[3]	2,030	2,030	100.0					100.0		2,030(D)
1956	5,590	4,474	80.0	1,116	20.0			80.0	20.0	3,358(D)
1958	2,258	2,049	90.7	209	9.3			90.7	9.3	1,840(D)
1960	5,698	4,189	73.5	1,509	26.5			73.5	26.5	2,680(D)

Notes: [1] Regular term.
[2] Unexpired term.
[3] Short term.
[4] William T. Brown, *Progressive*, 2 (*).
[5] Frank P. Graham, (*Democrat*), Write-in, 8 (0.2%).
* Less than 0.05%.

LENOIR COUNTY

UNITED STATES SENATOR

Year	Total Vote	Democratic Total	%	Republican Total	%	Other Total	%	Two-Party Vote %Dem.	%Repub.	Plurality Dem.-Repub.
1914	1,239	919	74.2	320	25.8			74.2	25.8	599(D)
1918	1,555	1,295	83.3	260	16.7			83.3	16.7	1,035(D)
1920	3,902	2,881	73.8	1,021	26.2			73.8	26.2	1,860(D)
1924	2,681	2,285	85.2	396	14.8			85.2	14.8	1,889(D)
1926	1,652	1,375	83.2	277	16.8			83.2	16.8	1,098(D)
1930	2,289	1,922	84.0	367	16.0			84.0	16.0	1,555(D)
1932	4,900	4,600	93.9	300	6.1			93.9	6.1	4,300(D)
1936	5,537	5,162	93.2	375	6.8			93.2	6.8	4,787(D)
1938	1,111	1,036	93.2	75	6.8			93.2	6.8	961(D)
1942	815	765	93.9	50	6.1			93.9	6.1	715(D)
1944	5,320	5,025	94.5	295	5.5			94.5	5.5	4,730(D)
1948	5,677	5,399	95.1	264	4.6	14[4]	0.3	95.3	4.7	5,135(D)
1950[1]	1,888	1,772	93.9	116	6.1			93.9	6.1	1,656(D)
1950[2]	1,854	1,645	88.7	174	9.4	35[5]	1.9	90.4	9.6	1,471(D)
1954[3]	2,362	2,147	90.9	215	9.1			90.9	9.1	1,932(D)
1954[1]	2,149	2,149	100.0					100.0		2,149(D)
1954[2]	2,164	2,164	100.0					100.0		2,164(D)
1956	8,840	7,880	89.1	960	10.9			89.1	10.9	6,920(D)
1958	2,277	2,086	91.6	191	8.4			91.6	8.4	1,895(D)
1960	11,182	9,069	81.1	2,113	18.9			81.1	18.9	6,956(D)

Notes: [1] Regular term.
[2] Unexpired term.
[3] Short term.
[4] William T. Brown, *Progressive*, 14 (0.3%).
[5] Frank P. Graham, *(Democrat)*, Write-in, 35 (1.9%).

269

LINCOLN COUNTY

UNITED STATES SENATOR

Year	Total Vote	Democratic Total	%	Republican Total	%	Other Total	%	Two-Party Vote % Dem.	% Repub.	Plurality Dem.-Repub.
1914	2,347	1,213	51.7	1,134	48.3			51.7	48.3	79(D)
1918	2,810	1,438	51.2	1,372	48.8			51.2	48.8	66(D)
1920	6,462	3,337	51.6	3,125	48.4			51.6	48.4	212(D)
1924	5,621	2,948	52.5	2,673	47.5			52.5	47.5	275(D)
1926	5,962	3,115	52.2	2,847	47.8			52.2	47.8	268(D)
1930	7,870	4,023	51.1	3,847	48.9			51.1	48.9	176(D)
1932	8,250	4,297	52.1	3,953	47.9			52.1	47.9	1,344(D)
1936	8,867	5,184	58.5	3,683	41.5			58.5	41.5	1,501(D)
1938	8,067	4,105	50.9	3,962	49.1			50.9	49.1	143(D)
1942	7,115	3,933	55.3	3,182	44.7			55.3	44.7	751(D)
1944	7,692	4,198	54.6	3,494	45.4			54.6	45.4	704(D)
1948	8,107	4,534	55.9	3,569	44.0	4[4]	0.1	56.0	44.0	965(D)
1950[1]	8,791	5,157	58.7	3,634	41.3			58.7	41.3	1,523(D)
1950[2]	8,740	5,098	58.3	3,642	41.7			58.3	41.7	1,456(D)
1954[3]	10,844	6,341	58.5	4,503	41.5			58.5	41.5	1,838(D)
1954[1]	6,337	6,337	100.0					100.0		6,337(D)
1954[2]	6,408	6,408	100.0					100.0		6,408(D)
1956	12,133	6,453	53.2	5,680	46.8			53.2	46.8	773(D)
1958	11,311	6,770	59.9	4,541	40.1			59.9	40.1	2,229(D)
1960	13,239	7,133	53.9	6,106	46.1			53.9	46.1	1,027(D)

Notes: [1] Regular term. [2] Unexpired term. [3] Short term. [4] William T. Brown, *Progressive*, 4 (0.1%).

MACON COUNTY

UNITED STATES SENATOR

Year	Total Vote	Democratic Total	%	Republican Total	%	Other Total	%	Two-Party Vote % Dem.	% Repub.	Plurality Dem.-Repub.
1914	2,263	822	36.3	1,441	63.7			36.3	63.7	619(R)
1918	2,093	1,148	54.8	945	45.2			54.8	45.2	203(D)
1920	4,139	2,106	50.9	2,033	49.1			50.9	49.1	73(D)
1924	4,860	2,648	54.5	2,212	45.5			54.5	45.5	436(D)
1926	4,621	2,542	55.0	2,079	45.0			55.0	45.0	463(D)
1930	5,229	2,829	54.1	2,400	45.9			54.1	45.9	429(D)
1932	5,522	3,135	56.8	2,387	43.2			56.8	43.2	748(D)
1936	5,763	3,251	56.4	2,512	43.6			56.4	43.6	739(D)
1938	3,911	2,522	64.5	1,389	35.5			64.5	35.5	1,133(D)
1942	3,989	2,201	55.2	1,788	44.8			55.2	44.8	413(D)
1944	5,295	2,875	54.3	2,420	45.7			54.3	45.7	455(D)
1948	5,221	3,012	57.7	2,203	42.2	6[4]	0.1	57.8	42.2	809(D)
1950[1]	5,974	3,529	59.1	2,445	40.9			59.1	40.9	1,084(D)
1950[2]	5,934	3,510	59.2	2,424	40.8			59.2	40.8	1,086(D)
1950[3]	5,908	3,498	59.2	2,410	40.8			59.2	40.8	1,088(D)
1954[1]	3,452	3,452	100.0					100.0		3,452(D)
1954[2]	3,450	3,450	100.0					100.0		3,450(D)
1956	6,299	3,466	55.0	2,833	45.0			55.0	45.0	633(D)
1958	4,910	3,096	63.1	1,814	36.9			63.1	36.9	1,282(D)
1960	6,758	3,546	52.5	3,212	47.5			52.5	47.5	334(D)

Notes: [1] Regular term.
[2] Unexpired term.
[3] Short term.
[4] William T. Brown, *Progressive*, 6 (0.1%).

MARTIN COUNTY

UNITED STATES SENATOR

Year	Total Vote	Democratic Total	%	Republican Total	%	Other Total	%	Two-Party Vote %Dem.	%Repub.	Plurality Dem.-Repub.
1914	2,130	1,124	52.8	1,003	47.1	3	0.1	52.8	47.2	121(D)
1918	1,543	1,313	85.1	230	14.9			85.1	14.9	1,083(D)
1920	3,072	2,574	83.8	498	16.2			83.8	16.2	2,076(D)
1924	2,212	2,022	91.4	190	8.6			91.4	8.6	1,832(D)
1926	948	910	96.0	38	4.0			96.0	4.0	872(D)
1930	1,791	1,732	96.7	59	3.3			96.7	3.3	1,673(D)
1932	3,835	3,745	97.7	90	2.3			97.7	2.3	3,655(D)
1936	4,065	3,966	97.6	99	2.4			97.6	2.4	3,867(D)
1938	1,198	1,169	97.6	29	2.4			97.6	2.4	1,140(D)
1942	1,082	1,061	98.1	21	1.9			98.1	1.9	1,140(D)
1944	4,253	4,158	97.8	95	2.2			97.8	2.2	4,063(D)
1948	4,717	4,608	97.7	105	2.2	4[4]	0.1	97.8	2.2	4,503(D)
1950[1]	1,425	1,389	97.5	36	2.5			97.5	2.5	1,353(D)
1950[2]	1,410	1,356	96.2	52	3.7	2[5]	0.1	96.3	3.7	1,304(D)
1954[3]	2,040	1,994	97.7	46	2.3			97.7	2.3	1,948(D)
1954[1]	1,963	1,963	100.0					100.0		1,963(D)
1954[2]	1,949	1,949	100.0					100.0		1,949(D)
1956	5,995	5,747	95.9	248	4.1			95.9	4.1	5,499(D)
1958	1,854	1,764	95.1	90	4.9			95.1	4.9	1,674(D)
1960	6,310	5,947	94.2	363	5.8			94.2	5.8	5,584(D)

Notes: [1] Regular term.
[2] Unexpired term.
[3] Short term.
[4] William T. Brown, Progressive, 4 (0.1%).
[5] Frank P. Graham, (Democrat), Write-in, 2 (0.1%).

272

McDowell County

UNITED STATES SENATOR

Year	Total Vote	Democratic Total	%	Republican Total	%	Other Total	%	Two-Party Vote % Dem.	% Repub.	Plurality Dem.-Repub.
1914	1,874	944	50.4	930	49.6			50.4	49.6	14(D)
1918	2,381	1,198	50.3	1,183	49.7			50.3	49.7	15(D)
1920	5,385	2,817	52.3	2,568	47.7			52.3	47.7	249(D)
1924	5,625	3,082	54.8	2,543	45.2			54.8	45.2	539(D)
1926	5,749	2,934	51.0	2,815	49.0			51.0	49.0	119(D)
1930	6,688	3,922	58.6	2,766	41.4			58.6	41.4	1,156(D)
1932	7,310	4,714	64.5	2,596	35.5			64.5	35.5	2,118(D)
1936	8,365	5,155	61.6	3,210	38.4			61.6	38.4	1,945(D)
1938	6,372	4,033	63.3	2,339	36.7			63.3	36.7	1,694(D)
1942	1,182	998	84.4	184	15.6			84.4	15.6	814(D)
1944	6,094	3,958	64.9	2,136	35.1			64.9	35.1	1,822(D)
1948	6,893	4,466	64.8	2,411	35.0	16[4]	0.2	64.9	35.1	2,055(D)
1950[1]	6,850	4,610	67.3	2,240	32.7			67.3	32.7	2,370(D)
1950[2]	6,884	4,621	67.1	2,263	32.9			67.1	32.9	2,358(D)
1954[3]	7,396	5,006	67.7	2,390	32.3			67.7	32.3	2,616(D)
1954[1]	4,882	4,882	100.0					100.0		4,882(D)
1954[2]	4,909	4,909	100.0					100.0		4,909(D)
1956	9,533	5,728	60.1	3,809	39.9			60.1	39.9	1,919(D)
1958	8,195	5,523	67.4	2,672	32.6			67.4	32.6	2,851(D)
1960	10,618	5,797	54.6	4,821	45.4			54.6	45.4	976(D)

Notes: [1] Regular term.
[2] Unexpired term.
[3] Short term.
[4] William T. Brown, *Progressive*, 16 (0.2%).

MADISON COUNTY

UNITED STATES SENATOR

Year	Total Vote	Democratic Total	%	Republican Total	%	Other Total	%	Two-Party Vote % Dem.	% Repub.	Plurality Dem.-Repub.
1914	904	779	86.2	125	13.8			86.2	13.8	654(D)
1918	1,979	601	30.4	1,378	69.6			30.4	69.6	777(R)
1920	4,945	1,335	27.0	3,610	73.0			27.0	73.0	2,275(R)
1924	4,459	1,414	31.7	3,045	68.3			31.7	68.3	1,631(R)
1926	2,744	955	34.8	1,789	65.2			34.8	65.2	834(R)
1930	4,819	1,692	35.1	3,127	64.9			35.1	64.9	1,435(R)
1932	7,162	2,592	36.2	4,570	63.8			36.2	63.8	1,978(R)
1936	7,997	3,050	38.1	4,947	61.9			38.1	61.9	1,897(R)
1938	6,613	2,871	43.4	3,742	56.6			43.4	56.6	871(R)
1942	4,943	1,895	38.3	3,048	61.7			38.3	61.7	1,153(R)
1944	6,474	2,290	35.4	4,184	64.6			35.4	64.6	1,894(R)
1948	5,754	2,582	44.9	3,165	55.0	7[4]	0.1	44.9	55.1	583(R)
1950[1]	6,155	2,892	47.0	3,263	53.0			47.0	53.0	371(R)
1950[2]	6,141	2,875	46.8	3,266	53.2			46.8	53.2	391(R)
1954[3]	7,311	4,151	56.8	3,160	43.2			56.8	43.2	991(D)
1954[1]	4,120	4,120	100.0					100.0		4,120(D)
1954[2]	4,105	4,105	100.0					100.0		4,105(D)
1956	7,803	4,109	52.7	3,694	47.3			52.7	47.3	415(D)
1958	6,759	4,730	70.0	2,029	30.0			70.0	30.0	2,701(D)
1960	8,751	4,843	55.3	3,908	44.7			55.3	44.7	935(D)

Notes: [1] Regular term.
[2] Unexpired term.
[3] Short term.
[4] William T. Brown, *Progressive*, 7 (0.1%).

MECKLENBURG COUNTY

UNITED STATES SENATOR

Year	Total Vote	Democratic Total	%	Republican Total	%	Other Total	%	Two-Party Vote % Dem.	% Repub.	Plurality Dem.-Repub.
1914	4,368	3,322	76.0	1,044	23.9	2	0.1	76.1	23.9	2,278(D)
1918	4,777	3,995	83.6	782	16.4			83.6	16.4	3,213(D)
1920	14,795	11,542	78.0	3,253	22.0			78.0	22.0	8,289(D)
1924	11,080	8,970	81.0	2,110	19.0			81.0	19.0	6,860(D)
1926	3,301	2,877	87.2	424	12.8			87.2	12.8	2,453(D)
1930	11,784	7,678	65.2	4,106	34.8			65.2	34.8	3,572(D)
1932	23,127	17,387	75.2	5,740	24.8			75.2	24.8	11,647(D)
1936	29,026	24,841	85.6	4,185	14.4			85.6	14.4	20,656(D)
1938	11,899	8,179	68.7	3,720	31.3			68.7	31.3	4,459(D)
1942	14,157	12,248	86.5	1,909	13.5			86.5	13.5	10,339(D)
1944	33,422	28,381	84.9	5,041	15.1			84.9	15.1	23,340(D)
1948	31,319	23,983	76.6	7,187	22.9	149[4]	0.5	76.9	23.1	16,796(D)
1950[1]	18,515	14,869	80.3	3,646	19.7			80.3	19.7	11,223(D)
1950[2]	18,656	14,751	79.1	3,827	20.5	78[5]	0.4	79.4	20.6	10,924(D)
1954[3]	31,948	19,361	60.6	12,587	39.4			60.6	39.4	6,774(D)
1954[1]	20,202	20,202	100.0					100.0		20,202(D)
1954[2]	22,816	22,816	100.0					100.0		22,816(D)
1956	63,903	39,666	62.1	24,237	37.9			62.1	37.9	15,429(D)
1958	41,905	27,466	65.5	14,439	34.5			65.5	34.5	13,027(D)
1960	81,767	47,372	57.9	34,395	42.1			57.9	42.1	12,977(D)

Notes: [1] Regular term.
[2] Unexpired term.
[3] Short term.
[4] William T. Brown, *Progressive*, 149 (0.5%).
[5] Frank P. Graham, *(Democrat)*, Write-in, 78 (0.4%).

275

MITCHELL COUNTY

UNITED STATES SENATOR

Year	Total Vote	Democratic Total	%	Republican Total	%	Other Total	%	Two-Party Vote % Dem.	% Repub.	Plurality Dem.-Repub.
1914	1,349	419	31.1	930	68.9			31.1	68.9	511(R)
1918	1,090	311	28.5	779	71.5			28.5	71.5	468(R)
1920	3,291	737	22.4	2,554	77.6			22.4	77.6	1,817(R)
1924	2,349	745	31.7	1,604	68.3			31.7	68.3	859(R)
1926	1,354	429	31.7	925	68.3			31.7	68.3	496(R)
1930	3,064	938	30.6	2,126	69.4			30.6	69.4	1,188(R)
1932	5,014	1,720	34.3	3,294	65.7			34.3	65.7	1,574(R)
1936	4,933	1,599	32.4	3,334	67.6			32.4	67.6	1,735(R)
1938	5,135	2,049	39.9	3,086	60.1			39.9	60.1	1,037(R)
1942	2,550	545	21.4	2,005	78.6			21.4	78.6	1,460(R)
1944	4,157	1,026	24.7	3,131	75.3			24.7	75.3	2,105(R)
1948	3,808	1,024	26.9	2,778	73.0	6[4]	0.1	26.9	73.1	1,754(R)
1950[1]	3,360	1,142	34.0	2,218	66.0			34.0	66.0	1,076(R)
1950[2]	3,317	1,112	33.5	2,205	66.5			33.5	66.5	1,093(R)
1954[3]	3,213	921	28.7	2,292	71.3			28.7	71.3	1,371(R)
1954[1]	837	837	100.0					100.0		837(D)
1954[2]	903	903	100.0					100.0		903(D)
1956	5,113	1,325	25.9	3,788	74.1			25.9	74.1	2,463(R)
1958	3,396	883	26.0	2,513	74.0			26.0	74.0	1,630(R)
1960	5,769	1,404	24.3	4,365	75.7			24.3	75.7	2,961(R)

Notes: [1] Regular term.
[2] Unexpired term.
[3] Short term.
[4] William T. Brown, *Progressive*, 6 (0.1%).

MONTGOMERY COUNTY

UNITED STATES SENATOR

Year	Total Vote	Democratic Total	%	Republican Total	%	Other Total	%	Two-Party Vote % Dem.	% Repub.	Plurality Dem.-Repub.
1914	2,176	1,149	52.8	1,027	47.2			52.8	47.2	122(D)
1918	2,066	1,116	54.0	950	46.0			54.0	46.0	166(D)
1920	4,631	2,337	50.5	2,294	49.5			50.5	49.5	43(D)
1924	4,576	2,517	55.0	2,059	45.0			55.0	45.0	458(D)
1926	3,731	2,266	60.7	1,465	39.3			60.7	39.3	801(D)
1930	4,359	2,352	54.0	2,007	46.0			54.0	46.0	345(D)
1932	5,175	2,842	54.9	2,332	45.1			54.9	45.1	510(D)
1936	5,907	3,364	56.9	2,543	43.1			56.9	43.1	821(D)
1938	4,403	2,627	59.7	1,776	40.3			59.7	40.3	851(D)
1942	1,758	1,278	72.7	480	27.3			72.7	27.3	798(D)
1944	4,597	2,739	59.6	1,858	40.4			59.6	40.4	881(D)
1948	4,521	2,599	57.5	1,921	42.5			57.5	42.5	678(D)
1950[1]	5,240	2,978	56.8	2,262	43.2	1[4]	*	56.8	43.2	716(D)
1950[2]	5,225	2,912	55.7	2,313	44.3			55.7	44.3	599(D)
1954[3]	5,111	2,752	53.8	2,359	46.2			53.8	46.2	393(D)
1954[1]	2,878	2,878	100.0					100.0		2,878(D)
1954[2]	3,005	3,005	100.0					100.0		3,005(D)
1956	6,329	3,596	56.8	2,733	43.2			56.8	43.2	863(D)
1958	5,772	3,432	59.5	2,340	40.5			59.5	40.5	1,092(D)
1960	6,901	3,604	52.2	3,297	47.8			52.2	47.8	307(D)

Notes: [1] Regular term.
[2] Unexpired term.
[3] Short term.
[4] William T. Brown, Progressive, 1 (*).
* Less than 0.05%.

Moore County

UNITED STATES SENATOR

Year	Total Vote	Democratic Total	%	Republican Total	%	Other Total	%	Two-Party Vote % Dem.	% Repub.	Plurality Dem.-Repub.
1914	2,075	1,209	58.3	854	41.2	12	0.5	58.6	41.4	355(D)
1918	2,019	1,189	58.9	830	41.1			58.9	41.1	359(D)
1920	4,970	2,747	55.3	2,223	44.7			55.3	44.7	524(D)
1924	4,727	2,878	60.9	1,849	39.1			60.9	39.1	1,029(D)
1926	3,261	2,091	64.1	1,170	35.9			64.1	35.9	921(D)
1930	4,716	2,558	54.2	2,158	45.8			54.2	45.8	400(D)
1932	6,536	4,046	61.9	2,490	38.1			61.9	38.1	1,556(D)
1936	6,676	4,245	63.6	2,431	36.4			63.6	36.4	1,814(D)
1938	4,973	2,903	58.4	2,070	41.6			58.4	41.6	833(D)
1942	2,502	1,676	67.0	826	33.0			67.0	33.0	850(D)
1944	6,236	3,890	62.4	2,346	37.6			62.4	37.6	1,544(D)
1948	6,573	4,251	64.7	2,311	35.2	11[4]	0.1	64.8	35.2	1,940(D)
1950[1]	4,865	3,393	69.7	1,472	30.3			69.7	30.3	1,921(D)
1950[2]	4,951	3,343	67.5	1,608	32.5			67.5	32.5	1,735(D)
1954[3]	4,564	3,045	66.7	1,519	33.3			66.7	33.3	1,526(D)
1954[1]	3,006	3,006	100.0					100.0		3,006(D)
1954[2]	3,077	3,077	100.0					100.0		3,077(D)
1956	9,634	5,923	61.5	3,711	38.5			61.5	38.5	2,212(D)
1958	5,870	4,304	73.3	1,566	26.7			73.3	26.7	2,738(D)
1960	10,916	6,092	55.8	4,824	44.2			55.8	44.2	1,268(D)

Notes: [1] Regular term.
[2] Unexpired term.
[3] Short term.
[4] William T. Brown, *Progressive*, 11 (0.1%).

NASH COUNTY

UNITED STATES SENATOR

Year	Total Vote	Democratic Total	%	Republican Total	%	Other Total	%	Two-Party Vote % Dem.	% Repub.	Plurality Dem.-Repub.
1914	1,222	1,010	82.7	208	17.0	4	0.3	82.9	17.1	802(D)
1918	1,933	1,579	81.7	354	18.3			81.7	18.3	1,225(D)
1920	5,595	4,084	73.0	1,511	27.0			73.0	27.0	2,573(D)
1924	4,038	3,281	81.3	757	18.7			81.3	18.7	2,524(D)
1926	2,075	1,833	88.3	242	11.7			88.3	11.7	1,591(D)
1930	3,147	2,699	85.8	448	14.2			85.8	14.2	2,251(D)
1932	7,873	7,280	92.5	593	7.5			92.5	7.5	6,687(D)
1936	7,954	7,342	92.3	612	7.7			92.3	7.7	6,730(D)
1938	1,814	1,607	88.6	207	11.4			88.6	11.4	1,400(D)
1942	1,444	1,337	92.6	107	7.4			92.6	7.4	1,230(D)
1944	7,897	7,417	93.9	480	6.1			93.9	6.1	6,937(D)
1948	8,243	7,817	94.8	417	5.1			94.9	5.1	7,400(D)
1950[1]	3,589	3,399	94.7	190	5.3	9[4]	0.1	94.7	5.3	3,209(D)
1950[2]	3,562	3,320	93.2	237	6.7	5[5]	0.1	93.3	6.7	3,083(D)
1954[3]	3,234	3,026	93.6	208	6.4			93.6	6.4	2,818(D)
1954[1]	2,997	2,997	100.0					100.0		2,997(D)
1954[2]	3,014	3,014	100.0					100.0		3,014(D)
1956	11,916	11,323	95.0	593	5.0			95.0	5.0	10,730(D)
1958	2,596	2,505	96.5	91	3.5			96.5	3.5	2,414(D)
1960	13,287	11,216	84.4	2,071	15.6			84.4	15.6	9,145(D)

Notes: [1] Regular term.
[2] Unexpired term.
[3] Short term.
[4] William T. Brown, *Progressive*, 9 (0.1%).
[5] Frank P. Graham, (*Democrat*), Write-in, 5 (0.1%).

New Hanover County   United States Senator

Year	Total Vote	Democratic Total	%	Republican Total	%	Other Total	%	Two-Party Vote % Dem.	% Repub.	Plurality Dem.-Repub.
1914	858	808	94.2	50	5.8			94.2	5.8	758(D)
1918	1,208	1,177	97.4	31	2.6			97.4	2.6	1,146(D)
1920	4,814	4,342	90.2	472	9.8			90.2	9.8	3,870(D)
1924	5,769	5,268	91.3	501	8.7			91.3	8.7	4,767(D)
1926	1,153	1,050	91.1	103	8.9			91.1	8.9	947(D)
1930	3,226	2,363	73.2	863	26.8			73.2	26.8	1,500(D)
1932	7,383	6,368	86.3	1,015	13.7			86.3	13.7	5,353(D)
1936	7,809	6,890	88.2	919	11.8			88.2	11.8	5,971(D)
1938	2,249	1,881	83.6	368	16.4			83.6	16.4	1,513(D)
1942	1,566	1,436	91.7	130	8.3			91.7	8.3	1,306(D)
1944	11,184	9,892	88.4	1,292	11.6			88.4	11.6	8,600(D)
1948	10,399	8,598	82.7	1,732	16.6	69[4]	0.7	83.2	16.8	6,866(D)
1950[1]	5,361	4,659	86.9	702	13.1			86.9	13.1	3,957(D)
1950[2]	5,327	4,492	84.3	825	15.5	10[5]	0.2	84.5	15.5	3,667(D)
1954[3]	4,258	3,244	76.2	1,014	23.8			76.2	23.8	2,230(D)
1954[1]	3,282	3,282	100.0					100.0		3,282(D)
1954[2]	3,596	3,596	100.0					100.0		3,596(D)
1956	17,809	15,408	86.5	2,401	13.5			86.5	13.5	13,007(D)
1958	5,575	5,050	90.6	525	9.4			90.6	9.4	4,525(D)
1960	21,416	15,689	73.3	5,727	26.7			73.3	26.7	9,962(D)

Notes: [1] Regular term.
[2] Unexpired term.
[3] Short term.
[4] William T. Brown, *Progressive*, 69 (0.7%).
[5] Frank P. Graham, (*Democrat*), Write-in, 10 (0.2%).

NORTHAMPTON COUNTY

UNITED STATES SENATOR

Year	Total Vote	Democratic Total	%	Republican Total	%	Other Total	%	Two-Party Vote % Dem.	% Repub.	Plurality Dem.-Repub.
1914	888	873	98.3	15	1.7			98.3	1.7	858(D)
1918	1,143	1,121	98.1	22	1.9			98.1	1.9	1,099(D)
1920	2,457	2,330	94.8	127	5.2			94.8	5.2	2,203(D)
1924	1,809	1,713	94.7	96	5.3			94.7	5.3	1,617(D)
1926	1,059	941	88.9	118	11.1			88.9	11.1	823(D)
1930	1,769	1,660	93.8	109	6.2			93.8	6.2	1,551(D)
1932	3,258	3,109	95.4	149	4.6			95.4	4.6	2,960(D)
1936	3,565	3,475	97.5	90	2.5			97.5	2.5	3,385(D)
1938	1,209	1,135	93.9	74	6.1			93.9	6.1	1,061(D)
1942	940	930	98.9	10	1.1			98.9	1.1	920(D)
1944	3,431	3,344	97.5	87	2.5			97.5	2.5	3,257(D)
1948	3,756	3,577	95.2	176	4.7	3[4]	0.1	95.3	4.7	3,401(D)
1950[1]	1,706	1,670	97.9	36	2.1			97.9	2.1	1,634(D)
1950[3]	1,695	1,635	96.5	52	3.1	8[5]	0.4	96.9	3.1	1,583(D)
1954[3]	2,071	2,013	97.2	58	2.8			97.2	2.8	1,955(D)
1954[1]	1,989	1,989	100.0					100.0		1,989(D)
1954[2]	1,989	1,989	100.0					100.0		1,989(D)
1956	4,809	4,517	93.9	292	6.1			93.9	6.1	4,225(D)
1958	1,650	1,608	97.5	42	2.5			97.5	2.5	1,566(D)
1960	5,185	4,863	93.8	322	6.2			93.8	6.2	4,541(D)

Notes: [1] Regular term.
[2] Unexpired term.
[3] Short term.
[4] William T. Brown, *Progressive*, 3 (0.1%).
[5] Frank P. Graham, *(Democrat)*, Write-in, 8 (0.4%).

ONSLOW COUNTY

UNITED STATES SENATOR

Year	Total Vote	Democratic Total	%	Republican Total	%	Other Total	%	Two-Party Vote %Dem.	%Repub.	Plurality Dem.-Repub.
1914	1,109	719	64.8	390	35.2			64.8	35.2	329(D)
1918	1,348	930	69.0	418	31.0			69.0	31.0	512(D)
1920	2,395	1,574	65.7	821	34.3			65.7	34.3	753(D)
1924	1,536	1,172	76.3	364	23.7			76.3	23.7	808(D)
1926	848	744	87.7	104	12.3			87.7	12.3	640(D)
1930	1,297	1,099	84.7	198	15.3			84.7	15.3	901(D)
1932	2,778	2,554	91.9	224	8.1			91.9	8.1	2,330(D)
1936	2,626	2,424	92.3	202	7.7			92.3	7.7	2,222(D)
1938	771	722	93.6	49	6.4			93.6	6.4	673(D)
1942	419	391	93.3	28	6.7			93.3	6.7	363(D)
1944	2,883	2,539	88.1	344	11.9			88.1	11.9	2,195(D)
1948	3,508	3,259	92.9	244	7.0	5[4]	0.1	93.0	7.0	3,015(D)
1950[1]	1,328	1,243	93.6	85	6.4			93.6	6.4	1,158(D)
1950[2]	1,323	1,223	92.4	100	7.6			92.4	7.6	1,123(D)
1954[3]	1,813	1,703	93.9	110	6.1			93.9	6.1	1,593(D)
1954[1]	1,685	1,685	100.0					100.0		1,685(D)
1954[2]	1,693	1,693	100.0					100.0		1,693(D)
1956	5,704	5,028	88.1	676	11.9			88.1	11.9	4,352(D)
1958	1,590	1,484	93.3	106	6.7			93.3	6.7	1,378(D)
1960	7,586	6,096	80.4	1,490	19.6			80.4	19.6	4,606(D)

Notes: [1] Regular term.
[2] Unexpired term.
[3] Short term.
[4] William T. Brown, *Progressive,* 5 (0.1%).

ORANGE COUNTY

UNITED STATES SENATOR

Year	Total Vote	Democratic Total	%	Republican Total	%	Other Total	%	Two-Party Vote % Dem.	% Repub.	Plurality Dem.-Repub.
1914	1,813	963	53.1	850	46.9			53.1	46.9	113(D)
1918	1,382	741	53.6	641	46.4			53.6	46.4	100(D)
1920	3,854	2,127	55.2	1,727	44.8			55.2	44.8	400(D)
1924	3,221	2,036	63.2	1,185	36.8			63.2	36.8	851(D)
1926	2,288	1,547	67.6	741	32.4			67.6	32.4	806(D)
1930	2,511	1,616	64.4	895	35.6			64.4	35.6	721(D)
1932	4,050	2,813	69.5	1,237	30.5			69.5	30.5	1,576(D)
1936	4,880	3,413	69.9	1,467	30.1			69.9	30.1	1,946(D)
1938	2,487	1,896	76.2	591	23.8			76.2	23.8	1,305(D)
1942	1,236	1,043	84.4	193	15.6			84.4	15.6	850(D)
1944	4,576	3,454	75.5	1,122	24.5			75.5	24.5	2,332(D)
1948	5,518	4,158	75.4	1,232	22.3	128[4]	2.3	77.1	22.9	2,926(D)
1950[1]	3,332	2,641	79.3	691	20.7			79.3	20.7	1,950(D)
1950[2]	3,302	1,959	59.3	954	28.9	389[5]	11.8	67.3	32.7	1,005(D)
1954[3]	3,799	3,109	81.8	690	18.2			81.8	18.2	2,419(D)
1954[1]	3,020	3,020	100.0					100.0		3,020(D)
1954[2]	3,002	3,002	100.0					100.0		3,002(D)
1956	8,589	6,430	74.9	2,159	25.1			74.9	25.1	4,271(D)
1958	3,047	2,464	80.9	583	19.1			80.9	19.1	1,881(D)
1960	11,618	8,049	69.3	3,569	30.7			69.3	30.7	4,480(D)

Notes: [1] Regular term.
[2] Unexpired term.
[3] Short term.
[4] William T. Brown, *Progressive*, 128 (2.3%).
[5] Frank P. Graham, (*Democrat*), Write-in, 389 (11.8%).

PAMLICO COUNTY

UNITED STATES SENATOR

Year	Total Vote	Democratic Total	%	Republican Total	%	Other Total	%	Two-Party Vote % Dem.	% Repub.	Plurality Dem.-Repub.
1914	560	414	73.9	146	26.1			73.9	26.1	268(D)
1918	922	522	56.6	400	43.4			56.6	43.4	122(D)
1920	2,301	1,291	56.1	1,010	43.9			56.1	43.9	281(D)
1924	1,302	909	69.8	393	30.2			69.8	30.2	516(D)
1926	539	436	80.9	103	19.1			80.9	19.1	333(D)
1930	1,912	1,091	57.1	821	42.9			57.1	42.9	270(D)
1932	2,172	1,414	65.1	758	34.9			65.1	34.9	656(D)
1936	2,274	1,457	64.1	817	35.9			64.1	35.9	640(D)
1938	643	542	84.3	101	15.7			84.3	15.7	441(D)
1942	490	365	74.5	125	25.5			74.5	25.5	240(D)
1944	1,834	1,237	67.4	597	32.6			67.4	32.6	640(D)
1948	2,099	1,426	67.9	667	31.8	6[4]	0.3	68.1	31.9	759(D)
1950[1]	1,019	834	81.8	185	18.2			81.8	18.2	649(D)
1950[2]	1,031	829	80.4	201	19.5	1[5]	0.1	80.5	19.5	628(D)
1954[3]	1,920	1,353	70.5	567	29.5			70.5	29.5	786(D)
1954[1]	1,309	1,309	100.0					100.0		1,309(D)
1954[2]	1,266	1,266	100.0					100.0		1,266(D)
1956	2,081	1,534	73.7	547	26.3			73.7	26.3	987(D)
1958	736	642	87.2	94	12.8			87.2	12.8	548(D)
1960	2,535	1,742	68.7	793	31.3			68.7	31.3	949(D)

Notes: [1] Regular term.
[2] Unexpired term.
[3] Short term.
[4] William T. Brown, *Progressive*, 6 (0.3%).
[5] Frank P. Graham, (*Democrat*), Write-in, 1 (0.1%).

PASQUOTANK COUNTY

UNITED STATES SENATOR

Year	Total Vote	Democratic Total	%	Republican Total	%	Other Total	%	Two-Party Vote % Dem.	% Repub.	Plurality Dem.-Repub.
1914	550	450	81.8	100	18.2			81.8	18.2	350(D)
1918	749	635	84.8	114	15.2			84.8	15.2	521(D)
1920	2,233	1,817	81.4	416	18.6			81.4	18.6	1,401(D)
1924	1,553	1,317	84.8	236	15.2			84.8	15.2	1,081(D)
1926	693	609	87.9	84	12.1			87.9	12.1	525(D)
1930	2,101	1,785	85.0	316	15.0			85.0	15.0	1,469(D)
1932	3,144	2,872	91.3	272	8.7			91.3	8.7	2,600(D)
1936	3,322	3,045	91.7	277	8.3			91.7	8.3	2,768(D)
1938	799	732	91.6	67	8.4			91.6	8.4	665(D)
1942	543	518	95.4	25	4.6			95.4	4.6	493(D)
1944	3,083	2,715	88.1	368	11.9			88.1	11.9	2,347(D)
1948	2,686	2,338	87.1	342	12.7	6[4]	0.2	87.2	12.8	1,996(D)
1950[1]	1,275	1,132	88.8	143	11.2			88.8	11.2	989(D)
1950[2]	1,278	1,116	87.3	157	12.3	5[5]	0.4	87.7	12.3	959(D)
1954[3]	1,588	1,349	84.9	239	15.1			84.9	15.1	1,110(D)
1954[1]	1,168	1,168	100.0					100.0		1,168(D)
1954[2]	1,369	1,369	100.0					100.0		1,369(D)
1956	4,676	3,852	82.4	824	17.6			82.4	17.6	3,028(D)
1958	1,116	1,048	93.9	68	6.1			93.9	6.1	980(D)
1960	5,874	5,093	86.7	781	13.3			86.7	13.3	4,312(D)

Notes: [1] Regular term.
[2] Unexpired term.
[3] Short term.
[4] William T. Brown, *Progressive*, 6 (0.2%).
[5] Frank P. Graham, (*Democrat*), Write-in, 5 (0.4%).

PENDER COUNTY

UNITED STATES SENATOR

Year	Total Vote	Democratic Total	%	Republican Total	%	Other Total	%	Two-Party Vote % Dem.	% Repub.	Plurality Dem.-Repub.
1914	1,014	782	77.1	232	22.9			77.1	22.9	550(D)
1918	1,243	897	72.2	346	27.8			72.2	27.8	551(D)
1920	2,278	1,606	70.5	672	29.5			70.5	29.5	934(D)
1924	1,438	1,229	85.5	209	14.5			85.5	14.5	1,020(D)
1926	779	681	87.4	98	12.6			87.4	12.6	583(D)
1930	1,152	945	82.0	207	18.0			82.0	18.0	738(D)
1932	2,235	1,965	87.9	270	12.1			87.9	12.1	1,695(D)
1936	2,522	2,259	89.6	263	10.4			89.6	10.4	1,996(D)
1938	798	713	89.3	85	10.7			89.3	10.7	628(D)
1942	584	570	97.6	14	2.4			97.6	2.4	556(D)
1944	2,040	1,731	84.9	309	15.1			84.9	15.1	1,422(D)
1948	1,924	1,665	86.5	255	13.3	4[4]	0.2	86.7	13.3	1,410(D)
1950[1]	1,055	1,010	95.7	45	4.3			95.7	4.3	965(D)
1950[2]	1,065	1,001	94.0	64	6.0			94.0	6.0	937(D)
1954[3]	969	913	94.2	56	5.8			94.2	5.8	857(D)
1954[1]	902	902	100.0					100.0		902(D)
1954[2]	919	919	100.0					100.0		919(D)
1956	2,996	2,663	88.9	333	11.1			88.9	11.1	2,330(D)
1958	1,103	1,058	95.9	45	4.1			95.9	4.1	1,013(D)
1960	3,557	2,954	83.0	603	17.0			83.0	17.0	2,351(D)

Notes: [1] Regular term.
[2] Unexpired term.
[3] Short term.
[4] William T. Brown, *Progressive*, 4 (0.2%).

PERQUIMANS COUNTY

UNITED STATES SENATOR

Year	Total Vote	Democratic Total	%	Republican Total	%	Other Total	%	Two-Party Vote % Dem.	% Repub.	Plurality Dem.-Repub.
1914	894	586	65.5	308	34.5			65.5	34.5	278(D)
1918	677	486	71.8	191	28.2			71.8	28.2	295(D)
1920	1,538	1,060	68.9	478	31.1			68.9	31.1	582(D)
1924	840	570	67.9	270	32.1			67.9	32.1	300(D)
1926	548	476	86.9	72	13.1			86.9	13.1	404(D)
1930	768	663	86.3	105	13.7			86.3	13.7	558(D)
1932	1,410	1,201	85.2	209	14.8			85.2	14.8	992(D)
1936	1,291	1,138	88.1	153	11.9			88.1	11.9	985(D)
1938	390	361	92.6	29	7.4			92.6	7.4	332(D)
1942	276	260	94.2	16	5.8			94.2	5.8	244(D)
1944	1,025	929	90.6	96	9.4			90.6	9.4	833(D)
1948	965	890	92.2	73	7.6			92.4	7.6	817(D)
1950[1]	500	472	94.4	28	5.6			94.4	5.6	444(D)
1950[2]	498	465	93.4	33	6.6			93.4	6.6	432(D)
1954[3]	463	407	87.9	56	12.1	2[4]	0.2	87.9	12.1	351(D)
1954[1]	404	404	100.0					100.0		404(D)
1954[2]	400	400	100.0					100.0		400(D)
1956	1,591	1,258	79.1	333	20.9			79.1	20.9	925(D)
1958	437	408	93.4	29	6.6			93.4	6.6	379(D)
1960	1,815	1,540	84.8	275	15.2			84.8	15.2	1,265(D)

Notes: [1] Regular term.
[2] Unexpired term.
[3] Short term.
[4] William T. Brown, *Progressive*, 2 (0.2%).

PERSON COUNTY

UNITED STATES SENATOR

Year	Total Vote	Democratic Total	%	Republican Total	%	Other Total	%	Two-Party Vote % Dem.	% Repub.	Plurality Dem.-Repub.
1914	1,524	871	57.1	653	42.9			57.1	42.9	218(D)
1918	1,605	791	49.3	814	50.7			49.3	50.7	23(R)
1920	3,221	1,656	51.4	1,565	48.6			51.4	48.6	91(D)
1924	2,621	1,639	62.5	982	37.5			62.5	37.5	657(D)
1926	1,532	1,124	73.4	408	26.6			73.4	26.6	716(D)
1930	2,384	1,661	69.7	723	30.3			69.7	30.3	938(D)
1932	2,987	2,308	77.3	679	22.7			77.3	22.7	1,629(D)
1936	2,907	2,480	85.3	427	14.7			85.3	14.7	2,053(D)
1938	610	493	80.8	117	19.2			80.8	19.2	376(D)
1942	466	425	91.2	41	8.8			91.2	8.8	384(D)
1944	2,886	2,467	85.5	419	14.5			85.5	14.5	2,048(D)
1948	3,463	3,132	90.4	324	9.4	7[4]	0.2	90.6	9.4	2,808(D)
1950[1]	1,344	1,219	90.7	125	9.3			90.7	9.3	1,094(D)
1950[2]	1,340	1,180	88.1	160	11.9			88.1	11.9	1,020(D)
1954[3]	1,522	1,383	90.9	139	9.1			90.9	9.1	1,244(D)
1954[1]	1,349	1,349	100.0					100.0		1,349(D)
1954[2]	1,347	1,347	100.0					100.0		1,347(D)
1956	4,767	4,063	85.2	704	14.8			85.2	14.8	3,359(D)
1958	891	840	94.3	51	5.7			94.3	5.7	789(D)
1960	5,626	4,532	80.6	1,094	19.4			80.6	19.4	3,438(D)

Notes: [1] Regular term. [2] Unexpired term. [3] Short term. [4] William T. Brown, *Progressive*, 7 (0.2%).

PITT COUNTY

UNITED STATES SENATOR

Year	Total Vote	Democratic Total	%	Republican Total	%	Other Total	%	Two-Party Vote % Dem.	% Repub.	Plurality Dem.-Repub.
1914	2,122	1,880	88.6	242	11.4			88.6	11.4	1,638(D)
1918	2,902	2,569	88.5	333	11.5			88.5	11.5	2,236(D)
1920	5,022	4,201	83.7	821	16.3			83.7	16.3	3,380(D)
1924	3,819	3,403	89.1	416	10.9			89.1	10.9	2,987(D)
1926	1,744	1,617	92.7	127	7.3			92.7	7.3	1,490(D)
1930	3,599	3,232	89.8	367	10.2			89.8	10.2	2,865(D)
1932	7,785	7,539	96.8	246	3.2			96.8	3.2	7,293(D)
1936	8,865	8,448	95.3	417	4.7			95.3	4.7	8,031(D)
1938	2,142	2,034	95.0	108	5.0			95.0	5.0	1,926(D)
1942	1,809	1,755	97.0	54	3.0			97.0	3.0	1,701(D)
1944	8,074	7,815	96.8	259	3.2			96.8	3.2	7,556(D)
1948	9,238	8,650	93.7	501	5.4	87[4]	0.9	94.5	5.5	8,149(D)
1950[1]	3,432	3,290	95.9	142	4.1			95.9	4.1	3,148(D)
1950[2]	3,415	3,190	93.4	215	6.3	10[5]	0.3	93.7	6.3	2,975(D)
1954[3]	9,602	9,244	96.3	358	3.7			96.3	3.7	8,886(D)
1954[1]	9,168	9,168	100.0					100.0		9,168(D)
1954[2]	9,194	9,194	100.0					100.0		9,194(D)
1956	13,809	12,977	94.0	832	6.0			94.0	6.0	12,145(D)
1958	2,972	2,850	95.9	122	4.1			95.9	4.1	2,728(D)
1960	15,085	13,298	88.2	1,787	11.8			88.2	11.8	11,511(D)

Notes: [1] Regular term.
[2] Unexpired term.
[3] Short term.
[4] William T. Brown, *Progressive*, 87 (0.9%).
[5] Frank P. Graham, *(Democrat)*, Write-in, 10 (0.3%).

POLK COUNTY

UNITED STATES SENATOR

Year	Total Vote	Democratic Total	%	Republican Total	%	Other Total	%	Two-Party Vote % Dem.	% Repub.	Plurality Dem.-Repub.
1914	1,312	648	49.4	664	50.6			49.4	50.6	16(R)
1918	1,328	657	49.5	671	50.5			49.5	50.5	14(R)
1920	2,740	1,390	50.7	1,350	49.3			50.7	49.3	40(D)
1924	3,064	1,656	54.1	1,408	45.9			54.1	45.9	248(D)
1926	3,077	1,711	55.6	1,366	44.4			55.6	44.4	345(D)
1930	3,589	2,035	56.7	1,554	43.3			56.7	43.3	481(D)
1932	3,881	2,321	59.8	1,560	40.2			59.8	40.2	761(D)
1936	4,240	2,510	59.2	1,730	40.8			59.2	40.8	780(D)
1938	3,875	2,158	55.7	1,717	44.3			55.7	44.3	441(D)
1942	3,490	2,190	62.8	1,300	37.2			62.8	37.2	890(D)
1944	4,001	2,462	61.5	1,539	38.5			61.5	38.5	923(D)
1948	3,966	2,443	61.6	1,521	38.3	2[4]	0.1	61.6	38.4	922(D)
1950[1]	4,456	2,813	63.1	1,643	36.9			63.1	36.9	1,170(D)
1950[2]	4,416	2,757	62.4	1,659	37.6			62.4	37.6	1,098(D)
1954[3]	4,481	2,587	57.7	1,894	42.3			57.7	42.3	693(D)
1954[1]	2,531	2,531	100.0					100.0		2,531(D)
1954[2]	2,565	2,565	100.0					100.0		2,565(D)
1956	5,017	2,821	56.2	2,196	43.8			56.2	43.8	625(D)
1958	4,717	2,919	61.9	1,798	38.1			61.9	38.1	1,121(D)
1960	5,348	2,984	55.8	2,364	44.2			55.8	44.2	620(D)

Notes: [1] Regular term.
[2] Unexpired term.
[3] Short term.
[4] William T. Brown, Progressive, 2 (0.1%).

RANDOLPH COUNTY

UNITED STATES SENATOR

Year	Total Vote	Democratic Total	%	Republican Total	%	Other Total	%	Two-Party Vote % Dem.	% Repub.	Plurality Dem.-Repub.
1914[1]	4,505	2,322	51.5	2,183	48.5			51.5	48.5	139(D)
1918	5,539	2,655	47.9	2,884	52.1			47.9	52.1	229(R)
1920	11,316	5,078	44.9	6,238	55.1			44.9	55.1	1,160(R)
1924	11,737	5,452	46.5	6,285	53.5			46.5	53.5	832(R)
1926	10,927	5,440	49.8	5,487	50.2			49.8	50.2	47(R)
1930	11,387	5,602	49.2	5,785	50.8			49.2	50.8	183(R)
1932	13,590	7,205	53.0	6,385	47.0			53.0	47.0	820(D)
1936	14,669	7,544	51.4	7,125	48.6			51.4	48.6	419(D)
1938	12,761	6,418	50.3	6,343	49.7			50.3	49.7	75(D)
1942	11,776	5,494	46.7	6,282	53.3			46.7	53.3	788(R)
1944	16,186	7,356	45.4	8,830	54.6	6[4]	*	45.5	54.5	1,474(R)
1948	15,480	7,603	49.1	7,877	50.9			49.1	50.9	274(R)
1950[1]	15,000	7,353	49.0	7,647	51.0			49.0	51.0	294(R)
1950[2]	14,893	7,048	47.3	7,845	52.7			47.3	52.7	797(R)
1953[3]	16,023	8,315	51.9	7,708	48.1			51.9	48.1	607(D)
1954[1]	8,028	8,028	100.0					100.0		8,028(D)
1954[2]	8,028	8,028	100.0					100.0		8,028(D)
1956	21,077	10,134	48.1	10,943	51.9			48.1	51.9	809(R)
1958	15,713	8,735	55.6	6,978	44.4			55.6	44.4	1,757(D)
1960	25,095	10,774	42.9	14,321	57.1			42.9	57.1	3,547(R)

Notes: [1] Regular term.
[2] Unexpired term.
[3] Short term.
[4] William T. Brown, *Progressive*, 6 (*).
* Less than 0.05%.

RICHMOND COUNTY

UNITED STATES SENATOR

Year	Total Vote	Democratic Total	%	Republican Total	%	Other Total	%	Two-Party Vote % Dem.	% Repub.	Plurality Dem.-Repub.
1914	1,334	1,202	90.1	132	9.9			90.1	9.9	1,070(D)
1918	1,862	1,513	81.3	349	18.7			81.3	18.7	1,164(D)
1920	4,467	3,368	75.4	1,098	24.6			75.4	24.6	2,269(D)
1924	3,227	2,724	84.4	503	15.6			84.4	15.6	2,221(D)
1926	2,679	2,414	90.1	265	9.9			90.1	9.9	2,149(D)
1930	3,187	2,597	81.5	590	18.5			81.5	18.5	2,007(D)
1932	5,506	4,638	84.2	868	15.8			84.2	15.8	3,770(D)
1936	6,803	6,199	91.1	604	8.9			91.1	8.9	5,595(D)
1938	2,962	2,314	78.1	648	21.9			78.1	21.9	1,666(D)
1942	1,446	1,324	91.6	122	8.4			91.6	8.4	1,202(D)
1944	5,964	5,383	90.3	581	9.7			90.3	9.7	4,802(D)
1948	5,750	5,107	88.8	618	10.7	25[4]	0.5	89.2	10.8	4,489(D)
1950[1]	2,566	2,328	90.7	238	9.3			90.7	9.3	2,090(D)
1950[2]	2,530	2,265	89.5	263	10.4	2[5]	0.1	89.6	10.4	2,002(D)
1954[3]	3,061	2,707	88.4	354	11.6			88.4	11.6	2,353(D)
1954[1]	2,721	2,721	100.0					100.0		2,721(D)
1954[2]	2,777	2,777	100.0					100.0		2,777(D)
1956	8,985	7,871	87.6	1,114	12.4			87.6	12.4	6,757(D)
1958	2,113	1,994	94.4	119	5.6			94.4	5.6	875(D)
1960	11,048	9,015	81.6	2,033	18.4			81.6	18.4	6,982(D)

Notes: [1] Regular term.
[2] Unexpired term.
[3] Short term.
[4] William T. Brown, *Progressive*, 25 (0.5%).
[5] Frank P. Graham, *(Democrat)*, Write-in, 2 (0.1%).

ROBESON COUNTY

UNITED STATES SENATOR

Year	Total Vote	Democratic Total	%	Republican Total	%	Other Total	%	Two-Party Vote % Dem.	% Repub.	Plurality Dem.-Repub.
1914	2,350	1,823	77.6	527	22.4			77.6	22.4	1,296(D)
1918	3,201	2,576	80.5	625	19.5			80.5	19.5	1,951(D)
1920	8,352	6,297	75.4	2,055	24.6			75.4	24.6	4,242(D)
1924	5,391	4,777	88.6	614	11.4			88.6	11.4	4,163(D)
1926	2,604	2,352	90.3	252	9.7			90.3	9.7	2,100(D)
1930	4,605	4,041	87.8	564	12.2			87.8	12.2	3,477(D)
1932	8,638	7,780	90.1	858	9.9			90.1	9.9	6,922(D)
1936	10,560	9,848	93.3	712	6.7			93.3	6.7	9,136(D)
1938	3,340	3,086	92.4	254	7.6			92.4	7.6	2,832(D)
1942	2,070	1,978	95.6	92	4.4			95.6	4.4	1,886(D)
1944	7,919	7,259	91.7	660	8.3			91.7	8.3	6,599(D)
1948	8,687	7,923	91.2	672	7.7			92.2	7.8	7,251(D)
1950[1]	2,958	2,798	94.6	160	5.4			94.6	5.4	2,638(D)
1950[2]	2,942	2,730	92.8	203	6.9	92[4]	1.1	93.1	6.9	2,527(D)
1954[3]	3,724	3,551	95.4	173	4.6	9[5]	0.3	95.4	4.6	3,378(D)
1954[1]	3,520	3,520	100.0					100.0		3,520(D)
1954[2]	3,520	3,520	100.0					100.0		3,520(D)
1956	12,459	11,566	92.8	893	7.2			92.8	7.2	10,673(D)
1958	2,579	2,483	96.3	96	3.7			96.3	3.7	2,387(D)
1960	14,591	12,682	86.9	1,909	13.1			86.9	13.1	10,773(D)

Notes: [1] Regular term.
[2] Unexpired term.
[3] Short term.
[4] William T. Brown, *Progressive*, 92 (1.1%).
[5] Frank P. Graham, (*Democrat*), Write-in, 9 (0.3%).

ROCKINGHAM COUNTY

UNITED STATES SENATOR

Year	Total Vote	Democratic Total	%	Republican Total	%	Other Total	%	Two-Party Vote % Dem.	% Repub.	Plurality Dem.-Repub.
1914	3,058	1,748	57.2	1,306	42.7	4	0.1	57.2	42.8	442(D)
1918	3,734	2,001	53.6	1,733	46.4			53.6	46.4	268(D)
1920	8,099	4,512	55.7	3,587	44.3			55.7	44.3	925(D)
1924	7,062	4,489	63.6	2,573	36.4			63.6	36.4	1,916(D)
1926	5,132	3,188	62.1	1,944	37.9			62.1	37.9	1,244(D)
1930	9,841	5,862	59.6	3,979	40.4			59.6	40.4	1,883(D)
1932	10,577	7,337	69.4	3,240	30.6			69.4	30.6	4,097(D)
1936	12,846	9,665	75.2	3,181	24.8			75.2	24.8	6,484(D)
1938	9,681	6,373	65.8	3,308	34.2			65.8	34.2	3,065(D)
1942	5,677	4,163	73.3	1,514	26.7			73.3	26.7	2,649(D)
1944	11,185	8,525	76.2	2,660	23.8			76.2	23.8	5,865(D)
1948	11,981	9,698	80.9	2,262	18.9	21[4]	0.2	81.1	18.9	7,436(D)
1950[1]	9,510	7,259	76.3	2,251	23.7			76.3	23.7	5,008(D)
1950[2]	9,132	6,861	75.1	2,212	24.2			75.6	24.4	4,649(D)
1954[3]	9,792	7,712	78.8	2,080	21.2	59[5]	0.7	78.8	21.2	5,632(D)
1954[1]	7,480	7,480	100.0					100.0		7,480(D)
1954[2]	7,526	7,526	100.0					100.0		7,526(D)
1956	16,151	11,600	71.8	4,551	28.2			71.8	28.2	7,049(D)
1958	10,982	9,027	82.2	1,955	17.8			82.2	17.8	7,072(D)
1960	19,450	12,047	61.9	7,403	38.1			61.9	38.1	4,644(D)

Notes: [1] Regular term.
[2] Unexpired term.
[3] Short term.
[4] William T. Brown, *Progressive*, 21 (0.2%).
[5] Frank P. Graham, *(Democrat)*, Write-in, 59 (0.7%).

294

ROWAN COUNTY

UNITED STATES SENATOR

Year	Total Vote	Democratic Total	%	Republican Total	%	Other Total	%	Two-Party Vote % Dem.	% Repub.	Plurality Dem.-Repub.
1914	3,962	2,265	57.2	1,689	42.6	8	0.2	57.3	42.7	576(D)
1918	4,970	2,871	57.8	2,099	42.2			57.8	42.2	772(D)
1920	11,326	6,438	56.8	4,888	43.2			56.8	43.2	1,550(D)
1924	9,046	5,350	59.1	3,696	40.9			59.1	40.9	1,654(D)
1926	4,933	3,372	68.4	1,561	31.6			68.4	31.6	1,811(D)
1930	12,568	7,622	60.6	4,946	39.4			60.6	39.4	2,676(D)
1932	14,240	9,563	67.2	4,677	32.8			67.2	32.8	4,886(D)
1936	16,356	11,310	69.1	5,046	30.9			69.1	30.9	6,264(D)
1938	10,357	7,138	68.9	3,219	31.1			68.9	31.1	3,919(D)
1942	5,258	4,006	76.2	1,252	23.8			76.2	23.8	2,754(D)
1944	15,213	10,092	66.3	5,121	33.7			66.3	33.7	4,971(D)
1948	15,107	9,751	64.5	5,319	35.2	37[4]	0.3	64.7	35.3	4,432(D)
1950[1]	11,020	7,557	68.6	3,463	31.4			68.6	31.4	4,094(D)
1950[2]	10,870	7,167	65.9	3,694	34.0	9[5]	0.1	66.0	34.0	3,473(D)
1954[3]	17,915	10,982	61.3	6,933	38.7			61.3	38.7	4,049(D)
1954[1]	10,882	10,882	100.0					100.0		10,882(D)
1954[2]	11,078	11,078	100.0					100.0		11,078(D)
1956	26,011	14,447	55.5	11,564	44.5			55.5	44.5	2,883(D)
1958	12,600	9,075	72.0	3,525	28.0			72.0	28.0	5,550(D)
1960	29,647	16,019	54.0	13,628	46.0			54.0	46.0	2,391(D)

Notes: [1] Regular term.
[2] Unexpired term.
[3] Short term.
[4] William T. Brown, *Progressive*, 37 (0.3%).
[5] Frank P. Graham, *(Democrat)*, Write-in, 9 (0.1%).

RUTHERFORD COUNTY

UNITED STATES SENATOR

Year	Total Vote	Democratic Total	%	Republican Total	%	Other Total	%	Two-Party Vote %Dem.	%Repub.	Plurality Dem.-Repub.
1914	3,652	1,928	52.8	1,724	47.2			52.8	47.2	204(D)
1918	3,910	2,198	56.2	1,712	43.8			56.2	43.8	486(D)
1920	9,104	5,111	56.1	3,993	43.9			56.1	43.9	1,118(D)
1924	9,018	5,171	57.3	3,847	42.7			57.3	42.7	1,324(D)
1926	6,770	3,909	57.7	2,861	42.3			57.7	42.3	1,048(D)
1930	10,247	5,529	54.0	4,718	46.0			54.0	46.0	811(D)
1932	12,906	8,017	62.1	4,889	37.9			62.1	37.9	3,128(D)
1936	14,544	9,547	65.6	4,997	34.4			65.6	34.4	4,550(D)
1938	12,477	7,764	62.2	4,713	37.8			62.2	37.8	3,051(D)
1942	6,822	4,978	73.0	1,844	27.0			73.0	27.0	3,134(D)
1944	11,991	7,641	63.7	4,350	36.3			63.7	36.3	3,291(D)
1948	11,569	7,347	63.5	4,205	36.3	17[4]	0.2	63.6	36.4	3,142(D)
1950[1]	8,620	6,313	73.2	2,307	26.8			73.2	26.8	4,006(D)
1950[2]	8,336	5,971	71.6	2,361	28.3	4[5]	0.1	71.7	28.3	3,610(D)
1954[3]	8,546	5,845	68.4	2,701	31.6			68.4	31.6	3,144(D)
1954[1]	5,846	5,846	100.0					100.0		5,846(D)
1954[2]	5,992	5,992	100.0					100.0		5,992(D)
1956	14,367	9,535	66.4	4,832	33.6			66.4	33.6	4,703(D)
1958	9,093	7,960	87.5	1,133	12.5			87.5	12.5	6,827(D)
1960	17,021	10,219	60.0	6,802	40.0			60.0	40.0	3,417(D)

Notes: [1] Regular term.
[2] Unexpired term.
[3] Short term.
[4] William T. Brown, *Progressive*, 17 (0.2%).
[5] Frank P. Graham, (*Democrat*), Write-in, 4 (0.1%).

SAMPSON COUNTY

UNITED STATES SENATOR

Year	Total Vote	Democratic Total	%	Republican Total	%	Other Total	%	Two-Party Vote % Dem.	% Repub.	Plurality Dem.-Repub.
1914	3,708	1,020	27.5	2,688	72.5			27.5	72.5	1,668(R)
1918	3,444	1,026	29.8	2,418	70.2			29.8	70.2	1,392(R)
1920	7,722	2,433	31.5	5,289	68.5			31.5	68.5	2,856(R)
1924	5,376	2,097	39.0	3,279	61.0			39.0	61.0	1,202(R)
1926	5,184	2,564	49.5	2,620	50.5			49.5	50.5	56(R)
1930	6,694	3,015	45.0	3,679	55.0			45.0	55.0	664(R)
1932	9,193	4,587	49.9	4,606	50.1			49.9	50.1	19(R)
1936	10,612	5,391	50.8	5,221	49.2			50.8	49.2	170(D)
1938	10,328	4,348	42.1	5,980	57.9			42.1	57.9	1,632(R)
1942	7,603	3,268	43.0	4,335	57.0			43.0	57.0	1,067(R)
1944	10,049	4,193	41.7	5,856	58.3			41.7	58.3	1,663(R)
1948	10,383	5,392	51.9	4,910	47.3	81[4]	0.8	52.3	47.7	482(D)
1950[1]	10,759	5,658	52.6	5,101	47.4			52.6	47.4	557(D)
1950[2]	10,771	5,445	50.6	5,322	49.4	4[5]	*	50.6	49.4	123(D)
1954[3]	10,729	6,114	57.0	4,615	43.0			57.0	43.0	1,499(D)
1954[1]	6,470	6,470	100.0					100.0		6,470(D)
1954[2]	6,311	6,311	100.0					100.0		6,311(D)
1956	12,670	7,373	58.2	5,297	41.8			58.2	41.8	2,076(D)
1958	10,016	5,987	59.8	4,029	40.2			59.8	40.2	1,958(D)
1960	14,714	8,094	55.0	6,620	45.0			55.0	45.0	1,474(D)

Notes: [1] Regular term.
[2] Unexpired term.
[3] Short term.
[4] William T. Brown, *Progressive*, 81 (0.8%).
[5] Frank P. Graham, (*Democrat*), Write-in, 4 (*).
* Less than 0.05%.

SCOTLAND COUNTY

UNITED STATES SENATOR

Year	Total Vote	Democratic Total	%	Republican Total	%	Other Total	%	Two-Party Vote % Dem.	% Repub.	Plurality Dem.-Repub.
1914	426	394	92.5	32	7.5			92.5	7.5	362(D)
1918	887	803	90.5	84	9.5			90.5	9.5	719(D)
1920	1,988	1,702	85.6	286	14.4			85.6	14.4	1,416(D)
1924	1,643	1,498	91.2	145	8.8			91.2	8.8	1,353(D)
1926	777	716	92.1	61	7.9			92.1	7.9	655(D)
1930	1,916	1,745	91.1	171	8.9			91.1	8.9	1,574(D)
1932	2,771	2,523	91.1	248	8.9			91.1	8.9	2,275(D)
1936	3,165	2,895	91.5	270	8.5			91.5	8.5	2,625(D)
1938	1,248	995	79.7	253	20.3			79.7	20.3	742(D)
1942	701	670	95.6	31	4.4			95.6	4.4	639(D)
1944	2,493	2,351	94.3	142	5.7			94.3	5.7	2,209(D)
1948	2,622	2,427	92.6	174	6.6	21[4]	0.8	93.3	6.7	2,253(D)
1950[1]	1,164	1,103	94.8	61	5.2			94.8	5.2	1,042(D)
1950[2]	1,169	1,092	93.4	72	6.2	5[5]	0.4	93.8	6.2	1,020(D)
1954[3]	1,368	1,289	94.2	79	5.8			94.2	5.8	1,210(D)
1954[1]	1,276	1,276	100.0					100.0		1,276(D)
1954[2]	1,297	1,297	100.0					100.0		1,297(D)
1956	3,943	3,552	90.1	391	9.9			90.1	9.9	3,161(D)
1958	1,032	981	95.1	51	4.9			95.1	4.9	930(D)
1960	4,613	4,037	87.5	576	12.5			87.5	12.5	3,461(D)

Notes: [1] Regular term.
[2] Unexpired term.
[3] Short term.
[4] William T. Brown, *Progressive*, 21 (0.8%).
[5] Frank P. Graham, (*Democrat*), Write-in, 5 (0.4%).

STANLY COUNTY

UNITED STATES SENATOR

Year	Total Vote	Democratic Total	%	Republican Total	%	Other Total	%	Two-Party Vote % Dem.	% Repub.	Plurality Dem.-Repub.
1914	3,332	1,691	50.8	1,640	49.2	1	*	50.8	49.2	51(D)
1918	3,763	1,977	52.5	1,786	47.5			52.5	47.5	191(D)
1920	8,186	3,911	47.8	4,275	52.2			47.8	52.2	364(R)
1924	7,479	3,959	52.9	3,520	47.1			52.9	47.1	439(D)
1926	6,142	3,263	53.1	2,879	46.9			53.1	46.9	384(D)
1930	8,774	4,633	52.8	4,141	47.2			52.8	47.2	492(D)
1932	9,943	5,653	56.9	4,290	43.1			56.9	43.1	1,363(D)
1936	10,884	6,293	57.8	4,591	42.2			57.8	42.2	1,702(D)
1938	9,107	4,997	54.9	4,110	45.1			54.9	45.1	887(D)
1942	7,677	4,237	55.2	3,440	44.8			55.2	44.8	797(D)
1944	11,318	5,643	49.9	5,675	50.1			49.9	50.1	32(R)
1948	11,395	5,815	51.0	5,560	48.8	20[4]	0.2	51.1	48.9	255(D)
1950[1]	12,553	6,653	53.0	5,900	47.0			53.0	47.0	753(D)
1950[2]	12,411	6,414	51.7	5,997	48.3			51.7	48.3	417(D)
1954[3]	15,293	8,264	54.0	7,029	46.0			54.0	46.0	1,235(D)
1954[1]	8,229	8,229	100.0					100.0		8,229(D)
1954[2]	8,279	8,279	100.0					100.0		8,279(D)
1956	17,355	8,379	48.3	8,976	51.7			48.3	51.7	597(R)
1958	15,899	8,905	56.0	6,994	44.0			56.0	44.0	1,911(D)
1960	19,078	9,036	47.4	10,042	52.6			47.4	52.6	1,006(R)

Notes: [1] Regular term.
[2] Unexpired term.
[3] Short term.
[4] William T. Brown, *Progressive*, 20 (0.2%).
* Less than 0.05%.

STOKES COUNTY

UNITED STATES SENATOR

Year	Total Vote	Democratic Total	%	Republican Total	%	Other Total	%	Two-Party Vote %Dem.	%Repub.	Plurality Dem.-Repub.
1914	2,926	1,307	44.7	1,613	55.1	6	0.2	44.8	55.2	306(R)
1918	3,069	1,345	43.8	1,724	56.2			43.8	56.2	379(R)
1920	4,997	2,009	40.2	2,988	59.8			40.2	59.8	979(R)
1924	4,799	2,314	48.2	2,485	51.8			48.2	51.8	171(R)
1926	4,744	2,137	45.1	2,607	54.9			45.1	54.9	470(R)
1930	5,284	2,653	50.2	2,631	49.8			50.2	49.8	22(D)
1932	6,441	3,492	54.2	2,949	45.8			54.2	45.8	543(D)
1936	7,422	4,055	54.6	3,367	45.4			54.6	45.4	688(D)
1938	5,700	3,222	56.5	2,478	43.5			56.5	43.5	744(D)
1942	5,454	3,023	55.4	2,431	44.6			55.4	44.6	592(D)
1944	7,361	4,033	54.8	3,328	45.2			54.8	45.2	705(D)
1948	7,828	4,593	58.7	3,225	41.2	10[4]	0.1	58.7	41.3	1,368(D)
1950[1]	6,860	3,983	58.1	2,877	41.9			58.1	41.9	1,106(D)
1950[2]	6,814	3,914	57.4	2,894	42.5	6[5]	0.1	57.5	42.5	1,020(D)
1954[3]	6,555	3,576	54.6	2,979	45.4			54.6	45.4	597(D)
1954[1]	3,544	3,544	100.0					100.0		3,544(D)
1954[2]	3,537	3,537	100.0					100.0		3,537(D)
1956	7,939	4,199	52.9	3,740	47.1			52.9	47.1	459(D)
1958	7,193	4,191	58.3	3,002	41.7			58.3	41.7	1,189(D)
1960	9,204	4,769	51.8	4,435	48.2			51.8	48.2	334(D)

Notes: [1] Regular term.
[2] Unexpired term.
[3] Short term.
[4] William T. Brown, *Progressive*, 10 (0.1%).
[5] Frank P. Graham, *(Democrat)*, Write-in, 6 (0.1%).

SURRY COUNTY

UNITED STATES SENATOR

Year	Total Vote	Democratic Total	%	Republican Total	%	Other Total	%	Two-Party Vote % Dem.	% Repub.	Plurality Dem.-Repub.
1914	4,584	1,906	41.6	2,678	58.4			41.6	58.4	772(R)
1918	4,392	1,815	41.3	2,577	58.7			41.3	58.7	762(R)
1920	8,734	3,581	41.0	5,153	59.0			41.0	59.0	1,572(R)
1924	9,481	4,511	47.6	4,970	52.4			47.6	52.4	459(R)
1926	9,230	4,623	50.1	4,607	49.9			50.1	49.9	16(D)
1930	11,482	6,449	56.2	5,033	43.8			56.2	43.8	1,416(D)
1932	11,810	6,988	59.2	4,822	40.8			59.2	40.8	2,166(D)
1936	13,188	8,242	62.5	4,946	37.5			62.5	37.5	3,296(D)
1938	8,124	5,828	71.7	2,296	28.3			71.7	28.3	3,532(D)
1942	8,814	5,583	63.3	3,231	36.7			63.3	36.7	2,352(D)
1944	12,004	7,194	59.9	4,810	40.1			59.9	40.1	2,384(D)
1948	12,049	7,957	66.0	4,086	33.9	6[4]	0.1	66.1	33.9	3,871(D)
1950[1]	9,956	6,452	64.8	3,504	35.2			64.8	35.2	2,948(D)
1950[2]	9,884	6,314	63.9	3,570	36.1			63.9	36.1	2,744(D)
1954[3]	10,723	6,534	60.9	4,189	39.1			60.9	39.1	2,345(D)
1954[1]	6,421	6,421	100.0					100.0		6,421(D)
1954[2]	6,430	6,430	100.0					100.0		6,430(D)
1956	15,538	8,568	55.1	6,970	44.9			55.1	44.9	1,598(D)
1958	8,900	6,147	69.1	2,753	30.9			69.1	30.9	3,394(D)
1960	17,964	9,043	50.3	8,921	49.7			50.3	49.7	122(D)

Notes: [1] Regular term.
[2] Unexpired term.
[3] Short term.
[4] William T. Brown, *Progressive*, 6 (0.1%).

Swain County

UNITED STATES SENATOR

Year	Total Vote	Democratic Total	%	Republican Total	%	Other Total	%	Two-Party Vote % Dem.	% Repub.	Plurality Dem.-Repub.
1914	1,712	701	40.9	1,011	59.1			40.9	59.1	310(R)
1918	1,596	647	40.5	949	59.5			40.5	59.5	302(R)
1920	3,671	1,419	38.7	2,252	61.3			38.7	61.3	833(R)
1924	3,972	1,795	45.2	2,177	54.8			45.2	54.8	382(R)
1926	3,716	1,876	50.5	1,840	49.5			50.5	49.5	36(D)
1930	4,268	2,036	47.7	2,232	52.3			47.7	52.3	196(R)
1932	4,342	2,366	54.5	1,976	45.5			54.5	45.5	390(D)
1936	4,705	2,598	55.2	2,107	44.8			55.2	44.8	491(D)
1938	4,278	2,564	59.9	1,714	40.1			59.9	40.1	850(D)
1942	3,393	2,059	60.7	1,334	39.3			60.7	39.3	725(D)
1944	3,553	2,120	59.7	1,433	40.3			59.7	40.3	687(D)
1948	3,346	2,068	61.8	1,276	38.1	2[4]	0.1	61.8	38.2	792(D)
1950[1]	3,077	2,024	65.8	1,053	34.2			65.8	34.2	971(D)
1950[2]	3,136	2,009	64.1	1,127	35.9			64.1	35.9	882(D)
1954[3]	3,723	2,204	59.2	1,519	40.8			59.2	40.8	685(D)
1954[1]	2,192	2,192	100.0					100.0		2,192(D)
1954[2]	2,190	2,190	100.0					100.0		2,190(D)
1956	3,760	2,104	56.0	1,656	44.0			56.0	44.0	448(D)
1958	3,687	2,406	65.3	1,281	34.7			65.3	34.7	1,125(D)
1960	4,115	2,337	56.8	1,778	43.2			56.8	43.2	559(D)

Notes: [1] Regular term.
[2] Unexpired term.
[3] Short term.
[4] William T. Brown, *Progressive*, 2 (0.1%).

TRANSYLVANIA COUNTY

UNITED STATES SENATOR

Year	Total Vote	Democratic Total	%	Republican Total	%	Other Total	%	Two-Party Vote % Dem.	% Repub.	Plurality Dem.-Repub.
1914	1,390	693	49.9	697	50.1			49.9	50.1	4(R)
1918	1,527	790	51.7	737	48.3			51.7	48.3	53(D)
1920	3,213	1,549	48.2	1,664	51.8			48.2	51.8	115(R)
1924	3,607	1,837	50.9	1,770	49.1			50.9	49.1	67(D)
1926	3,827	1,919	50.1	1,908	49.9			50.1	49.9	11(D)
1930	4,382	2,383	54.4	1,999	45.6			54.4	45.6	384(D)
1932	4,286	2,489	58.1	1,797	41.9			58.1	41.9	692(D)
1936	4,839	2,848	58.9	1,991	41.1			58.9	41.1	857(D)
1938	4,527	2,644	58.4	1,883	41.6			58.4	41.6	761(D)
1942	3,820	2,629	68.8	1,191	31.2			68.8	31.2	1,438(D)
1944	5,217	3,043	58.3	2,174	41.7			58.3	41.7	869(D)
1948	6,179	3,449	55.8	2,720	44.0	10[4]	0.2	55.9	44.1	729(D)
1950[1]	5,704	3,153	55.3	2,551	44.7			55.3	44.7	602(D)
1950[2]	5,582	3,025	54.2	2,557	45.8			54.2	45.8	468(D)
1954[3]	6,322	3,656	57.8	2,666	42.2			57.8	42.2	990(D)
1954[1]	3,642	3,642	100.0					100.0		3,642(D)
1954[2]	3,670	3,670	100.0					100.0		3,670(D)
1956	7,330	4,103	56.0	3,227	44.0			56.0	44.0	876(D)
1958	5,454	3,388	62.1	2,066	37.9			62.1	37.9	1,322(D)
1960	7,480	4,115	55.0	3,365	45.0			55.0	45.0	750(D)

Notes: [1] Regular term.
[2] Unexpired term.
[3] Short term.
[4] William T. Brown, *Progressive*, 10 (0.2%).

Tyrrell County

UNITED STATES SENATOR

Year	Total Vote	Democratic Total	%	Republican Total	%	Other Total	%	Two-Party Vote % Dem.	% Repub.	Plurality Dem.-Repub.
1914	728	356	48.9	372	51.1			48.9	51.1	16(R)
1918	554	308	55.6	246	44.4			55.6	44.4	62(D)
1920	1,252	717	57.3	535	42.7			57.3	42.7	182(D)
1924	1,096	648	59.1	448	40.9			59.1	40.9	200(D)
1926	778	500	64.3	278	35.7			64.3	35.7	222(D)
1930	591	435	73.6	156	26.4			73.6	26.4	279(D)
1932	1,089	801	73.6	288	26.4			73.6	26.4	513(D)
1936	1,219	901	73.9	318	26.1			73.9	26.1	583(D)
1938	1,064	768	72.2	296	27.8			72.2	27.8	472(D)
1942	987	721	73.0	266	27.0			73.0	27.0	455(D)
1944	823	595	72.3	228	27.7			72.3	27.7	367(D)
1948	1,037	749	72.2	288	27.8			72.2	27.8	461(D)
1950[1]	1,235	941	76.2	294	23.8			76.2	23.8	647(D)
1950[2]	1,217	915	75.2	302	24.8			75.2	24.8	613(D)
1954[3]	476	411	86.3	65	13.7			86.3	13.7	346(D)
1954[1]	398	398	100.0					100.0		398(D)
1954[2]	386	386	100.0					100.0		386(D)
1956	1,010	781	77.3	229	22.7			77.3	22.7	552(D)
1958	332	302	91.0	30	9.0			91.0	9.0	272(D)
1960	1,160	957	82.5	203	17.5			82.5	17.5	754(D)

Notes: [1] Regular term. [2] Unexpired term. [3] Short term.

UNION COUNTY

UNITED STATES SENATOR

Year	Total Vote	Democratic Total	%	Republican Total	%	Other Total	%	Two-Party Vote % Dem.	% Repub.	Plurality Dem.-Repub.
1914	1,317	992	75.3	322	24.5	3	0.2	75.5	24.5	670(D)
1918	2,424	2,157	89.0	267	11.0			89.0	11.0	1,890(D)
1920	5,568	4,203	75.5	1,365	24.5			75.5	24.5	2,838(D)
1924	3,389	2,782	82.1	607	17.9			82.1	17.9	2,175(D)
1926	1,587	1,359	85.6	228	14.4			85.6	14.4	1,131(D)
1930	2,888	2,266	78.5	622	21.5			78.5	21.5	1,644(D)
1932	6,771	5,757	85.0	1,014	15.0			85.0	15.0	4,743(D)
1936	7,658	7,128	93.1	530	6.9			93.1	6.9	6,598(D)
1938	2,848	2,452	86.1	396	13.9			86.1	13.9	2,056(D)
1942	1,388	1,311	94.5	77	5.5			94.5	5.5	1,234(D)
1944	6,492	5,662	87.2	830	12.8			87.2	12.8	4,832(D)
1948	4,791	4,245	88.6	537	11.2	9[4]	0.2	88.8	11.2	3,708(D)
1950[1]	2,558	2,310	90.3	248	9.7			90.3	9.7	2,062(D)
1950[2]	2,461	2,200	89.4	261	10.6			89.4	10.6	1,939(D)
1954[3]	3,161	2,720	86.0	441	14.0			86.0	14.0	2,279(D)
1954[1]	2,713	2,713	100.0					100.0		2,713(D)
1954[2]	2,729	2,729	100.0					100.0		2,729(D)
1956	9,153	7,539	82.4	1,614	17.6			82.4	17.6	5,925(D)
1958	2,772	2,570	92.7	202	7.3			92.7	7.3	2,368(D)
1960	10,801	8,046	74.5	2,755	25.5			74.5	25.5	5,291(D)

Notes: [1] Regular term.
[2] Unexpired term.
[3] Short term.
[4] William T. Brown, *Progressive,* 9 (0.2%).

VANCE COUNTY

UNITED STATES SENATOR

Year	Total Vote	Democratic Total	%	Republican Total	%	Other Total	%	Two-Party Vote % Dem.	% Repub.	Plurality Dem.-Repub.
1914	1,262	1,048	83.0	214	17.0			83.0	17.0	834(D)
1918	1,524	1,230	80.7	294	19.3			80.7	19.3	936(D)
1920	3,276	2,508	76.6	768	23.4			76.6	23.4	1,740(D)
1924	2,617	2,263	86.5	354	13.5			86.5	13.5	1,909(D)
1926	1,547	1,382	89.3	165	10.7			89.3	10.7	1,217(D)
1930	1,834	1,595	87.0	239	13.0			87.0	13.0	1,356(D)
1932	4,016	3,791	94.4	225	5.6			94.4	5.6	3,566(D)
1936	4,279	3,930	91.8	349	8.2			91.8	8.2	3,581(D)
1938	1,234	1,050	85.1	184	14.9			85.1	14.9	866(D)
1942	709	653	92.1	55	7.9			92.1	7.9	597(D)
1944	4,362	4,060	93.1	302	6.9			93.1	6.9	3,758(D)
1948	4,350	4,059	93.3	257	5.9	34[4]	0.8	94.1	5.9	3,802(D)
1950[1]	1,685	1,545	91.7	140	8.3			91.7	8.3	1,405(D)
1950[2]	1,669	1,504	90.1	165	9.9			90.1	9.9	1,339(D)
1954[3]	1,602	1,446	90.3	156	9.7			90.3	9.7	1,290(D)
1954[1]	1,457	1,457	100.0					100.0		1,457(D)
1954[2]	1,488	1,488	100.0					100.0		1,488(D)
1956	6,573	5,975	90.9	598	9.1			90.9	9.1	5,377(D)
1958	3,004	2,887	96.1	117	3.9			96.1	3.9	2,770(D)
1960	7,335	6,227	84.9	1,108	15.1			84.9	15.1	5,119(D)

Notes: [1] Regular term.
[2] Unexpired term.
[3] Short term.
[4] William T. Brown, *Progressive*, 34 (0.8%).

306

WAKE COUNTY

UNITED STATES SENATOR

Year	Total Vote	Democratic Total	%	Republican Total	%	Other Total	%	Two-Party Vote % Dem.	% Repub.	Plurality Dem.-Repub.
1914	4,533	3,553	78.4	980	21.6			78.4	21.6	2,573(D)
1918	5,058	3,740	71.7	1,318	28.3			71.7	28.3	2,422(D)
1920	11,585	8,307	71.7	3,278	28.3			71.7	28.3	5,029(D)
1924	11,402	9,318	81.7	2,084	18.3			81.7	18.3	7,234(D)
1926	5,047	4,554	90.2	493	9.8	1	*	90.2	9.8	4,061(D)
1930	8,967	7,540	84.1	1,427	15.9			84.1	15.9	6,113(D)
1932	16,850	14,558	86.4	2,292	13.6			86.4	13.6	12,266(D)
1936	19,797	16,785	84.8	3,012	15.2			84.8	15.2	13,773(D)
1938	5,781	4,984	86.2	797	13.8			86.2	13.8	4,187(D)
1942	4,248	3,890	91.6	358	8.4			91.6	8.4	3,532(D)
1944	21,186	19,108	90.2	2,078	9.8			90.2	9.8	17,030(D)
1948	23,387	19,656	84.1	3,561	15.2	170[4]	0.7	84.7	15.3	16,095(D)
1950[1]	11,706	10,347	88.4	1,359	11.6			88.4	11.6	8,988(D)
1950[2]	11,672	9,689	83.0	1,817	15.6	166[5]	1.4	84.2	15.8	7,872(D)
1950[3]	10,916	8,774	80.4	2,142	19.6			80.4	19.6	6,632(D)
1954[1]	8,856	8,856	100.0					100.0		8,856(D)
1954[2]	9,244	9,244	100.0					100.0		9,244(D)
1956	33,527	27,818	83.0	5,709	17.0			83.0	17.0	22,109(D)
1958	8,790	7,626	86.8	1,164	13.2			86.8	13.2	6,462(D)
1960	39,450	27,493	69.7	11,957	30.3			69.7	30.3	15,536(D)

Notes: [1] Regular term.
[2] Unexpired term.
[3] Short term.
[4] William T. Brown, *Progressive*, 170 (0.7%).
[5] Frank P. Graham, (*Democrat*), Write-in, 166 (1.4%).
* Less than 0.05%.

Warren County

United States Senator

Year	Total Vote	Democratic Total	%	Republican Total	%	Other Total	%	Two-Party Vote % Dem.	% Repub.	Plurality Dem.-Repub.
1914	1,219	1,161	95.2	58	4.8			95.2	4.8	1,103(D)
1918	1,152	1,081	93.8	71	6.2			93.8	6.2	1,010(D)
1920	2,134	1,894	88.8	240	11.2			88.8	11.2	1,654(D)
1924	1,923	1,829	95.1	94	4.9			95.1	4.9	1,735(D)
1926	1,053	1,033	98.1	20	1.9			98.1	1.9	1,013(D)
1930	1,392	1,327	95.3	65	4.7			95.3	4.7	1,262(D)
1932	2,730	2,633	96.4	97	3.6			96.4	3.6	2,536(D)
1936	2,958	2,865	96.9	93	3.1			96.9	3.1	2,772(D)
1938	1,041	980	94.1	61	5.9			94.1	5.9	919(D)
1942	645	634	98.3	11	1.7			98.3	1.7	623(D)
1944	2,557	2,461	96.2	96	3.8			96.2	3.8	2,365(D)
1948	2,633	2,518	95.6	108	4.1	7[4]	0.3	95.9	4.1	2,410(D)
1950[1]	1,318	1,268	96.2	50	3.8			96.2	3.8	1,218(D)
1950[2]	1,319	1,240	94.0	69	5.2	10[5]	0.8	94.7	5.3	1,171(D)
1954[3]	1,113	1,055	94.8	58	5.2			94.8	5.2	997(D)
1954[1]	1,043	1,043	100.0					100.0		1,043(D)
1954[2]	1,062	1,062	100.0					100.0		1,062(D)
1956	3,293	3,062	93.0	231	7.0			93.0	7.0	2,831(D)
1958	1,665	1,614	97.0	51	3.0			97.0	3.0	1,563(D)
1960	3,552	3,226	90.8	326	9.2			90.8	9.2	2,900(D)

Notes: [1] Regular term.
[2] Unexpired term.
[3] Short term.
[4] William T. Brown, *Progressive*, 7 (0.3%).
[5] Frank P. Graham, (*Democrat*), Write-in, 10 (0.8%).

WASHINGTON COUNTY

UNITED STATES SENATOR

Year	Total Vote	Democratic Total	%	Republican Total	%	Other Total	%	Two-Party Vote % Dem.	% Repub.	Plurality Dem.-Repub.
1914	1,053	602	57.2	451	42.8			57.2	42.8	151(D)
1918	962	511	53.1	451	46.9			53.1	46.9	60(D)
1920	2,085	1,115	53.5	970	46.5			53.5	46.5	145(D)
1924	1,614	802	49.7	812	50.3			49.7	50.3	10(R)
1926	1,606	988	61.5	618	38.5			61.5	38.5	370(D)
1930	1,862	1,139	61.2	723	38.8			61.2	38.8	416(D)
1932	2,335	1,632	69.9	703	30.1			69.9	30.1	929(D)
1936	2,325	1,787	76.9	538	23.1			76.9	23.1	1,249(D)
1938	949	838	88.3	111	11.7			88.3	11.7	727(D)
1942	467	429	91.9	38	8.1			91.9	8.1	391(D)
1944	2,240	1,799	80.3	441	19.7			80.3	19.7	1,358(D)
1948	1,986	1,731	87.2	251	12.6	4[4]	0.2	87.3	12.7	1,480(D)
1950[1]	1,000	874	87.4	126	12.6			87.4	12.6	748(D)
1950[2]	1,015	870	85.7	130	12.8	15[5]	1.5	87.0	13.0	740(D)
1954[3]	1,065	867	81.4	198	18.6			81.4	18.6	669(D)
1954[1]	853	853	100.0					100.0		853(D)
1954[2]	847	847	100.0					100.0		847(D)
1956	2,777	2,173	78.2	604	21.8			78.2	21.8	1,569(D)
1958	866	798	92.1	68	7.9			92.1	7.9	730(D)
1960	3,212	2,502	77.9	710	22.1			77.9	22.1	1,792(D)

Notes: [1] Regular term.
[2] Unexpired term.
[3] Short term.
[4] William T. Brown, *Progressive*, 4 (0.2%).
[5] Frank P. Graham, *(Democrat)*, Write-in, 15 (1.5%).

WATAUGA COUNTY

UNITED STATES SENATOR

Year	Total Vote	Democratic Total	%	Republican Total	%	Other Total	%	Two-Party Vote % Dem.	% Repub.	Plurality Dem.-Repub.
1914	2,233	1,083	48.5	1,150	51.5			48.5	51.5	67(R)
1918	2,279	1,005	44.1	1,274	55.9			44.1	55.9	269(R)
1920	4,355	1,757	40.3	2,598	59.7			40.3	59.7	841(R)
1924	5,064	2,405	47.5	2,659	52.5			47.5	52.5	254(R)
1926	5,818	2,923	50.2	2,895	49.8			50.2	49.8	28(D)
1930	5,591	2,836	50.7	2,755	49.3			50.7	49.3	81(D)
1932	6,490	3,260	50.2	3,230	49.8			50.2	49.8	30(D)
1936	7,594	3,911	51.5	3,683	48.5			51.5	48.5	228(D)
1938	7,455	3,792	50.9	3,663	49.1			50.9	49.1	129(D)
1942	6,094	2,975	48.8	3,119	51.2			48.8	51.2	144(R)
1944	7,238	3,379	46.7	3,859	53.3			46.7	53.3	480(R)
1948	7,379	3,726	50.5	3,650	49.5	3[4]	*	50.5	49.5	76(D)
1950[1]	6,912	3,532	51.1	3,380	48.9			51.1	48.9	152(D)
1950[2]	6,982	3,492	50.0	3,490	50.0			50.0	50.0	2(D)
1954[3]	7,203	3,633	50.4	3,570	49.6			50.4	49.6	63(D)
1954[1]	3,632	3,632	100.0					100.0		3,632(D)
1954[2]	3,649	3,649	100.0					100.0		3,649(D)
1956	7,861	3,775	48.0	4,086	52.0			48.0	52.0	311(R)
1958	6,666	3,531	53.0	3,135	47.0			53.0	47.0	396(D)
1960	8,639	4,207	48.7	4,432	51.3			48.7	51.3	225(R)

Notes: [1] Regular term.
[2] Unexpired term.
[3] Short term.
[4] William T. Brown, *Progressive*, 3 (*).
* Less than 0.05%.

WAYNE COUNTY

UNITED STATES SENATOR

Year	Total Vote	Democratic Total	%	Republican Total	%	Other Total	%	Two-Party Vote % Dem.	% Repub.	Plurality Dem.-Repub.
1914	3,109	1,876	60.3	1,226	39.5	7	0.2	60.5	39.5	650(D)
1918	3,208	2,245	70.0	963	30.0			70.0	30.0	1,282(D)
1920	7,633	4,867	63.8	2,766	36.2			63.8	36.2	2,101(D)
1924	5,000	3,797	75.9	1,203	24.1			75.9	24.1	2,594(D)
1926	3,728	2,731	73.3	997	26.7			73.3	26.7	1,734(D)
1930	6,621	4,400	66.5	2,221	33.5			66.5	33.5	2,179(D)
1932	7,941	6,217	78.3	1,724	21.7			78.3	21.7	4,493(D)
1936	8,175	6,439	78.8	1,736	21.2			78.8	21.2	4,703(D)
1938	2,978	2,211	74.2	767	25.8			74.2	25.8	1,444(D)
1942	1,407	1,226	87.1	181	12.9			87.1	12.9	1,045(D)
1944	7,664	6,213	81.1	1,451	18.9			81.1	18.9	4,762(D)
1948	7,996	6,718	84.0	1,270	15.9	8[4]	0.1	84.1	15.9	5,448(D)
1950[1]	4,088	3,534	86.4	554	13.6			86.4	13.6	2,980(D)
1950[2]	4,203	3,479	82.8	692	16.4			83.4	16.6	2,787(D)
1954[3]	3,652	3,105	85.0	547	15.0	32[5]	0.8	85.0	15.0	2,558(D)
1954[1]	3,040	3,040	100.0					100.0		3,040(D)
1954[2]	3,017	3,017	100.0					100.0		3,017(D)
1956	9,854	7,997	81.2	1,857	18.8			81.2	18.8	6,140(D)
1958	2,534	2,276	89.8	258	10.2			89.8	10.2	2,018(D)
1960	11,788	8,523	72.3	3,265	27.7			72.3	27.7	8,258(D)

Notes: [1] Regular term.
[2] Unexpired term.
[3] Short term.
[4] William T. Brown, *Progressive*, 8 (0.1%).
[5] Frank P. Graham, (*Democrat*), Write-in, 32 (0.8%).

WILKES COUNTY

UNITED STATES SENATOR

Year	Total Vote	Democratic Total	%	Republican Total	%	Other Total	%	Two-Party Vote % Dem.	% Repub.	Plurality Dem.-Repub.
1914	4,445	1,634	36.8	2,811	63.2			36.8	63.2	1,177(R)
1918	4,472	1,720	38.5	2,752	61.5			38.5	61.5	1,032(R)
1920	9,342	2,884	30.9	6,458	69.1			30.9	69.1	3,574(R)
1924	9,720	3,573	36.8	6,147	63.2			36.8	63.2	2,574(R)
1926	9,564	3,550	37.1	6,014	62.9			37.1	62.9	2,464(R)
1930	7,098	3,076	43.3	4,022	56.7			43.3	56.7	946(R)
1932	12,425	5,680	45.7	6,745	54.3			45.7	54.3	1,065(R)
1936	14,585	6,293	43.1	8,292	56.9			43.1	56.9	1,999(R)
1938	15,669	7,402	47.2	8,267	52.8			47.2	52.8	865(R)
1942	12,595	5,896	46.8	6,699	53.2			46.8	53.2	803(R)
1944	14,616	5,669	38.8	8,947	61.2			38.8	61.2	3,278(R)
1948	14,422	6,453	44.7	7,958	55.2	11[4]	0.1	44.8	55.2	1,505(R)
1950[1]	16,030	7,813	48.7	8,217	51.3			48.7	51.3	404(R)
1950[2]	15,887	7,701	48.5	8,186	51.5			48.5	51.5	485(R)
1954[3]	13,868	5,961	43.0	7,907	57.0			43.0	57.0	1,946(R)
1954[1]	5,938	5,938	100.0					100.0		5,938(D)
1954[2]	5,948	5,948	100.0					100.0		5,948(D)
1956	16,770	6,242	37.2	10,528	62.8			37.2	62.8	4,286(R)
1958	15,233	7,492	49.2	7,741	50.8			49.2	50.8	249(R)
1960	20,945	8,508	40.6	12,437	59.4			40.6	59.4	3,929(R)

Notes: [1] Regular term.
[2] Unexpired term.
[3] Short term.
[4] William T. Brown, *Progressive*, 11 (0.1%).

WILSON COUNTY

UNITED STATES SENATOR

Year	Total Vote	Democratic Total	%	Republican Total	%	Other Total	%	Two-Party Vote %Dem.	%Repub.	Plurality Dem.-Repub.
1914	1,103	827	75.0	276	25.0			75.0	25.0	551(D)
1918	1,706	1,416	83.0	290	17.0			83.0	17.0	1,126(D)
1920	4,858	3,539	72.8	1,319	27.2			72.8	27.2	2,220(D)
1924	3,245	2,777	85.6	468	14.4			85.6	14.4	2,309(D)
1926	1,006	896	89.1	110	10.1			89.1	10.1	786(D)
1930	3,027	2,544	84.0	483	16.0			84.0	16.0	2,061(D)
1932	6,508	5,972	91.8	536	8.2			91.8	8.2	5,436(D)
1936	6,861	6,270	91.4	591	8.6			91.4	8.6	5,679(D)
1938	1,485	1,366	92.0	119	8.0			92.0	8.0	1,247(D)
1942	911	849	93.2	62	6.8			93.2	6.8	787(D)
1944	6,576	6,129	93.2	447	6.8			93.2	6.8	5,682(D)
1948	6,614	6,185	93.5	406	6.1	23[4]	0.4	93.8	6.2	5,779(D)
1950[1]	2,661	2,479	93.2	182	6.8			93.2	6.8	2,297(D)
1950[2]	2,653	2,381	89.7	215	8.1	57[5]	2.2	91.7	8.3	2,166(D)
1954[3]	2,024	1,819	89.9	205	10.1			89.9	10.1	1,614(D)
1954[1]	1,842	1,842	100.0					100.0		1,842(D)
1954[2]	1,848	1,848	100.0					100.0		1,848(D)
1956	10,476	9,471	90.4	1,005	9.6			90.4	9.6	8,466(D)
1958	1,751	1,644	93.9	107	6.1			93.9	6.1	1,537(D)
1960	10,474	8,907	85.0	1,567	15.0			85.0	15.0	7,340(D)

Notes: [1] Regular term.
[2] Unexpired term.
[3] Short term.
[4] William T. Brown, *Progressive*, 23 (0.4%).
[5] Frank P. Graham, *(Democrat)*, Write-in, 57 (2.2%).

YADKIN COUNTY

UNITED STATES SENATOR

Year	Total Vote	Democratic Total	%	Republican Total	%	Other Total	%	Two-Party Vote % Dem.	% Repub.	Plurality Dem.-Repub.
1914	2,041	699	34.2	1,340	65.7	2	0.1	34.3	65.7	641(R)
1918	2,102	607	28.9	1,495	71.1			28.9	71.1	888(R)
1920	4,650	1,360	29.2	3,290	70.8			29.2	70.8	1,930(R)
1924	4,267	1,393	32.6	2,874	67.4			32.6	67.4	1,481(R)
1926	3,066	935	30.5	2,131	69.5			30.5	69.5	1,196(R)
1930	3,437	1,170	34.0	2,267	66.0			34.0	66.0	1,097(R)
1932	6,334	2,719	42.9	3,615	57.1			42.9	57.1	896(R)
1936	7,087	2,805	39.6	4,282	60.4			39.6	60.4	1,477(R)
1938	5,083	2,505	49.3	2,578	50.7			49.3	50.7	73(R)
1942	5,890	2,499	42.4	3,391	57.6			42.4	57.6	892(R)
1944	6,809	2,451	36.0	4,358	64.0			36.0	64.0	1,907(R)
1948	5,827	2,274	39.0	3,544	60.8	9[4]	0.2	39.1	60.9	1,270(R)
1950[1]	6,053	2,613	43.2	3,440	56.8			43.2	56.8	827(R)
1950[2]	5,987	2,538	42.4	3,449	57.6			42.4	57.6	911(R)
1954[3]	5,267	2,129	40.4	3,138	59.6			40.4	59.6	1,009(R)
1954[1]	2,096	2,096	100.0					100.0		2,096(D)
1954[2]	2,060	2,060	100.0					100.0		2,060(D)
1956	7,415	2,688	36.3	4,727	63.7			36.3	63.7	2,039(R)
1958	6,603	3,339	50.6	3,264	49.4			50.6	49.4	75(D)
1960	9,845	3,240	32.9	6,605	67.1			32.9	67.1	3,365(R)

Notes: [1] Regular term.
[2] Unexpired term.
[3] Short term.
[4] William T. Brown, *Progressive*, 9 (0.2%).

314

YANCEY COUNTY

UNITED STATES SENATOR

Year	Total Vote	Democratic Total	%	Republican Total	%	Other Total	%	Two-Party Vote % Dem.	% Repub.	Plurality Dem.-Repub.
1914	2,202	1,196	54.3	1,006	45.7			54.3	45.7	190(D)
1918	1,902	1,108	58.3	794	41.7			58.3	41.7	314(D)
1920	4,880	2,306	47.3	2,574	52.7			47.3	52.7	268(R)
1924	4,761	2,635	55.3	2,126	44.7			55.3	44.7	509(D)
1926	4,478	2,219	49.6	2,259	50.4			49.6	50.4	40(R)
1930	5,319	2,793	52.5	2,526	47.5			52.5	47.5	267(D)
1932	5,852	3,275	56.0	2,577	44.0			56.0	44.0	698(D)
1936	6,260	3,560	56.9	2,700	43.1			56.9	43.1	860(D)
1938	5,890	3,202	54.4	2,688	45.6			54.4	45.6	514(D)
1942	5,793	3,120	53.9	2,673	46.1			53.9	46.1	447(D)
1944	5,700	3,320	58.2	2,380	41.8			58.2	41.8	940(D)
1948	5,905	3,705	62.7	2,194	37.2	6[4]	0.1	62.8	37.2	1,511(D)
1950[1]	5,399	3,249	60.2	2,150	39.8			60.2	39.8	1,099(D)
1950[2]	5,282	3,218	60.9	2,064	39.1			60.9	39.1	1,154(D)
1954[3]	6,826	3,539	51.8	3,287	48.2			51.8	48.2	252(D)
1954[1]	3,530	3,530	100.0					100.0		3,530(D)
1954[2]	3,531	3,531	100.0					100.0		3,531(D)
1956	5,736	3,266	56.9	2,470	43.1			56.9	43.1	796(D)
1958	6,277	3,300	52.6	2,977	47.4			52.6	47.4	323(D)
1960	6,634	3,618	54.5	3,016	45.5			54.5	45.5	602(D)

Notes: [1] Regular term.
[2] Unexpired term.
[3] Short term.
[4] William T. Brown, *Progressive*, 6 (0.1%).

www.ingramcontent.com/pod-product-compliance
Lightning Source LLC
Chambersburg PA
CBHW021354290426
44108CB00010B/237